高等职业教育“十三五”精品规划教材（市场营销课程群）

销售管理

主　编　董　平
副主编　余彦蓉

·北京·

内容提要

本教材基于销售管理工作岗位，从销售主管、销售经理的工作内容出发，针对销售管理岗位的工作职责和技能，全面探讨销售管理的基本原理、分析方法和解决问题的工具。本书内容分为三个模块，详细阐述了销售管理岗位的工作内容和销售主管、销售经理的工作技能。主要包括销售管理及销售经理岗位认知、构建销售组织、销售渠道管理、销售计划管理、销售业绩评估与费用控制、客户管理、销售人员的招聘与培训、销售人员的报酬与激励、销售人员的绩效考评。

本书注重理论联系实际，内容围绕销售管理岗位实际工作内容，注重学生操作能力和实践能力的培养。本书适合高职高专院校学生学习使用，同时也可作为从事销售管理工作人员的参考书。

图书在版编目（CIP）数据

销售管理 / 董平主编. -- 北京 : 中国水利水电出版社, 2017.3（2022.1重印）
高等职业教育“十三五”精品规划教材. 市场营销课程群
ISBN 978-7-5170-5152-7

Ⅰ. ①销… Ⅱ. ①董… Ⅲ. ①销售管理－高等职业教育－教材 Ⅳ. ①F713.3

中国版本图书馆CIP数据核字(2017)第022024号

责任编辑：周益丹　　加工编辑：夏雪丽　　装帧设计：梁　燕

书　名	高等职业教育“十三五”精品规划教材（市场营销课程群） 销售管理 XIAOSHOU GUANLI
作　者	主　编　董　平　副主编　余彦蓉
出版发行	中国水利水电出版社 （北京市海淀区玉渊潭南路1号D座 100038） 网　址：www.waterpub.com.cn E-mail：mchannel@263.net（万水） sales@waterpub.com.cn 电　话：（010）68367658（营销中心）、82562819（万水）
经　售	全国各地新华书店和相关出版物销售网点
排　版	北京万水电子信息有限公司
印　刷	三河市德贤弘印务有限公司
规　格	184mm×260mm　16开本　18.25印张　320千字
版　次	2017年3月第1版　2022年1月第4次印刷
印　数	5001—6000册
定　价	42.00元

前言

销售管理是企业经营管理中的重要环节之一，销售管理的好与坏直接决定了企业的命运。在激烈的市场环境下，企业必须积极寻找有效的销售管理方法，对销售业务、销售人员进行科学管理，以保证企业经营目标的实现。

销售管理是建立在管理学、市场营销学的基础上，研究企业销售人员管理活动的规律及其策略的新兴学科。目前，国内大多数“销售管理”类教材是结合国外营销管理相关书籍和市场营销书籍编写而成，理论指导性强，但对于未参加工作的学生来说，很难体会到真实企业中销售及销售管理具体实务性工作情景，实践指导性较弱。

本教材基于销售管理工作岗位，从销售主管、销售经理的工作内容出发，针对销售管理岗位的工作职责和技能，全面探讨销售管理基本原理、分析方法和解决问题的工具，内容主要包括销售管理及销售经理岗位认知、构建销售组织、销售渠道管理、销售计划管理、销售业绩评估与费用控制、客户管理、销售人员的招聘与培训、设计销售人员报酬与激励、销售人员的绩效考评。全书注重理论联系实际，内容围绕销售管理岗位实际工作内容，注重学生操作能力和实践能力的培养。本书适合高职高专院校学生学习使用。

本书内容分为三个模块，详细阐述了销售管理岗位的工作内容和销售主管、销售经理工作技能。模块一是做一名合格的销售经理（任务一、任务二），主要讲述了销售管理认知、销售经理认知；模块二是业务管理（任务三～任务七），主要讲述了构建销售组织、销售渠道管理、销售计划管理、销售业绩评估与费用控制、客户管理；模块三是人员管理（任务八～任务十），主要讲述了销售人员的招聘与培训、销售人员的报酬与激励、销售人员的绩效考评。

本书由广州城市职业学院、广州珠江啤酒集团有限公司、广州琪霖贸易有限公司、嘉士伯啤酒（广东）有限公司等单位共同组织编写。广州城市职业学院董平任主编，负责拟定全书的内容架构、统稿和审稿。余彦蓉、陈恭明、余为民、王振宇等参与了编写工作。具体分工为：任务一、任务二由董平、陈恭明（广州珠江啤酒集团有限公司人力资源部经理）编写；任务三、任务四由董平、余为民（广州琪霖贸易有限公司总经理）

编写；任务五、任务六由董平、王振宇（嘉士伯啤酒（广东）有限公司区域经理）；任务七由余彦蓉、王振宇编写；任务八至任务十由余彦蓉、陈恭明编写。本书写作过程中参考和引用了大量的文献，在此谨向其作者致以诚挚的谢意。

由于作者水平有限，书中疏漏之处在所难免，欢迎专家和读者予以批评指正。

编　者

2016 年 12 月

目录

模块一　做一名合格的销售经理

模块二 业务管理

模块三　人员管理

模块一　做一名合格的销售经理

任务一　销售管理认知

学习目标

- 知识目标：
  1. 熟知销售管理的含义。
  2. 熟知销售管理的内容。
  3. 熟知销售管理的发展趋势。

- 能力目标：
  1. 掌握销售与销售管理的区别。
  2. 掌握销售管理的基本工作内容。

引例

销售管理岗位招聘公告示例

一、广东某建材有限公司的招聘公告

职位名称：销售经理

岗位职责：

1．依据公司下达的销售目标，制定并执行本地区的年度、季度、月度销售计划，并负责组织执行、监控执行效果，达成公司下达的本地区销售指标和费用预算。

2．重特大项目的直接营销运作。

3．协助完成市场开发与推广计划，建立和维护设计师资料库，收集市场信息，掌握竞争对手动向并定期上报。

4. 建设并管理销售队伍，指导、支持下属跟进和赢取大型项目，根据销售队伍的实际状况，制定相应的培训方案。

5. 依据《销售例会制度》定期召开销售会议，确保有效、及时地开展工作。

6. 依据《销售报表制度》定期填写并督促区域销售主管填写各项报表。

7. 按要求完成公司交办的其他工作。

岗位要求：

1. 大专以上学历，年龄 30 岁以下，建筑 / 机械相关专业。

2. 3 年以上项目销售团队管理经历，有至少 5 年高档建筑产品销售经验，良好的建筑设计院关系网络。

3. 有建筑产品代理商渠道或有社会中介关系渠道。

4. 良好的协调沟通、表达和分析判断能力。

5. 熟练使用 AutoCAD 软件及其他办公软件。

二、广州某贸易有限公司

职位名称：销售经理

岗位职责：

1. 熟悉广东地区连锁超市如：吉之岛、百佳、易初莲花、大润发、家乐福等卖场的操作流程并有良好的公关关系。

2. 根据公司的目标和总体策略，组建并管理好各个卖场的销售团队，招聘、管理促销员，制定并执行销售目标和相应的业务发展计划。

3. 评估客户的销售潜力，并为公司提供相关决策信息。

4. 执行和协调各个连锁超市推广活动和确保推广活动的良好实施。

5. 及时了解市场动态和竞争对手的信息。

6. 收集和分析数据，制定营销方案。

岗位要求：

1. 大专以上学历，对红葡萄酒行业有了解或销售推广的经验。

2. 对市场营销有深刻理解，具有创新能力、销售管理能力。

3. 熟悉计算机和办公软件的基本操作。

4. 良好的沟通能力、学习能力和执行力，性格开朗，诚实可信，人际关系好。

5. 积极主动，工作勤奋，抗压力强，有责任感和团队精神。

6. 熟悉连锁超市流程，并拥有超市人脉资源者优先。

三、中山某日用品有限公司

职位名称：区域销售经理

岗位职责：

1. 负责执行公司及销售中心的销售策略，根据所下达的营销目标，将区域内销售与费用等目标按城市、人口有效分解并督促指导执行，完成公司下达的区域市场的渠道网络拓展、客户开拓、销量、市场、费用和管理指标。

2. 负责根据公司产品和市场营销方向、策略要求，组织制定本区域市场开拓策略及具体的实施方案，并监督促销活动有效执行。

3. 负责严格执行市场各级渠道的客户价格体系，严厉把控跨区域窜货问题。

4. 负责销售合同的谈判、签订、履行与管理等相关工作，监控货款回收。

5. 负责预估产品的市场需求，制定产品销售计划。

6. 按规定完成各类管理报表，定期组织区域例会及其他会议，并向上级提交重要决议，按规定参加公司有关会议。

7. 负责根据公司的长远发展需要和规章制度，组织对下属员工的招聘、培训、工作任务分配及业务指导等。

岗位要求：

1. 大专以上学历，在快速消费品行业及婴童行业从事业务销售 5 年以上工作经验，有大区销售管理经验。

2. 具有良好的业务拓展、客户沟通、协作能力，富有创新、敬业精神和团队管理能力。

四、广州市某户外运动用品有限公司

职位名称：销售经理

岗位职责：

1. 所负责区域的具体销售方案的执行，完成制定的销售目标。

2. 相关的市场调查分析并提供市场调查报告。

3. 根据公司的销售策略，提供开发新产品所需要的资料，包括新产品的设计方案。

4. 根据公司的市场策略和不同的媒介（包括网络、展会等方式）全面开发新客户。

5. 展会的筹备、布置及参与，确保参展顺利，并得到更多的客户资源和业务。

6. 维护和跟进所负责区域的客户业务，处理反馈信息和售后服务。

岗位要求：

1. 大专或本科以上的教育背景，市场营销专业毕业优先考虑。

2. 2 年以上的国内户外行业服装产品销售经验。

3. 热爱户外行业，有良好的组织能力和沟通能力。

4. 有强烈的责任心，能在压力下工作。

5. 良好的个人品格和沟通能力。

6. 熟练使用办公软件。

资料来源：前程无忧网，www.51job.com.

从以上四个真实的招聘公告可以看出什么？

（1）销售管理岗位是企业营销工作的核心岗位。销售经理需要具备销售管理技能。

（2）销售管理岗位一般要求具有大专以上学历，具有相关行业一定时间的工作经验。

（3）销售管理岗位工作人员需具有业务拓展、客户沟通、协作能力，富有创新、敬业精神和团队管理能力。

（4）销售管理岗位工作人员需要工作勤奋，积极主动，抗压力强，有责任感。

拓展阅读 1

某知名招聘网站上发布的三则销售代表 / 业务员岗位招聘公告

一、上海某商贸有限公司

职位名称：KA 销售代表 / 业务员

岗位职责：

1. 认真服从公司决策方向，执行业务工作策略，及时与部门领导沟通汇报。
2. 全面负责所管辖门店及卖场关系维护、铺设商品及陈列，维护公司形象。
3. 各系统年度活动谈判、新品进场、各节庆及日常促销活动规定的定制、推进与落实。
4. 检查门店配送情况及商品库存的合理化，加强门店信息沟通并做好公司内部信息反馈、协调工作。
5. 促销员管理、培训与指导（商品展示、促销员技巧等）。
6. 各系统总部与门店的客户建立与维护。

岗位要求：

1. 有 1 年以上 KA 卖场业务经验、经销商等经验。
2. 勤奋、认真、负责，对市场机会敏感，有较强的市场开拓能力。
3. 具有市场操作知识、合同谈判处理能力及业务经验。
4. 有较强的营销技能，性格外向，喜欢接受挑战。
5. Office 办公软件能熟练操作，较强的语言表达能力。

二、广州某服饰有限公司

职位名称：KA 销售代表 / 业务员

岗位职责：

1. 月销售（含出货）的跟进，销售目标的完成，乃至创造、突破里程碑。
2. 执行 KA 月度攻略，跟进、落实资源。
3. 跟进 KA 下订单，并跟进订单的履行（审批、打包、发货、到货签收、对账、付款等）。
4. 每日落实商品供应、营销活动、店面、退货退款、纠纷处理等。
5. 协助市场推广、UE/UI 提升、日常店铺编辑、CRM 等工作。
6. 协助 KA 销售主任整理、反馈、落实渠道的信息和意见。
7. 完成上司交给的其他任务。

岗位要求：

1. 2 年或以上销售管理相关工作经验，有电子商务公司销售经验优先。
2. 具备优秀的异常情况处理能力。
3. 具备优秀的沟通能力。
4. 较好的执行力，责任心强。
5. 学习能力强。

三、广州珠江啤酒股份有限公司

职位名称：销售代表

岗位职责：

1. 负责公司产品的销售及推广。
2. 根据市场营销计划，完成部门销售指标。
3. 开拓新市场，发展新客户，增加产品销售范围。
4. 负责辖区市场信息的收集及竞争对手的分析。
5. 负责销售区域内销售活动的策划和执行，完成销售任务。
6. 管理维护客户关系以及客户间的长期战略合作计划。

岗位要求：

1. 年龄 25~35 岁，大专及以上学历。
2. 性格外向开朗，善于人际沟通；身体健康，精力充沛，能吃苦耐劳，做事认真踏实，热爱销售工作。
3. 有三年以上工作经验，有红酒、白酒客户资源的优先，业绩突出者优先。
4. 工作出色者，公司将提供晋升的机会。

1.1 销售认知

1.1.1 销售的含义

销售是指把企业生产和经营的产品或服务出售给消费者（顾客）的活动。对生产企业来说，销售活动大多发生在与各种中间商的交易过程中；对经销商或零售商来说，销售是指向最终消费者出售商品或服务。

销售是一个心理互动、信息交流、产品交换、内外协调的经营活动，即销售是买卖双方围绕产品交换而不断进行信息交流的心理互动的过程，而且销售人员要协调好公司内外的关系，才能顺利完成交易，销售产品，达到买卖双方互利的目标。“销售不等于推销”“销售不同于交换”“销售不同于营销”。

综上所述，销售是企业为了实现销售收入而进行的经营活动。在这一活动中，企业既可以采取人员推销等“推”的方法，也可以采取广告、营业推广等“拉”的方法。其目的均在于寻找买主，创造市场需求，实现企业价值。

1.1.2 销售对企业的作用

在市场经济条件下，作为市场经济主体之一的企业，其全部生存与发展的希望在于产品能否实现市场交换。如果不能够实现交换，企业即使技术水平再高，产品与服务质量再好，也不能摆脱失败的命运。销售对于企业来说有着十分重要的作用。

（1）销售是实现企业价值和获取利润的出路。在市场经济条件下，任何人的劳动成果都是在市场交换中以价格的形式获得承认和实现的。企业为社会所创造的价值也只有通过商品交换才能最终实现。如果销售失败，企业就无法实现产品与货币的交换，其创造的价值就得不到社会的认可，企业的投入和耗费也得不到补偿，更谈不上获得利润了。因此，销售是企业实现生产价值和获取利润的主要渠道。只有成功销售，企业员工创造的价值才能得以实现，企业的生存和发展才有可能。

（2）销售是企业与顾客沟通和联系的渠道。销售的本质是沟通。通过与现实的或潜在的顾客取得联系，销售人员将所要销售的商品的特点、种类、功能、价格等信息以及生产和销售该商品的企业的有关信息传递给顾客，顾客把自己的需要、购买力和购买要求反馈给销售人员。通过买卖双方的相互沟通实现商品的销售和顾客需要的满足。在销售活动中，销售人员向顾客提供各种服务，保持和顾客间良好的人际关系，加强与顾客的联系，可以使企业建立、维护和发展与顾客的关系、使企业有一个稳定的市场环境，为企业的生存和发展提供坚实的市场基础。

（3）销售是增强企业市场竞争力的主要体现。企业竞争的主战场在市场上，市场是企业优劣高低的评判者，企业之间的竞争最终表现在市场上产品销售之间的竞争。缺乏有力的销售措施、有效的企业销售策略和一支强有力的销售队伍，是不少企业陷入困境的主要原因之一。一个高素质的销售队伍是企业竞争力的主要组成部分，是企业立于不败之地的必备条件。如果说企业间的竞争归根到底是人才的竞争，那么，销售人才也是影响竞争成败的重要因素，优秀的销售人员是企业竞争的有力武器，他们用优异的销售业绩显示企业强劲的竞争实力。

1.1.3 销售工作的魅力

从事销售工作不仅能为企业创造价值，帮助顾客满足需要，而且对于销售人员来说，把销售工作作为自己职业生涯的起点也是件非常值得庆幸的事情，因为销售工作富有极大的魅力。

（1）销售领域存在着大量的就业机会

在企业销售产品的活动中，销售人员非常重要。销售队伍的数量和素质是企业宝贵的资源，生产性企业及保险、广告等服务性企业更是如此。在大多数企业，推销人员占费用支出的主要部分，并创造大量的就业机会。在我国，有成千上万的销售职位。人们在人生的某一阶段，尤其是职业生涯的早期阶段从事一份销售工作的可能性是很高的。例如，在美国，有68%的大学毕业生毕业后从事与市场营销和销售有关的工作。

（2）销售工作具有较高的自由性

在所有职业中，销售工作可能提供了最大的自由。与企业其他岗位的人员相比，销售人员在工作上有较大的自由度。他们往往要离开企业外出开展销售活动，大多数工作时间都由自己支配。他们可以数日甚至数周一直在外奔波，而无须见老板。企业也无法派人对其进行监督，何时拜访顾客、拜访哪些顾客、如何进行销售谈话等均由销售人员自己安排，有很大的弹性和自由度。这给那些崇尚自由、不喜欢刻板和约束的年轻人提供了一个有吸引力的职业。

（3）销售工作富有挑战性

在现代企业的产品销售工作中，销售人员面对的产品品种繁多、更新换代快；企业间的市场竞争激烈且复杂，争夺顾客的手法日趋高明；顾客需求不断提高，消费观念和消费偏好变化快。因此，销售人员在这样一个千变万化的动态环境里，没有放之四海而皆准的应付方法。对于销售人员来说，他们要与数百个不同的人和企业打交道，总是面对新人、新事和新问题。这使销售人员的工作富有挑战性，充满创意，不像其他工作那样刻板，能够给那些喜欢挑战的年轻人极好的锻炼机会。

（4）销售工作提供较多的提升机会

成功的销售人员有很多机会晋升到高级管理职位。在许多情况下，这种升职来得很快。销售人员的职业道路在整个销售生涯中呈现出不断向上变动的职位次序。没有销售经验的人偶尔也会被提升到销售管理职位上。然而，在绝大多数情况下，销售管理工作要从初级销售职位做起。许多企业相信一名经验丰富的专业销售人员应具备可信度、专业知识和背景，才能在企业里担任较高的职位。从销售人员起家，做到企业高级管理人员的例子俯拾即是。四川新希望集团董事长刘永好是从卖鹌鹑起家的；美国克莱斯勒汽车公司总裁李·亚科尔，在做了 14 年汽车销售工作后，凭借着对汽车购买者的了解和对汽车市场的熟悉，担任过美国三大汽车公司中两个公司的总裁。

（5）销售人员的报酬丰厚

销售人员的报酬大多以销售业绩为基础。销售佣金的提成使销售人员有机会挣得很高的收入。在一些企业，销售人员挣的钱比经理甚至企业总裁还要高。做销售工作，只要有本事，随时都有获得丰厚经济回报的机会。

1.2　销售管理认知

1.2.1　销售管理的含义

关于销售管理的含义，中外专家和学者的理解有所不同。西方国家学者一般认为，销售管理就是对销售人员的管理（sales force management）。营销学权威菲利普·科特勒认为，销售管理就是对销售队伍的目标、战略、结构、规模和报酬等进行设计和控制。美国学者约瑟夫·P·瓦卡罗（Joseph P. Vaccaro）认为，销售管理就是解决销售过程中出现的问题，销售经理应该是一个知识渊博、经验丰富的管理者。拉尔夫·W·杰克逊和罗伯特·D·西里奇在《销售管理》中认为，销售管理是对人员推销活动的计划、指挥和监督。查尔斯·M·富特雷尔认为，销售管理是指通过计划、人员配备、培训、领导以及对企业资源的控制，以一种高效的方式完成组织的销售目标。我国学者李先国等人认为，所谓销售管理，就是管理直接实现销售收入的过程。

由此可见，销售管理有狭义和广义之分。狭义的销售管理专指以销售人员（sales force）为中心的管理。广义的销售管理是对所有销售活动的综合管理。我们认为销售管理是对销售人员及其活动进行的计划、组织和控制，包括销售人员的招聘、培训、激励、绩效评估和业务指导，从而实现企业目标的活动过程。

拓展阅读 2

一个销售经理的一天

7 月 21 日，星期一，在空调销售相当紧要的日子里，为了解一线销售经理的真实生活，记者跟踪采访了格兰仕北京营销中心空调项目经理汪浩。

上午 8:00

如往常一样，汪浩早晨 8 点已经准时出现在公司。8 点 30 分，汪浩召集自己手下的两员“大将”，召开了一个例会。重点是总结、沟通格兰仕空调上一周的销售情况，并对出现的问题提出解决方案。会议内容从格兰仕空调在电器城里的摆放效果，到某促销员希望调换促销场所的请求等，几乎涉及了销售业务的方方面面。汪浩的神情相当专注，不时提笔记录、表述自己的观点并做出各种决定。

作为格兰仕空调北京销售工作的“兵头”，汪浩每天要处理的事情很多，从营销网络的完善，到空调产品的推广，甚至包括一些具体的销售工作，他都必须亲力亲为。这项工作，汪浩并不感到陌生，他曾在希贵电器、海信集团、以莱特凉宇等家电生产企业从事营销工作多年，在家电销售工作方面算得上经验丰富，而让汪浩感到困难重重的则是来自市场的压力。

上午 10:00

会议结束后，汪浩简单地处理了一下手头上的各种文件，匆匆离开了办公室。按照事先安排好的工作计划，他今天要拜访经销商。自 2002 年 4 月 1 日走马上任以来，与一些主要代理商的协调和沟通工作，汪浩几乎都是亲自前往。

今年北京的凉夏显然让汪浩很头痛。在出租车上，他开始抱怨：“今年真是不顺，四五月份，北京正值‘非典’时期，空调销售的第一启动时间无声无息地就过去了。好不容易熬到六月，‘非典’总算是控制住了，本来准备抓紧时间将‘非典’带来的损失夺回来，可天气却怎么也热不起来。”汪浩的神情多少有些沮丧。

汪浩的日程表每天都排得满满的，在这个空调销售不景气的夏天，亲自拜访经销商，商量对策成了他每天必不可少的“功课”。记者从汪浩一周的工作计划表上看到：周一，布置一周的工作，拜访一些代理商；周二、周三，去北京近郊考察，研究加大格兰仕空调在北京郊区销售的可行性；周四，继续拜访代理商，并到各大卖场查看柜台整体效果，抽查销售人员的工作；周五，策划准备周六、周日在各个卖场开展的促销活动；周六、周日，安排促销活动。周六、周日是别人的假日，却是汪浩最忙的两个“工作日”。

上午 10:30

汪浩此时已来到了北京中科资源公司，这个公司是格兰仕空调的几个大代理商之一，同时还代理着松下、三菱重工等品牌空调的销售。刚一坐定，中科公司的负责人就开始诉苦。汪浩拿出了几条新的让利促销政策，两人开始商量应对市场的办法。随后，汪浩找到统计员，开始核对格兰仕空调近期在该公司的具体销量及库存情况。望着一捆捆“格兰仕空调安装认可单”，他叹了口气，神情不无哀怨地说：“去年这个时候，单子多得要统计员加班加点才能理清，可今年……惨哪！”

下午1:00

离开中科，已将近下午1点。汪浩随便吃了顿午饭便又赶去另一家代理商——中贸商务发展有限公司。同样的“诉苦”过后却跟着一条好消息：空调销售刚一呈现“熊市”，中贸公司就开始在许多住宅小区里设立了服务站点，只收取少量费用便为消费者上门清洗空调，本来是想在空调销售不景气的情况下挣点辛苦钱，没想到这一服务项目无意中带动了空调的销售，今年可以完成销售任务。汪浩脸上的表情轻松多了。

下午4:30

在结束了一天走访经销商的行程，乘车返回格兰仕北京营销中心的路上，不知是因为销售状况不理想，还是一天的奔波令人疲惫，汪浩显得有些沉默。透过车窗，远处的天空星星点点飘着几只风筝。“北京是一个非常适合生活的城市。”汪浩自言自语道：“北京城很大，街道宽阔，不会给人任何压抑感，北京人的日子过得很有情调，闲暇时放放风筝，什么烦恼都烟消云散了。”话锋一转，他接着说：“不过在北京居住的费用太高，又要买房又要买车，还要追求生活品位，挣钱再多也不够花……”只一瞬间，汪浩就又恢复了商人的本性，开始处处考虑“成本核算”。

汪浩是湖南人，父母都在湖南，在人们回家团圆的节假日，却偏偏也是家电热销的“寸金”阶段，战斗在营销前线的汪浩通常只能留守北京，一年到头也难得回家看看父母。而格兰仕北京营销中心楼上的集体宿舍便是汪浩现在的“家”了，不过由于他一天到晚四处奔忙，回“家”也仅仅是睡觉而已。其实他已经在广东买了新房子，可因为司职北京，只能趁回总部开会时才能回新居住上几天。

下午5:00

虽然到了下班的时间，但汪浩丝毫没有结束一天工作的意思，反而拿起电话联系着分散在各个家电销售场所的促销员回中心开会。

下午6:30

“战地经理”纷纷从自己的“战地”赶了过来，把详细写有售出空调型号、日期、售出价格及消费者联系方式等内容的登记单交给汪浩。接到这些详细的“一线情报”，汪浩仔细对各组数据核对、比较了一番，时不时还向前来交登记单的“战地经理”询问一些有关情况。

下午7:00

10多位“战地经理”基本到齐，汪浩看了看表，严肃地说：“准备开会”。一直谦逊、随和的他突然露出了“官威”。“今天会议的第一个内容是要重申一下赠品的管理问题。”汪浩开始发言。

……

快8点了，“战地经理”们仍在七嘴八舌地出谋划策，会议气氛十分热烈，不知不觉，天色已经黑了下来……而汪浩和他的“战地经理”们似乎已经忘记了，他们还没吃晚饭。

“战地经理”是汪浩的发明。“战地经理”即卖场负责人，要对格兰仕空调在这个卖场的情况全权负责，而汪浩则不会过多干涉他们的工作，只是尽力支持。

汪浩的“理论”是：“首先，减少了管理层，节约了资金；其次，直接与‘战地经理’协同合作，可以在第一时间掌握销售的第一手资料，不仅是格兰仕，对其他品牌空调的销售情况也能有所了解；第三，通过‘独当一面’的锻炼，‘战地经理’可以积累更多的营销经验，为公司销售工作的拓展储备人才；第四，充分放权给‘战地经理’，可以使他们充分发挥工作潜力，调动积极性；另外，由于‘战地经理’大多单独负责某卖场的销售工作，这样一来，业绩考核变得相对容易，奖惩制度也更加容易实施，很能激励员工的积极性。”

在种种体力上的辛苦背后，精神上的劳累才最让汪浩感到压力。事实上，作为一线销售经理，这种“费脑子”的事情很多，业务员的培训、产品广告的投放、与经销商的关系、思考竞争策略、客户关系的维系，桩桩件件都要考虑周详。

这是一个地区家电销售经理平常的一天。在竞争已异常残酷的家电市场，像汪浩这样的销售经理工作越来越难做了，他们每天都在承受着巨大的压力，他们是战斗在营销一线的勇士。

资料来源：赵明．一个销售经理的一天．电器制造商，2003（10）．

1.2.2 销售管理的内容

销售管理的内容主要包括制定销售计划、构建销售组织、培训销售人员、对销售人员进行业务指导、激励销售人员、对销售组织进行成本控制和绩效评估等。

（一）制定销售计划

企业的整体计划确定了企业未来的发展目标以及为实现该目标所采取的方式，销售计划是企业整体计划的重要组成部分。销售经理要为整个企业、特定的工作单位和销售人员制定销售计划。销售计划涉及的时间可长可短，可以是 1 个月，也可以是 1 年或更长时间。销售计划可以是一般性计划，如通过扩大销售来增加企业销售利润；也可以是具体性计划，如采取某种激励措施来实现企业的某个销售目标。无论是哪一种计划，都需要销售经理掌握足够的信息，并对所掌握的信息进行充分的分析和加工，都需要确立明确的计划目标，并对为实现计划目标所需采取的行动进行决策。

小案例 1

“世界首席销售员”斋藤竹之助 62~72 岁时的一天生活安排

（1）早晨 5 点钟起床后，他就立刻开始一天的工作。

（2）首先是看书，思考销售方案，制定当天的销售行动计划。

（3）6 点 30 分给客户打电话，以便最后确定拜访时间。

（4）7 点钟吃早饭，与妻子商谈工作。

（5）8 点钟到公司去上班。

（6）9 点钟乘坐他最喜爱的凯迪拉克轿车出去销售。

（7）下午 6 点钟下班回家。

（8）晚上 8 点钟开始读书、反省、整理客户资料，并安排新方案。

（9）11 点钟准时就寝。

斋藤竹之助先生的成功是因为他每天都有周密的计划，而且严格按计划实施，从早到晚一刻不停地工作。要知道，他是在 57 岁走投无路时才进入销售界——朝日生命保险公司。而他仅用 5 年时间就从负债累累，一跃成为日本首席销售员。在 70 岁时被美国的“百万美元销售员”俱乐部吸收为会员，而后成为俱乐部的终身会员。在 72 岁高龄时成为世界首席销售员，这一切都是由他那雷打不动的良好的工作、生活习惯带来的。

（二）构建销售组织

任何一项销售计划都不可能只由一个人去实施，需要进行人员配备，以构建一支高素质的销售团队。构建销售组织，也就是以顾客为中心、以实现企业利润为目标建设销售团队。其中包括销售人员的招聘、选用，并为他们提供必要的资源。

小案例 2

西门子、联合利华的销售架构图

西门子公司旗下有西门子、博世等品牌，公司根据品牌构建的销售组织架构如下：

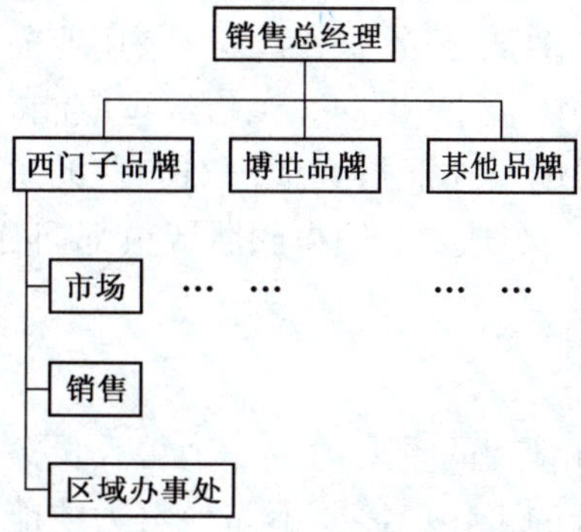

联合利华旗下产品主要是快速消费品，公司根据区域构建的销售组织架构如下：

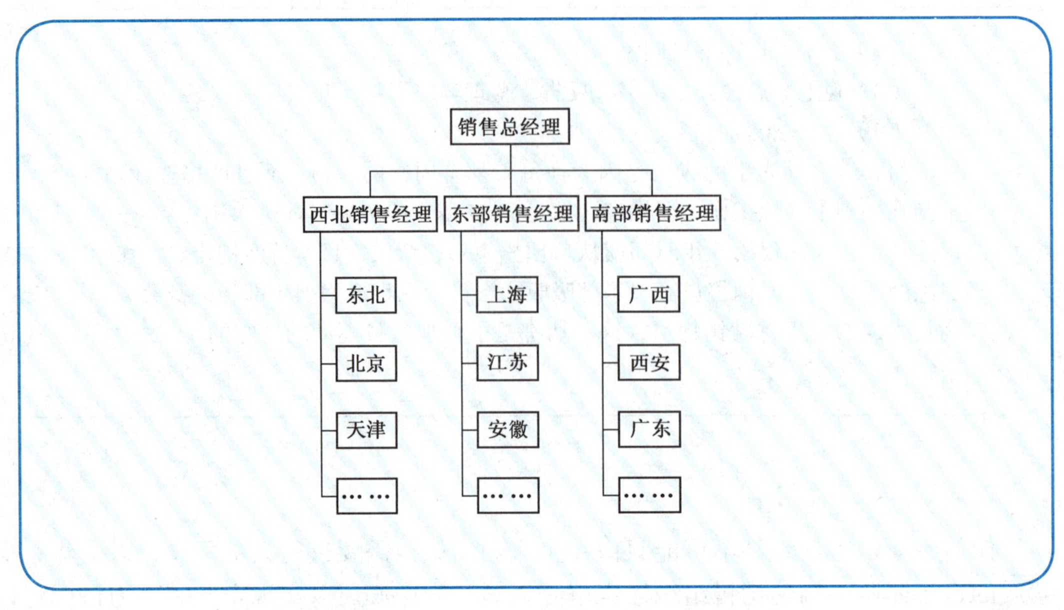

（三）培训销售人员

销售经理的相当一部分时间是用来培训销售人员。企业为保证销售人员取得理想的销售业绩以及销售目标的实现，应该为招聘的销售人员提供必要的销售培训，帮助他们掌握与工作有关的文化、技能和知识。销售经理需要开展培训，为销售人员提供完成本职工作的技术指导，也为其提供从事未来工作所需要掌握的方法。

（四）对销售人员进行业务指导

销售经理应该非常熟悉销售业务，并能够对销售人员进行业务指导与帮助。对销售人员的业务指导包括货品业务指导、服务业务指导、信用业务指导、客户关系指导等内容。当销售人员在开展业务的过程中遇到问题时，销售经理应能向其提供人力、物力、资金、技术、信息等方面的支持与帮助，才能得到他们对企业的忠诚。销售经理也需要把预期的目标传达给销售团队中的每一名成员，使得团队成员都拥有不断改善自身业绩的愿望，并为此而不懈地努力。

（五）激励销售人员

激励是销售经理进行销售管理的重要内容。销售人员需要更多的激励是由其工作性质决定的。销售是一项很辛苦的工作，需要不懈地努力才能有收获。销售人员大多单独工作，工作时间长短不定，并经常遭遇挫折，需要安慰；他们远离亲人，会有很多的个人烦恼需要排解；他们长期面对残酷的竞争，需要鼓励；他们面对客户时会显得低人一等，需要尊重；他们常常缺乏赢得客户的足够的权力，需要授权等。企业对销售人员的激励，一般有环境激励、目标激励、物质激励和精神激励等。

拓展阅读 3

鼓励销售人员的句子

（1）敢想更要敢干，想干更要会干；有为有位有薪水，口水汗水换薪水；相信自己，相信团队，行动吧！

（2）心急难吃热豆腐，浮躁难得真幸福；追求一定要专注，浮沉才会你做主；不畏艰难不怕苦，人生路上迈大步；勤勤勉勉，实实在在得幸福。

（3）“人”的结构就是相互支撑，“众”人的事业需要每个人的参与。

（4）感激伤害你的人，因为他磨练了你的心志；感激蔑视你的人，因为他唤醒了你的自尊；感谢欺骗你的人，因为他增长了你的智慧；感激遗弃你的人，因为他教会了你独立。

（5）没有一种不通过忍受蔑视和奋斗就可以征服的命运。

（6）苦想没盼头，苦干有奔头。

（7）做对的事情比把事情做对重要。

（8）行动是成功的阶梯，行动越多，登得越高。

（9）谁是未来十年里的成功者，狮子一样的野心，老虎一样的活力，牛一样的勤奋，十年至少经历三到五次巨大挫折而依然站立！恭喜您！这就是您！！

（10）当一个小小的心念变成行动时，便能成为习惯；从而形成性格，而性格就决定你一生的成败。

（11）人生处处有风景，不管你经历了多少挫折，承受了多少痛苦，只要拥有坚定的信念，你就成为人生路上最美的风景。

（12）当你明白了成功不会造就你，失败不会击垮你，平淡不会淹没你时，你就站在生命的最高处。

（13）心量狭小，则多烦恼；心量广大，智慧丰饶。

（14）推销必须有耐心，不断地拜访，避免操之过急，亦不可掉以轻心，必须从容不迫，察颜观色，并在适当的时机促成交易。

（15）自己要先看得起自己，别人才会看得起你。

（16）任何准客户都有其一攻就垮的弱点。

（17）积极的人在每一次忧患中都看到一个机会，而消极的人则在每个机会中都看到某种忧患。

（18）只有不断找寻机会的人才会及时把握机会。

（19）愚公可以移山，因为他确定方向不畏艰难；精卫可以填海，因为她制定目标不轻易悔改；而你也可以成功，只要你努力向前不放弃。

（20）在这个世界上取得成就的人，都努力去寻找他们想要的机会，如果找不到机会，他们便自己创造机会。

（六）对销售组织进行成本控制与绩效评估

销售管理工作以利润为中心，就是要千方百计地控制和降低成本及费用，提高销售业绩。因此必须对销售人员的工作业绩建立科学的绩效评估、考核制度，并以此作为分配报酬和晋升的依据。销售人员的绩效评估主要包括收集评估资料、建立绩效标准、选择评估方法和进行具体评估等。

小案例 3

伊利公司销售人员绩效考核

伊利公司主干销售部门由上到下的管理层级分别是大区总经理，销售管理部，各区域经理，一、二、三级城市经理，一、二、三级营销代表。

伊利公司销售人员的绩效考核主要是按照月度进行的，具体细化各项考核指标，大体上可以分为两类：一类是定量指标，另一类是定性指标。

定量考核包括考核销售人员的销售业绩，如销售额达成、销售同比增长率、利润额、市场占有率和客户订单数量；除此之外，还要考核销售人员的销售行动，如销售人员每月平均拜访客户的次数、每次访问所用时间、每月是否督促客户按照销售节奏下单、每月消化公司强制性要求发货的品项数量是否达成、每月对新上市产品的销量达成的升值空间激励、客户投诉情况等。

定性指标主要考核那些无法直接利用数据计算分析评价的指标，为了真实反映考核结果需要对考核对象进行客观描述和分析。伊利公司定性考核主要考核一些软性指标，可以更加全面衡量一名销售人员的工作业绩。如考核城市区域内销售人员的学习精神、团队合作精神、工作热情、创新能力、对企业的忠诚度等，还要考核销售人员对公司产品的了解程度、平时对待会议的态度、工作是否规范。

资料来源：商场现代化，2016（16）：106-107.

同步业务

作为空降到珠江啤酒东莞大区任区域销售经理的你，若要开展销售管理工作应从哪些方面着手？

业务分析：销售工作的开展包括业务管理、团队管理、客户管理等。

业务程序：首先进行市场调查，深入一线了解市场、了解团队、了解客户，收集足够让你做出决策的信息，其次分析市场状况，发现该市场存在的问题，最后从业务、团队、客户等方面开展管理工作。

业务说明：区域销售经理的工作内容与销售人员的工作内容有区别。

考核要点：学生对销售经理工作内容的理解，应具有管理者的思维方式。

1.2.3 销售管理的程序

及时发现并满足市场需求，为顾客提供满意的服务，建立长期的业务关系，是销售管理的基本要求。因此，销售经理要运用现代销售管理理念，依据市场状况及企业目标，统筹规划，全面体现公司的营销策略，实现公司的销售收入和市场占有率目标，为此，销售管理应遵循一定的程序。菲利普·科特勒认为，销售管理涉及三个主要的问题，这三个问题的解决遵循图 1-1 所示的程序。

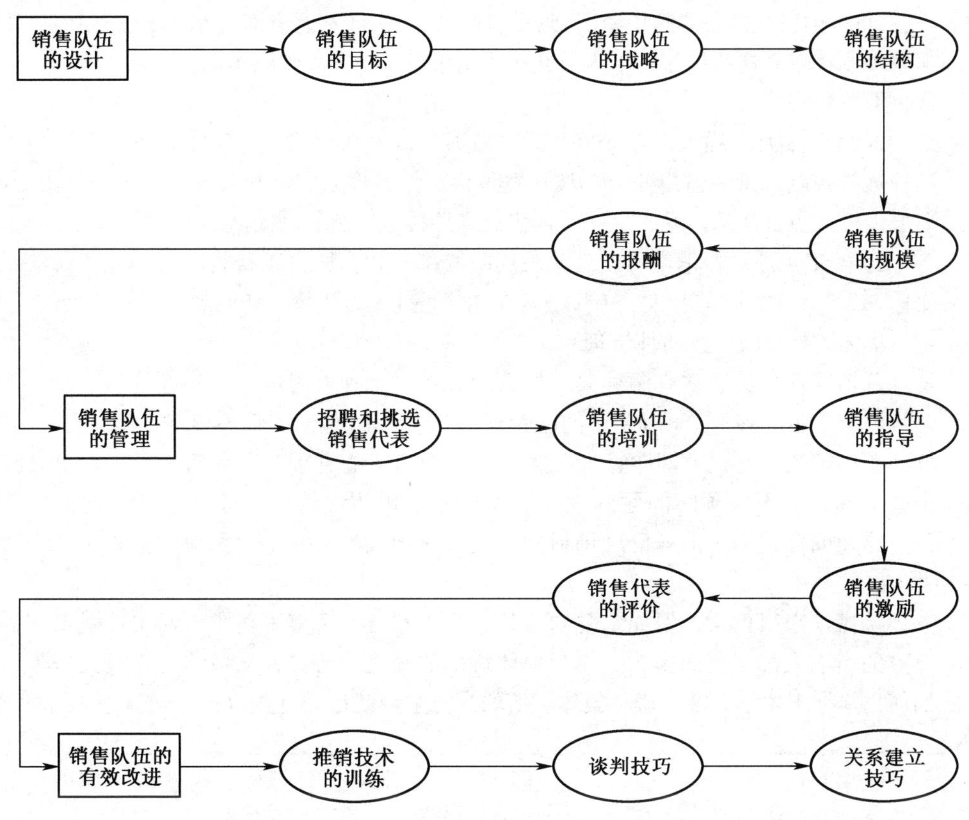

图 1-1 菲利普·科特勒认为的销售管理流程图

查尔斯·M·富特雷尔认为，发达国家的销售管理涉及五项职能。这五项职能相互作用，遵循图 1-2 所示的程序。

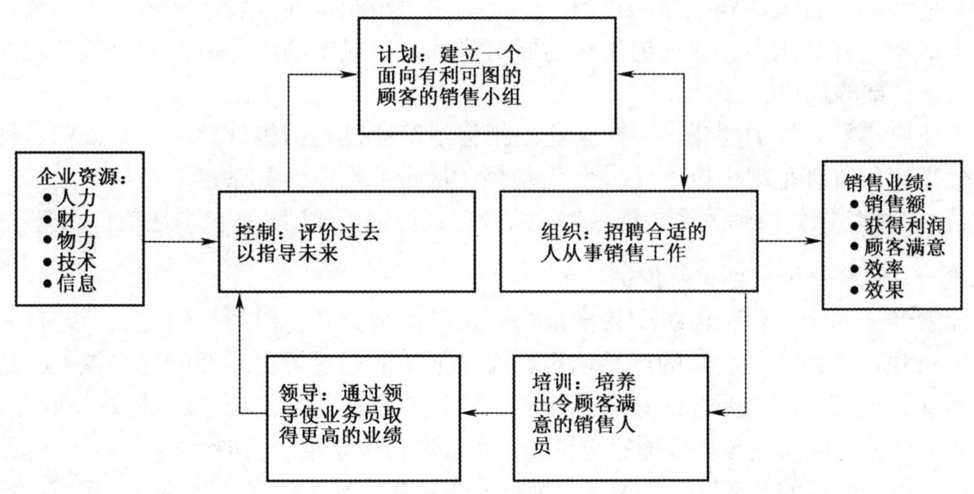

图 1-2 查尔斯·M·富特雷尔认为的销售管理流程图

集体跳槽事件

2003 年底，青岛啤酒华南部副总经理率领华南部和北方部共 90 人转投燕京啤酒，燕京啤酒将依靠这些销售骨干人员开拓华南市场，而青岛啤酒华南事业部也将开始“二次创业”。

2004 年 3 月，猫人总裁李晓平以 500 万元高额年薪入主上海南极人。不久后，原南极人常务副总洪一清出任上海波司登董事、总经理之职。并迅速集中了一个由 20 多名原南极人负责产品研发、生产、销售的高层技术精英管理团队。

2004 年 4 月，方正集团助理总裁周险峰率十几名原方正科技的骨干加盟海信，使海信 PC 人才实力空前壮大，有助于海信 PC 通过人力优势重新崛起。

集体跳槽呼唤“预防性管理”。

营销管理人员通常有两种典型的管理方式，一种人习惯于“问题管理”，另一种人习惯于“预防管理”。习惯于“问题管理”的管理者，他们的管理特点是哪里发生问题，就到哪里解决问题，“问题管理”属于事后纠错式的管理，这种管理只能解决已经发生的问题，而不能预防问题的发生。习惯于“预防性管理”的管理者，他们的管理特点是在问题发生之前就已经预料到问题可能会发生，并采取相应的措施预防问题的发生。

跳槽本来很正常，但如果跳槽对某方产生利益损害就不正常。而集体跳槽事件对三方的当事人都有负面影响。作为集体跳槽的最大受害方，从情绪上斥责无济于事，如何亡羊补牢才是关键。避免集体跳槽的尚方宝剑就是“竞业避止合同”。

1.3 销售管理的发展趋势

世界经济一体化，市场竞争日益激烈，不断变化的市场环境给企业提出了严峻的挑战，众多企业面临来自国内外残酷的竞争。企业的销售组织也面临着诸多压力，如维持销售人员的成本上升的压力、增加销售额的同时降低运营成本的压力以及来自竞争者、客户甚至企业内部的挑战。

为适应市场环境的变化，一些企业的销售组织通过对销售管理的调整来应对种种挑战，使得销售管理呈现出以下几种变化趋势：从交易推销到关系推销；从个人推销到团队推销；从关注销售量到关注销售效率；从管理销售到领导销售；从本地销售到全球销售。

（一）从交易推销到关系推销

随着经济的全球化，传统交易推销模式正日益被关系导向的推销方式所替代。销售人员不再强调短期内一次性的产品销售，而是强调能通过解决顾客问题、提供机遇并为顾客增加价值等发展与顾客的长期合作关系，他们正在从关注现有的顾客转向关注为企业的明天创造价值的顾客，传统的交易推销正逐渐被关系推销所取代。

关系推销的目的，不仅仅是为了单纯地实现销售或交易，它既需要考虑现有的顾客，同时还要把将来可能与之达成交易的顾客作为目标，希望能够向目标顾客表明其有能力通过优质的服务更好地满足其需要。在双方能够相互负责的情况下，建立一种长期的合作关系。互利互惠，实现双赢。为此，一些大公司像福特、施乐、TCL 和联想等，在大量地减少了其供应商的数量，并与供应商保持长期的合作关系。

关系推销的形成有两种情况：一种情况是一些销售组织积极主动地与顾客建立一种关系推销战略，保持与顾客的长期关系。因为他们认识到，企业的成功取决于长期的顾客而不是眼下的顾客。帮助顾客解决问题是发展长期顾客关系的最好方法。长期的顾客关系必将带来长期的企业市场的成功。另一种情况是产品售出后，销售人员主动与顾客联系，询问其对产品和服务是否满意，是否还有其他的需求和要求。如果顾客不满意，企业会千方百计采取措施，保证让顾客满意。

（二）从个人推销到团队推销

“单枪匹马”“超级明星”式销售人员的重要性在许多公司的销售组织中正在下降，特别是当公司工作的重点从仅仅销售产品转向解决顾客问题时。在很多情况下，一个人不会拥有判断和解决顾客问题所需要的全部知识和技巧，此时就需要某种类型的团队开展工作。

一个销售团队由一名销售经理领导，团队的成员可能来自企业的销售部门、市场营销部门和企业内的其他职能部门。根据团队成员不同的协作方式，可将销售团队分为以顾客为中心的销售团队和以交易为中心的销售团队两种类型。

以顾客为中心的销售团队，是一个为特定的客户组成的正规的销售团队，团队成员可能来自企业的所有职能部门。以交易为中心的销售团队，是一种非正规的销售团队，团队成员可能来自企业的任一职能部门，并且可能参与销售过程的任一阶段。销售人员的责任是合理安排销售组织的资源，使其满足客户的需要。

（三）从关注销售量到关注销售效率

一个销售组织的基本任务是进行推销，以达到理想的销售量，所以销售量指标对企业非常重要，销售人员和销售经理的评估标准通常是在一定时间内完成的销售量。但是，许多企业发现销售人员和销售组织的销售效率并不一样，同样的销售量和销售额，有些销售团队（或人员）能比其他销售团队（或人员）获得更多的盈利。因此，企业销售组织不再只关注“为销售而销售”，而是关注销售利润和销售效率，这就使得企业从关注销售量转向了关注销售效率。销售效率强调通过更有效或更有效率地做事，在成本水平一定的条件下能够完成更多的销售量。

从某种意义上说，所有管理决策都可以按照销售效率的观点制定。销售经理应该不断努力，做到“少投入，多产出”，在销售管理的全过程中强调销售效率。

（四）从管理销售到领导销售

许多公司的销售组织都是一个官僚式的、等级制的金字塔形结构，各级别的销售经理直接监督下一级，同时对上一级管理层直接负责，这样来实现管理控制。销售管理者作为“老板”管理销售人员，销售人员要向他们汇报，对他们负责。他们要对销售人员实施程度不同的控制，以使销售人员实现预期的销售成果。

这种方式在非常稳定的市场环境下可能会很好地发挥作用，但是，许多销售管理者认为这种方式在一个迅速变化的环境下使得他们很难负起责任。于是，他们开始寻求销售组织的改革，目标是尽量使销售组织的层级结构“扁平化”。扁平型的销售组织授予销售人员在现场进行更多决策的权力，这就改变了销售经理的角色和他们与销售人员的关系。对于一个销售经理来说，基本的趋势是“领导很多而管理很少”。

对于“领导”的重视意味着，一个销售经理的任务应该是评价销售人员、更多地帮助销售人员很好地工作而较少地控制。销售经理的工作是一项具有挑战性的工作，他们承担着为公司创造销售收入的责任，同时还负责方方面面的工作和任务，因此这也是一项需要天赋的工作。他们首先应该是一个领导者，对于一个销售经理来说，最重要的品质是他应该具有领导能力。有些人可以成为伟大的销售代表，但是他们却没有领导的天赋。一个领导者不仅仅意味着发号施令，还必须有远见，能预见到组织的前进方向，能鼓励自己的员工向着这个方向努力，尽管这个方向并不符合每一个人的利益。

销售经理出于对工作和人际关系的考虑，其领导风格可分为四种。第一种是指挥式，销售经理做出所有的决策，对工作任务考虑较多，对人际关系考虑较少，不能发挥销售人员的主观能动性和创造性，无法创造性地开展工作。第二种是说服式，销售经理制定决策，并向销售人员解释需要做些什么，并说服销售人员执行这个决策。如果充分地说服了销售人员，其销售效果可想可期，但如果说而不服，留给销售人员的只有服从，其积极性可想而知。第三种是参与式，销售经理与销售人员共同制定决策，对人际关系的考虑较多。销售人员受到了尊重，有了参与决策的机会，工作积极性较高。第四种是授权式，销售经理授权销售人员制定决策，只问结果不问过程，也很少给予销售人员具体的指导和支持。他们经常说的一句话是：“你自己处理吧，这是你的职责。”销售人员得到了充分的决策权，有了施展自己才华的充分空间，但也希望得到销售经理的指导与帮助。不同的领导风格适用不同的销售人员及市场情况，不同的领导风格有不同的适用范围。

（五）从本地销售到全球销售

现在的市场是全球性的市场，企业产品的生产和销售越来越成为世界性的生产与销售。有的企业已经以某种方式进入了国际市场，将来会更加国际化。这种全球化发展的趋势使得企业生产和经营面对的是国际市场而不仅仅是某个地区，即使是那些只在国内或仅仅驻国内的某个地区进行销售活动的企业，也可能要与来自不同国家的企业竞争。利用国际供应商，寻求国际合作伙伴的合作，为来自不同国家的客户服务而不管这些客户在哪里。所有这些情况都要求销售组织实现从本地到全球的扩展。国内市场和许多地方市场已经趋于饱和，增长的潜力日益受到限制，越来越多的企业不得不走出国门。同时，国际市场的经营为销售经理带来了重大的挑战。

一个日益明显的变化趋势是，一个全球性的销售组织往往多方面都要求高效率地与国际同行业者进行竞争，服务于来自不同国家和文化背景的顾客，管理各种各样的销售团队。没有哪两个市场或销售组织是完全相同的，它们正变得越来越差异化和多样化。

本章小结

（1）销售是企业为了实现销售收入而进行的经营活动。销售是实现企业价值和获取利润的出路，销售是企业与顾客沟通和联系的渠道，销售是增强企业市场竞争力的主要体现。

（2）销售管理是对销售人员及其活动进行的计划、组织和控制，包括销售人员的招聘、培训、激励、绩效评估和业务指导，从而实现企业目标的活动过程。销售管理的内容主要包括制定销售计划、构建销售组织、培训销售人员、对销售人员进行业务指导、激励销售人员、对销售组织进行成本控制和绩效评估等。

（3）为适应市场环境的变化，一些企业的销售组织通过对销售管理的调整来应对种种挑战，使得销售管理呈现出以下几种变化趋势：从交易推销到关系推销；从个人推销到团队推销，从关注销售量到关注销售效率；从管理销售到领导销售；从本地销售到全球销售。

案例阅读

某公司销售管理制度

一、销售货款回笼

为加快资金回笼，保障公司正常生产经营中的资金周转，避免不必要的业务拖欠纠纷，减少货款回收风险，现将公司销售业务中货款回笼规定如下：

（1）公司严格执行不欠款销售，合同货物必须在收到购货单位货款的情况下方能交付，任何人、部门不得以任何理由在未能妥善收到货款的前提下交付货物。

（2）公司产品销售业务原则上不垫资、不留尾款，对于有特定意义的工程项目，需承担延期交付部分货款条件时，须书面报请公司批示，由公司参与谈判。

（3）对违反公司规定，未经公司许可，自作主张，在合同会谈及执行中，不能执行货款两清的规定而造成收款困难或形成呆账的，公司将追究当事人及分公司经理的责任。

二、销售业务考核及费用开支管理

销售业务实行跟单考核，由公司财务部负责，并以考核结果确定各办事处及销售业务人员的费用支出及收入数额，考核按月进行，以当月结算的合同已回笼货款为基数进行考核。

销售业务费用支出中公司负担的部分由公司承担，并保证支付，业务人员考核费用部分，由业务人员根据当期回笼货款的一定比例提取，各办事处在此范围内报销费用单据，如有盈余，奖励业务员本人，超支部分业务员个人承担。

1. 公司承担的费用

（1）业务办事处的业务用房，由各办事处提出建议，公司根据具体情况认可后出面签订租约，并承担一定数额的房费，超出部分自行承担，记入业务考核费用。公司人员赴办事处所在地出差时，原则上应住办事处，办事处有接待之责。

（2）业务办事处生活、办公设施由公司统一配置，财产归公司所有，配置由公司统一制订标准，统一管理，统一调配，办事处负责保管使用、日常维护，维修费用由各办事处承担。

（3）销售人员在本办事处业务区域内出差，车船费由公司实报实销，食宿费用实行定额包干，出差地交通费及其他费用计入考核费用。

（4）公司为外派销售人员每年报销一定批次的往返公司差旅费，批次限额为：

分公司经理、满 30 周岁的未婚或有未成年子女的业务人员 4 次往返 / 年

办事处主任、满 30 周岁的业务人员 3 次往返 / 年

其他业务人员 2 次往返 / 年

（5）运费原则上争取由客户承担，公司为发运至各地的货物负担一定数额的运费，实际发生运费超出标准时，超出部分折减业务成交价格，实际运费低于标准时，节余部分计入业务成交价格。

（6）广告、样本由公司统一安排、制作、展览，由各业务办事处提出计划，由公司统一均衡安排，原则上公司为每个办事处每年承担一次参展费用。

（7）客户来公司考察，由办事处委托公司接待，接待方式及标准由办事处提出建议。对成交的业务，考察费用计入办事处考核费用，未成交业务由公司承担接待费用的 50%。

2. 业务人员工资

业务人员全部实行按业绩考核确定工资，公司每月下发生活费 300 元，不计入考核费用，公司按现行职工工资标准为销售业务人员办理国家规定统一办理的各项职工保险，新业务人员六个月内不参加业务考核，工资按 800 元 / 月计发，半年内限额报销业务费 1500 元，由公司承担，不计入业务考核费用。

3. 销售定价

公司产品根据不同时期的业务实际成交情况及市场情况制定不同的销售定价，每季末由公司确定下一季度的价格。公司定价为公司产品的成交基准价，也是销售业务考核的基准价，具体成交价格不得高于公司定价的 2%，在此范围内，由业务员自行决定。成交价低于公司定价时，业务员应向公司提出申请，低于 1% 以内由销售部审批，超出以上幅度由销售部报公司领导审批。

4. 考核办法

成交价高于公司定价，超价部分 70% 计入考核收入。

成交价低于公司定价，按实际成交价的一定比例（如 95% 或 90%）核定业务考核收入。

在上述价格确定方式的基础上，再根据销售回款额提成，提成系数如下：

（1）基本提成系数 2.5%

公司对于成交价格偏低、业务难度较大、市场规模小的地区提成系数在基本系数上加 0.5%。

新客户奖励系数对于第一次与我方签约成交的客户，提成系数加 1%。

与经销商、代理商合作成交的业务，提成系数减 1%。

已支付代理费的业务，提成系数 −0.5%。

非公司外派销售业务人员的公司其他职工，以成交价 3% 提成。

（2）业务、任务难度奖励系数

公司根据办事处所在地业务市场规模及以往业绩确定年度销售任务，当年完成本办事处必保业务要求的，在年底全年按业务回款额的 0.5% 进行奖励，完成争取销售任务指标的，按回款额的 1% 进行奖励，超额完成争取目标，超额部分提成系数为基本系数 +2%。

5. 销售收入与应收账款

（1）业务中发生应收账款，该笔业务收入不计提成。

（2）分批交货，已交批次货款两清，当期按应计提成额 70% 发放。

（3）合同全部执行完毕，货款两清，当期按规定全额提成费用额度。

6. 考核及发放办法

公司实行按月、按单考核，即每月对各业务办事处核定当月回笼货款进行考核，确定各办事处当月提成数额，由各办事处合格的费用单据冲账，节余部分当月发放 60% 给各个人，余额全部结清。

7. 个人借支管理

所有业务借款全部转为个人借款，由业务人员个人负责使用、偿还。

公司为业务人员借款余额设定限额，业务人员所在限额范围内借支使用，个人借款余额限额为：分公司经理 1.5 万；办事处主任 1 万；业务人员 5 千。

超过限额部分的借支，应当由借款人提供可靠担保。

本规定实行前的个人借款，个人应尽快归还超过限额部分，自规定执行之日起，个人借款按月息 0.5% 计息，利息减扣当月业务提成。

每月 5 日前，办事处提成下月用款计划，报公司统一审核，每月 10 号发放。

8. 销售业绩评比

公司每年根据办事处及每个销售员业绩进行评比，每年末选出销售量回款前三名的办事处及前 10 名的业务员进行现金奖励。

练习与思考

一、选择题

1. 销售管理是对销售人员及其活动进行的（　　）、组织和控制，包括销售人员的招聘、培训、激励、绩效评估和业务指导，从而实现企业目标的活动过程。

A. 计划　　B. 组织　　C. 控制　　D. 领导

2. 销售管理的内容主要包括（　　）、构建销售组织、培训销售人员、对销售人员进行业务指导、激励销售人员、对销售组织进行成本控制和绩效评估等。

A. 销售计划　　B. 构建销售组织

C. 培训销售人员　　D. 成本控制和绩效评估

3．构建销售组织，也就是以（ ）为中心，以实现企业利润为目标建设销售团队。

A．顾客　B．企业　C．利润　D．团队

4．企业对销售人员的激励，一般有（ ）、目标激励、物质激励、精神激励等。

A．环境激励　B．目标激励　C．物质激励　D．精神激励

5．销售管理工作应以（ ）为中心。

A．顾客　B．客户　C．利润　D．团队

6．查尔斯·M·富特雷尔认为，发达国家的销售管理涉及五项职能，包括计划、组织、领导、控制和（ ）。

A．管理　B．培训　C．奖励　D．惩罚

7．菲利普·科特勒认为，销售管理涉及三个主要的问题，这三个问题包括销售队伍的设计、销售队伍的管理、（ ）。

A．销售队伍的扩大　B．销售队伍的精简

C．销售队伍的有效改进　D．销售队伍的培训

二、判断题

1．企业在经营活动中，既可以采取人员销售等“拉”的方法，也可以采取广告、营业推广等“推”的方法。（ ）

2．销售管理呈现出这样的变化趋势：从交易推销到关系推销；从个人推销到团队推销；从关注销售量到关注销售效率；从管理销售到领导销售；从本地销售到全球销售。（ ）

3．如果说企业间的竞争归根到底是人才的竞争，那么，管理人才也是影响竞争成败的重要因素，优秀的管理人员是企业竞争的有力武器。（ ）

三、简答题

1．简述销售和销售管理的区别。

2．销售管理的内容主要是什么？

3．简述销售管理的发展趋势。

实训项目

案例分析

珠江啤酒东莞大区市场销售管理分析

广州珠江啤酒集团有限公司是一家以啤酒业为主体，以啤酒配套和相关产业为辅助的大型国有企业，1985 年建成投产，啤酒产能从最初 5 万吨发展到目前的 230 万吨，是我国酿酒行业十强企业、国家环境友好企业和广东省高新技术企业。

以下是东莞啤酒市场的一些资料和珠江啤酒东莞大区市场 2004—2006 年的一些销售资料。请根据以下资料分析珠江啤酒东莞大区市场存在的问题，从营销和管理的角度出发对东莞大区销售管理提出若干对策。

一、东莞啤酒市场状况

（1）2005 年东莞啤酒市场份额情况，如表 1 和图 1 所示。

表 1　2005 年东莞啤酒市场份额表

档次	吨数	比例	备注
高档啤酒	12.5 万千升	约 35%	百威 / 金威 / 青岛 / 生力 / 珠江等
中档啤酒	16 万千升	约 44%	珠江 / 金威 / 青岛 / 生力 / 雪花 / 燕京 / 金星等
低档啤酒	7.5 万千升	约 21%	珠江 / 金威 / 威乐 / 劲嘉 / 青岛 / 雪花等

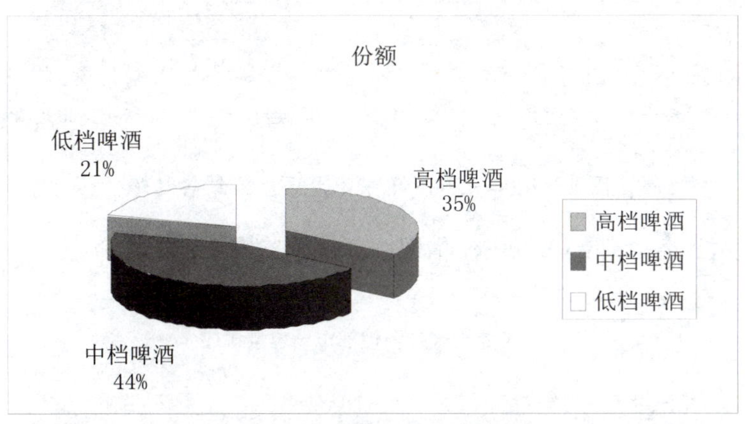

图 1　2005 年东莞啤酒市场份额图例

（2）东莞啤酒市场主要产品如表 2 所示。

表 2　东莞啤酒市场主要产品

品牌	产品名称	规格	麦汁浓度	价格（元）	品牌	产品名称	规格	麦汁浓度	价格（元）
珠江	精品纯生	600ml	11°	6.0	金威	特制	640ml	13°	6.5
	纯生	600ml	10°	4.5		精制	500ml	11°	4.8
	清醇	600ml	11°	4.0		鲜酿	500ml	10°	4.5
	经典	600ml	11°	3.5		清醇	500ml	10°	4.0
	老珠江	640ml	12°	2.7		老金威	640ml	12°	3.8
	清爽	640ml	10°	2.5		金福	640ml	10°	3.5
	淡爽	640ml	8°	2.0		绿金威	640ml	11°	3.0
青岛	青岛纯生	500ml	8°	4.5		2008	640ml	10°	2.3
	老青岛	600ml	11°	3.8		新生活	640ml	9°	2.0
	2000	640ml	10°	2.9	雪花	超爽	630ml	11°	2.8

二、珠江啤酒东莞市场状况

（1）2004 年、2005 年、2006 年东莞大区珠江啤酒整体销售情况，如图 2 所示。

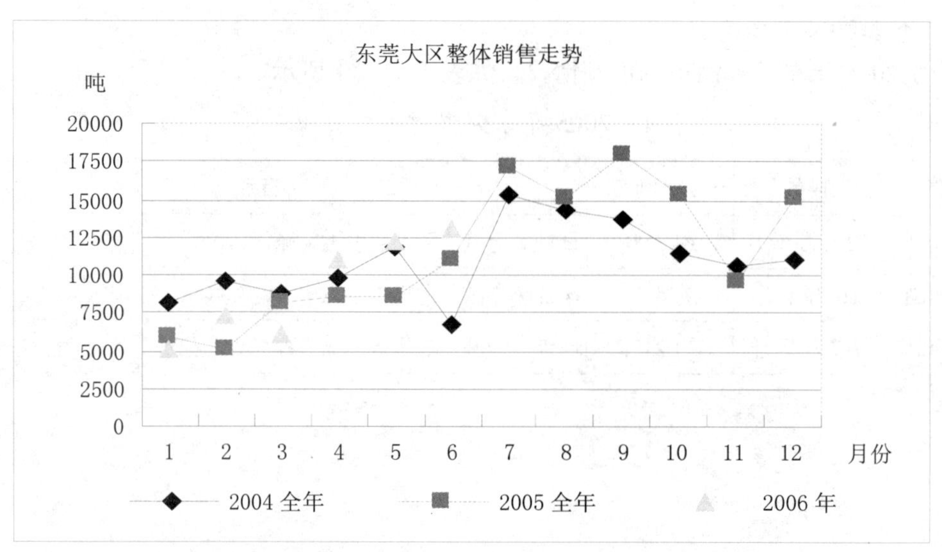

图 2　2004—2006 年东莞大区整体销售趋势

（2）东莞大区各管理部市场占有情况，如图 3、图 4 所示。

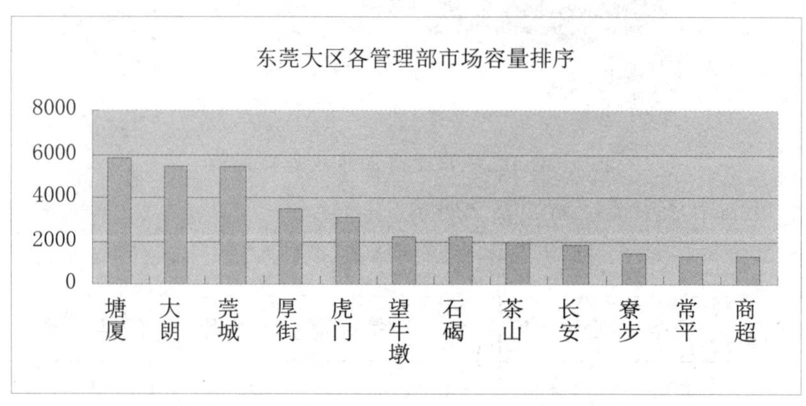

图 3　东莞大区各管理部市场容量排序

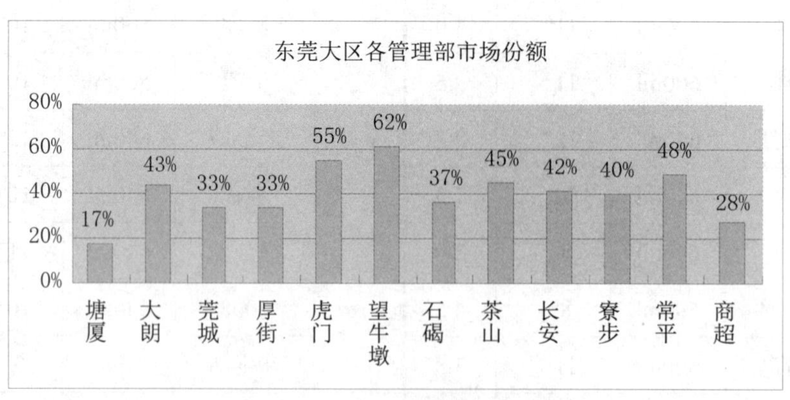

图 4　东莞大区各管理部市场份额

（3）2005 年、2006 年东莞大区各品种销售占比情况，如图 5、图 6 所示。

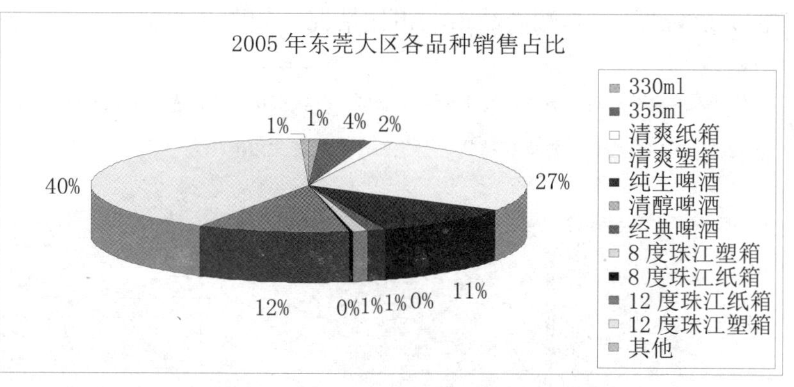

图5 2005年东莞大区各品种销售占比

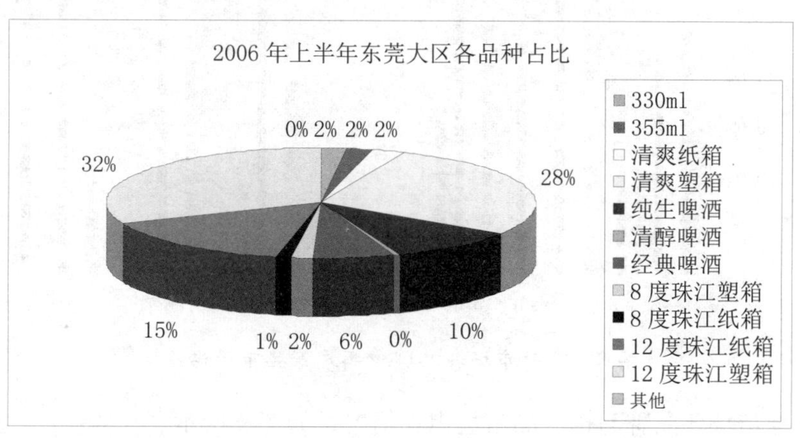

图6 2006年上半年东莞大区各品种占比

（4）东莞市场各品牌大众化产品市场占比情况，如图7所示。

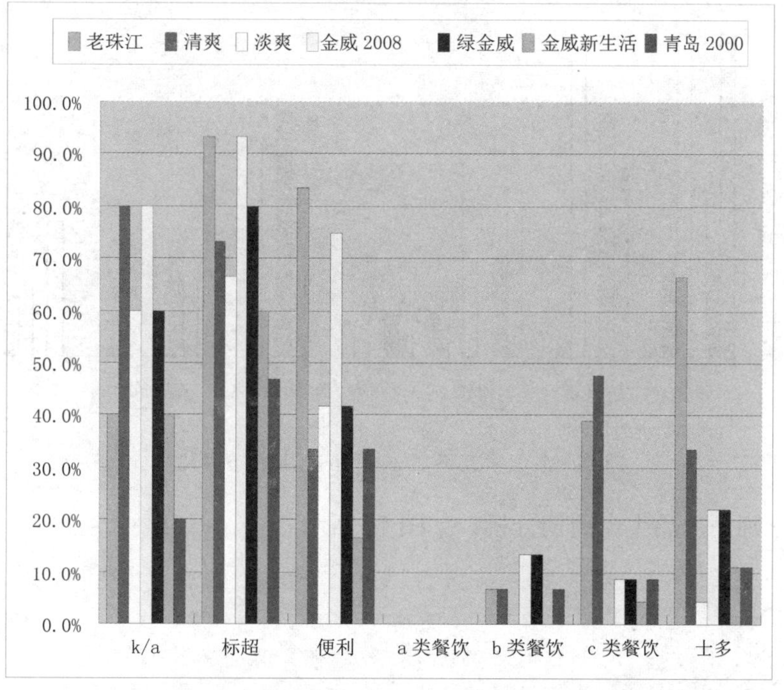

图7 东莞市场各品牌大众化产品市场占比

（5）东莞市场各品牌中高端产品市场占比情况，如图 8 所示。

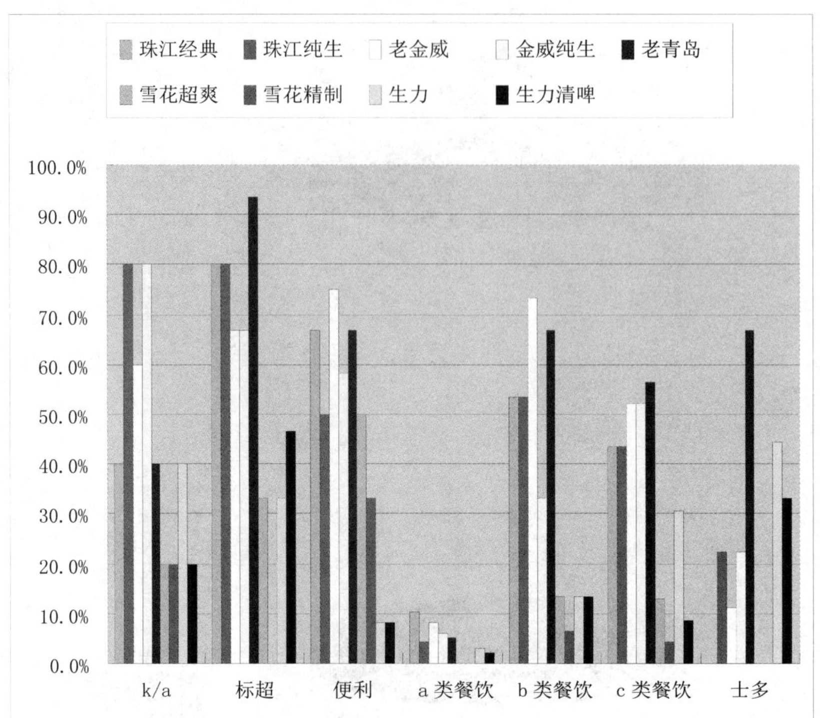

图 8　东莞市场各品牌中高端产品市场占比

（6）东莞市场各品牌高档产品市场占比情况，如图 9 所示。

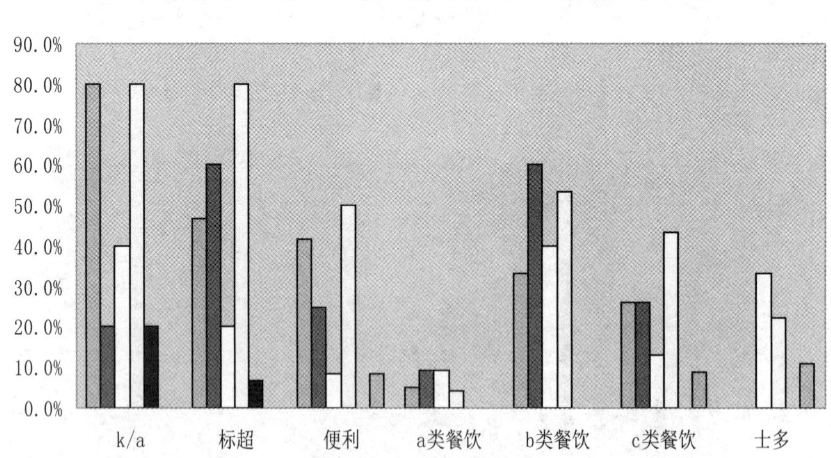

图 9　东莞市场各品牌高档产品市场占比

（7）珠江啤酒产品生命周期分析，如图 10 所示。

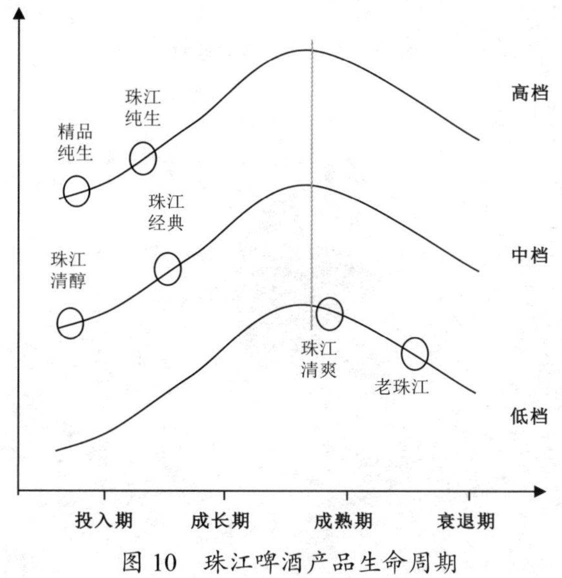

图 10　珠江啤酒产品生命周期

（8）2006 年 1–6 月东莞大区不同经销商销售占比情况，如图 11 所示。

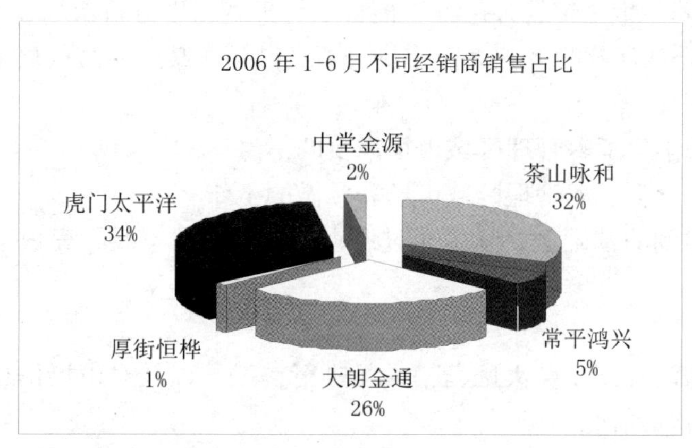

图 11　2006 年 1–6 月东莞大区不同经销商销售占比

（9）珠江啤酒在东莞各种类型终端的市场占有情况，如图 12、图 13 所示。

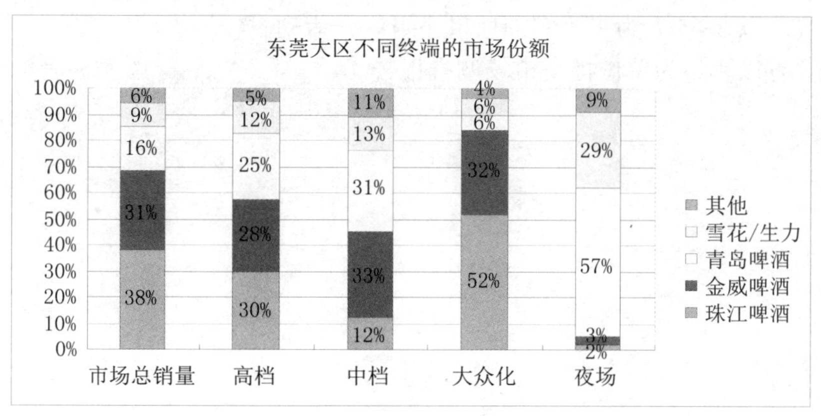

图 12　东莞大区不同终端的市场份额

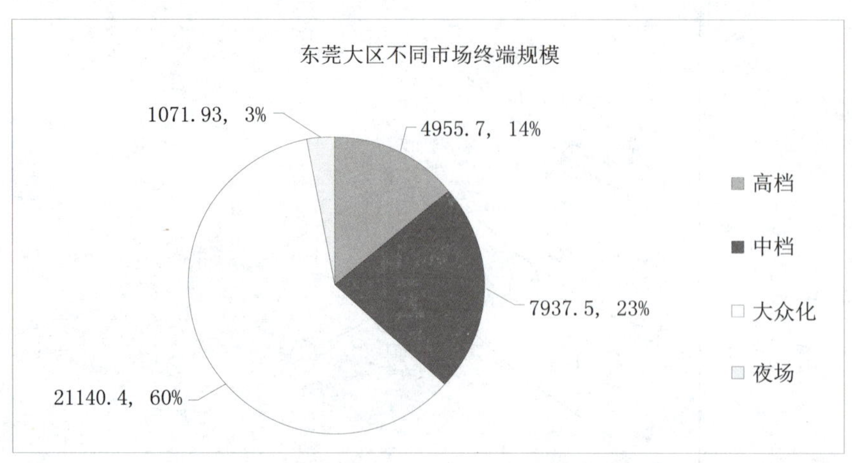

图 13　东莞大区不同市场终端规模

实战演练

实训目标：培养学生销售管理思维习惯，从管理者角度分析市场、管理市场。

实训内容：结合珠江啤酒东莞大区市场分析，做一次某产品某区域市场的调查分析。

实训要求：

（1）教师帮助学生了解管理区域市场需要的信息。

（2）教师帮助学生了解管理区域市场需要做的工作。

（3）在理解案例的基础上，学生通过调查市场、收集资料，完成某产品在某市场的调查报告。

实训步骤：

（1）通过对珠江啤酒东莞大区营销人员进行访谈，以及对市场信息的收集，了解企业产品在该市场的营销情况。

（2）学生从管理者角度出发，分析企业产品在该市场存在的问题。

（3）如果你来管理该市场，你将采取哪些策略。

（4）学生通过信息的收集分析，完成一份有利于管理者管理该市场的市场调查报告。

组织形式：以 3～5 人为一个实训项目小组展开活动。

考核方式：以小组为单位提交市场调查报告。

任务二　销售经理认知

学习目标

● 知识目标：

1. 熟知销售经理的角色定位。
2. 熟知销售经理应具备的基本要素。
3. 熟知销售管理岗位的工作职责。
4. 熟知销售经理的道德规范。
5. 熟知销售员向销售经理的转变。

● 能力目标：

1. 能根据销售经理岗位能力和素质要求，不断自我完善。
2. 能掌握销售经理的岗位职责，熟悉销售管理工作内容。

引例

销售经理：为何累死难出好业绩？

有一类销售经理（下文统称为 A 类经理），电话从早到晚一直响个不停，总给人夜以继日的高度繁忙感。如此努力，销售业绩应该很好！但事实如何呢？大部分这类销售经理往往业绩平庸，带领的团队毫无斗志。

还有一类销售经理（统称为 B 类经理），悠哉游哉，平时工作漫不经心，胜似闲庭信步，但销售业绩总是名列前茅。

A 类经理受到批评时，总会私下里说：我没有功劳也有苦劳！

商场如战场，结果为王，业绩不好，再忙也没人同情。相反，因为你拖了公司整体销售业绩的后腿，影响了公司的战略规划，你的团队也得不到提升，难有出头之日。

努力的业绩不好，不努力的却业绩突出，难道是苍天无眼，道不酬勤?

非也！这与努力并没有太大关系，工作方向与方法决定了两种截然不同的结果。

看看A类经理的病灶吧！

孤胆英雄，忽视团队

A类经理中不乏单兵作战能力超强的销售精英。这类经理被委以重任的主要原因就是因为业绩突出。可是他们被提拔为经理之后，反而不知道怎么开展工作了，而原有的业务不能放手，否则就无法证明自己的能力。于是，一个季度下来，自己主做的业务，业绩大幅下滑，所辖的市场业绩不升反降，销售经理焦头烂额。没过半年，往往被公司降职，回到原岗位继续做他的基层销售工作。

有些销售经理的原单兵作战能力超强，在具体负责的基层类小范围市场上能够所向披靡，攻无不克，战无不胜。一旦走到更高的销售管理岗位后，就显得力不从心，高处不胜寒。单兵作战能力强，只能说明个人单兵素质突出，最多也就是个"顺溜"型的战斗英雄，但不能拜将成帅。一个销售经理要能将自身的优势与能力转嫁给团队的每个成员，一头雄狮带的一群羊才会成为一群狮子，作战能力就会裂变式提高。

单兵能力强的销售经理要放弃原来那种习惯于孤胆英雄式的作战方式，而应将更多的工作重心放在训练与提高部属的能力上，把自己的能力成功地嫁接给团队，才能全面提高整体的战斗力。独木难成舟，众人划桨开大船。一旦团队整体能力得到提高，销售经理的工作就很轻松了。

职责不清，集权过度

A类销售经理似乎终日有干不完的活，把自己变成了工作狂，狼狈不堪。

他们都有个通病，权力欲望很强，对部属做事都持不信任态度，事必躬亲。一线市场终端正常节假日促销活动的人员安排要管，每个终端的费用投入都要尽量亲自出马，一线业务员闹情绪要去做思想工作，只有几十元一天的促销员工资要他去批，招聘销售代表要亲自面试，营销、财务报表要自己编制……

市场工作冗杂繁多，事事都去管，什么都去做，凡事要申请，三头六臂也无力而为之。销售经理应对各项工作归类分权，明确各项工作职责，哪个岗位负责哪类工作，进行明确分工并授权。

销售经理究竟该干什么?市场规划、竞争策略、营销策略、市场巡检、渠道管理、市场分析、市场指导、团队管理与激励、部属能力训练与提高，还有各种会议、总结、报告等，需要做的层面性工作已经很多，再去做那些杂乱的琐事，只会事倍功半。

事无巨细，亲力亲为，短时间内显得你很勤奋。时间稍长，不但自己吃不消，市场、团队也都会茫然无绪，市场与管理工作必然会变得混乱不堪。在这种状态下，怎么能出好业绩?

职权分明，分工明确的销售经理，才会对市场有更多的指导力与管理力，各项工作从容面对，处理事情才能游刃有余。

亲和无度，缺乏威信

这种现象主要体现在两个方面，一是亲和无度，二是有法不依。

为了能够与各级员工“打成一片”，体现自己的亲和力。有些销售经理层级不分，无论走到哪个级别的市场，不论员工职务高低，吃喝玩乐人人参与，大小决策全员参加。完全忽视了各级管理者的存在，失去基本的管理威信。

他们与各级中间商甚至是一些终端人员都会称兄道弟，举止鄙俗。时间一长，这些合作单位就会把市场的直接主管不当回事，动辄要跟“领导”打电话。各级市场主管对市场的管理力几近丧失，销售经理成了“救火队员”，长期四处“灭火”，工作劳累。

亲和力不等于领导魅力，过度亲和，不但没有魅力，还丧失了基本的管理威信。在员工与客户面前行为处事，都要简言慎行，拿捏好分寸。作为一个上级领导者，要树立并维护下级管理人员在员工与中间商面前的威信，尽量避免越级行为的发生。销售团队就是战斗团队，各级管理层面缺少了约束力与管理力，管理就会层层脱节，团队成员各自为政，成了一盘散沙。

在公司制度比较完善的情况下，A 类经理经常有法不依，对团队与市场的违规违纪行为熟视无睹，不能利用制度加以惩戒与有效阻止。或者在制度执行的过程中，厚此薄彼，赏罚不分明，完全凭借个人喜好加以判断与处理。长此以往，市场人员对公司的政策产生怀疑，使得政策的执行无法令行禁止，形同虚设。

一个没有层级管理威信的团队，是没有刚性的团队，也是缺乏执行力的团队。遇到问题层层推诿，遇到困难知难而退；每逢好事就争得面红耳赤、互不相让；事事利字当头，跟上级讲条件，要么情绪激动，消极怠工；鸡毛蒜皮的小事乱打报告，这样的团队还谈什么克敌制胜，勇往直前？

有勇无谋，缘木求鱼

有类销售经理喝起酒来豪气冲天，非梁山好汉所不能及。公司布置销售任务时，胸脯拍得砰砰响，口号喊得震天吼。

可一到市场就迷茫了，怎样才能完成销售任务呢？对市场的感觉完全没了谱，但是事情还是要做的。于是，一个个野蛮战术出炉：广告要追加多少，专柜要增加多少，专职促销员要增加多少，大小终端地堆、端架、终端包装排山倒海……完全忽视市场操作规律与投入产出比。为了打击竞品，甚至纠集员工与竞品的市场人员肉搏，导致人人自危。

他们对销售目标的分解也是盲目自大，自己给下辖的各个市场定了硬性任务，全然不顾市场的实际。在公布任务时，对大家一句话：有条件要完成，没有条件创造条件也要完成！临了还不忘鼓舞一下士气。

任务分解完了，接下来就像没头苍蝇一样，茫然无序地冲锋陷阵。

等到三板斧砍完后，市场没有得到预期的期望值，整个人开始萎靡不振，百思不得其解。

这类销售经理严重缺乏市场规划能力与分析能力，只能逞一时之勇，终难长久。成功的市场运作要依靠科学、巧妙的战略、战术的有效组合与运用。目标的分解要贴近市场实际，反之，就成了不可能完成的任务，各级市场人员就会信心丧失殆尽。

正确的费用投入方向与比例可得到良好的销量与利润回报。要学会思考，市场目标完成要匹配什么有效手段，每个时期的任务完成量应该怎么设置，所辖各个市场的目标分解如何才算科学，费用投入怎样才算精准等，都需要仔细思考与分析。在整个市场操作思路没有完全成型的前提下，不要急着去“开战”。方向有误，跟目标就会南辕北辙；方法、策略巧妙，就会事半功倍。

B类经理为何做事轻轻松松，事半功倍？相信A类经理们已经开始明白了。

资料来源：http://www.mf08s.com/y/e/e13/200911/235438.html.

从《销售经理：为何累死难出好业绩？》，我们可以看出什么？

（1）销售经理的工作内容和销售人员的工作内容有很大区别。

（2）销售经理工作很忙，压力很大。

（3）销售经理没有一定的管理能力是难以胜任这个岗位的。

（4）销售经理需要有效地管理销售团队。

（5）销售经理需要处理好与客户的关系。

2.1 销售人员的职业道路

销售职业化已成为一种发展趋势，销售人员有着广阔的发展前景，他可以从普通的销售人员晋升为销售经理，或者市场营销总裁，甚至总裁。

销售人员走向销售职业生涯，一般从销售培训生开始。在经过一段时间的培训之后，销售人员可以负责某一地区的销售工作，这也就走上了通往销售经理的道路。经过若干年的磨炼之后，销售人员开始进入更高层次的管理职位——大客户销售人员，就可以获得比较高的社会地位和经济收入。这时，销售人员有两种选择，有的销售人员可以选择满足现状，把销售作为自己的职业生涯；有的选择进入管理层，从地区销售经理到区域销售经理，再到全国销售经理，以至市场营销总裁。

今天，更多的企业不仅希望雇用具有销售才能的销售人员，更希望发现具有销售管理潜能的销售人员。销售人员的职业发展道路如图2-1所示。

图 2-1 销售人员的职业发展道路

拓展阅读 1

从金牌销售到总裁的名人

董明珠

职务：格力电器董事长兼总裁

曾经担任：格力电器一名普通的销售人员

董明珠从 1994 年底开始担任经营部部长，在她的领导下，格力电器从当初年产不到 2 万台的一家不知名的空调小厂，一跃成为今天拥有珠海、丹阳、重庆、巴西、越南、巴基斯坦六大生产基地，员工人数 25000 多人，家用空调年产能力超过 1500 万台，商用空调年产值达 50 亿元的知名跨国企业。1994—2012 年，董明珠相继任珠海格力电器股份有限公司经营部部长、销售公司经理、副总经理、副董事长、总裁。格力电器从 1995 年至 2005 年，连续 11 年空调产销量、销售收入、市场占有率均居全国首位。2003 年以后，销售额每年均以 30% 的速度增长，净利润保持 15% 以上的增幅。2012 年 5 月，格力电器宣布，公司总裁董明珠正式被任命为格力集团董事长。

宗庆后

职务：娃哈哈集团董事长

曾经担任：杭州光明电器仪表厂生产销售主管

1978 年，随着大批的知青返城，33 岁的宗庆后回到杭州，在校办厂做推销员，10 年里辗转于几家校办企业。对多数人而言，42 岁已是到了被生活磨得精疲力尽的年龄了，而宗庆后紧紧抓住了命运给予的一丝可能，像一个工作狂，骑着三轮车到处送货，要把过去所有耽误的时光都追回来。他创立了独特的联销体销售模式，将 3000 多个一级经销商、3~4 万个二级经销商和娃哈哈绑定在一起。这一极度的“封闭式销售”架构（即经销商之间划区而治，互不窜货，违反者会遭严厉处罚，乃至取消经销商资格），使得其经销网络保持了非常稳定的价格体系，再加上宗庆后在成本和分销体系上的严格控制，保证经销商都有钱赚，打造并维系了一支忠诚的经销商队伍。

冯军

职务：爱国者数码科技有限公司总裁

曾经担任：中关村电脑销售员

40 多岁的冯军是中关村第二代创业者。1992 年，他从清华大学土木工程系毕业后，看准了计算机行业的发展前景，放弃了令不少人艳羡的援外工作，跑到中关村大街上蹬着三轮车卖起了电脑机箱，跌破无数人的眼镜。13 年后，历经风雨的冯军，成功将“爱国者”打造成为一个响亮的民族 IT 品牌。在冯军的带领下，爱国者营业额连续十年保持 60% 的稳定增长。目前，爱国者移动存储产品、MP3、显示器均稳居国内市场前三位。

资料来源：职业，2014（25）：26-27.

2.2 认知销售经理

2.2.1 销售经理的角色定位

销售经理（sales manager）指导产品和服务的实际销售，通过确定销售领域、配额、目标来协调销售工作，并为销售代表制定培训项目，通过分析销售数据，确定销售潜力并监控客户的偏好。

销售经理是企业最重要的职位之一，销售经理的角色应该定位为企业销售政策的制定者、市场信息的发布者以及销售代表的业务辅导者。为了担当好上述角色，销售经理必须到一线市场中去。只有这样，销售经理才能深入了解市场情况、客户需求以及竞争对手的情况，从而制定出适应市场发展、满足客户需求的销售策略和计划，并协同销售代表共同完成销售目标。

1. 人际关系方面的角色：领导者、联络者

（1）领导者角色。销售经理作为一个销售部门的负责人，要负责对下属进行激励和引导，包括对下属的聘用、培训、评价、奖励、提升、表扬、干预、解雇。部门的节奏通常由销售经理来决定，销售部工作是否卓有成效决定于销售经理向部门注入的力量和远见。销售经理的无能或疏忽往往使部门的工作处于停滞不前的状态。作为领导者的角色，销售经理最重要的目标就是把部门成员的个人需求同部门目标结合起来，促进整个团队有效地开展工作。

（2）联络者的角色。销售经理要通过各种正式的和非正式的渠道来建立和维持本部门与外界的联系。这些渠道有：参加外部的各种会议，参加各种社会活动和公共事务，与其他部门的经理互相访问或互通信息，同与销售有关的其他机构的人员进行各种正式和非正式的交往等。

2. 信息方面的角色：接收者、传播者、发言人

（1）信息接收者的角色。销售经理得到的信息大致有以下五类：一是内部的业务信息，通过下属的业务报告、特别报告，以及对部门工作的检查等渠道获得。二是外部的事件信息，如客户、竞争者、市场变化、政策变动、技术发展等，通过下属、同业组织、报刊等渠道获得。三是分析报告，从下属、同业组织或外界人员等渠道得到对某一事件的分析报告。四是各种环境信息，包括参加各种会议、阅读客户来信、浏览同业组织的报告等。五是压力信息，各种压力也是信息的来源，如下属的申请和外界人士的要求，其他部门的意见和社会机构的质问等。

（2）信息传播者的角色。销售经理把外部信息传播给下属部门和人员，把内部信息从一位下属传播给另一位下属。销售经理传播的信息包括：一是有大事实的信息，销售经理要用某种公认的标准来判断是否正确，把其中有价值的信息传播给有关的下属；二是有关价值标准的信息，销售经理在组织中要传播正确的价值标准，以便指导下属正确的决策。

（3）信息发言人的角色。销售经理信息传播者的角色所面向的是部门内部，而其发言人的角色则面向外部，把本部门的信息向周围的环境传播。销售经理发言人的角色要求他把信息传递给两类人：第一类是其直接上级，第二类是企业之外的公众。销售经理只有把自己的信息同他所联系的人共享，才能维持其联系网络。

3. 决策方面的角色：变革者、冲突排除者、资源分配者、谈判者

（1）变革者角色。销售经理的变革者角色是指销售经理在其职权范围内充当本部门改革的发起者和设计者。变革者角色的活动开始于观察工作，寻找各种机会和问题。当发现一个问题或机会以后，如果销售经理认为有必要采取行动来改进部门的工作状况，就应该提出改进方案，报上级批准后组织本部门实施。

（2）冲突排除者角色。销售经理面对的冲突有两种类型：一种是下层之间的冲突，主要是由于资源的分配、个性不同引起的；另一种是部门之间的冲突，主要是当部门资源遭受损失或面临遭受损失的危险时发生的。销售经理一般把排除故障置于较其他绝大多数活动都优先的地位。

（3）资源分配者角色。实现资源分配者的角色，销售经理就要保留销售部门所有重要决定的决策权，这样就保证把这些决定相互联系起来，使它们互相补充而防止冲突，并在资源有限的情况下选用最好的方案。由销售经理来批准的事项有：下属拟定的改进性方案，对较为次要的故障的排除措施，现有程序和政策的例外情况处理，下属谈判的合同，业务预算等。

（4）谈判者角色。对于销售经理来说，谈判者的角色显然是最重要的角色之一。这些谈判既包括正式的商务谈判，也包括非正式的谈判。谈判就是资源交易，要求参加谈判的人要有足够的权力来支配各种资源，并迅速做出决定。对于销售经理来说，很多谈判场合都需要他的参加并做出决定。

2.2.2 销售经理应具备的基本要素

优秀的销售经理应该具备多种条件，例如，要有相当渊博的业务知识、良好的道德品质、出色的个人能力以及较高的公共关系能力等。其中，最基础的要素主要包括以下三种：丰富的管理知识、足够的管理技能以及强大的统御能力，如图 2-2 所示。

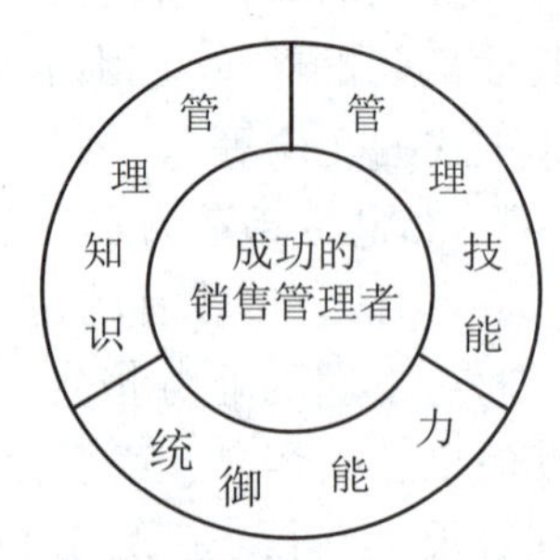

图 2-2 销售经理应具备的基本要素

1. 管理知识

在管理知识的掌握方面，销售经理首先应该注意学习营销管理知识、财务管理知识和人力资源管理知识，同时，还应该学习销售心理学和管理经济学。此外，产品知识、销售技巧以及相关的国家政策法规也是销售经理必须掌握的基本知识。只有掌握了全面的管理知识，销售经理才能充分发挥个人的才华，创造良好的销售业绩。

2. 管理技能

管理技能很多，如时间管理、授权管理、沟通管理以及公关能力、处理危机的能力、计划能力、协调能力、组织能力和激励技巧等。如果一个销售经理能够将所学的管理知识灵活应用到销售实践中，说明他已经掌握了管理的技巧，其管理能力也非常强。

3. 统御能力

销售经理的统御能力，即领导力，主要包括三个方面：权威性、影响力和领导艺术。作为一名管理者，需要通过职位所赋予的权力以及个人的威望构成自身的领导风格，形成约束和引导下属的影响力，从而使下属愿意跟随领导者共同努力完成组织所赋予的目标。因此，销售经理的统御能力往往是影响销售部门业绩的重要因素。

拓展阅读 2

销售经理应该具备的七个特质

很多销售经理回顾自己过去的经历时才发现，成为一个优秀的销售经理要付出巨大的努力。成功的销售经理应该具备七个特质。只有做到了这七个方面，才称得上是优秀的销售经理。

（1）能自如地应对变化。销售经理最大的挑战是带领销售团队适应不断变化的市场。现在的市场受很多因素的影响，这就要求销售经理能冷静地面对混乱状况，热情地拥抱变革，不断调整以应对未来的挑战。

（2）获得下属的信任。销售人员不会很在意销售经理说什么，但是会根据他的所作所为来判断他是否值得信任。信任意味着销售人员不会对你说的话做其他的猜测，他们会非常信赖你。信任并不是指销售经理对团队成员下了什么命令，而是指销售经理在没有人看到的情况下做了什么。如果制定了规章制度，就要带头遵守。

（3）给予反馈。如果销售经理不能提供客观的反馈，优秀的销售人员也许就不会继续努力工作。没有适当的措施奖励目标的达成，销售人员的积极性就会下降。优秀的经理人会设定一个清晰的、可实现的目标，并且经常给予销售人员反馈。

（4）激发热情。激发销售人员的热情，是创造业绩的前提条件。成功的销售经理会想方设法激发团队成员的热情。有时，组织一个有创造性的竞赛也可以让销售人员保持高昂的热情。

（5）善于参与。成功的销售经理应该善于让自己曝光，让顾客能感觉到你的存在，让团队成员觉得你平易近人。不要埋头于文案工作，经常到处走走，看看员工是怎么工作的，给他们一些指导，帮助他们把工作做得更好。销售经理还可以走出去，和顾客进行接触。顾客觉得自己受到了尊重，忠诚度会更高。

（6）帮助团队成员成长。优秀的销售经理不仅会给团队成员提供技能的培训，还会帮助他们做好长期的职业规划。现在顾客的需求变化很快。针对这种情况，销售经理可以做一些销售培训，鼓励销售人员经常学习，理解顾客的情况，以便提供给他们更适合的解决方案。而培养销售人员的商业敏感性，则可以帮助他们获得长期的发展。

（7）持续改进。新上任的销售经理也许可以很快改善业绩，但是要长期保持这种趋势却比较难。销售经理往往比较关注是否达到了季度的销售目标，为了达到这个目标，有时会对销售战略做一些调整，这些调整却使得长期的业绩增长变得很困难。

2.2.3 销售经理的岗位职责

销售经理的主要职责是根据企业总体战略，带领团队进行客户开发与管理，以完成企业的整体销售目标。具体职责如下：

1. 做好需求分析工作

建立稳定可靠的市场信息反馈采集机制，定期组织市场调研，收集市场信息，进行市场容量分析、销售增长潜量分析、行业需求分析、顾客需求分析、市场占有率分析等工作。

2. 竞争情况分析工作

定期收集产品价格信息，掌握其他企业的价格水平，分析竞争态势并制定应对策略，报请相关上级领导批准后实施，以适应市场竞争形势。

3. 确定销售目标

全面负责企业产品市场开发，根据企业年度经营目标，包括销售额目标、分销目标、市场占有率目标、顾客满意度目标来制定销售目标。

4. 制定销售策略

制定销售策略，主要包括产品策略、销售渠道策略、销售促进策略，报主管经理批准后组织实施，并对销售策略实施效果进行分析、调整与改进。

5. 制定销售计划

根据销售目标和部门人员组成，制定年度销售计划，月度、区域、产品销售分解计划。

6. 做好销售预算

根据企业近期目标和远期目标、财务预算要求，向销售人员下达销售任务，组织销售人员分析市场环境，制定和编制产品、区域销售计划，分析销售预算。

7. 销售人员管理

做好销售人力需求分析，编制销售人员岗位工作说明书，明确每位销售人员的岗位职责，做好招聘与培训计划、制定薪酬规划、绩效考核方案和考核指标、奖惩措施，制定销售竞赛计划，并操作实施。

制定并完善销售管理制度、销售业务操作规程，使业务流程规范化、标准化，并编制业务手册，指导、强化操作实施。

8. 资金管理

制定销售费用开支管理制度，严格审核并控制销售费用开支，销售成本控制在预算水平之内。进行销售活动费用分析和监督，做好销售账款回收监督。

9. 协调相关部门关系

协调销售部和各相关组织的关系，建立稳定良好的协作关系，使销售工作顺畅开展。

10. 有效信息沟通

定期与相关部门的人员进行沟通，管理好重点客户的订单计划，确保销售计划圆满完成，做好合作伙伴和重点客户的走访，确保销售渠道和重点客户信息回馈准确，增强信任度。

11. 客户信息管理

制定客户管理制度，建立并完善客户信息档案，做好大客户的追踪服务，建立客户信用评估管理办法及评估结果应对方案，不断追踪进行信用评估，强化销售风险防范措施。

12. 销售工作分析

定期组织、召开销售工作分析会议，分析销售动态、销售成本、产品价格政策、存在的问题、销售业务活动的过程及结果、市场竞争状况等，提出改进方案和措施，督促销售计划顺利完成。

拓展阅读 3

销售经理岗位工作说明书

一、基本资料

岗位名称：销售经理　　　　岗位编码：201202

定员标准：两名（总公司、南宁办事处各一名）　　　　所属部门：销售部

直接上级：总经理

二、岗位职责

1. 岗位概述

在总经理的领导下，负责制定并执行相关销售计划，管理公司的销售工作，带领销售队伍完成公司的销售计划和目标。

2. 工作职责及内容

（1）销售计划的制定

根据公司年度计划以及对公司市场需求的分析研究，制定本部门年度销售总计划。

（2）督促实施销售计划

组织部门人员分析并制定销售人员具体的销售目标；督促、检查销售计划完成情况，出现偏差及时纠正，确保公司销售目标的完成及超额完成。

（3）市场信息采集

研究行业市场竞争环境，及时掌握市场信息及需求动态，对销售计划的完成提出合理化建议。

（4）客户关系管理

负责定期拜访公司重要客户及经销商；监督、检查销售人员的客户拜访情况；对客户信息和交易记录进行整理，随时了解客户需求动态；及时处理客户异议和投诉等，提高客户满意度，与客户建立并保持长久合作关系。

（5）销售经费的合理使用

组织销售部严格按照公司销售预算开展工作，节约销售费用支出；审核销售人员接待费报销单。

（6）销售回款

指导销售人员提高销售回款技巧，及时收回公司销售款项，保证年度销售目标的实现。

（7）销售团队建设

根据公司发展需求，制定销售部门人员招聘计划，协助开展销售部人员招聘、培训、考核等工作。

（8）完成领导交办的其他临时性工作。

三、监督及岗位关系

所受监督：总经理

所施监督：销售人员

岗位关系：

（1）内部关系：本岗位有与部门员工在工作上相互配合的关系，与其他部门有协助开展工作的关系。

（2）外部关系：本岗位与外部客户有密切合作的关系。

四、工作要求

- 按时上下班，非请假及外出拜访客户不得迟到、早退。
- 熟练掌握公司产品信息。
- 熟练操作公司各类软件。
- 妥善安排并管理销售部门相关工作事宜。
- 定期检查销售人员客户拜访情况。
- 定期检查工作开展情况，形成销售周报、月报、季度报表。
- 耐心解答客户咨询，以客为尊。
- 友善接受公司相关部门的考核。

- 与公司其他部门协调工作。

五、岗位权利

- 制定销售部门销售策略的权利。
- 对销售部门进行管理的权利。
- 自主开发客户的权力。
- 给客户报价的权力。
- 客户跟进、签订合同的权力。
- 有对上级领导提出合理化建议和意见的权力。

六、工作环境及条件

本岗位属于销售岗位，工作环境属于办公室与外部市场相结合。

七、工作时间

公司实行双休制，每周工作五天，每天工作不超过八小时，国家法定假日休息。

八、任职资格及要求

1. 资历

学历要求：测绘、地理信息系统、市场营销等相关专业大专及以上文凭

工作经验：三年以上相关工作经验

2. 任职要求

（1）专业知识技能

- 熟练使用计算机。
- 熟练使用相应的软件进行数据处理。
- 掌握地理信息系统等相关知识。
- 熟练使用公司产品涉及的各个系统及软件。
- 对销售工作充满热情，具备从事销售工作的相关知识技能。
- 了解相关管理知识。

（2）心理品质及能力要求

- 具有积极向上的激情与热情。
- 具有较强的人际交往能力。
- 具有较强的语言表达及沟通能力。
- 具备良好的应变协调能力。
- 具有较强的管理能力。
- 具备相应的谈判能力。
- 具有相当的敏锐性，及时掌握行业的基本需求动态，了解竞争对手的信息及其产品的优劣势。

九、岗位考核内容

- 销售部总体销售目标完成情况。
- 个人销售业绩。
- 销售部销售人员个人销售目标完成情况。
- 客户信息管理情况。
- 工作态度。
- 公司制度遵守情况。
- 思想道德品质。

2.2.4 销售经理的道德规范

芝加哥大学在对销售道德规范进行了数年研究之后，总结出以下 6 条帮助管理层建立道德规范的方法，目前已有 1700 万人发现其行之有效："真理高于一切"是处理所有人际关系的原则；对陌生的下属要首先赋予充分信任；对于那些值得信赖的人则更要充分信赖；要从无私的角度指导下属工作；对于新的销售和市场创意要抱着开放的心态，不要去追究其来源；在企业利益和个人利益之间选择前者，任何时间、任何地点不要染指任何不当的钱财。

作为销售经理，同样要遵守销售人员所要遵守的道德规范：诚实、守信、负责和公平。在处理与销售人员的关系时还要遵守公正、信任和关爱这三个重要的道德规范。

1. 公正

销售经理们都知道，在管理销售人员时，公正是最基本的要求，也是最重要的要求。然而事实上真正做到绝对公正几乎是不可能的事情。即使给销售人员再高的报酬，如果对下属不公正，他们都有可能带着重要的客户离开公司；如果对他们是一致性的公平、公正，即使惩罚时采取比较苛刻的方式，他们也可能因为你的公平公正而留在公司。因此，销售经理在对下属进行管理时一定要做到公平、公正，否则，销售人员会表面服从、内心敌对，甚至离开公司。

销售经理的公正行为可以从三个方面实行：分配公正、惩罚公正和补偿公正。分配公正是指分配给销售人员的利益和责任。当然，每一个销售人员的所得利益不一定要相当，但是具体到某一个销售人员，他所得的利益应该与他所承担的责任是对等的，即承担的责任越大所得的利益就应该越大。惩罚公正是指对错误行为的惩罚和处治。亚里士多德认为，一个人对其行为应负有责任，除非他的行为是受强迫的，或者他不知道其行为会产生不利后果。销售经理要做到，无论销售人员的业绩有多出色，在他犯错误时，不能有"将功补过"的观念，功是功，过是过。有功劳，就要给予相应的奖励；有过错，就应该给以相应的惩罚。补偿公正涉及的是对错误行为受害方的补偿。在销售活动中，经常存在销售人员将自己的产品销售到他们管辖的范围之外，即所谓的"窜货"，造成其他销售人员的损失。这时销售经理应该出面公正地解决窜货问题，对受害方给予一定的补偿。

2. 信任

销售人员出差在外的时间远远多于在公司的时间，销售人员与顾客打交道的时间也远远多于与经理们沟通的时间。那么，销售经理们怎样才能做到用最小的管理成本来得到销售人员最大的销售业绩，赢得销售人员对自己、对公司的忠诚呢？若想做到这些，销售经理们只能通过“信任”二字加以解决。信任可以降低代理成本，可以减小经理们的防范成本，可以激发销售人员的才能、斗志和忠诚，可以增强销售团队的凝聚力。有人说：“信任是财富，信任是现代企业管理的基石。”由于销售人员工作性质的特殊性，对销售经理来说，信任显得尤为重要。然而，销售经理要知道，信任的建立必须经历一定的过程，需要相互了解、理解，甚至需要通过不同层面和不同方式、方法相互检验，才能慢慢建立，否则，就要遭到盲目信任带来的巨大危害。在我国的企业管理中，很多销售经理把信任摆在次要位置，取而代之的却是严格的监督和控制；并且信任的对象非常狭隘，甚至是错误的，往往局限于对经理们的命令唯唯诺诺的员工。这在销售管理中是非常不值得的，也是不道德的。信任不仅是一种管理手段，更是一种职业道德。

3. 关爱

销售人员经常孤身一人出差在外，并且面临顾客的百般挑剔和重重挫折，常常是身心疲惫。他们有可能获得比较优厚的物质待遇，但他们的内心往往感到孤独，甚至在某些情况下，比如他们得不到公司的某些支持时，往往有种“被公司抛弃”的感觉。他们有家庭，有自己的亲人，但是相聚的时间却很少。因此，销售人员相对于其他职业的员工来说，更需要得到销售经理和公司的关爱。销售经理有很多方式可以对下属表达他们的关爱，比如，邀请销售人员的家属参加宴会，定期为销售人员进行体检，在他们生日的时候打个电话问候或给他们寄一份生日贺卡等。

小案例

李伟是双城酒业公司的销售人员，该公司是行业中最大的企业之一。李伟刚刚加盟双城公司，他为自己能在如此著名的公司工作而感到自豪。

李伟的工资包括不高的固定工资和佣金。他刚向一名当地的经销商做完了他的首笔业务，并计划着如何花费得到的佣金。

在办公室，李伟的销售经理向他表示祝贺，并告诉他根据公司的政策，可向购买数量超过5万元的顾客赠送一瓶苏格兰威士忌酒。李伟对此政策有怀疑，但经理告诉他，如果他愿意的话，他可以把礼品视为免费的样品。

资料来源：[美] 罗纳德·B· 马克斯等著．人员推销．北京：中国人民大学出版社，2002（1）：82．

思考：这份礼品符合道德规范吗？如果你是李伟，你会怎么做？

2.3 做一名优秀的销售经理

2.3.1 实现从销售员向销售经理的转变

一般情况下，从一名普通的销售人员到销售经理会发生很大的变化。随着职位的晋升、地位的变化，有些变化是显而易见的，如拥有了自己的办公室，配备了下属，有了新的上司。作为销售经理，由于处于不同层次，因此对其要求的能力也不一样。如图 2-3 所示，销售员与销售经理在角色上要求的能力上是不一样的。要完成从销售员到销售经理的角色转变必须注意以下几点：

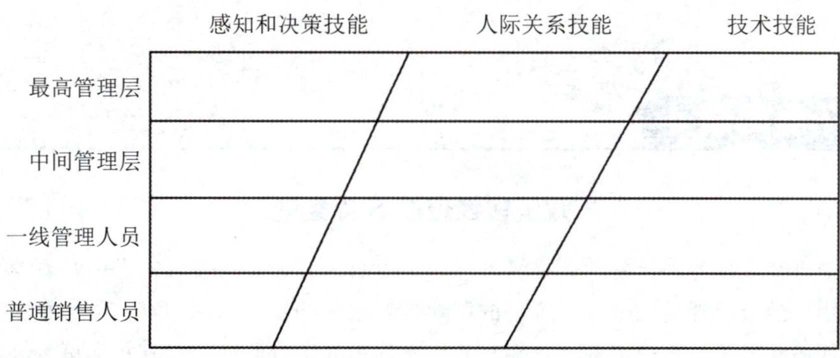

图 2-3 不同层次销售经理的能力要求

（一）思维观念的变化

普通销售人员只需要把主要精力集中于自己的本职工作，他们的目标是如何做好现有的工作，如制定访问计划、访问客户、推销洽谈、送货服务、催款等。而对一名销售经理来说，他必须在自己的头脑里建立一个总体性的概念，认识到计划和决策对组织目标、组织利益的影响，更多地关注组织利益而不是自身利益。

（二）目标的变化

销售经理主要应该考虑的问题是如何实现组织的目标，如组织的销售目标、利润目标、成本费用目标、市场目标等。而一名普通的销售人员只需考虑自己的销售定额和销售任务，自己拿到的薪酬和奖励。

（三）职责的变化

销售经理除了需要完成一般性的行政管理工作之外，还需要对自己的下属加以管理，并为他们的工作创造条件，提供必要的资源。销售经理更多的工作是引导和协调他人的销售活动以实现本组织的销售目标。而普通销售人员的责任主要就是完成组织分配的销售定额，加强与客户的联系。

（四）工作绩效的变化

由于销售经理基本上已经不再从事实际的销售活动，与客户的实际接触也很少，因此对于他们来说，更多的成就感是来自于下属的成功而不是自己的成功销售，销售人员的努力与贡献是对销售经理最大的安慰。销售人员的绩效当然是来自于自己的销售业绩、自己价值的实现。

（五）技能要求的变化

对于销售经理来说，掌握销售技术和拥有销售经验非常重要，但更需要其拥有良好的计划、沟通、培训、指导和激励他人的能力，而对销售人员的技能要求则主要是有较强的销售能力和沟通能力。

（六）工作关系的变化

一般销售人员的工作关系主要涉及与上司、同事、客户的关系，而销售经理需要与上司、下属、同僚、同行、客户建立普遍的良好关系，以利于管理工作的开展，其人际关系变得复杂化。

拓展阅读 4

失败销售经理的 5 种类型

销售经理作为销售部的直接管理者，承上启下，无疑对企业的发展起着至关重要的作用。销售经理是一个很不容易的职业，有很多的希望与梦想在前方，有很多的压力和任务在肩头，有很多的诱惑在身边，有很多的困难要解决，有很多可供施展才华的地方，是个混合着很多复杂因素同时也充满很多乐趣的职业。销售经理作为一个挑战性相对较高的职位，无疑有部分销售经理是屡创佳绩、风光无限，而有部分销售经理却是败走麦城、黯然神伤。下面列出一些失败销售经理的类型。

1. 部属离心

不少销售经理受几千年“官本位”封建思想的影响。许多人一旦坐上销售经理的位置，就忘乎所以，认为“多年媳妇终于熬成婆婆”，可以威风一回。在这种极端的心理下，不是对下属横加职责，就是无端谩骂，在飞扬跋扈中滥用自己的权力。这样所导致的结果是：下属离心离德，或倒戈相向，另谋高就；或消极怠工，出工不出力；或瞄准销售经理弱点，从而向经理拍马屁，阿谀奉承，拉帮结派，造成乌烟瘴气的工作环境。

2. 业绩不佳

一切销售活动的终极目的无疑是成交，没有成交的销售活动都是苍白无力的。杀敌制胜是军人的职责，业绩是业务员的生命，也是销售经理的生命。没有创造优秀销售业绩的销售经理都是失败的。商场如战场，商场，是人这种动物争夺生存权的战场。销售队伍就是企业占领市场的先头部队，市场是残酷无情的，优胜劣汰，适者生存，不适者淘汰。销售经理作为带领销售团队在市场上冲锋陷阵的先锋官，销售团队若没有优秀业绩无疑是失败的。

3. 目光短浅

鼠目寸光和只追求眼前利益者难成大事。有句话说得好：你能看多远，你便能走多远。不少销售经理目光短浅，竭泽而渔、杀鸡取卵，没有处理好长远利益与短期利益、局部利益与全局利益以及个人利益与团队利益的关系，使客户流失、业务员跳槽、市场占有率下降，最终企业没有稳定的人员维持。固步自封，销售策略与管理方式等没有与时俱进。销售经理需要不断地重新规划制定销售策略与管理模式。

4. 自以为是

销售部门是公司实现销售收入的关键部门，公司其他所有部门其实都是直接或间接为销售部门服务或提供支持。销售经理更是公司利益攸关的核心岗位。一些销售经理由于一段时期的优秀业绩表现而不可一世，自鸣得意，沉醉在仿佛公司离开他就无法生存的自我满足感中。就算出现销售业绩大幅度滑坡，也不以为然。

很多销售经理习惯于拿今天的成绩跟昨天比较，只要有所改进和提高，就会感到很满意。销售经理这种“小富即安”的思维习惯很容易导致自我满足乃至自以为是。现在市场竞争越来越激烈，“快鱼吃慢鱼”，企业随时面临被淘汰的风险。优秀的销售经理不应停留在眼前的状况，而应拓宽自己的视野和思路，关注企业未来的目标状态，分析目标状态与今天现状的差距，寻找有效的策略和措施；通过今天更多的努力，实现未来更大的成就。

销售经理应虚怀若谷，具有宽广的胸怀。销售经理对下属必须以诚相待，实事求是，坦诚交换意见与分歧。切忌自以为是，当面一套，背后一套，要两面派手段。销售经理是火车头，必须在工作和生活中不断磨练自己、沉淀自己、提高自己，只有这样才能“超越今天，超越自我”。

5. 利欲熏心

一些销售经理利欲熏心、唯利是图。一些销售经理为销售而销售，本位思想特别严重，几乎完全不顾及其他部门的配合。此外，在财务上也多存在大量问题。大有“挟天子以令诸侯”“唯我独尊”的气势。有些销售经理为完成销售任务不遵守公司章法和规范，急功近利、急于求成，对客户随意承诺却不一定兑现，对公司花言巧语来骗取资源，对公司管理部门威逼利诱索要支持。

任何投机取巧、掩耳盗铃式的思路，任何急功近利、急于求成、唯利是图的心态最终都会以失败告终。对于这一部分销售经理，往往会为自身职业发展埋下隐患甚至自取灭亡的结果。

2.3.2 如何成为一名合格的销售经理

销售经理的基本职能是计划、组织、培训、指导、激励与评估，运用组织的资源以实现高水平的绩效。要做到这些，需要销售经理具备感知和决策、人际关系、技术等方面的技能。但对于一个没有从事过销售管理工作的人来说，要做到这一点并非易事，需要有充分的准备。

（一）尽快适应角色变化

从一名销售人员晋升为销售经理，不可能一夜之间就适应这个变化，其思维方式、行为方式不可能在转瞬之间就从一个普通的销售人员转变为一个销售管理者。在这种角色变化中，需要一个适应过程。

一般而言，从销售人员到销售经理需要经历七个阶段。

第一阶段：不知所措。一个人面对新的变化的时候，往往会不知所措，无所适从。刚晋升的销售经理通常的表现是思维无头绪，行为无规律，工作无重点，忙于应付。

第二阶段：怀疑。面对新的人事变化、新的工作挑战，当人心力交瘁的时候，就会开始怀疑自己。刚晋升的销售经理在这一阶段通常会怀疑自己是否能胜任销售经理这一职位。

第三阶段：调整。经过一段时间的思考，新晋销售经理会真正认识到自己必须面对新的挑战，必须对自己已经形成的生活习惯、社会关系等方面进行全面调整，尽快适应新的职位。

第四阶段：接受现实。新晋销售经理开始以乐观的态度接受现实，心甘情愿地放弃对过去的留恋，逐渐适应新的岗位。

第五阶段：磨炼。新晋销售经理开始尝试新的思维方式、行为方式，克服自己，战胜自我，主动适应新的环境。

第六阶段：寻找价值。新晋销售经理的注意力开始转向如何在新的岗位上做出自己的贡献，如何提高销售组织的绩效目标，找到实现自己价值的有效途径。

第七阶段：内化。新晋销售经理真正地进入了角色，把新的价值观念融入自己的日常工作之中。

这一适应的过程，有的人需要的时间短，有的人需要的时间会长一些，也有的人因不能适应而被淘汰。

（二）勇敢面对挑战

对大多数新晋的销售经理来说，最大的问题是他们对销售经理一职缺乏足够的准备。他遇到的主要问题集中在技能转变、公司期望、群体变化上。

首先，技能问题。销售人员晋升为销售经理，往往是因为其出色的销售业绩。但是，成功的销售员所具备的技能与作为销售经理所需要的技能有着很大的区别。因此，为了成功地管理他人，一个销售管理者必须具有新的态度、行为和技能。

其次，公司的期望问题。公司往往希望新提拔的销售经理能够马上进入角色，像一名合格的管理人员那样有条不紊地开展工作，却没有给他们足够的帮助和支持。例如，要求他们提供正规的培训计划，要求销售业绩有一个大的提升等。这对一个新的销售经理而言无疑是一次挑战。

最后，交流群体的变化问题。作为一名新的管理人员，他不可能马上就找到能够与之交流的群体。因为，以前的同事已不再把他看成是“我们中的一员”，沟通与交流的角度发生了变化；在他向别人完全展示作为一名管理者所具有的思维和行为能力之前，其他经理也不可能马上接受他的到来，会与其保持一定的距离。在最需要他人帮助和支持的时候，新晋销售经理往往发现找不到自己的位置。

（三）在实践中不断学习

对一名刚上任的销售经理来说，要成功地适应新岗位，最关键的两个字就是：学习。学会新的技能，学会处理新的人际关系，学会与人沟通，必要的时候寻求他人的帮助。新的管理者必须把原有的工作习惯完全抛在脑后，与新的同事、下级和上级领导共同合作，从头开始。这意味着新晋销售经理需要了解新的岗位赋予他的新的责任，而不仅仅是原有工作的持续和延伸。当然，这需要艰苦的努力，要更多地倾听他人的声音，只有这样才能赢得他人的信任和支持。同时，注意避免过于激烈的调整和改变，过快的变化很可能会招致同事和部下的反感。

一个新的管理者要不断地提醒自己，他本身并没有什么变化，只不过扮演了一个新的角色而已。需要做出调整的是他自己，而不是他的部下和周围的环境。

（四）培养优秀品质

合格的销售经理应具有的优秀品质主要包括勇气、意志、远见。管理是一门科学，也是一门艺术。要成为一名合格的经理，需要学习销售管理课程，更需要系统地接受销售管理培训。接受销售管理课程的学习和培训，可以帮助新上任者成为一名合格的销售经理，并对未来可能遇到的各种挑战做好充分的准备，也可以获得很多有价值的信息资料，这些资料是其他途径无法得到的。

但是，课堂上学到的只是关于管理的一般知识、一般规范和一般规律。销售经理还需要在管理的实践中不断学习，不断开发自己的领导潜能，培养自己的意志品质，不断完善自己。一名合格的销售经理应具备三种优秀品质：勇气、意志和远见。勇气，就是要有否定自己的勇气，向别人学习。没有自我的否定，就不会有自我的发展。意志，就是要有克服困难、战胜自我的意志品质。没有今天的失败，就不会有明天的成功。远见，就是要有长远的眼光，放眼未来，对自己充满信心。眼光看多远，步子才能走多远。

本章小结

（1）销售经理指导产品和服务的实际销售，通过确定销售领域、配额、目标来协调销售工作，并为销售代表制定培训项目，通过分析销售数据，确定销售潜力并监控客户的偏好。销售经理在企业中是人际关系方面的领导者、联络者；是信息方面的接受者、传播者、发言人；是决策方面的改革者、冲突排除者、资源分配者、谈判者。

优秀的销售经理应该具备多种条件，如：渊博的业务知识、良好的道德品质、出色的个人能力以及较高的公共关系能力等。其中，最基础的要素主要包括：丰富的管理知识、足够的管理技能以及强大的统御能力。

（2）销售部经理的主要职责是根据企业总体战略带领团队进行客户开发与管理，以完成企业的整体销售目标。具体职责包括：做好需求分析工作、竞争情况分析工作、确定销售目标、制定销售策略、制订销售计划、做好销售预算、销售人员管理、资金管理、协调相关部门关系、有效信息沟通、客户信息管理、销售工作分析。

（3）作为销售经理，他们要遵守销售人员所要遵守的道德规范：诚实、守信、负责和公平。在处理他们和销售人员的关系时还要遵守公正、信任和关爱这三个重要的道德规范。

（4）从销售员到销售经理的角色转变必须注意思维观念的变化、目标的变化、职责的变化、工作绩效的变化、技能要求的变化、工作关系的变化。

（5）销售经理的基本职能是计划、组织、培训、指导、激励与评估，运用组织的资源以实现高水平的绩效。要做到这些，需要销售经理具备感知和决策、人际关系、技术等方面的技能。对于一个没有从事过销售管理工作的人来说，要尽快适应角色变化、要勇敢面对挑战、要在实践中不断学习、要培养优秀品质。

案例阅读

王经理的烦恼

王经理是销售部刚上任不久的销售经理，他在销售方面绝对是把好手，但在人员管理方面自我感觉还有些不足，你瞧，他正在办公室烦恼呢。原因是这样的：昨天他正在办公室和一个经常有业务配合关系的经理商量事情，看见本部门上个季度的销售冠军小刘来找他，见办公室有人，转身想走。王经理就走到门口，问小刘有什么事情，小刘欲言又止，最后吞吞吐吐说了句“工作不是很开心，想换换环境”，因为那边业务部门的经理还在等他商量事情，因此王经理就对小刘说：“你别着急，我待会再找你。”开完会之后，王经理又忙别的事情，把这件事给忘了，到晚上想起来的时候，就给小刘打电话，但小刘电话关机了，于是王经理就打电话问销售部另外一个销售人员，向他打听小刘要离职的原因。但是待到今天下午他从客户那里回到办公室的时候，在办公桌上看到了小刘的辞职报告，语气有些强硬，质问王经理为什么把他要辞职的事情这么快告诉别人，并要求两天之内办理完离职手续。王经理坐在那儿郁闷呢，“难道是我哪儿做错了吗？”

文中的王经理在处理骨干员工小刘离职问题时出现的失误主要表现在两个方面：一是没有当即或之后尽快采取挽留措施；二是他不应该把小刘离职的消息轻易地泄露出去，让小刘造成被动，也给王经理的挽留工作造成了障碍。因此，对于骨干员工的离职，我们要有很强的敏感度，要了解和学习挽留骨干员工辞职的步骤和方法。

1. 即刻反应

企业管理者在收到员工尤其是企业不希望流走的关键员工的辞职报告后，应在最短的时间（建议 5~10 分钟）内做出反应，譬如中止会议及手头的日常工作和事务等，任何延误将会使员工辞职的决心更强，企业挽回的可能性更小。所以企业管理者做出即时反应是向辞职员工表明员工在管理者心目中比日常工作更为重要；而且在员工下定决心离职前，公司是有可能挽回要离职的员工的。

2. 保密消息

将员工辞职的消息严密封锁或尽最大可能将员工辞职的消息缩小在最有限的范围内，这对辞职员工本人和管理者双方都很重要。

3. 立即通知最高管理层

对于一些关键性岗位人员的离职，要在第一时间内通知管理层，以便共同商讨并及时做出挽回方案。

4. 倾听员工心声

管理者要立即约好辞职员工，找一个安静的环境进行交谈，并仔细聆听和记录，以找出员工辞职的真正原因，并把了解的内容如实向上一级主管汇报，针对员工说明的原因对症下药，制定挽回的措施和方案。

5. 制定挽留方案

了解完员工离职的原因之后，企业的管理者，包括人力资源部人员、离职员工的上级及上级的上级，有必要的话需要管理层人员加入进来，大家在本企业政策和资源许可的范围内针对了解到的员工辞职的原因制定一个挽留方案。

6. 竭尽全力，赢得胜利

一旦挽回方案制定完毕，管理者就要竭尽全力，赢回员工。首先，管理者要快速反映，让辞职员工感觉自己的离职是很大的一件事；其次，管理者应向员工诚心表达挽留之意，说明离职员工岗位的重要性和工作的价值；再次，管理者应说明公司正在着手落实解决员工所期望的一些方面。另外，如需要或合适，公司管理者可以邀请员工在下班后去外面餐厅用餐，相关管理人员也应参加，也可以邀请家庭成员一同参加，或者通过他 / 她的家庭成员做好游说工作。

7. 解决员工的问题，把他争取回来

切实帮助员工解决他们所希望的问题，给员工制定切实可行的发展规划，力争把员工挽留下来。

8. 赶走挖角公司

如果企业基本上能说服并挽留住员工，企业管理者应让员工及时给他的下一家企业打电话，回绝对方提供的工作，这样做的话，可以断绝员工的“去路”，对三方都有好处。

9. 痛定思痛，防患于未然

不论员工最后是否能挽留得住，企业管理者也要静下心来想一想为什么会出现这样的问题？企业的原因是什么？管理者的原因是什么？企业找到问题的症结和思路，提出整改措施，也就防患于未然了。

练习与思考

一、选择题

1. 销售经理面对的冲突有两种类型：一种是下层之间的冲突，另一种是（　）的冲突。

A. 上层之间　　B. 部门之间　　C. 同事之间　　D. 客户之间

2. 销售经理的角色定位主要包括（　）方面的角色、（　）方面的角色、（　）方面的角色。

A. 人际关系　　B. 信息　　C. 奖惩　　D. 决策

3. 销售经理发言人的角色要求他把信息传递给两类人：第一类是（　），第二类是（　）。

A．直接上级　　B．客户

C．企业之外的公众　　D．直接下级

4．销售经理最基础的要素主要包括以下三种：（　）、（　）以及（　）。

A．丰富的管理知识　　B．足够的管理技能

C．强大的统御能力　　D．强大的关系网络

5．销售经理的公正行为可以从三个力面实行：（　）、（　）和（　）。

A．分配公正　　B．惩罚公正

C．补偿公正　　D．晋升公正

二、判断题

1．销售经理的统御能力，即领导力，主要包括三个方面：权威性、影响力和领导艺术。（　）

2．作为销售经理，由于处于不同层次，因此对其要求的能力也不一样。销售经理层次越高，其战略决策能力要求也越高。（　）

3．对一名销售经理来说，他必须在自己的头脑里建立一个整体性的概念，认识到计划和决策对组织目标、组织利益的影响，更多地关注组织利益而不是自身利益。（　）

4．对于销售经理更多的满意是来自于下属的成功而不是自己的成功销售，销售人员的努力与贡献是对销售经理最大的安慰。（　）

三、简答题

1．如何成为一名合格的销售经理？

2．从销售员向销售经理有哪些转变？

3．销售经理的角色定位有哪些？

实训项目

案例分析

如果明天你上任销售经理

小王是S公司东北区的销售人员，已有3年多的工作经验，销售业绩逐年提升。

就在半个月前，他的部门经理突然离职了，公司经过召开紧急会议，决定由他接任东北区的销售经理。小王得知此消息的瞬间非常高兴，毕竟升迁是每个人都向往的，但几分钟后，小王又闷闷不乐起来。在此之前，小王没有任何思想准备，也没有经过任何有关培训，一时茫然失措，无从下手。这个担子对他来说，确实有些重了。 但小王不惧困难，开始了从思路到行动的转换。

1．*重新理解公司方针和战略*

作为公司一员，每个人都应清楚公司的各项政策，只不过职位越高越需要深刻理解

和切实贯彻。普通销售人员的工作就是要搞定客户，公司政策对其影响主要表现在技术、价格、售后、市场宣传等方面。但作为销售经理，必须完全领会、充分运用这些政策，只有这样，才能利用好公司的资源，并得到其他部门的配合。

2. 与上级经理沟通

小王把公司有关政策拿出来重新细看，感觉它们过于笼统，难以与自己的工作结合起来。于是，他马上找到自己的上级经理、销售总监刘总（小王认为上级经理的明确要求是公司政策的具体化，也是自己的工作方向，毕竟自己将来的工作表现是由上级经理来评价和向公司汇报的），请他给自己的工作指明方向。果然，刘总对他的工作提出了很多具体指导和建议，告诉他初为销售经理一定要做好角色转换，只有这样才能做好今后的工作，顺利和成功的转换是胜任销售经理的关键。

3. 拜访其他部门经理

面谈时，小王感到刘总有很丰富的经验和资源，所以他也将自己的一些想法和计划告诉刘总，希望刘总能给予支持和帮助。刘总对他的思路与表现表示肯定。最后，刘总建议他去拜访其他部门的经理，并强调这对今后的工作会有帮助。

之后，小王找到人事部经理，希望从他那里得到一些相关的培训知识。人事部经理给了小王一张表，上面列举了销售经理应掌握的一些知识和具备的能力，让他先看一看，以后再安排相关的培训课程。

小王从人事部出来后，又去了技术、商务、财务、售后等部门，他知道销售工作离不开各方面的配合。销售人员与这些部门的普通员工合作，需要销售经理与这些部门的经理充分协调，以取得各部门的理解与支持。只要对销售有利，小王就主动积极地去争取。

最后，小王拜访了与自己私交不错的西北区张经理，希望从他那里得到一些经验和指点。张经理拿出一张纸，在上面画出了自己的工作流程。

4. 与经销商共同探讨

小王回到自己的座位上后，很多经销商纷纷打来电话对他表示祝贺。这些经销商知道小王已提升，希望进一步加强合作。小王正好也借此机会与这些经销商进行充分沟通。小王很清楚，经销商是销售力量的重要组成部分，自己做销售人员时只是负责个别经销商，或只与部分经销单位里具体办事的人联系。但作为销售经理，小王必须统筹渠道的整体发展和管理，充分了解和关照每一个经销商。

5. 审视整体市场

与经销商打完电话，小王又重新审视自己负责的整体市场。以前他作为销售人员虽然也密切关注市场动向，但毕竟主要是跟踪具体客户，市场变化对具体客户的影响很多时候是缓慢而局部的，因此，一般销售人员对之常常并不重视。但作为销售经理，他现在所负责的市场比销售人员大得多，市场变化对销售的影响很明显，所以对市场的关注、分析就显得非常必要了。

6. 制订计划

小王对整个东北市场认真思考分析后，有了一个清晰的认识。他打开电脑，重新制定了自己的计划。以前小王的计划基本上只限于开发具体客户，而现在，计划的重点是开发整体市场，当然还要有团队的建设和个人的提高。处在经理位置，个人的计划可以说就是部门的规划，而部门的整体成绩也是自己的最终目标。

7. 业务过渡

完成初步计划后，小王开始重新安排自己的客户。他把自己部门的小徐叫来，将自己以前服务的客户资料交给他，同时也把客户的情况详细做了介绍。作为销售经理，原则上他已不再负责具体的客户了。同时，他还把自己的一些客户计划和设想也告诉了小徐，以便使业务顺利、平稳过渡。

8. 补充知识

下班后，小王赶紧跑到书店，买了一些书。他需要更新自己的知识。作为一个销售经理，他除了必备销售知识之外，必然还要拥有更多的相关知识，特别是管理知识、财务知识、法律知识等。

9. 分析前任经理离任原因

回到家里，小王还想着这两天发生的事情。他突然想，他的上任经理为什么离职呢。他试图分析原因，以给自己一些借鉴。小王很清楚，前任经理的离任无非就是因工作出色而得到提升，或被别的公司挖走，或由于工作不力而辞职。小王一直在这个部门工作，对前任经理比较熟悉，对其工作既有欣赏的方面，也有不满意的方面。虽然小王不知道他离职的具体原因，也许真正原因并不重要，关键是自己以后要发扬他的优点，避免他的缺点。

10. 为销售人员做规划

在随后的几天里，小王与本部门的每个人谈话，对每个销售人员的发展做出了规划和安排。这些人原来都是自己的平级同事，现在都成了自己的部下。每个人可能都有自己的想法，只是没有人能改变眼前的现实。小王想，不论他们有什么看法，只要自己的工作能够对他们的工作带来帮助和益处，就一定会得到他们的认可和支持。通过与销售人员的交流，小王也大概知道了他们对自己的希望，知道大家喜欢什么样的经理和不喜欢什么样的经理。

小王通过一个星期的学习和了解，总结了一下自己近来所做的事，基本上知道了如何胜任销售经理，也弄明白了自己的主要工作。

1. 完成销售任务

销售经理不应当只满足于完成本部门的销售任务，应当使每个销售人员都完成其销售定额，这样才有利于团队的稳定和部门的持续发展。

2. 把握业务方向

既要把握本部门的工作方向，也要把握销售人员的销售方向，因为销售人员在销售任务的压力之下往往只看重具体的客户和业务，只关心能迅速带来销售业绩的事情，容易忽视长远的发展。

3. 及时培养人才

销售人员的流动频率一般要大于其他职位，所以团队一方面要有后备人员，及时填补空缺，另一方面更重要的是不断提高、发现现有人员的能力，增强其归属感。人才需要去发现，更要善于培养，这样才能实现良性循环。

4. 加强团队建设

关键是培养团队精神和提高每个人的综合素质，但同时也要协调好部门中各方面的工作，使整个团队蓬勃向上。

5. 严格纪律管理

销售人员工作的独立性不可避免地会产生很多问题，纪律和制度的健全与执行是不可忽视的，当然重点是以预防为主。

6. 给销售人员设立切合实际并有挑战性的目标

销售人员的目标就是完成销售定额，因此如何确定销售定额十分重要。定得太低，销售人员容易变得懒惰；定得太高，销售人员则容易失去信心。所以销售定额的制订要切合销售人员的能力和市场容量的实际，让销售人员通过必要的努力最终能够完成。

7. 客观评价销售人员的工作并给予相应的回报

销售人员的付出较大，因此他们对回报的期望也比较高，仅有精神上的鼓励是不够的。销售经理千万不能承诺无法兑现的奖励，但必须充分调动销售人员的积极性和创造性，去努力完成公司交给的任务。

8. 为销售人员创造成功的条件

销售经理的经验和资源一定多于销售人员，因此销售经理有义务也应该有能力为销售人员创造合适的条件，主动地为销售人员协调与其他部门的关系，获取尽可能多的资源，让销售人员集中最大的精力在客户身上。

9. 帮助销售人员解决所遇到的困难

销售人员应有孤军奋战的能力，但销售经理应全力帮助解决销售人员所遇到的困难。销售经理和销售人员的目标始终都是一致的，销售经理必须勇于帮助销售人员去完成其力不能及的工作。

10. 随时进行检查和督促

销售经理的重要职责就是对销售人员的工作进行检查和监督，及时发现不足并加以纠正，销售经理必须清楚自己是个管理者。

在后来的工作中，小王接受了一系列的培训，通过不断地学习和总结，小王对销售部门经理的工作越来越有信心，干得也越来越顺手。年底，他所领导的团队在公司的销售排名中已名列前茅。

资料来源：阮立军 . 中国商贸，2005（11）：11-14.

实战演练

实训目标：认识销售经理应该具有的知识、能力、素质，熟知销售经理的职责，提升学生的职业素养。

实训内容：结合《如果明天你上任销售经理》案例以及珠江啤酒东莞大区市场销售管理案例分析，如果你现在成为了该区域的销售经理，你将如何使自己成为一名合格的销售经理?

实训要求：

（1）教师帮助学生了解销售经理应具有的知识、能力、素质。

（2）教师帮助学生了解管理区域市场信息。

（3）在理解案例的基础上，学生调查市场，经理访谈，结合自身能力情况，完成《我要成为合格的销售经理》分析报告。

实训步骤：

（1）通过对珠江啤酒东莞大区销售经理访谈，对市场信息的收集，了解销售经理应具备的知识、能力、素质，了解企业产品在该市场的营销状况。

（2）分析如何提升自身能力和素质，使自己具有合格销售经理的素养。

（3）学生结合收集的市场信息，谈谈上任销售经理后，接下来将做什么使销售管理工作有效开展。

（4）学生通过对比分析，完成一份《我要成为合格的销售经理》分析报告。

组织形式：以 3~5 人为一个实训项目小组展开活动。

考核方式：以小组的形式提交分析报告。

模块二　业务管理

任务三　构建销售组织

学习目标

- 知识目标：
  1. 熟知销售组织的特点和常见的销售组织。
  2. 熟知销售组织设计的内容和步骤。
  3. 熟知销售组织变革的步骤。
- 能力目标：
  1. 能根据公司、产品等特点合理构建销售组织。
  2. 能根据市场变化有效进行销售组织变革。

引例

A 饮料公司在某区域销售组织上的演变

一、区域销售组织的起步

A 饮料公司从 2000 年开始进入某区域，由于在此之前，公司的产品在此区域没有市场基础和销售基础，所以公司考虑到前期不能投入太多人力物力，只是以一名有销售经验的销售经理牵头，并带上三名销售经验丰富的业务主管，以项目组的形式进入，如图 1 所示。

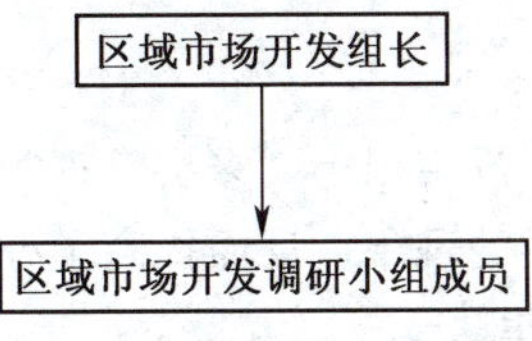

图 1

由于还没有经销商经销公司的产品，所以，四人的主要工作任务是进行市场调研，并依据市场调研结果寻找合适的客户。在半年内达到市场情况基本熟悉并在区域的五个行政区内各开发出一个客户之后，项目组的工作便圆满结束。解散之后，为图可持续发展，留下了一位主管继续留守，并开展进一步的工作。

这种形式虽然是最简单的区域组织结构形式，但却非常实用。它对市场做出了快速及时的反应，同时实现了营销效率的最大化。

二、区域销售组织的沿袭与创新

半年后，在该区域销售组织开发了客户，产生了销售，进行了一些销售运作后，公司按常规原则实行了典型的地理型区域销售组织的形式。该区域共有五个行政区域，每个业务主管负责一个行政区域，负责经销商的联络等，如图 2 所示。原来留下的主管担任该部门的副经理并主持工作。

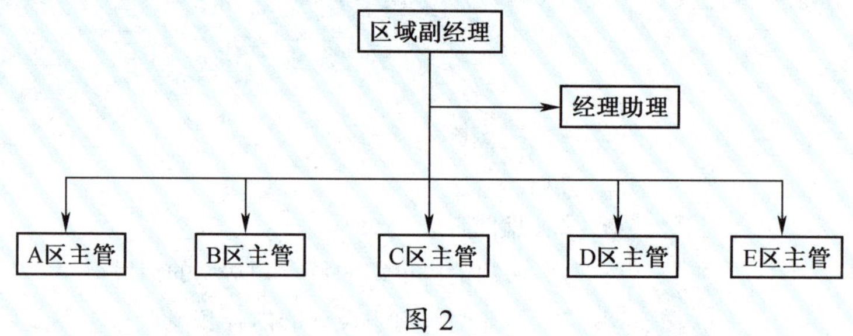

图 2

图 2 是一张传统的地理型区域销售组织结构图。但是，该公司还依据实际情况和发展目标，走出了传统的束缚，进行了运作功能的调整。

由于对超市卖场渠道的重视，该公司将超市渠道统辖在总部 KA 部管理，区域进行协助管理：所有超市的合作谈判与协议签订、订单传递、账款赊欠与申请、促销计划与安排均在总部，而实际发货、退换货、日常业务沟通、生动化、促销活动的实施又完全由区域来执行，如图 3 所示。

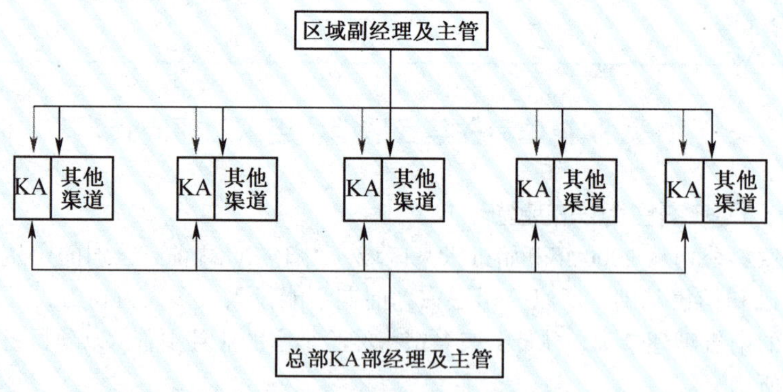

（注：浅灰色箭头代表协助管理）

图 3

这种方式实施以后，不但没有因为“多头管理”（实际是宏观管理与微观管理相结合）而出现部门扯皮和推诿的现象，反而提高了办事效率，符合统筹安排又注重了实际操作情况，促进了整体销售。

这种区域销售组织在部分大公司已存在并被良好应用，这种运作更科学化，更细节化。随着国际性大型 KA 组织不断进入中国市场，很多大公司已采取了针对性的管理和执行方法。这种创新，代表的是一种细致化的管理方向以及个性化的服务水准。

三、区域销售组织的全新创新

2003 年，由于公司深化市场管理力度，要对市场进行深耕，原来的只对经销商进行服务的销售形式必须改变。公司的目标是除服务经销商外，还必须掌控每个区域近百个二批商，并要对零售终端进行渗透和服务。所以，公司在多次认证的前提下进行图 4 所示的销售组织的改革。

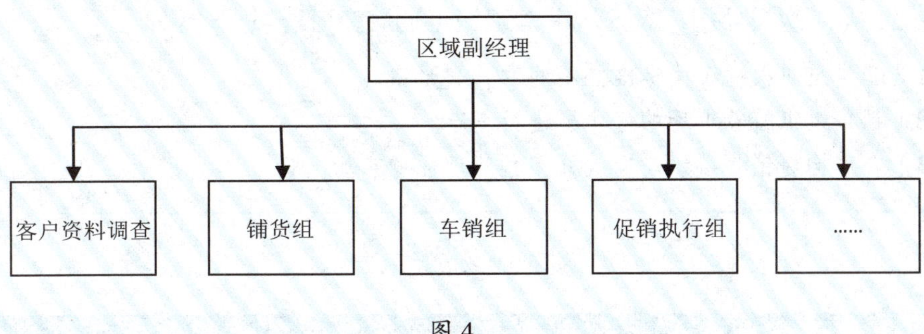

图 4

通过这样的安排和运作，取得了区域的有效开拓和管理，销售大幅增长外，同时还全面地解决了如下问题：

一、解决了管理问题

驻外区域销售组织由于在地域上已超出了总部管理的长度，所以管理问题一直是公司领导者头痛的问题。业务员对工作的日久生厌，长途距离的寂寞拜访，单枪匹马的无效工作，管理工具的形同虚设……都使管理者束手无策。而灵活多变的销售组织架构能让驻外人员对总部少了距离感，对工作有了积极性，对枯燥寂寞的工作产生了热情，并且无形之中学习了更多的业务技能。

二、解决了市场问题

通过对平常较少拜访的边远小镇和小村庄进行了调查和走访，公司建立了零售终端档案，建立了销售关系，极大地开拓了市场，并打击了对手（对手业务员可能几个月才来此区域一次，进行零售点拜访就更别提了）；开发了大量的二批商，销售区域已无空白点；经销商销售更轻松了，同时也杜绝了将促销政策截留的可能性；重点客户能够重点对待。市场问题还未产生，都已被有效的销售组织功能的实施而抹杀在未然之中。

三、达成了可持续发展

由于细致化的管理，每个销售环节均能深入进行运作和管理，市场上任何一个环节出现问题也不会使整个市场瘫痪。市场掌握在公司自己手里，这里就是一个长久的市场，是一个可持续发展壮大的市场。

总体看来，除了个别的业务工作必须按部就班，进行严格的路线拜访外，其他许多业务工作岗位可采取灵活多变的销售组织方式来组合。销售组织设计合理，企业可以省掉大量的聘请调查公司进行市场调查的费用，节省了市场开发的时间，促进了市场细化管理的进度，提高了员工的工作效率，激发了员工的工作热情，提升了团队合作，加强对市场的管理；对员工，丰富了工作内容，有了更为广阔的发展空间；对客户，可以开发稳固其销售网络，协助其管理和运作日益复杂的市场。

资料来源：中国营销传播网，http://www.emkt.com.cn/article/193/19382.html.

从 A 饮料公司在某区域销售组织上的演变可以发现什么?

（1）销售组织根据不同标准有不同的构建形式。

（2）销售组织随着市场的变化要进行变革。

（3）合理构建销售组织能有效开拓和管理区域市场。

3.1 销售组织概述

高效率的销售组织体系，是确保顺利达成企业营销目标的前提。现代销售组织的设计与管理以顾客为中心，以发现组织运行中存在的问题、解决问题为导向，其目标是为了最大限度地集成各种组织资源，并借助组织活动中放大效应的发挥，保障销售工作任务的高效完成。销售组织的设计与管理是销售管理的一个重要方面，销售管理人员通过建立并维持某种组织结构，以此来管理销售人员及其行为，销售人员通过组织体系来共同承担企业销售目标。

3.1.1 销售组织的定义

销售组织就是企业为了实现销售目标而将构成企业销售能力的人、商品、信息等各种要素进行有机整合，并使其充分发挥效用的统一体。

每个销售员都是公司在某种条件下分派来的，如何把这些人组成一个团队，并使这个团队具有强大的战斗力是销售管理者首要的任务。

一般来说销售队伍合理构成比例为 2:6:2。第一个“2”指优秀销售员，他们能完成整个销售额的 50%；“6”是指一般销售员，他们能完成销售额的 40%，后一个“2”是指落后的销售员，他们只能完成整个销售额的 10%。

3.1.2 四个重要概念

（1）分工：可以按销售职能分为促销、推销、售后服务、计划制定等，也可以按产品、区域等分工。分工导致销售组织的部门化和阶层化。

部门化：是指企业如何划分必须做的销售工作，经过划分的销售工作分配给哪一个单位去做的问题。

阶层化：不同的销售组织层次有不同的销售任务和工作。如公司销售管理层、部门销售管理层、一线销售管理层、销售作业层四个阶层，它们各负其责。

（2）协调：分工的存在、本位主义等会妨碍公司整体的目标，导致协调成为必然。协调包括三个方面：销售团队的行动与顾客的需求相联系，公司的销售团队与其他部门相协调，被划分的销售任务必须形成一个整体。

（3）授权：执行的权利受让给下属或责任人。分工的结果是决策权的分散。管理层的增加，销售人员的分散使协调只能在有限的范围内进行。比如价格、佣金等。

（4）团队：在特定的可操作范围内，为实现特定目标而共同合作的人的共同体。团队的成功比个人的成功给企业带来更大的利益。因而在涉及销售组织的分工与专业化时，应以销售活动为中心而不是以销售人员为中心，即活动必须在销售组织中按职位安排，而与目前销售人员的才能或偏好无关。销售管理的重要作用在于为每一个职位建立后备力量。

3.1.3 销售组织的特点

销售组织作为企业组织体系的重要组成部分，具有如下特点：

（1）销售组织的目标是通过各种销售活动，完成企业销售量，实现销售利润，提供令用户满意的售后服务，并努力扩大产品和服务的市场占有率，为企业发展创造条件。

（2）形式多样。销售组织依据企业的市场覆盖范围、组织形式，可以是单一形式，也可以是复合形式。

（3）销售组织的管理以顾客为导向，对人、财、物、信息等资源进行合理组织和充分利用。

（4）销售组织是一个开放系统，它与企业战略和环境保持动态的适应，随着企业发展战略的调整和环境的变化，销售组织也要进行调整和变革，以保证较高的组织运行效率。

3.1.4 常见的销售组织

企业销售组织的类型受到多种因素的影响，也有多种选择。常见的比较典型的销售组织有：区域型组织、职能结构型组织、产品结构型组织、顾客型组织、复合型组织以及新型组织。

1. 区域型组织

按地区划分销售区域并形成组织是最常见的销售组织模式之一。区域型组织是指企业的销售组织中，各业务人员按照组织设计，分派到不同的地区，在该地区全权代表企业开展销售业务。在区域中销售主管权力相对集中，全权负责销售业务管理、人员管理、客户管理，资金、设备、物流、信息等的使用和管理，并负责该区域市场目标的实现，区域型组织结构如图 3-1 所示。

区域型销售组织的特点比较突出：该销售组织地域划分比较集中，管理费用较低；销售人员相对集中，同时负责区域内所行的销售活动，便于日常管理；地区经理坐镇区域，管理权力集中，市场决策速度快，有利于迎接销售竞争者的挑战。但因为区域销售人员专业分工不够细化，存在技术上明显不够专业的问题。

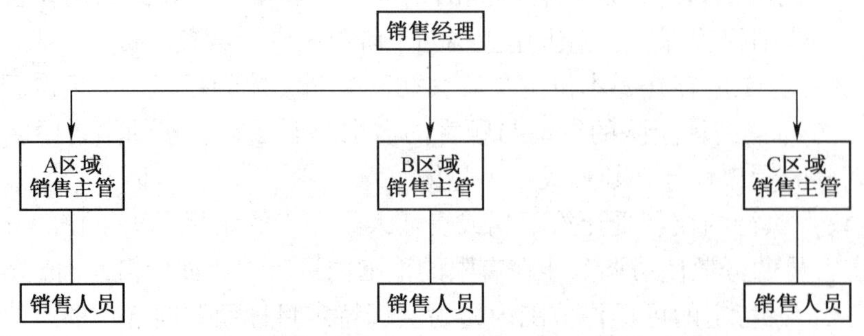

图 3-1　区域型销售组织结构图

我国地域辽阔，各地区差别较大，可以说在建立销售组织时，不考虑地区因素而建立的销售组织是不存在的。因此无论采用何种形式，最终销售组织单位的分布都是根据地区因素而设定的，并由各区域主管负责该地区所有本企业产品的销售业务。此种销售组织形式也为大多数初建企业所采用。但区域型销售组织不适应产品种类丰富、技术含量高、产品间专业技术差异大的企业。

2. 职能结构型组织

职能结构型的销售组织也是很多企业采用的组织结构形式。就是按照不同职能组建的销售组织，根据专业职能的不同，形成如销售业务部、销售计划部、宣传推销部、售后服务部、客户管理部等职能部门，担当不同的业务职责。当业务分工专业化较强，或一般性的专业能力已经不能满足企业业务发展的要求，同时企业资源能够满足专业分工细化的需要时，职能式销售组织形式是很好的选择。职能结构型销售组织结构如图 3-2 所示。

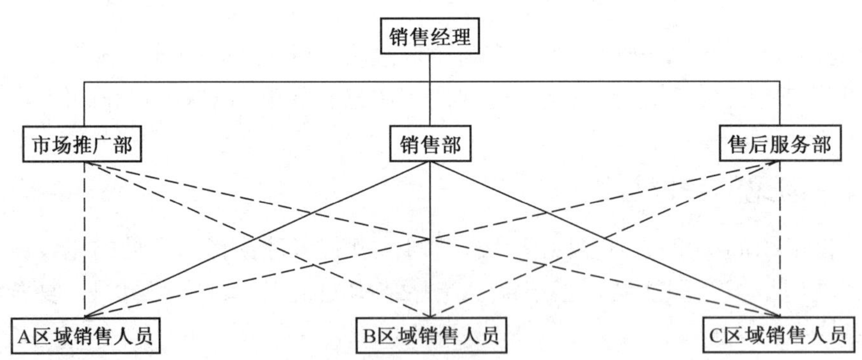

图 3-2　职能结构型销售组织结构图

职能结构型销售组织特点为：专业分工细化，人员队伍庞大，专业人员各司其职，销售活动分工明确，专业性强，销售活动具有专家性的特点，有利于专业技术门槛较高的产品销售，可进行专门而合理的销售活动，使销售职能能够得到较好的发挥。其缺点是销售队伍庞大，管理费用高，管理效率相对较低，各部门、各专业职能间的资源调配与协调是管理者日常工作的重要内容。而且容易产生责任不明确，销售活动灵活性差等问题。

职能结构型销售组织适合经营规模较大、实力强、销售队伍人员较多，业务素质水平高，能够适应较细化的专业分工，并按照各种销售职能指示完成业务指标的庞大型企业。

3. 产品结构型组织

产品结构型组织，是企业按照产品分配销售人员、组建销售团队，形成不同产品的销售部门，如 A 产品销售部、B 产品销售部、C 产品销售部、D 产品销售部，对应的销售组织专门负责特定的产品或产品线的销售业务。产品结构型销售组织结构如图 3-3 所示。

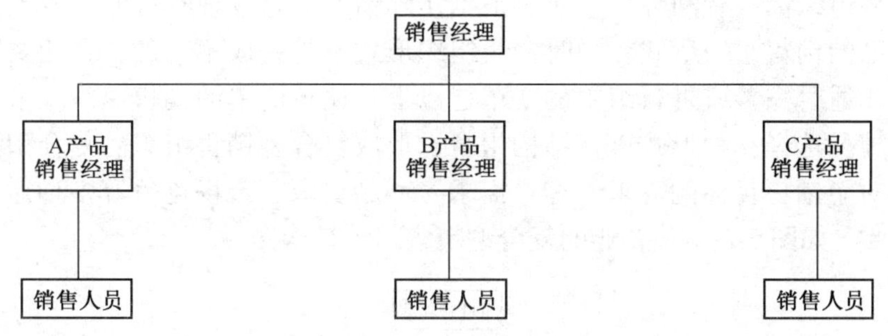

图 3-3 产品结构型销售组织结构图

产品结构型销售组织内的销售人员负责特定产品的销售，他们了解产品及产品技术，同时熟悉该产品客户常见问题的解决和公司对应的政策，能够更好地服务特定产品的客户，同时快速反馈市场状况并进行应对。但是如果某客户同时使用企业不同产品，客户就需要面对该企业不同部门或人员提供的销售服务，客户将迎接同一企业不同产品业务人员的销售拜访，造成相对混乱的局面，引起客户的不满，并使企业销售成本提高。产品经理要协调各方资源来满足客户需求，但产品经理在企业中职位较低。因此，对产品经理的协调沟通能力要求较高。

产品结构型销售组织适用于企业产品种类丰富，不同产品使用不同销售渠道，各产品间技术专业区隔较大，产品销售技术要求不同或产品技术复杂的企业。

4. 顾客型组织

顾客型组织是根据不同顾客类型组建的销售组织。如某银行的销售组织就是按照客户类型（政府机构、企业单位、小型用户、个人散户等）来加以区别，建立对应的销售服务机构。虽然对不同的顾客销售相同的商品，但由于顾客的类别不同，顾客需求不同、顾客要求提供的服务也不同，对销售人员所需要的销售技巧也不同。顾客型销售组织结构如图 3-4 所示。

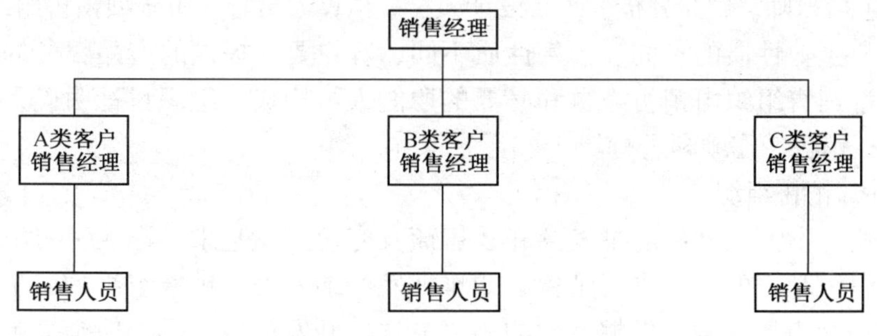

图 3-4 顾客型销售组织结构图

企业采取顾客型销售组织模式，便于销售人员了解客户的特定需要，集中精力为各种类型的顾客提供优质服务。但是由于专门人员为特定客户提供服务，对销售人员业务素质要求较高。

顾客型销售组织适用于不同销售活动对象的需求及客户销售途径区分较大的企业。金融、保险、电信等企业多选择顾客型销售组织。

5. 复合型组织

各种销售组织都各有利弊，企业要根据实际情况、企业现有资源和发展阶段来选择一种适合自己的销售组织形式。同时销售组织形式不是一成不变的，企业要随着公司内外的环境变化适时完善或进行组织的变革。以上是比较简单的销售组织，事实上企业可以根据自身情况选择几种形式进行结构组合，形成复合型销售组织。复合型销售组织可以满足企业对于销售目标的需求、客户需求、产品要求、市场竞争等多种需要，适应企业的发展需要。如图 3-5 为某企业的复合型销售组织结构图。

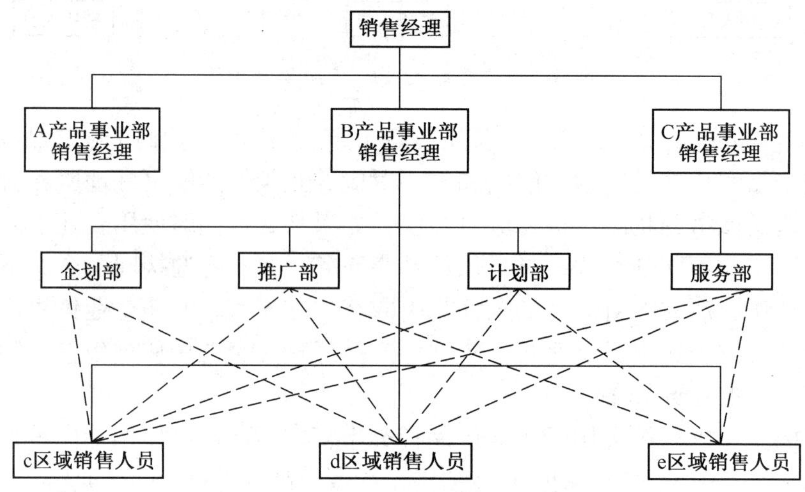

图 3-5 某企业复合型销售组织结构图

6. 新型组织

随着市场的发展和现代技术的进步，企业的销售活动有了很多新的变化，企业的销售组织也在发生改变，且有很多新型销售组织不断涌现。

（1）团队型销售组织

企业将进行销售活动所需要的合适人选和资源集中起来，可以包括销售人员、技术人员，甚至包括律师、财务分析、产品设计人员、预算人员等。团队型销售组织富有弹性，可以根据客户企业性质的不同、销售性质不同、客户要求提供的产品服务的不同而有所不同。团队型销售组织由销售人员和必要的职能人员构成，组织目标明确，共同承担销售任务，保证销售工作顺利进行。

（2）外部销售组织

许多企业将本公司外部的批发商和零售商及客户组织起来，形成销售组织的补充队伍，通过对组织起来的客户进行销售，如将批发商纳入公司销售组织的有机组成部分，通过他们来进行市场开发，发掘有效的销售方法，开发销售工具，使销售组织发挥更大的作用。

3.2 销售组织的设计

3.2.1 销售组织设计的原则

根据销售管理的需要和销售组织的目标特征，在设计销售组织时，必须遵循下列原则：

1. 顾客导向原则

在设计销售组织时，管理者必须首先以关注市场为基础，建立起一支面向市场的销售队伍。

2. 精简与高效原则

精简与高效是手段和目的的关系，提高效率是组织设计的目的，而要提高组织的运行效率，又必须精简机构。具体地说，精简高效包含三层含义：一是组织应具备较高素质的人和合理的人才结构，使人力资源得到合理而又充分的利用；二是要因职设人，而不是因人设职，组织中不能有游手好闲之人；三是组织结构应有利于形成群体的合力，减少内耗。

3. 管理幅度合理原则

管理幅度是直接向一个经理汇报的下属人数。管理幅度是否合理，取决于下属人员工作的性质，以及经理人员和下属人员的工作能力。正常情况下，管理幅度应尽量小一些，一般为 6~8 人。但随着企业组织结构的变革，出现了组织结构扁平化的趋势，即要求管理层次少而管理幅度大。

4. 稳定而有弹性原则

组织应当保持员工队伍的相对稳定，这对增强组织的凝聚力，提高员工的士气是必要的，就像每一棵树都有牢固的根系，同时，树枝要有一定的弹性，以保证不会被强风折断。组织的弹性，就短期而言，是指因经济的波动性或业务的季节性而保持员工队伍的流动性。

3.2.2 影响销售组织设计的因素

建立销售组织时，需要考虑以下几个因素，即市场类型、销售策略、产品销售的范围、渠道特性以及外部市场环境等。

1. 市场类型

不同的市场类型具有不同的销售特征，应采用不同的销售组织。因此，在建立销售组织时，首先要考虑市场的类型和对应购买者的购买行为特征。对于消费者市场和组织市场，其购买者的购买行为具有不同的特点，对销售服务有不同的要求。如生产资料、专用品等在销售方式上就有所不同，技术方面的要求也不相同，因而销售组织也不相同。

2. 销售策略

企业在不同的发展阶段，销售组织承担着不同的销售目标和任务，因此将有不同的销售组织。企业处于不同发展阶段，相应地有不同的组织结构。企业初创，处于市场开拓期，人力资源、财力资源、产品资源、市场资源有限，大多选择费用较低的区域型销售组织；随着企业的发展，人员队伍扩大，产品丰富，满足客户多样化需求，企业实力壮大，有机会、有能力向提供专业市场服务的职能型组织，满足客户个性化需求的顾客型组织、满足产品发展的产品型销售组织转变；企业通过广告或人员来推销产品对企业销售组织的要求是不同的。例如通过广告销售产品的企业，其销售人员较少，销售组织较简单；企业的售后服务政策同样也影响着企业的销售组织结构。

3. 产品销售的范围

产品销售范围不同，对销售组织的设计有很大影响：在区域型销售组织中，各个销售人员被分派到不同地区，在该地区全权代表公司从事销售业务；有些产品由于自身特点的影响如生鲜产品，只能够在有限范围内销售，商品销售的区域范围小，销售组织相对就简单；产品销售范围大，如宝洁公司的洗化产品丰富，销售范围广，相对来说销售组织复杂，也影响着销售组织结构。一般来说，地区性的产品销售组织不同于全国性的销售组织，而国际性的销售组织也不同于全国性的销售组织。

4. 渠道特性的影响

选择的销售渠道不同，也会影响销售组织的建立。设立销售组织时，要考虑产品销售渠道的特性是什么，根据这些因素来设计销售组织。如果选择直销渠道，一般要按顾客对象或产品建立销售组织，以满足客户的不同需求；对于通过经销商渠道进行销售，采用区域式销售组织服务和管理经销商是较经济的选择。

5. 外部市场环境的影响

企业销售组织是一个开放的系统，它与外界市场环境不断地进行着物质和信息等的交流，并寻求一种动态的平衡。企业外部环境对销售组织的设立与变更影响较大。一般来讲，销售组织一旦确定即处于相对稳定的状态，并发挥其相应的作用。但对于外部市场环境的剧烈变化，企业的销售组织乃至整个公司组织体系会经常呈现一种相应的变动状态。常见的导致销售组织剧烈变动的外部因素主要有两个：一是市场需求变化，二是竞争状况的变化。如今全球市场竞争加剧，国际企业纷纷抢滩中国市场，同时大批同类品牌也走向国际市场，企业为满足海外消费者的需求相应地建立海外销售部门和专业策划推广队伍，以适应环境的变化，因此销售组织也将发生改变。

小案例

W公司产品经理的魅力

W公司是南方一个大型上市公司，1996年时主要生产终端类产品，当时它按区域进行了简单的市场划分。

随着市场的发展，1997—1998年，该公司开发了打印机、银行刷卡机等新产品。这时该公司是按照产品来划分市场，即A销售队伍负责终端类产品，B销售队伍负责打印机，C销售队伍在负责IC卡、金融卡。也就是说，A、B、C三类销售人员分别拿着不同的产品面对同一个客户进行销售。这个模式往往出现三个问题：首先，客户会觉得公司管理不规范；其次，一部分客户会从中借力，用A压B、B压C、C压A，也就是两边要条件；再次，公司营销各方面的费用也会增长，因为每个产品都要有一个公关、运作的过程。

很快W公司就意识到这样划分效果不好，于是对上述模式进行改革。新模式采用以客户为导向的市场划分方式，即A销售队伍负责工商银行，B销售队伍负责农业银行，C销售队伍负责建设银行……按不同的行业来分，每个行业的销售代表负责所有产品，包括终端类产品、打印机、金融卡等。这个规划确实不错，但是这个弯转得有点快了，最终的效果并不是很理想。

因为业务代表熟悉产品需要一个过程，“卖熟不卖生”是一个普遍习惯。所谓“卖熟不卖生”，就是销售人员尽量销售他熟悉的东西而避免生疏的东西。熟悉的产品一张嘴就能侃侃而谈，同时也知道怎样使用这些产品，反面意见也容易处理。所以，尽管W公司把销售业绩的奖励指标提高了，但是最终的结果不是很理想。

随后，W公司进行了进一步的改革，增设产品经理职位。具体做法是仍然按照以客户为导向来划分市场，但是公司在大区一级的机构设置了产品经理职位，其职责就是负责某一个产品线在本地区所有的销售以及相关的支持活动。产品经理具体做什么呢？简而言之，有两件事情：第一件事情就是经常给下面的销售队伍进行培训，帮助销售队伍熟悉各个产品；第二件事情是帮助销售人员进行销售，尤其是涉及技术问题，销售人员无法解答时，产品经理要与技术人员一道帮助销售人员进行解答。增加产品经理这个职位以后，再配合以客户为导向的销售模式，W公司的销售状况逐渐好转，销售业绩不断增长。

3.2.3 销售组织设计的内容和步骤

销售组织的设计分以下几个主要步骤，如图3-6所示。

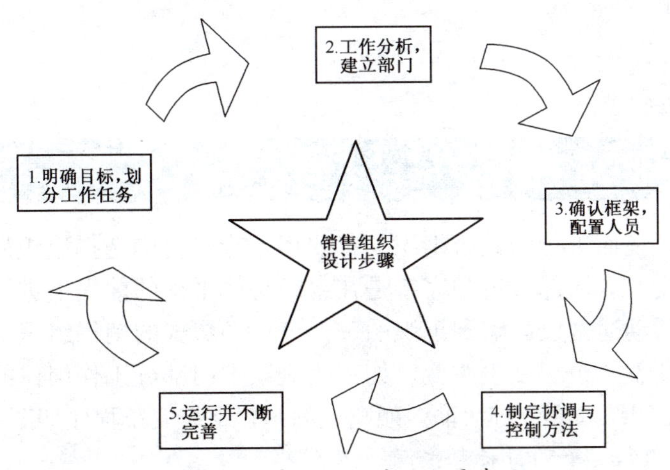

图3-6 销售组织设计的主要步骤

1. 明确销售组织设立的目标，并划分工作任务

设立销售组织的第一步，是确定组织的目的和所要达到的目标。明确它要完成哪些任务，需要开展哪些工作，在此基础上将销售组织总任务进行划分，划分为一系列各不相同又互相联系的具体工作任务。在此基础上就可以确定组织设计的基本方针；企业可能采取的销售组织结构、管理幅度、授权程度等。

2. 进行销售岗位工作分析，建立部门

为做好企业的销售工作，要根据企业销售任务、目标分析对销售活动进行分类，将相关的工作、职能分派到同一岗位，并将相近的工作归为一类，在每类工作上建立相应的部门，并采用高度专业化的组织。在销售管理活动中，若设置职位较多时，凡属相关的工作可以进行归纳，依据工作量的大小进行人员配备，设立相应的部门，并设计基础业务管理流程。

3. 确定组织结构框架，按照销售岗位配置人员

确定组织结构框架，并根据人力资源情况、工作复杂程度、授权情况确定合理的管理跨度，相应地明确管理层次、职权、职责范围。确定不同销售岗位的人员任用资格并建立相应的编制。在明确销售组织框架后，应找出合适的销售人员负责相应的岗位，以便销售人员配备工作能顺利完成。企业可以对销售人员进行培训，符合岗位要求后再让其上岗。

4. 制定协调与控制方法

销售活动分工复杂，需要各岗位人员进行良好的协调和过程控制，以保证销售活动按照既定的目标进行。在管理销售活动时，应明确定义各岗位人员的岗位坐标、工作内容、权限和沟通渠道，使得销售人员明白自己在组织内的位置、工作报告对象是谁、与他人的关系如何，以及怎样与他人合作等。

5. 通过组织运行不断修改和完善销售组织

销售组织设计不是一蹴而就的，而是一个动态的不断修改和完善的过程。在组织运作中，必然会暴露许多矛盾和问题，也将获得某些有益的经验，这一切都应进行信息反馈，促使领导者定期检查组织是否符合既定的销售目标，当实际绩效与目标有差异时，要加以改进以使销售组织日臻完善。

3.3 销售组织的变革

为适应企业环境而进行的销售组织变革要根据影响范围选择组织局部改进、完善或者进行颠覆式的变革。局部改进和完善是在组织总体平衡的前提下进行的一系列持续的改进，而且改进活动通常仅影响到组织的一部分；颠覆式的销售组织变革打破了组织的基本运行规则，使整个组织发生改变。如：改进某部门部分工作岗位的职责范围，增加销售人员编制，是组织局部改进活动。颠覆式的销售组织变革程序如图 3-7 所示。

1. 确定销售组织变革的目标和主题

销售组织变革的发动源于企业管理者的变革决心。因此，管理者要回答的问题是：销售组织要变革什么？要做多大幅度的变革？变革要进行多长时间？变革从哪里开始，分几个步骤，在哪儿结束？

针对组织面对的主要问题进行评价，确定销售组织变革的核心任务和关键任务、工作要点与规范：明确组织变革的目标是使组织更具环境适应性，使管理者和销售队伍更具环境适应性，而非针对个人进行的活动。

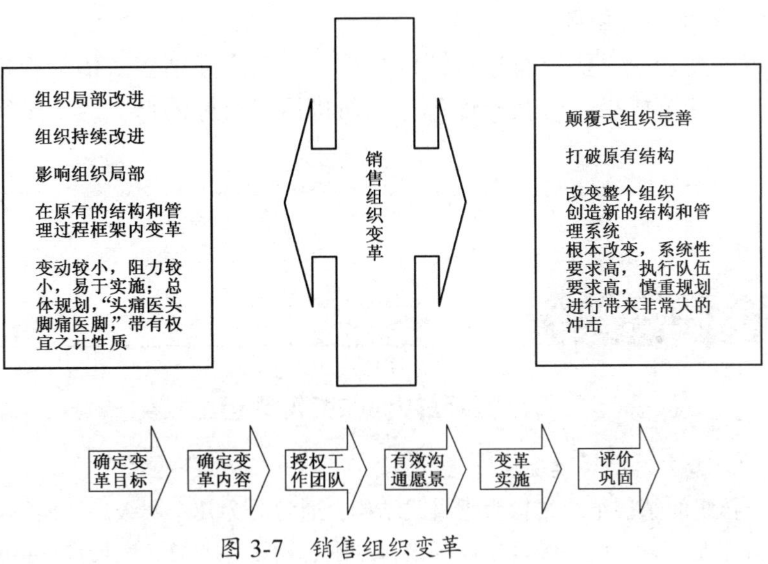

图 3-7 销售组织变革

2. 确定销售组织改进的内容

通常销售组织改进包括以下部分或全部内容：

（1）对完成销售工作的销售组织结构的变革，改进管理层次、管理幅度，完成销售任务，对职责进行划分。

（2）对现有为达成销售任务所应承担的管理权力关系和协调机制的改进。

（3）对保证销售目标而进行的业务流程体系进行重新设计、修正和组合。

（4）对销售岗位与工作再设计，对销售岗位的人员编制、任职要求进行再设计。

（5）对销售人员的工作目标与行为规范进行描述。

（6）企业其他改进内容。

3. 授权工作团队

明确销售组织变革的目标与内容，先是管理层就变革事项达成共识，然后最重要的是要建立一支被管理层信任、有能力、有责任感、了解企业销售组织情况，具有一定声望与权威，并被销售队伍信任的人员组成团队。该变革指导团队将受管理层指派并授权承担销售组织变革任务。

4. 有效沟通愿景

工作团队将与管理层及销售队伍进行充分沟通，使相关人员就销售组织变革形成紧迫感，并就变革的愿景形成共同认知和责任感。明确销售组织变革是针对组织及工作任务目标的改变，而非针对某个人或人群进行的革新，以争取各方对变革的理解与支持。沟通过程是一项艰巨的工作，将一直持续整个变革进程。

5. 变革实施

销售组织变革是涉及组织各方面人员与利益的过程，变革实施过程要按照既定变革计划严格执行，同时要时刻关注销售队伍与市场、环境的反应，对于反馈的信息，工作团队要及时与管理层进行沟通，同时尽量使变革带来的对业务和市场的负面影响降到最低。

6. 实施评价并巩固成果

对变革的短期成果要及时进行评价与推广，以增强销售队伍和管理层对变革愿景的信心。同时对变革成果进行及时评价，以便将达成目标的部分成果进行固化，巩固变革胜利果实。

拓展阅读

移动互联如何改变销售组织结构

1. 传统的销售组织结构

传统的销售组织结构为垂直式结构，通常分为几个层级的职能管理层，一般为：销售总监、大区销售经理、片区销售经理、销售业务员、市场推广员等不同级别，根据级别划分每个人的市场销售活动区域和面向的顾客群。由于不同区域、不同客户群的市场差异，每个销售代表业绩间将可能产生较大的差异。

企业是根据不同的级别、不同的人，设定不同的企业资源配置，包括区域、客户和市场回报度的配置，是由掌握了企业资源配置权力的领导人进行对资源的差异性配置。而在这样的差异化配置下，也会使得销售代表因所获资源的不公平，所处市场的差异性，而收获不同的业绩。

2. 移动互联的特点

在销售方面，移动互联主要有两个特点：一是零时间竞争，移动互联是一种“任何人、任何事、任何时间、任何地点，永远在线、随时互动”的存在形式，销售代表随时都可以对目标顾客进行营销，而不受时间、区域的限制。二是信息交流的双向性和共享性，企业与客户之间可实现信息的共享，通过社交工具，双方可更为便捷地进行实时沟通。

3. 独立销售代表制

在移动互联下，基于社会化媒体的应用以及社交平台、工具的广泛运用，客户搜集信息的能力提高，渴望双向沟通交流的欲望增强，传统的销售组织结构已渐渐不再适用于企业的组织结构，不利于企业发展自己的核心竞争力，也不利于企业充分调动员工的积极性。

因此，在移动互联时代，企业应该在销售组织结构上做出改变。为了充分调动销售代表的能动性，企业管理层给予销售人员、小组或团队权利和责任去独立完成为客户服务的工作，允许每个人释放他们的创造力以应对面临的商业挑战。这样的方式叫做独立销售代表制，“独立销售代表制”的组织结构指独立销售代表直接向企业负责，中间不设任何其他层级，减少了职层间的管控与制约关系，有利于销售人员最大限度地发挥了个人能动性，创造销售奇迹。在这样的方式下，反映的是独立销售代表个体独立运作，但组织给予各项必备资源，提供全面配合，充当独立销售代表的后台、最强劲的后勤支持。

独立销售代表制度，是一种不指定、不划分客户，独立销售代表任何人都可以和有需求的任何客户进行交易，取得自己的业绩，建立自己的客户群体。获得良好的市场区域，获得良好的客户群落，不是由别人说了算，一切掌握在自己手中。该方式具有较强的柔性，当内外部环境变化时，销售人员或其所在组织能有足够的能力去独立应对突如其来的变化，尽力去为顾客创造价值，实时适应不同的环境，以使得企业能在长期的竞争中立于不败之地。

这样的方式与传统授权方式的不同点在于：这种方式将公司的前景作为最高目标，同时确保个体的单独行动有很好的配合，以满足公司的企业愿景。通过这样的方式，组织的每个小部分都是一个整体，能得到整个组织的全部知识、资源，他们都是组织销售整体中的整体，而不是一个个单纯意义上的独立个体。

当然，在移动互联下，销售组织采取这样的结构，其前提在于：一是公司与其员工之间和公司中员工之间存在坚实的信任基础。公司信任其员工，授权员工代表公司做出决定，不需要任何批准。二是企业制定统一且坚定的目标，以此来引导和指挥组织。坚定的目标使得背景不同的销售人员关注于共同的目标，这样，即使市场不断变化，而目标却能保持不变。这个目标不是指企业的运营决策，而是指企业的价值观和愿景。只有当组织成员都清楚地知道并认同这个目标时，才能确保个体在努力方向上的一致性，保证组织在动态复杂的移动互联环境中一直保持前进的态势，获取企业的核心竞争力。

本章小结

（1）销售组织就是企业为了实现销售目标而将构成企业销售能力的人、商品、信息等各种要素进行有机整合，并使其充分发挥效用的统一体。销售组织作为企业组织体系的重要组成部分，通过各种销售活动完成销售组织的目标。销售组织形式多样，是一个开放的系统，销售组织的管理以顾客为导向，对人、财、物、信息等资源进行合理组织和充分利用。

（2）企业销售组织的类型受到多种因素的影响，也有多种选择。常见的比较典型的销售组织有：区域型组织、职能结构型组织、产品结构型组织、顾客型组织、复合型销售组织、新型销售组织。

（3）设计销售组织时，必须遵循顾客导向原则、精简与高效原则、管理幅度合理原则、稳定而有弹性原则。影响销售组织设计的因素包括：市场类型、销售策略、产品销售的范围、渠道特性以及外部市场环境等。

（4）销售组织的设计分以下几个主要步骤：明确销售组织设立的目标，并划分工作任务；进行销售岗位工作分析，建立部门；确定组织结构框架，按照销售岗位配置人员；制定协调与控制方法；通过组织运行不断修改和完善销售组织。

（5）为适应企业环境而进行的销售组织变革要根据影响范围选择组织局部改进、完善或者进行颠覆式的变革。局部改进和完善是在组织总体平衡的前提下进行的一系列持续的改进，而且改进活动通常仅影响到组织的一部分；颠覆式的销售组织变革是打破了组织的基本运行规则，使整个组织发生改变。

案例阅读

4S 店销售部组织架构图及岗位职责

汉中万国汽车销售服务有限公司成立于 2011 年 12 月，经营范围：东风风行、东风风神汽车销售；汽车装饰、装潢、美容，保养；汽车配件销售；汽车销售展会项目。公司总店位于汉中经济开发区南区，面临南郑大道，交通十分便利。公司是按东风风神 4S 店的投资规模和建设标准修建的集整车销售、维修服务、备件供应、客户关怀为一体的综合性汽车服务企业。现使用场地 30 亩，前厅后厂式结构，建筑面积 3400 平方米，停车场面积 6000 平方米。是东风乘用车旗下东风风神、东风风行汉中唯一经销商及服务商。公司自成立以来，始终坚持“以信誉求生存，以服务求发展”的宗旨，以及诚信第一、顾客至上、回报社会的经营理念，立足汉中，势力打造陕南一流汽车运营服务商。以优质完善的服务和卓越的信誉，赢得了广大用户的支持和信赖。公司自成立以来，在业务活动中已建立起良好的商业信誉和银行资信，与众多厂商缔结了相互信任和稳固的合作伙伴关系。按照东风乘用车公司的规划要求，分别在汉中市所辖区域的汉台、南郑、西乡、洋县、镇巴、勉县、宁强；安康地区所辖的石泉、紫阳、汉阴；甘肃陇南地区康县、成县、武都、徽县，以及四川的广元、巴中地区设立了二级分销网络，业务遍及整个陕南及邻省区域。随着社会经济的发展，国民生活水平和质量的不断提高，加之国家鼓励消费、拉动内需等优惠政策，因此为汽车相关产业的发展提供了广阔的空间。公司自成立以来发展稳健，经营业绩良好，经济效益显著。

公司管理规范，岗位分工明确，4S 店销售部组织架构见图 3-8。

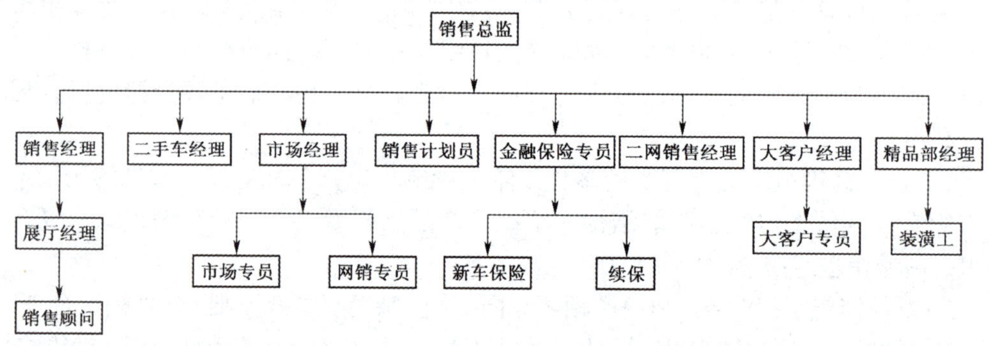

图 3-8　4S 店销售部组织架构

销售部主要岗位工作职责：

销售总监：

（1）负责落实厂家下达的公司年度目标及 SSI 目标，制定年度销售目标，下达销售任务，组织实施、检查和督促任务的完成。

（2）负责按标准建立销售组织架构，配合人员招聘及日常培训，制定绩效管理制度并监督执行。

（3）依据公司相关制度，负责审核销售人员的奖惩、收入和各项费用，以公司年度财务计划为目标，严格控制费用成本，保证年度利润目标的达成。

（4）负责与生产厂家的业务接洽和联系，并分工有关人员具体实施。

（5）负责展厅销售管理体系的建立及 4S 店督导与 SSI 管理。

（6）推荐销售部门经理人选，报总经理批准。

（7）有效使用经营资金，对销售业务所有资金的安全性负责，承担一切欠款责任。

（8）完成总经理交给的其他工作。

销售经理：

（1）负责协助销售总监管理 4S 店的销售业务。

（2）负责对销售顾问的日常销售行为进行统筹调度管理和安排。

（3）负责制定销售目标及营销计划的达成措施，落实销售业务目标及营业报表管理，配合市场部营销活动。

（4）负责展厅环境、展车、销售流程及客户接待管理。

（5）安排好销售顾问每天工作和交车事宜，帮助销售顾问做好顾客接待工作，提高成交率。

（6）定期安排销售顾问进行职业技能培训和学习。

（7）完成销售总监交给的其他工作。

展厅经理：

（1）负责按照厂家运作要求管理展厅各项运营标准，制定并执行展厅销售计划。

（2）负责车辆展示、展厅装饰及布置、展厅 5S 的监督和考核，营造适宜的展厅氛围，维护好厂家及公司的品牌形象。

（3）协助销售经理组织安排员工参与市场部营销活动，贯彻实施活动并对活动进行跟进，及时进行活动信息反馈。

（4）领导销售顾问完成销售经理下达的展厅销售目标，做好展厅内的销售工作，协助销售经理进行绩效考核。

（5）协助销售经理主持销售培训，包括产品知识、销售流程、竞品等。

销售顾问：

（1）按照公司规定和要求执行车辆销售工作。

（2）日常展厅、展车维护工作。

（3）推介和销售车辆相关商品及延伸服务的责任，如：保险、按揭、精品、保有客户进厂维修等。

（4）每天及时回访客户，及时提醒已购车客户进行车辆保养；

大客户经理：

（1）负责制定、组织实施和完成大客户年度工作目标。

（2）负责全省大客户的销售业务，做好大客户的走访、建立信息档案和管理工作。

（3）负责联系相关大客户业务的事宜，力争得到人力和价格政策的支持。

（4）负责安排车辆巡展小组的日常工作。

（5）负责所销售车辆向厂家的申报及各项政策的落实。

（6）负责确定公司内部所有大客户的发展方向，根据市场调查做出销售预测并根据预测制定费用预算。

（7）完成销售总监交给的其他工作。

大客户专员：

（1）在维护现有客户的基础上，积极主动地开发新客户，不断积累客户资源。

（2）重视客户需求及反馈，及时快速地解决客户提出的问题。

（3）制定并完成大客户拜访任务。

（4）与公司各部门沟通、协调每个工作细节。

（5）主动拜访客户，做好团体购买客户的品牌宣传推广。

（6）根据客户的需求，制定个性化的营销方案，与客户谈判并达成合作。

（7）完成销售总监交给的其他工作。

市场经理：

（1）负责协助总经理管理公司的市场推广业务。

（2）负责统筹安排店内市场活动。

（3）负责促销活动策划的审批和品牌促销活动的执行监督。

（4）负责媒体关系维护，及时解决公关危机。

（5）负责开展终端活动策划及监督执行。

（6）负责制定网络销售方案和目标并监督执行。

（7）完成销售总监交给的其他工作。

二手车经理：

（1）协助销售总监制定公司二手车总体发展规划和战略目标（包括销售目标及财务目标）。

（2）建立二手车业务的经营模式、相关制度及流程。

（3）制定年度二手车业务开展计划，规范二手车销售流程。

（4）上报月度、季度、年度经营分析报告，在经营分析中发现问题，提出改进办法。

（5）了解本区域和全国性的二手车行业动态、发展趋势和主要竞争对手的运营情况，关注国家相关政策，为上级收集并分析相关数据，提出建议。

（6）建立二手车销售和收购价格体系，行使审定职责，定期对二手车辆库存进行分析，调节合理库存。

（7）完成销售总监交给的其他工作。

二网销售经理：

（1）负责公司产品的销售及推广。

（2）根据市场营销计划，完成部门销售指标。

（3）开拓新市场，发展新客户，增加产品销售范围。

（4）负责辖区市场信息的收集及竞争对手的分析。

（5）负责销售区域内销售活动的策划和执行，完成销售任务。

（6）管理并维护客户关系以及客户间的长期战略合作计划。

（7）完成销售总监交给的其他工作。

资料来源：http://wenku.baidu.com/view/97893b537f1922791788e818.html?re=view.

练习与思考

一、选择题

1．销售组织的管理以（　）为导向，对人、财、物、信息等资源进行合理组织和充分利用。

A．企业　B．顾客　C．管理者　D．竞争者

2．海尔公司产品众多，其销售公司属于（　）

A．区域型组织　B．职能结构型组织

C．产品结构型组织　D．顾客型组织

3．金融、保险、电信等企业多选择（　）。

A．区域型组织　B．职能结构型组织

C．产品结构型组织　D．顾客型组织

4．在设计销售组织时，必须遵循（　）原则。

A．顾客导向　B．精简与高效　C．管理幅度合理　D．稳定而有弹性

二、判断题

1. 销售组织就是企业为了实现销售目标而将构成企业销售能力的人、商品、信息等各种要素进行有机整合并使其充分发挥效用的统一体。（　）

2．一般来说销售队伍合理构成比例为 2:6:2。（　）

3．销售组织是一个开放系统，它与企业战略和环境保持动态的适应，随着企业发展战略的调整和环境的变化，销售组织也要进行调整和变革。（　）

4．团队型销售组织是新型销售组织。（　）

5．为适应企业环境而进行的销售组织变革，要根据影响范围选择组织局部改进、完善或者进行颠覆式的变革。（　）

三、简答题

1．常见的企业销售组织有哪些类型？请举例说明。

2．影响销售组织设计的因素有哪些？

3．销售组织设计的主要步骤是什么？

实训项目

案例分析

长虹营销组织变革案例分析

四川长虹电器股份有限公司（简称“四川长虹”，A股，600839），是中国著名的家电品牌企业。公司1994年在上交所上市，1997年到达经营巅峰时期，实现主业收入156.73亿元，净利润26.1亿元。自1998年开始，长虹开始出现持续的业绩滑坡。

进入2000年，长虹有彩电、空调、电池以及视听产品四大业务，但发展很不平衡。彩电业务占了销售贡献的绝大部分，但随着彩电市场需求与竞争结构的变化，客观上需要厂商的营销体系有很大的灵活性来适应各地不同市场的消费习惯。同时，由于四大业务专业化强，前端的客户、渠道重合度很低，长虹当时高度集权的、直线式的营销体系客观上已经不能适应自身业务发展的需要及市场竞争环境的变化。

在彩电市场竞争形势急剧改变、自身多元化发展的双重背景下，长虹为适应环境频繁进行营销组织机构调整，但调整没有清晰的思路和目标。各个层级缺乏清晰的功能定位；销售一线权利过小，不能自如地应对市场；营销策划力量薄弱，缺乏总体思路；信息利用程度不够，无法有力支持决策；部分功能分散、重叠，甚至缺失；产销衔接仍以生产为导向；研发部门与市场部门联结松散，不能开发出适销对路的新产品。上述种种问题并没能通过调整解决，内忧外患使长虹举步维艰。

根据长虹公司决策层提出的变革的原则与目标，在充分考虑了长虹的现实困难后，咨询公司提出建立起五大营销平台的方案（见图1）。

管理层	职能定位	核心营销职能
总部	营销决策与支持平台	• 负责全国性策略、计划、年度目标等重大事项的决策 • 负责提供迅速、及时的营销支持服务，全面支持区域队伍的营销工作 • 负责内部管理和建设 • 负责对一线队伍提供业务指导 • 日常性、区域性业务决策权力下放
大区	营销监控平台	• 负责对本区域的市场、财务风险、队伍建设等进行监控 • 以防范和控制风险为工作目标 • 对管理处和分公司提供业务指导
管理处	营销管理平台	• 区域决策中心，在预算体系下，负责对本区域的日常性业务进行决策 • 负责本区域的销售队伍建设、人事管理、薪酬分配等内部管理事宜 • 负责区域产品管理、市场策划等重点营销职能的建设 • 负责制定本区域的营销策略和总体操作思路、总体营销预算 • 负责指导和协调下属各分公司的具体业务
分公司	营销执行平台	• 负责本区域的销售业务操作 • 负责本区域的促销执行和卖场管理
制造和各开发系统	营销服务平台	• 负责协助营销部门进行产品开发、产品推广、产销衔接 • 负责按照营销部门的成本要求组织生产

图1　五大营销平台及职能

根据以上思路，对现有的营销组织体系做如下调整：

对总部进行的调整如下：

- 总部不再负责区域性和日常性的具体业务决策，只负责全国性和策略性的决策，区域决策的权力下放到管理处。**总部从具体业务中解脱出来，侧重于规划、重大决策等“宏观性”的工作。**
- 加强营销功能，成立独立的市场部，将宣传广告中心、营销策划中心、事业部市场推进处的功能进行整合，成立三个产品策划中心（彩电/视听、空调、电池）、信息研究中心、品牌推广中心。产品策划中心负责产品策划和产品管理，产品策划主要是促销策划、产品营销策略、营销计划等功能，产品管理主要是负责组织新产品开发、卖点提供、产品业务计划。**总部的策划职能统一，策划的能力加强，而且兼顾了产品的专业性。**
- 加强经营功能，成立独立的经营部，负责销量和利润目标实现的监控，将经济运行中心的功能与销售财务中心的预算、费用核算的功能整合。增加预算控制的功能，成立经济分析和预算控制两个部门，负责利润核算，价格管理，产品结构管理，预算制定和预算管理，总体营销费用控制和管理，产销衔接管理。**有一个部门对即将下放的权力起到控制和管理，张弛有度，以避免出现大的漏洞和风险。**
- 成立独立的销售部，将人力资源中心，成品仓储中心，运输队，销售财务中的开单、制票，营销策划中心的任务分配，经济运行中心的货源分配、库存控制、运输管理等日常业务功能整合，强化总体计划和物流管理的功能，成立计划订单、销售财务、人事行政、物流配送等4个中心。
- 成立独立的售后服务部，从费用中心向准利润中心转化。**保留售后服务中心的基本功能，增加经营核算的功能。**

总部机构调整后，基本框架如图2所示。

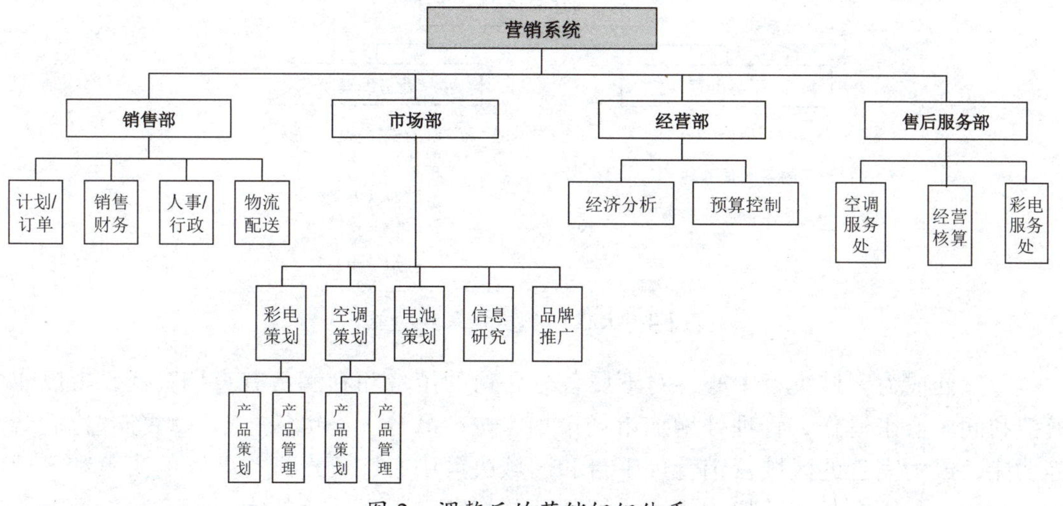

图2 调整后的营销组织体系

对大区、管理处、分公司进行重新定位。重新定位后的管理处和分公司建立起完善的营销管理和执行功能，而大区则主要发挥营销监控的作用。

三级基层营销组织的基本框架如图3所示。

大区作为营销监控平台，承担维护市场秩序、控制运作风险、促进销售经验和人员的交流、提供业务指导和支持、接受下属处长、经理的述职、代表大区向总部提出营销整改建议等使命。大区不再负责具体业务的决策和管理，只负责区域的监控和协调，以及市场管理；大区配备财务助理和业务助理，负责财务稽查 / 审计、财务人员管理、信用额度的核查以及市场秩序管理（跨管理处），组织业务人员的经验交流、业务培训、指导和监督。对大区的考核指标，分为定量和定性两种，定量的为销售增长率和市场份额，定性的考核指标为销售风险控制情况、市场秩序管理情况（冲货、价格控制等）、销售队伍建设质量、整改建议的质量等。

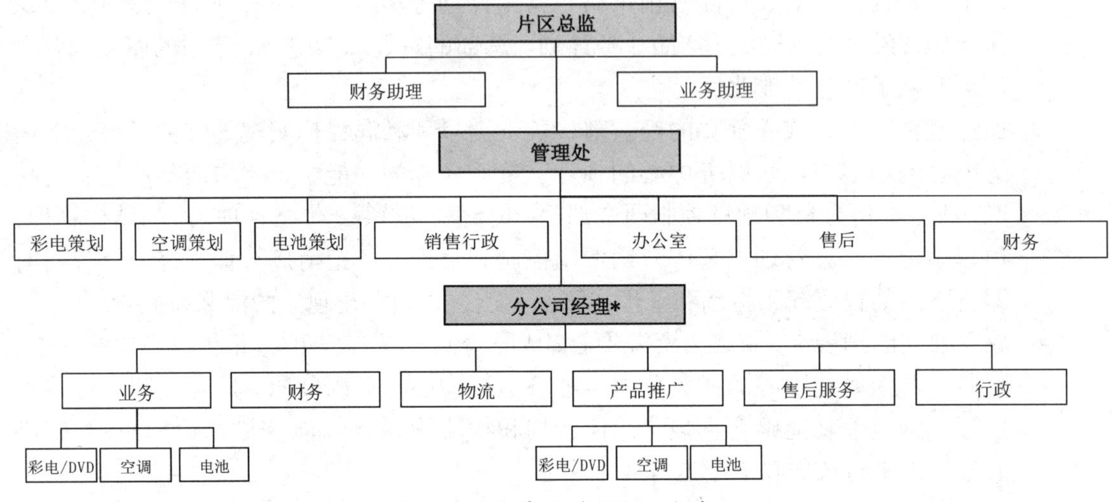

图 3　三级基层营销组织框架

大区的基本框架和功能如图 4 所示。

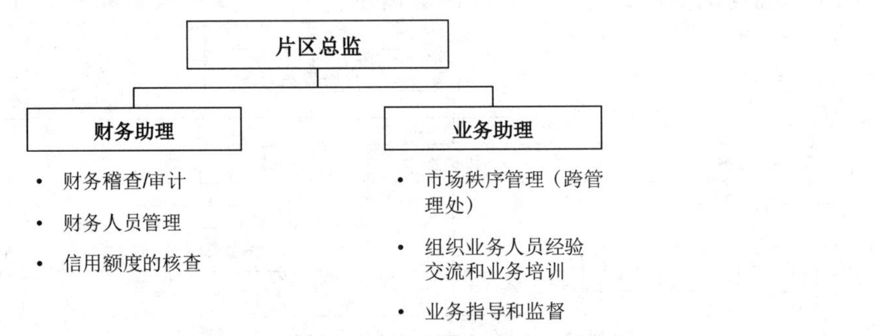

图 4　大区的基本框架和功能

管理处成为区域决策中心，对下属各分公司的销量和利润负有直接责任，可以作为模拟利润中心来运作。管理处增加市场策划（按产品分）、销售行政、财务、售后管理等功能，成为完善的区域营销管理平台和区域决策中心，负责日常业务的决策和区域市场的管理，与原有长虹的架构相比，管理处的权利和责任幅度加大，标志着权力重心实质性地下移。

管理处拥有的权力有：

- 区域内任务调整权。
- 一定范围内的销售政策调整权。
- 区域信用额度的调整权。

- 货源二次分配的权力。
- 自主选择开发客户的权力。
- 预算内资源的调配权。
- 区域内广告促销资源的调配权。
- 一定范围内调整产品销售价格权。
- 区域市场管理处罚权。
- 一定范围内的收款结算、分配利润的权力。
- 在公司规定的范围内，对员工收入的分配权。
- 一定范围内的固定资产采购权。
- 人事权（对管理处的财务人员任免只有建议权，除此之外对所有区域内的人员有完全的人事权）。

管理处承担的责任有：

- 完成公司在该地区的销售任务。
- 完成公司在该地区的利润指标。
- 市场开拓及网络建设，市场覆盖率。
- 利用率及市场份额的提高。
- 维护长虹公司的行业形象。
- 产品定位与品牌形象。
- 管理、规范当地市场的客户。
- 确保公司在当地市场的健康发展、承担管理处的一切营运成本和费用。
- 为公司提供有关市场信息、员工培训、执行公司全国性的政策调整等重大责任。

考核指标也同时作出更改，定量的指标为：销售任务完成率（数量，产品结构）、回款总额及应收账款坏账率、毛利率、市场覆盖率、客户利用率及市场份额的提高等。定性的指标为：公司在区域市场的品牌形象、财务核算的规范及风险控制、市场信息反馈的及时性和准确性、员工培训的落实，人才结构的优化、广告、促销执行结果等。

管理处的功能和结构如图 5 所示。

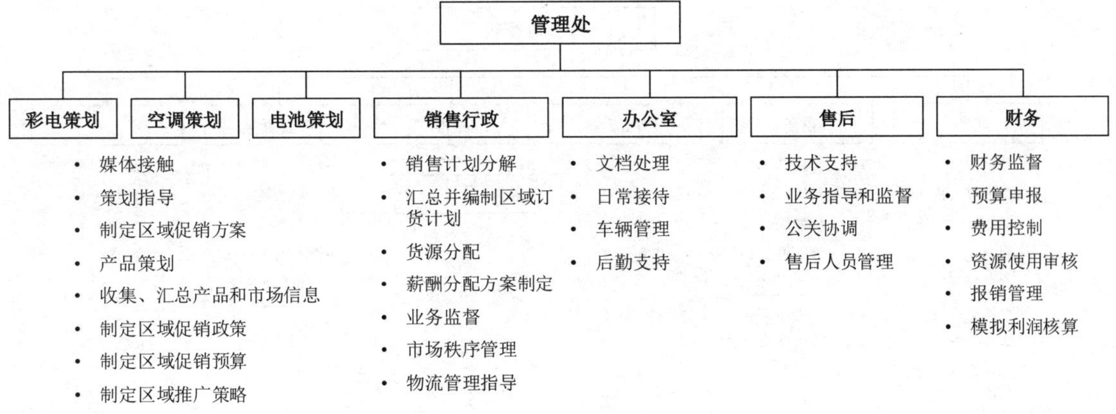

图 5 管理处的功能和结构

分公司成为营销执行平台，增加了市场推广的功能，负责促销策划、重点卖场管理、促销执行等功能，负责具体业务的操作和执行。分公司分成A、B、C类，核心职能分别定位于利润中心、模拟利润中心、费用中心。

A类分公司业务和推广的功能按产品分开；B类分公司业务不分开，推广按产品分开；C类分公司业务和推广都不分产品。

A类分公司以利润中心的模式进行管理。独立核算，拥有充分的自主权和极大的灵活度，快速反应能力强。公司与A类分公司是内部市场买卖关系，通过制度进行规范而不是直接行政干预。A类分公司适用范围主要在重点分公司和部分省会城市。

A类分公司的基本框架如图6所示。

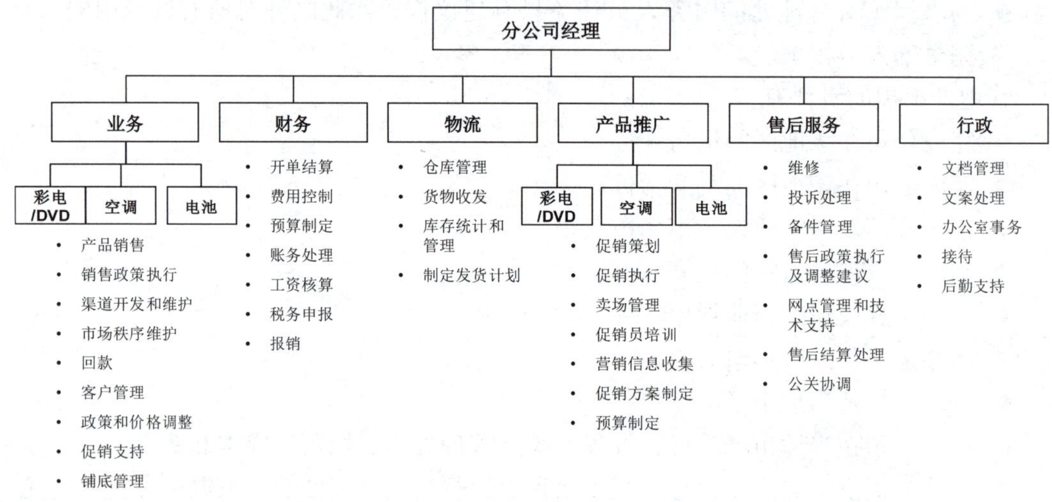

图6 A类分公司的基本框架

B类分公司以模拟利润中心的模式进行管理。模拟独立核算，模拟经营，这样的分公司拥有一定的自主权，灵活性高。公司与B类分公司是模拟市场买卖关系，通过指导分公司资源的使用、监控和审计来进行管理。B类分公司适用于部分省会城市和地级市。

B类分公司的基本框架如图7所示。

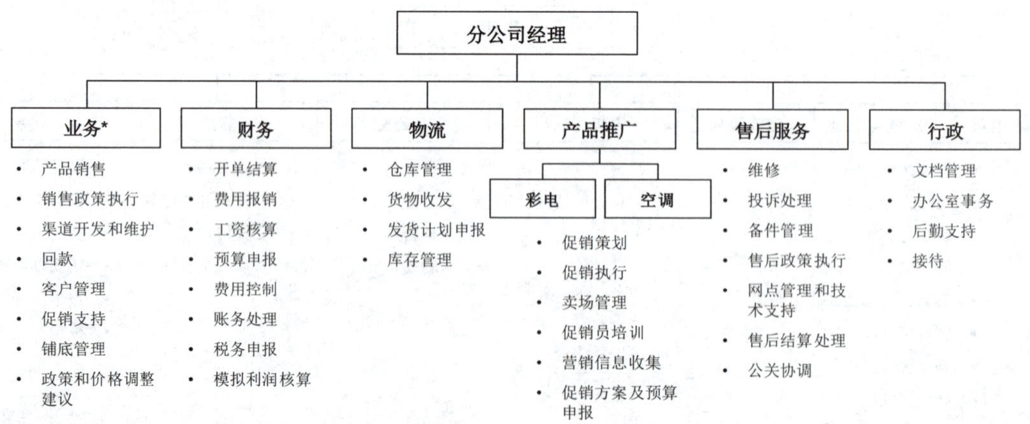

图7 B类分公司的基本框架

C 类分公司以非独立核算的模式进行管理。是费用中心，不具有经营功能。这类分公司易于控制，风险较小，但灵活性差，对市场反应能力弱。C 类分公司为费用中心，公司对其实施费用控制和业务指导与管理，主要适用于地级市。

C 类分公司的基本功能和框架如图 8 所示。

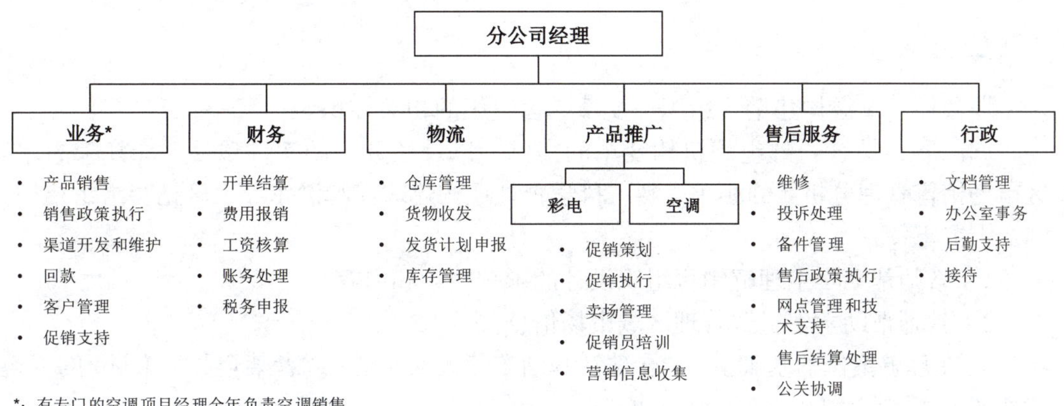

图 8　C 类分公司的基本功能和框架

在不同产品的销售与营销功能配置上，不同类型的分公司也可以有所差异。

A 类分公司，在销售上，业务队伍按彩电（含 DVD）、空调、电池分开，不同的产品有专门的项目经理，分公司经理对所有产品的销售负责，并负责总体协调；在营销上，彩电、空调、电池有专门的人员负责促销推广；贯彻重点地区，重点投入，全面推动各种产品的销售的宗旨。

B 类分公司，在销售上，业务队伍不分开，有专门的项目经理全年负责空调的销售，有专门人员负责电池销售，分公司经理可以调配业务人员支持空调销售；在营销上，彩电、空调有专门的人员负责促销推广；贯彻加强策划，使产品营销更有针对性的宗旨。

C 类分公司，因区域容量不大，资源可以整合使用，在销售上，业务队伍不分开，分公司经理对所有产品的销售量负责；在营销上，促销推广不按产品分开。

分公司实施差异化管理，原则上可以提升市场反应能力，减少管理幅度，具体表现在：

- 市场反应能力提高：重点地区分公司拥有了较大的自主权力，可以迅速对市场情况的变化进行反应，提高了解决客户问题、打击竞争对手的能力。
- 减少管理幅度：总部对于 A 类分公司主要以监控和防范风险为主，对于 B 类分公司主要以业务指导和资源监控为主，减少了大量的日常性事务。
- 营销决策贴近市场：分公司拥有较大的自主权，完全可以根据区域市场的特点来制定区域的营销策略和操作思路。
- 培养内部竞争氛围：分公司的职权范围形成梯度，可以激励分公司经理相互竞争，建立明确的升、降级制度，增强营销人员的忧患意识。
- 减少管理风险：在达到放权目的的同时，放权的区域范围可以调节和控制，在试点的过程中，可以逐步摸索经验，缓解放权失控的风险。

长虹组织机构变革的案例，主要涉及企业在成长过程中面临的如下问题：企业的营销组织如何提高对市场的反应能力？企业在成长壮大的过程中，随着产品和业务的日趋多元化，企业组织机构如何从单一的产品管理模式向多元化的管理模式过渡？如果企业有很多产品，哪些要分开经营，哪些可以统一经营？

资料来源：http://wenku.baidu.com/view/b1a892ef102de2bd960588a4.html?re=view.

实战演练

实训目标：掌握构建销售组织、变革销售组织的相关知识。

实训内容：结合长虹组织机构变革的案例，以及任务一的实训项目“珠江啤酒东莞大区市场销售管理分析”的相关资料，科学合理地构建珠江啤酒东莞大区销售组织结构。

实训要求：

（1）教师帮助学生理解销售组织设计的影响因素和内容。

（2）教师帮助学生了解管理区域市场信息。

（3）在理解案例的基础上，结合珠江啤酒东莞大区市场（或者某企业某市场）的资料，构建珠江啤酒东莞大区销售组织结构。

实训步骤：

（1）通过对珠江啤酒东莞大区营销人员进行访谈，收集市场信息，了解企业产品在该市场的营销情况。

（2）学生从管理者的角度出发，分析该区域销售组织结构存在的问题。

（3）如果你来管理该市场，你将怎样构建或调整该市场销售组织结构。

（4）学生通过信息的收集分析，构建一份该市场的销售组织结构图，并说明理由及岗位职责。

组织形式：以 3~5 人为一个实训项目小组展开活动。

考核方式：以小组的形式提交销售组织结构图及岗位职责说明。

任务四　销售渠道管理

学习目标

- 知识目标：
  1. 了解销售渠道的概念、类型。
  2. 了解影响销售渠道选择的因素。
  3. 熟悉销售渠道建设的流程。
  4. 了解销售渠道冲突。

- 能力目标：
  1. 能合理构建销售渠道。
  2. 能解决销售渠道中的常见问题。

引例

徐州工程集团西藏市场开发营销渠道设立

“工程机械产品不同于生活产品，它要在市场上扩散，必须建立适合于自己的营销渠道。”这是1998年8月夏天的一天，徐州工程集团市场部会议室里，市场部部长苏永祥正在主持一个由公司市场部和营销部各办事处主任参加的会议。会议着重讨论徐州工程集团为了企业的发展需要，在外部环境变化的基础上，公司产品营销渠道的改变和管理问题。随着国家西部大开发战略的贯彻和逐步实施，西部的10省份，地域辽阔，资源丰富，它的市场无论是对国内企业还是对国外企业都具有极大的吸引力，国内和国际跨国公司正在调整营销战略向西部转移。徐州工程集团也不例外，对于徐州工程集团，西部市场营销渠道，特别是西藏市场的营销渠道设立问题已经摆到企业决策者的面前。会议气氛热烈，大家发言踊跃，各办事处主任都谈了自己的意见。最后苏永祥说：“我们公司作为中国最大的工程机械制造企业，必须抓住机遇、勇敢开拓，但又必须正视西藏市场的复杂性和国外相同产品企业强大的正面竞争。”

一、徐州工程集团现有营销渠道

徐州工程集团是我国工程机械的制造和出口基地，生产和销售规模在全国工程机械行业中位居第一，在国内外市场上形成了以办事处为主体的营销网络。国内有25个营销办事处，为国内工程机械企业营销网络最全的企业，它形成了覆盖全国的销售网络，为广大用户提供产品销售、维护、配件供应一条龙服务；在国外设立了4个办事处和3个境外公司，开发海外产业，建立了国外销售区域中心，形成了东南亚、中东、北美、南美、非洲等市场，年出口创汇6500万美元。

目前徐州工程集团西北地区的营销渠道状态为：设立了西北分公司，总部设在西安市，下辖4个办事处，具体为：

（1）西安办事处：分辖陕西省，以地区中间销售为主，直接销售为辅。

（2）兰州办事处：分辖甘肃省、青海省。甘肃、青海以地区中间销售为主，直接销售为辅。

（3）银川办事处：分辖宁夏自治区。地区以中间销售为主，直接销售为辅。

（4）乌鲁木齐办事处：分辖新疆自治区。地区以中间销售为主，直接销售为辅。

二、西藏市场营销渠道的设立决策

根据市场营销环境的变化和企业发展的需要，徐州工程集团营销部门形成了下列针对西藏市场的营销渠道设立方案：

（1）考虑徐州工程集团在国内的知名度和企业发展战略的要求，在西藏设立办事处，负责西藏地区的产品销售工作，以地区中间销售为主，直接销售为辅。

（2）从企业经济效益出发，考虑西藏市场还处于起步阶段，不单独设立办事处，而是由西北分公司根据其下辖的几个办事处的地理范围、业务量大小、与西藏市场的相关性，考虑其业务的直接延伸。

（3）在西藏市场寻找代理商，依靠其自身的营销网络，帮助企业开拓西藏市场。

（4）维持原有的企业营销渠道网络不动。

（5）考虑在西藏地区，特别是拉萨地区合作和合资一个流通型企业，或者是和工程机械相关的企业进行连接，以此作为徐州工程集团在西藏的产品销售中心和中转中心。

各办事处的领导都根据企业内外环境变化及企业发展的需要，发表了看法，他们在全面分析了西藏市场的利弊后，对以上各方案都进行了比较。在本次会议上，徐州工程集团市场部和营销公司的决策者必须将上述决策方案立即决策下来，以准备实施。

从徐州工程集团西藏市场开发营销渠道设立可以看出什么?

（1）营销渠道设立要综合考虑多方面因素。

（2）企业要根据市场变化适当调整营销渠道。

（3）企业应根据自身的情况选择合适的营销渠道。

4.1 认知销售渠道

4.1.1 销售渠道的含义

销售渠道是指产品或服务从生产商或服务商向消费者转移过程中所经过的、由各中间环节所联结的路径。这些中间环节包括生产商或服务商内设的销售机构、批发商、零售商、代理商、中介机构等。

4.1.2 销售渠道的类型

按流通环节的多少可以将分销渠道划分为直接渠道和间接渠道、短渠道和长渠道，按各环节中间商数目的多少又可将分销渠道划分为宽渠道和窄渠道两大类型。

1. 直接渠道和间接渠道

直接渠道是指产品从生产领域转移到消费领域时不经过任何中间环节的分销渠道，是一种产销合一的经营方法。直接渠道是生产资料分配渠道的重要类型，大约 80% 的生产资料是直接销售的。消费品分配有时也采用直接渠道，这主要表现在传统产业和新兴服务业两大领域中。在我国鲜活商品、食品和手工业制品方面有着长期传统的直销习惯，新技术在流通领域中的广泛应用也使邮购、电话电视销售和计算机联网销售方式逐步展开，促进了消费品直销方式的发展。企业直接销售的方式很多，但最常见的是订购销售和自开门市部销售。

2. 长渠道与短渠道

如果企业采用间接渠道，按照经过的流通环节或层次的多少就有长渠道和短渠道之分。有的学者将企业只通过一个中间环节在较小地区范围销售产品的渠道定义为短渠道，而将企业通过一个以上中间环节的渠道称为长渠道。这种划分有利于营销者集中考虑对某些中间环节的取舍形成自己长或短，甚至是长短结合的多种渠道策略。

3. 宽渠道与窄渠道

渠道的宽度取决于渠道的每个层次（环节）中使用同种类型中间商数目的多少。企业选择较多的同类型中间商销售产品，则这种产品的分销渠道谓之宽渠道，反之则称为窄渠道。

小案例 1

Dell 直销模式

戴尔公司直销模式的精华在于“按需定制”，在明确客户需求后迅速做出回应，并向客户直接发货。由于消除了中间商环节，减少了不必要的成本和时间，使得戴尔公司能够腾出更多的精力来理解客户需要。戴尔公司的直销模式以富有竞争力的价位，为每一位消费者定制并提供具有丰富配置的强大系统。通过平均四天一次的库存更新，戴尔公司及时把最新相关技术带给消费者，并通过网络的快速传播性和电子商务的便利，为用户搭起沟通桥梁。

在国内，直销方式也越来越受欢迎，戴尔公司为用户提供电话订购一对一咨询服务，帮助用户明确用途，选择最适合机型，并为用户设立详细档案，价格完全公开化，用户购买可通过网站或免费电话下单，产品直接出厂，质量能够得到完全保证。戴尔公司的“客户中心”拥有精通多种语言的技术支持工程师，通过电话解决客户技术问题的成功率达 75% 以上，为直销的快捷与便利提供了有力保障。

戴尔一向以直接面对客户为经营模式。在特殊情况下，例如企业客户需要系统集成商提供某些增值服务或应用软件，戴尔将就这些特定项目与集成商就进行合作，从而确保客户的需求得到最有效的满足。同时，戴尔长期保持与客户的直接联系，包括直接为他们提供服务。中国是一个巨大的市场，一些创新的商业模式（如直接经营模式）需要一定时间的市场培育和认知。越来越多的客户直接向戴尔订购产品，这表明客户正在体会直接经营的价值并接受这一模式。戴尔向来鼓励所有客户直接向我们购买产品，确保得到最大的价值、可靠的零部件以及最佳的体验。

资料来源：http://baike.baidu.com/link?url=gvhSuuypm2KP6EIybSjg6sqtbx9ULNNpF95MTaUw0nS2-NHrp-aaY4OO-oKyYV2ELLLfoetUvsG_sSdguFXvka.

4.1.3 销售渠道的选择

生产企业在选择销售渠道之前，首先应确定是采取直接销售的方式还是间接销售的方式。在决定采取间接销售的方式后再由企业决定所用销售渠道的长短、宽窄以及是否使用多重渠道，这些均要受到一系列主、客观因素的制约。从销售渠道选择的角度来说，生产企业要考虑以下问题：销售的是何种产品，面对的是何种市场，顾客购买有何特点，以及企业的资源、战略，中间商的状况。

1. 产品因素

（1）产品的重量、体积。较轻、较小的产品，可用较长、较宽的渠道，笨重及大件的产品，多用较短渠道。

（2）产品的物理化学性质。易损、易腐产品，应尽量避免多转运、反复搬运，故多用较短渠道。

（3）产品单价高低。一般而言，价格昂贵的产品，多用较短、较窄的渠道分销；较便宜的一些产品，销售渠道则较长、较宽。

（4）产品的标准化程度。标准化程度高、通用性强的产品，渠道可长可宽；非标准化的专用性产品，渠道较短较窄。

（5）产品技术的复杂程度。产品技术越复杂，对有关销售服务尤其是售后服务的要求则越高，一般多用较短渠道。

（6）是否为时尚产品。新产品上市，多用较短渠道，以减少中间层次或环节；款式不易变化的产品，可用较长渠道。

（7）是否为新产品。新产品上市，多用较短渠道。一是销售渠道尚未畅通，企业缺乏选择的自主权；二是短渠道也有利于企业强劲促销，若是已经打开销路的产品，可以考虑用较长渠道。

（8）是否为耐用品。耐用品多用较短渠道，非耐用品多用较长渠道。

2. 市场因素

（1）市场区域的范围大小。市场区域宽广，宜用较宽、较长渠道；地理范围较小的市场，可用较短、较窄的渠道。

（2）顾客的集中程度。顾客较为集中，可用较短、较窄的渠道；顾客分散，多用较窄的渠道与之适应。

（3）竞争状况。通常，企业使用与竞争者品牌相同或类似的渠道。竞争特别激烈时，则应寻求有独到之处的销售渠道。例如，竞争者普遍使用较短、较窄渠道分销产品时，企业一反常规使用较长、较宽的渠道。

3. 购买行为因素

（1）顾客每次的购买量。购买量较小，一般需要较长、较宽的渠道与之适应，故消费者市场多用此类渠道。反之，顾客一次购买批量较大，如生产者市场、社会集团市场，则可用较短也较窄的渠道。

（2）购买频率。顾客经常要买的产品，应用较宽的渠道；购买频率较低的产品，可用较窄的渠道。

（3）季节性。消费有明显季节性的产品，宜用较长的渠道分销，较多层次的中间商可分担储存任务；反之，可考虑较短渠道。

（4）选择性。顾客需求的选择性较强的产品，多用较窄的渠道分销。

（5）品牌敏感性。顾客对品牌较为敏感，产品多用较窄的渠道。

4. 企业自身因素

（1）财力。财力薄弱的企业，多用较长的渠道；财力雄厚的企业可以根据需要使用较短的渠道。

（2）销售渠道的管理能力。管理能力较低的企业，多用较长的渠道；有能力控制销售渠道的企业，可选择较短的渠道。

（3）分销及市场经验，初入市场的企业，缺乏分销经验，多用较长的渠道。

5. 中间商因素

（1）合作的可能性。小中间商普遍愿意合作，企业可利用的小中间商较多，渠道可宽可窄；大中间商资源较多，合作的可能性较小。

（2）费用。利用中间商分销，要支付一定的费用。若费用较高，企业只能选择较短、较窄的渠道。

（3）服务。中间商能提供较多的高质量服务，企业可选择较长、较宽的渠道。倘若中间商无法提供所需的服务，企业只有使用较短、较窄的渠道。

目前，在营销方式上有传统营销和网络营销、直接营销和间接营销之分，它们的区别在于是否通过网络技术和是否寻找分销商，其实不管生产商做出什么样的选择，采取什么样的战略，他们的目的只有一个：利益最大化。

在现今产品供大于求的情况下，由于市场竞争的激烈，这时候企业应站在扩大市场份额的角度上，不管交易成本是高是低，只要能把产品卖出去，就可以采用，因此传统营销和网络营销、直接营销和间接营销等方式都可以采用，哪种销售量大就可以重点发展。面临激烈竞争，渠道受困，零售受阻，网络营销 + 实体店销售的方式，或许会成为企业摆脱困境的一种最佳方式。但不管怎样选择，在对销售渠道进行选择时利益最大化是生产商决策的基点，要根据企业的实际情况，建立符合自身条件的销售渠道。

小案例 2

适合自己的就是最好的
——海尔与格力的市场营销渠道模式

1. 海尔模式——零售商为主导的营销渠道系统

海尔营销渠道模式最大的特点就在于海尔几乎在全国每个省都建立了自己的销售分公司——海尔工贸公司；同时不论在省会城市还是县级城市，海尔公司都有自己的分支机构，建立销售渠道。海尔工贸公司直接向零售商供货并提供相应的支持，并且将很多零售商改造成了海尔专卖店。在海尔模式中，百货商店和零售店是主要的分销力量，海尔工贸公司就相当于总代理商，所以批发商的作用很小。同时，海尔的销售政策倾向于零售商，不但向他们提供更多的服务和支持，而且保证零售商可以获得更高的毛利率。除此之外，海尔模式的批发商不掌握分销权力，留给他们的利润空间十分有限，批发毛利率一般仅有 3% ~ 5%，在海尔公司设有分支机构的地方，批发商活动余地更小。不过海尔销量大、价格稳定，批发商最终利润仍可保证。在海尔模式中，制造商承担了大部分工作职责，而零售商基本依从于制造商。

2. 格力模式——厂商股份合作制

格力渠道模式最大的特点就是格力公司在每个省与当地经销商合资建立了销售公司，即所谓的使经销商之间化敌为友，“以控价为主线，坚持区域自治原则，确保各级经销商合理利润”，由多方参股的区域销售公司形式，各地市级的经销商也成立了合资销售分公司，由这些合资企业负责格力空调的销售工作。厂家以统一价格对各区域销售公司发货，当地所有一级经销商必须从销售公司进货，严禁跨省市窜货。格力总部给产品价格划定了一条标准线，各销售公司在批发给下一级经销商时结合当地实际情况“有节制地上下浮动”。格力模式根本性的变化在于格力公司与经销商组织建立了一个地区性的、格力为大股东的合资销售公司，以这个公司来充当格力的分公司管理当地市场。各区域销售公司董事长由格力方出任，总经理按参股经销商的出资数目共同推举产生，各股东年终按股本结构分红，入股经销商形成一个利益联盟。对入股经销商的基本要求是当地经销商大户，并且格力占其经营业务的 70% 以上。格力模式中制造商由于不再建立独立的销售公司分支机构，很多工作转移给了合资销售公司。

同样都是空调产品，但不同厂家选择了不同的销售渠道模式，为什么呢？适合自己的就是最好的。

资料来源：张世军．海尔与格力的市场营销渠道模式述评．商场现代化，2007，（22）．

4.2 渠道建设的程序

渠道建设是一项系统的、复杂的工程，各个企业在进行销售渠道的设计和规划时会采取不同的措施，但是从本质上来讲，销售渠道的设计基本遵循以下程序。

1. 制定营销目标

无论是开发新的销售渠道还是对现有的销售渠道进行调整，渠道设计者都会以营销目标为出发点。没有明确的营销目标，渠道设计的目的及意义就荡然无存。对每一个企业来讲，设立明确的营销目标具有非同寻常的意义。那么，什么样的营销目标才是符合企业自身情况的合理的分营销目标呢？这就要看它是否与企业其他营销组合的战略目标相一致，以及是否与企业的策略和整体目标相一致。

为了使营销目标与公司整体目标很好地保持一致，渠道设计者必须要完成以下几项工作：

（1）熟悉其他营销组合领域的目标、策略及公司其他相关目标、策略。

（2）制定营销目标，并明确地表达出来。

（3）检查所制定的营销目标是否与公司其他整体目标、策略相一致。

在这个过程中，为了使渠道目标的执行者能够准确无误地了解销售在整合营销目标中的作用，渠道设计者要把营销目标具体地描述出来。例如，有人曾这样描绘 IBM 公司最初的个人电脑营销目标："让美国的任一潜在购买者驱车就能看到省零售商展示 IBM 的个人电脑。"随后，IBM 公司又把它的营销目标拓展为"无论消费者在哪儿，都能直接获得产品"，决定使用邮寄订购这一渠道。也就是说，要想制定出适合自己企业发展的销售渠道，渠道设计者必须使制定的营销组合与其他方面的目标不冲突，与公司总体目标和策略不冲突，否则无法达到预期的效果。

2. 设定销售渠道目标

营销目标是企业总体发展战略的一个重要方面，企业要有步骤、有目的地完成企业的总体发展战略，必须制定明确的营销目标。而销售渠道的设计就是要帮助企业完成、实现营销目标，所以说，为了实现营销目标及总体目标，企业会制定相应的销售渠道，而制定什么样的渠道才能更有利于企业完成营销目标及企业总体发展战略呢？这就涉及企业制定销售渠道目标的问题。

一般来说，销售渠道的目标表现在以下几个方面。

（1）提高市场的覆盖率

市场覆盖率有三种程度可供选择，即选择分销、密集分销和独家分销。这三种分销方式在后面章节详细介绍。在制定市场覆盖目标时，最关键的因素是考虑企业的战略定位。当某种产品看起来很适合既定的市场覆盖目标，而实际却有差距或正好相反时，如果企业再根据这种假象来做出判断，那么就会造成渠道设计目标的错误。

（2）提高渠道的灵活性

渠道灵活性指渠道结构易于变化的程度，这对新产品的市场尤为重要。20 世纪 70 年代后期和 80 年代初期，由于选择销售渠道有很大的不确定性，美国电脑市场一度陷入迷茫：制造商是自己组建销售队伍，还是借助于大型商场或专业电脑商店，或由自己建立销售点呢？营销最终的细分市场是企业还是家庭呢？这些不确定的问题使渠道目标的设定很难把握。但是，从那段时间里走出来的企业却都具有了迅速调整渠道的能力。

（3）提高渠道的控制度

渠道控制度是企业需要保持对销售行为进行控制的程度。为了实现企业的经营目标，制造商必须想方设法使中间商更努力地推销商品和提高服务质量；而中间商则希望通过控制制造商来保证供货和产品质量，以及降低供货价格。在这种情况下，制造商和中间商就需要找出一条适合双方的分销渠道。例如，独家分销是控制销售行为最理想的方法。渠道控制度和市场覆盖率往往是相互关联的。

此外，销售渠道的目标还有：增强渠道的便利度、增强渠道的经济性、扩大品牌知名度、增强渠道的顺畅度、对市场进行开拓等。

总而言之，销售渠道设计的目标就是确保设计的渠道结构能产生适合市场定位的市场覆盖率，并确保制造商对渠道的适度控制和具有一定的灵活性，便于调整和更换，从而实现营销目标。企业选择合适的渠道模式，能够提高流通的效率，不断降低流通过程中的费用。另外，渠道设计还必须适应大环境，当经济不景气时，生产者总是要求以最经济的方法将其产品推入市场，这就意味着利用较短的渠道，取消一些非根本性的服务。除经济环境外，政治、法律法规、科技环境的影响也非常深远。

3. 确定销售渠道的备选方案

在确定了明确的营销目标和渠道目标之后，渠道设计者便要开发渠道结构了，这时，要考虑三个方面的因素：渠道级数、各等级的密度、各等级的渠道成员类型。要解决这三个方面的问题，还需要解决两个问题，即确定中间商的类型和确定中间商的数目。

（1）确定中间商的类型

为了充分满足最终客户的需要，制造商会选择符合产品销售要求的中间商。可别小看了选择中间商这一环节，这一环节对企业来讲至关重要，商品经营企业或者制造商一时的疏忽就有可能造成永远无法挽回的损失。例如，某企业生产出了一种非常适合零售的小商品，在选择中间商的时候，企业没有考虑周全，而是把别的中间商作为主要的销售渠道，那么，这个企业就很可能因为这个小错误而失去大部分市场。在选择中间商的时候，企业是站在相对主动的地位上的，如果企业能分析清楚这方面的情况，多数都会做出正确的选择。此外，企业还可以选择各种各样的渠道推出自己的产损。

此外，制造商还可以寻求更富有创新意义的销售渠道。在做出任何选择之前，企业要对各方面的因素进行评估，否则不可能做出很好的计划。比如，制造商选中的销售渠道因为成本太高或者其他困难而不能利用时，如果另辟蹊径，可能会取得意想不到的效果。有时候，制造商为了降低渠道风险，可以采用多重分销渠道进入同一目标市场，但这种做法极易引起中间商的抱怨与不满，造成渠道冲突。

（2）确定中间商的数目

销售渠道的宽度是由销售渠道的每一层次选择使用多少中间商决定的。制造商选择的中间商越多，则商品在目标市场上的覆盖范围就越广，分销的密集度就越高。销售渠道中中间商数目的多少主要取决于三种分销形式。

1）选择性分销。制造商在一定的地域范围内根据中间商的能力、条件来选择少量中间商分销自己的商品。选择性分销可以使生产企业与中间商建立起良好的互利合作关系，使商品获得适度的市场覆盖面、较多的渠道控制和较少的费用。在选用这种分销时，企业一般要将中间商与产品的特点结合起来。通常情况下，选购品、特殊品和工业用品主要采取这种分销形式。采取差别化战略的企业适合采用选择分销。例如，高档化妆品和名牌服饰通常会在一个地区内选择几家大商场进行销售；知名大企业会选择优秀的销售商，以维护自己的品牌形象，有针对性地抓住目标消费者。

2）密集性分销。密集性分销是指在尽可能多的地点销售产品，采取渠道密集性分销时应注意选择好的销售地点。这种分销方式能否实现取决于中间商是否愿意进货。当企业采用成本领先战略并假设目标细分市场所需是“低价格”和“购买方便”时，密集分销是较合适的方式。一般来说，普通的中间商会觉得小企业实力弱、知名度不高，不愿意购买小企业生产的新产品，所以，采取密集性分销的企业需要做好宣传和促销工作，像香烟、口香糖、饮料等日常用品大多采取这种分销方式；电视机生产厂家为降低成本，迎合大众市场，会在全国各地遍设销售点进行销售，也是采用了这种分销方式。

3）独家分销。独家分销是指制造商在某地区或范围内只委托一家中间商对其商品进行销售，这家中间商便成了此商品的独家经销或独家代理。独家经销商获得制造商独家经营的特权，同时不得经销与制造商的商品有竞争的商品。采用这种排他性分销方式可以使厂家减少交易对象，减少流动资金的占用，降低整体营销费用，并且能将售后服务做得更好。对中间商来说，这种分销方式也颇具吸引力，不仅在该地区是独家经营，而且还可以享受生产厂家促销投入带来的好处。当企业采用集中化战略时，一般应该实施独家分销，尤其是在企业迫切希望加强产品形象或非常需要零售商支持时。例如，新型汽车、名牌服饰、家电及重要器械的销售适合采用这种分销方式，便利产品、日常必需品和许多工业用品则不宜采用。

4. 渠道设计方案评估

企业所选择的营销渠道，在长度、宽度、广度和系统各方面都要有利于分销目标的实现。所以，从众多的渠道中选择一条或几条合适的渠道要比列出备选方案复杂、困难得多，这就需要企业对备选渠道方案进行评估。在评估营销渠道时，企业要考虑所选渠道的长度、宽度、广度和系统等是否有利于分销目标的实现。

如何从这几个方案中选取一个最能实现该公司长期目标的渠道方案呢？其实这也不难，只要对每一个备选方案从可控性、经济性和适应性三个方面加以评估就可以了。

（1）控制性标准。中间商是个独立的企业，使用中间商意味着制造商对产品的分销失去了部分或全部的控制，从而使制造商在营销的投入力度和根据市场竞争而采取的对抗性行为方面受到影响。中间商的目标是实现利润最大化，但制造商不可能对中间商做过多的干涉，尤其是在具体业务方面。所以，在选择分销渠道的时候，一定要注意控制性标准，使制造商能对中间商有所束缚。

（2）经济性标准。无论渠道方案是优是劣，都将产生不同水平的销售量和费用成本，而销售量和费用成本是评估分销渠道最重要的一个因素。从这一标准出发，首先，要评估不同渠道方案预期销售量的大小。有些企业在进入一个新的市场时，由于对该市场不太熟悉，不敢轻易大量投入营销费用，而是先让中间商试探性销售，当市场明朗、销售量增加时，便组建自己的分销渠道。由于是自己的企业，自身利益与企业利益更为密切，同时对本企业产品也比较熟悉，其销售人员工作起来可能比较尽心，此外，一些顾客也喜欢直接与制造商打交道，觉得直销的商品让人放心。不过，也有一些大企业一开始就注意研究市场，建立起知名度，打开销售局面，然后再由代理商或经销商分销。

其次，还要对不同销售方案的成本进行评估。一般来说，代理商的固定费用比企业自己的销售机构要低。随着销售业务量的增加，企业给代理商的佣金也会随着增加。当销售量较小时，可由代理商销售，当销售量较大时，由企业自己的销售队伍销售就比较合适。

（3）适应性标准。制造商与渠道成员建立间接渠道时，双方一般要签订为期几年的合同。履行合同是一项基本的诚信原则，在合同的约束下，制造商与中间商都没有足够的自由，这样的关系就缺乏弹性。但是，从经济性和可控制性来考虑，长期合作的渠道具有更大的优越性。

5. 选择合适的渠道结构

渠道设计者需要从切实可行的渠道结构中选出相对最优的渠道结构。但是，从严格意义上讲，选择最佳的渠道结构是不可能的。一方面是由于管理部门不可能知道所有可能的渠道结构，另一方面，就算渠道设计者能够明确地说明所有可能的渠道结构，而计算所有渠道结构确切利润的方法也是不存在的，但渠道设计者还是可以通过一些手段或方法来估算和比较备选的渠道结构，然后从中选择相对优势的渠道结构。具体来讲，在确定销售渠道结构时要考虑以下几个因素。

（1）产品特性

渠道设计者首先要考虑企业产品特性，才能根据这一特性来制定渠道结构。时尚产品应该尽可能缩短分销的时间，尽早上架以免错过流行季节；价值昂贵而又复杂的产品，一般不通过中间商销售，直接由企业自销。例如，大型计算机是需要根据顾客要求做解释和应用分析的产品，企业培养销售人员或销售工程师可以很好地为计算机购买者提供信息服务；易腐产品应该尽可能采取短渠道，以免重复搬运和耽误时间而造成产品变质；体积笨拙沉重的产品，如水泥、矿石等应该减少运输距离和重复搬运的次数；对非标准化的产品则最好由企业销售代表直接销售，以便于安装与指导使用；需要安装调试的产品或者要维持长期售后服务的产品，一般应由公司直销或独家经销商来销售；而日常生活用品一般要采取较长的分销渠道，以方便消费者购买。渠道设计者在制定渠道结构时还必须考虑产品的生命周期。处于介绍期的新产品，企业要不惜花费大量资金，组成推销队伍直接向消费者出售产品，只有采取这种强有力的手段才能尽快打开销路，若情况许可，也可以考虑利用原有的分销渠道。在成长期，企业开始把占据市场份额作为经营目标，最有效的办法通常是尽可能地使用更多的渠道。在这一阶段，企业应该研究每一种既得的渠道，并决定产品是否可以通过该渠道销售。成长期过后，产品进入成熟期，这一阶段，产品会受到来自各方面的竞争、市场压力和来自替代产品的冲击。这时候，企业可以降低间接渠道成员的数量和激励继续销售商品的伙伴，以此来增加产品的销量。同时，企业还可以降低成本渠道。到了衰退期，产品利润和销售量都在下降，对还在销售这种产品的间接渠道成员来说越来越没有吸引力，这时，企业可以寻找低成本的直接营销渠道。

（2）制造商特性及能力

制造商特性及制造商的目标、资源和能力也会影响到分销渠道的选择。制造商掌握的资源多少决定了分销职能哪些可以由自己执行，哪些可以交给分经销商来完成。制造商的规模决定了产品的市场规模以及它所要求的经销商能力的大小。此外，制造商的产品组合也会影响到分销渠道的模式。产品组合越向横向发展，制造商向顾客直接销售的能力就越大；产品组合越向纵深发展，享有独家经营权或者可选择的经销商就越可能从中获取更多的好处；产品组合越连贯，分销渠道的类似性也越大。某一制造商如果采取长而宽的分销渠道策略，就必须要增加产品销售的市场覆盖面，提高市场分销渠道的密度。如果某一制造商采取直接渠道、自营销售，建立自己的分销网络，那么这个制造商很可能是具备了丰富的营销知识和经验，有足够的合作为保证，这样它才能对分销渠道拥有较强的控制力，加强售后服务，提高企业的声誉。

6. 选择渠道成员

销售渠道管理者从众多相同类型的成员中选出适合该企业渠道结构的，能帮助完成企业营销目标的营销伙伴，这一过程便是选择渠道成员。

选择渠道成员是渠道设计过程中相当重要的一环。渠道设计者在选择渠道成员的时候，一定要先弄明白自己的渠道结构和营销目标。如果渠道的结构是突出选择性营销，渠道管理者就应该仔细检查潜在营销成员的有关情况，包括经销商的成立时间、偿付能力、经营的其他产品、信誉和合作态度等，然后再做出相应选择。如果渠道的结构是突出密集性营销，渠道管理者一般可以根据其是否具有合理的盈利能力来选择中间商。如果渠道结构属于其他类型，还要进行更多类型的选样。

除了以上各部分外，渠道设计者还应注意：选择渠道成员是一个双向选择的过程，在选择渠道成员时，既要站在制造商的角度来考虑选择的过程和选择的标准，也要站在渠道成员的角度来考虑影响选择行为的因素，这样，才能使制造商和渠道成员互惠互利。

选择渠道成员的几种常见途径。

（1）内部挖掘渠道成员

企业可以从自有的经验丰富的销售队伍中获得丰富的潜在渠道成员名单。

（2）外部寻找渠道成员

1）调查顾客

制造商可以对顾客进行正式和非正式的市场调查来获得潜在中间商的信息。市场调查方法很多，如问卷调查、随机访谈、重点顾客代表访谈等，对中间商做出直率的表达。

2）广告招商

企业可以通过自身网站、电视等多媒体，特别是报纸、杂志等多种途径进行招商广告宣传，进行潜在渠道成员的招选。

3）开新闻发布会

制造商在新产品上市前，可以举办新闻发布会，邀请新闻单位记者、行业专家、重要客户以及部分潜在中间商进行产品、营销模式、渠道政策等的宣传，然后在媒体上进行信息发布，让更多的人知道企业在做什么，会起到造势招商的效果。

4）参加商品交易会

制造商可以参加商品交易会或博览会，与同行业的众多潜在渠道成员聚集在一起。这种方式特别适合小型制造商，如消费品制造商生产经营玩具礼品、五金和运动产品等，在交易会上可以面对面地与对其产品感兴趣的批发商和零售商进行交流。这类交易会是小型制造商获得潜在成员最有效的方法。

5）行业协会、商会及其出版物报价

现在很多行业都有自己的行业协会，有的行业协会还拥有定期的专业出版物、本行业的企业名录等。这些机构及其出版物都是获得潜在中间商信息的重要来源。

例如，生产电子产品方向的企业可以通过查找《计算机世界》或《中国计算机报》以获得许多计算机或其他行业代理商的信息。

6）利用网络资源

在信息技术高速发展的今天，网络为企业获得潜在渠道成员的信息提供了更为便捷的方式，很多传统途径可以转化为电子方式。对于那些拥有自己的网站或企业内部网、外部网的公司来说，在内外网上发广告或接受代理经销商征询，不但费用低廉而且方便易行，还便于建立数据库，供企业长期使用。

4.3 渠道管理

4.3.1 渠道流程管理

销售渠道正常通行主要体现在各种流程上，正是一系列流程将渠道中所有的组织成员联系在一起，因此销售渠道的管理实际上也就是各种分销流程的管理。

销售渠道的流程最基本的是六项流程：产品实体流程、所有权流程、付款流程、信息流程、促销流程和谈判流程。

1. 产品实体流程（物流）

实体流程是指产品通过有效的装配、包装、仓储、运输、配送，顺利到达消费者的一系列活动，其最重要的功能是完成产品实体的转移，如图 4-1 所示。

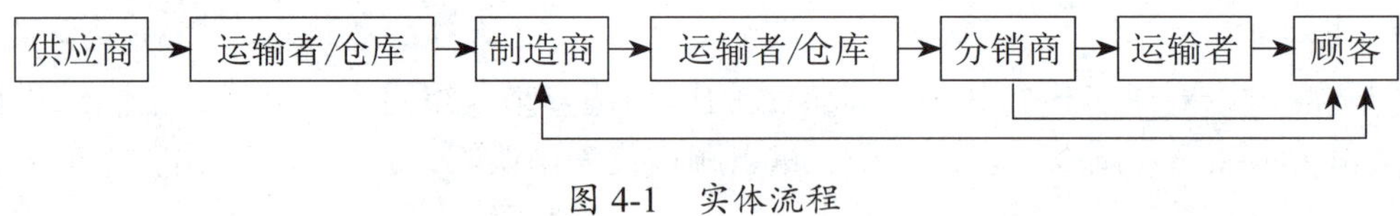

图 4-1 实体流程

2. 所有权流程

所有权流程涉及产品所有权的流程，如图 4-2 所示。

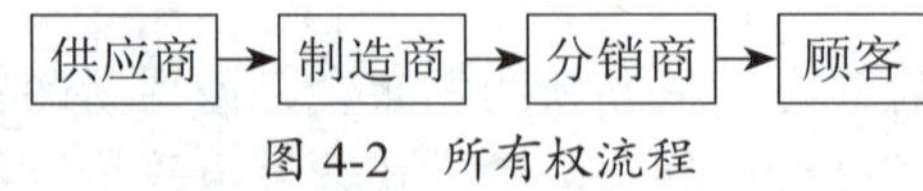

图 4-2 所有权流程

3. 付款流程

付款流程涉及厂家的资金政策及与客户的资金往来，如图 4-3 所示。

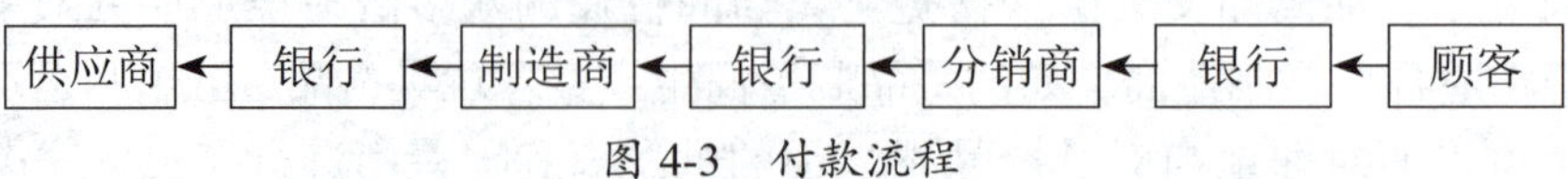

图 4-3 付款流程

4. 信息流程

信息是厂家生产、经营的指南，信息流程包括销售信息的收集、处理、应用各环节及渠道成员之间的有效沟通，信息流程如图 4-4 所示。

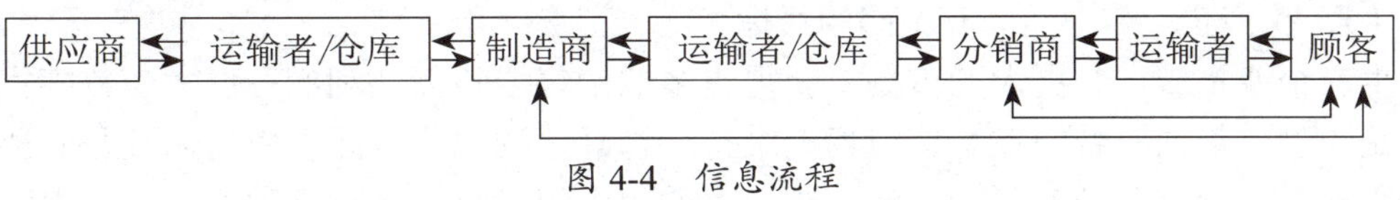

图 4-4 信息流程

5. 促销流程

促销即向客户施加影响的各种活动，如市场推广、广告、现场展示、推销等，目的是增加产品销量，谈判流程如图 4-5 所示。

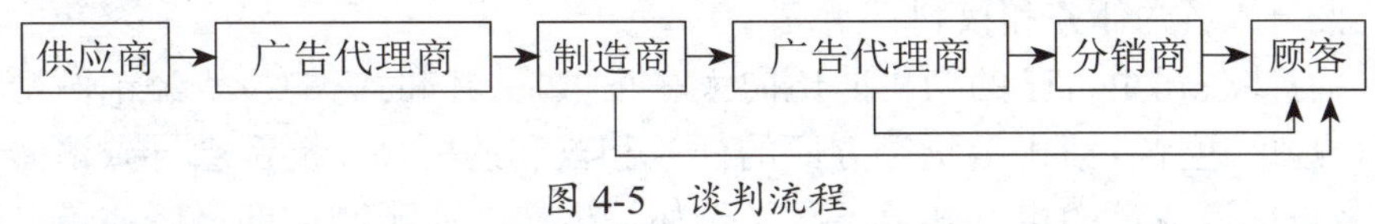

图 4-5 谈判流程

6. 谈判流程

谈判是指渠道成员之间就所有权、渠道政策、价格、运输、付款等问题的讨价还价。

下面以汽车销售为例说明这些流程。

实体流程是指实体原料及成品从制造商转移到最终顾客的过程。例如，在汽车市场销售渠道中，原材料、零部件、发动机等从供应商运送到仓储企业，然后被运送到制造商的工厂制成汽车。制成成品后也须经过仓储，然后根据代理商订单而运交代理商，再运交顾客。如遇到大笔订单的情况，也可由仓库或工厂直接供应。在这一过程中，至少用到一种以上的运输方式，如铁路、卡车、船舶等。

所有权流程是指货物所有权从一个市场销售机构到另一个市场销售机构的转移过程。在前例中，原材料及零部件的所有权由供应商转给制造商，汽车所有权则由制造商转移到代理商，而后到顾客。

付款流程是指贷款在各市场销售中间机构之间的流动过程。例如，顾客通过银行或其他金融机构向代理商支付账单，代理商扣除佣金后再付给制造商，再由制造商付给各供应商，还须付给运输企业及独立仓库。

信息流程是指在市场销售渠道中，各市场销售中间机构相互传递信息的过程。通常，渠道中每一相邻机构间会进行双向的信息交流，而互不相邻的机构间也会有各自的信息流程。

促销流程是指广告、人员推销、宣传报道、促销等活动由一单位对另一单位施加影响的过程。供应商向制造商推销其品牌及产品，还可能向最终顾客推销自己的名称及产品以便影响制造商购买其零部件或原材料来装配产品。促销流程也可能从制造商流向代理商（称为贸易促销）或最终顾客（最终使用者促销）。

4.3.2 渠道冲突管理

渠道冲突指的是销售渠道成员发现其他销售渠道成员从事阻碍或者不利于本组织实

现自身目标的活动。制造商与制造商、制造商与中间商、中间商与中间商之间，甚至制造商与其直销办事处的冲突均有可能发生。

1. 产生渠道冲突的原因

（1）生产企业与中间商有不同的目标

生产企业希望占有更大的市场，获得更多的销售增长额及利润；但大多数零售商，尤其是小型零售商，希望在本地市场上维持一种舒适的地位，即当销售额及利润达到满意的水平时，就满足于安逸的生活；制造商希望中间商只销售自己的产品，但中间商只要有销路就不关心销售哪种品牌；生产企业希望中间商将折扣让给买方，而中间商却宁愿将折扣留给自己；生产企业希望中间商为它的品牌做广告，中间商则要求生产企业负担广告费用。同时，每一个渠道成员都希望自己的库存少一些，对方多保持一些库存。

（2）渠道成员的任务和权利不明确

例如，有些公司由自己的销售队伍向大客户供货，同时它的授权经销商也努力向大客户推销。地区边界、销售信贷等方面的任务和权利的模糊、混乱会导致诸多冲突。冲突还可能来自渠道成员的市场知觉差异。例如，生产企业预测近期经济前景良好，要求经销商的存货水平高一些，而经销商却可能认为经济前景不容乐观，不愿保留较多的存货。

（3）中间商对生产企业的依赖过高

例如，汽车制造商的独家经销商其利益及发展前途直接受制造商产品设计和定价决策的影响，这也是产生冲突的隐患。

（4）价格原因

各级批发价的价差常是渠道冲突的诱因。制造者常抱怨分销商的销售价格过高或过低，从而影响其产品形象与定位；而分销商则抱怨给其的折扣过低而无利可图。

（5）存货水平

制造商和分销商为了自身的经济效益，都希望把存货水平控制在最低。而存货水平过低又会导致分销商无法及时向用户提供产品而引起销售损失，甚至使用户转向竞争者。同时，分销商的低存货水平往往会导致制造商的高存货水平，从而影响制造商的经济效益。此外，存货过多还会产生产品过时的风险。

另外，大客户原因、付款方式协调不一致、技术咨询与服务问题、分销商经营竞争对手产品等问题也可能引发渠道冲突。

小案例 3

天津市大商城联合抵制国美

1999 年中，天津市大商城联合抵制北京国美公司天津公司开业，长虹、康佳、TCL 等七家国内彩电企业卷入其中，同各大商场签订了一项被戏称为“卖身契”的会议纪要：

与会各电视机生产厂家天津分公司或办事处不再与国美电器公司发生电器来，各厂家有责任采取措施，坚决制止北京或其他地区货源流入天津。

由于国美电器公司尚有部分库存，或由于制止不力是得其他地区货源继续流入天津，厂家同意以国美在公众媒体上的广告价格作为是大商场的零售价，厂家以此价格下浮3%，作为对十大商场的供价。

十大商场承诺，对于履行以上承诺的厂家，将竭尽全力保证其销售总量和市场占有率不因此而下降，并且在最短时间内，按厂家的销售政策恢复市场秩序。

此案例说明，厂家与中间商、中间商与中间商之间的冲突是不可避免的，这既缘于强烈的逐利动机，又迫于残酷的市场竞争。十大商场之所以采取联合抵制行动，是害怕国美的低价政策会冲击到天津市场。随着市场竞争的日益激烈，商家只能维持微利的收入，为了保持自己的份额，商家手段各异，制定一系列行业规则阻止新的进入者，然后进行绞杀。

2. 渠道冲突的类型

（1）水平渠道冲突

水平渠道冲突指的是同一渠道模式中，同一层次中间商之间的冲突。产生水平冲突的原因大多是生产企业没有对目标市场的中间商数量分管区域做出合理的规划，使中间商为各自的利益互相倾轧。这是因为在生产企业开拓了一定的目标市场后，中间商为了获取更多的利益必然要争取更多的市场份额，在目标市场上展开“圈地运动”。例如，某一地区经营A企业产品的中间商，可能认为同一地区经营A企业产品的另一家中间商在定价、促销和售后服务等方面过于进取，抢了他们的生意。如果发生了这类矛盾，生产企业应及时采取有效措施，缓和并协调这些矛盾，否则，就会影响渠道成员的合作及产品的销售。另外，生产企业应未雨绸缪，采取相应措施防止这些情况的出现。

（2）垂直渠道冲突（也称渠道上下游冲突）

一方面，越来越多的分销商从自身利益出发，采取直销与分销相结合的方式销售商品，这就不可避免地要同下游经销商争夺客户，大大挫伤了下游渠道的积极性；另一方面，当下游经销商的实力增强以后，不满足目前所处的地位，希望在渠道系统中有更大的权利，向上游渠道发起了挑战。在某些情况下，生产企业为了推广自己的产品，越过一级经销商直接向二级经销商供货，使上下游渠道间产生矛盾。因此，生产企业必须从全局着手，妥善解决垂直渠道冲突，促进渠道成员间更好地合作。

（3）不同渠道间的冲突

随着顾客细分市场和可利用的渠道不断增加，越来越多的企业采用多渠道营销系统，即运用渠道组合、整合不同渠道间的冲突。不同渠道间的冲突指的是生产企业建立多渠道营销系统后，不同渠道服务于同一目标市场时所产生的冲突。例如，美国的李维斯牌牛仔裤原来通过特约经销商销售，当它决定将西尔斯百货公司和彭尼公司也纳为自己的经销伙伴时，特约经销商表示了强烈的不满。因此，生产企业要重视引导渠道成员之间进行有效的竞争，防止过度竞争并加以协调。

3. 渠道冲突的解决办法

解决渠道冲突的办法多种多样，以下是解决渠道冲突的 5 种方法。

（1）调整游戏规则

如果某些渠道冲突的确是由于企业的管理制度跟不上市场发展的步伐时，就需要调整合同，重新约定渠道成员的权利和义务；也可以在人事上做一些调整，以缓和矛盾。对于垂直性冲突，一种有效的处理方法是在两个或两个以上的渠道层次实行人员互换。比如，让制造商的一些销售主管去部分经销商处工作一段时间，有些经销商负责人可以在制造商制定有关经销商政策的领域内工作。经过互换人员，可以提供一个设身处地为对方考虑问题的位置，便于在确定共同目标的基础上处理一些垂直性冲突。

（2）沟通劝说

通过劝说来解决冲突其实就是在利用领导力。劝说可帮助成员解决有关各自的领域、功能和对顾客的不同理解的问题，使各成员履行自己曾经做出的关于共同目标的承诺。

（3）协商谈判

谈判的目标在于停止成员间的冲突。谈判是渠道成员讨价还价的一个方法。在谈判过程中，每个成员会放弃一些东西，从而避免冲突发生，但利用谈判或劝说时要看成员的沟通能力。

（4）诉讼

冲突有时要通过政府来解决，诉讼法律也是借助外力来解决问题的方法。对于这种方法的采用也意味着渠道中的领导力不起作用，即通过谈判、劝说等途径已没有效果。

（5）退出

解决冲突的最后一种方法就是退出该销售渠道。事实上，退出某一销售渠道是解决冲突的普遍方法。当水平性或垂直性冲突处在不可调和的情况下时，退出是一种可取的办法。从现有渠道中退出可能意味着中断与某个或某些渠道成员的合同关系。

市场销售渠道越来越依靠合理的社会分工来享受、获取专门化效益。销售渠道是企业将产品送进市场的道路，企业必须对销售渠道进行合理的设计和适当的管理，才能保证产品畅通地流向市场。

小案例 4

C 小家电公司所面临的渠道冲突

C 小家电公司是一家专门生产家居厨卫、生活小家电产品的实力型厂商，该公司引进美国、德国等先进技术，以高新技术产品引导了国内小家电市场的消费潮流，销售网络遍及全国各地。C 小家电公司在渠道建立期选择分销商的层次参差不齐，大多数是从个体户发展起来的中小型民营企业，它们与 C 公司现阶段所要求的分销商资质相差甚远，有的还缺乏充足的运营资金、合格的专业技术人才和销售人员，同时技术和管理沟通上也受到很大限制，效率低下。但受许多客观因素限制，C 小家电在进入市场初期，市场营销的工作重心都围绕着如何扩大盈利和市场份额，不得不暂时选择资质稍差，但是渠道网络尚可的中间商，忽略了营销渠道的建设和优化，加之厂商办事处的相关管理人员缺乏，造成了C公司对渠道管理效率低下，随着市场竞争的加剧及小家电产品在国内家庭中地位的提高，渠道中的矛盾和冲突逐渐频繁，已经影响到业务的正常运转。这些冲突主要包括：

（1）责任冲突

原有的渠道分销商当规模发展到一定程度之后，他们的心态往往会发生转变，很可能不愿意投入更多精力和资金去扩大发展，也不想全力以赴推广厂商的产品，C公司的分销渠道中就存在这种情况，有实力的分销商不愿意投入全部精力销售C公司的产品，转而主推那些利润较高和市场需求更高的新产品，出现“代而不理”的景象，并且实力强大的分销商也没有时刻与厂商分享市场信息，市场进展情况反馈缓慢；那些愿意大力销售C小家电的分销商则实力有限，难以达到厂家的期望值，处于“有一单做一单”的状态，自然不会在市场拓展上有很大的斩获。而C作为厂商，有时候销售和售后支持不到位，品牌推广力度有限，又缺乏对分销商在运作上的指导，影响到客户对供货商及整个渠道的信任。这样不明确的责任分工很难不影响到双方之间的合作，引发冲突。

（2）价格冲突

激烈的竞争导致了市场重心偏向买方，为了扩大销售量，分销商在销售产品时必须提供给客户比较之后认为的合理价格。由于品牌、生产工艺、原材料采购等多方因素的制约，C小家电的价格政策是有底线的，而分销商总是诱导厂家尽可能让利来保证自己的利润，并且在销售过程中经常扰乱厂商制订的价格秩序，不严格执行厂家制订的价格策略。而C公司在制定产品价格和利润指标时为保证自己的利益，并没有充分考虑到与战略合作伙伴的长期共赢，其价格政策也难以博得分销商的认同。因此，C小家电公司与分销商之间往往由于各自的利益出发点和销售目标不一致而导致价格冲突。

（3）服务冲突

对于以做终端零售为主的小家电产品，特别是季节性强的产品——电风扇、电暖器等，最重要的服务工作就是交货周期，及时而快速地交付产品是赢得客户信任及抢占市场的重要保证。而有的分销商却不肯提前投入资金进行备货，有时无法及时完成终端客户对节假日、促销期或因天气突变引起的销售旺季交货周期的要求而错过商机。在仓储物流服务上面，C公司希望分销商对产品做一定量的库存准备；而分销商则希望C公司在办事处设立足够大的仓库，随时保证库存供应，降低自己的物流成本。双方出于对自身利益及风险的考虑而希望采取不同的交易方式，从而引发矛盾。

除了以上三点，由于管理理念、营销战略、价值观念的不同而导致的其他矛盾冲突也时有发生。

资料来源：赵艳丰．小家电企业不改如何化解渠道冲突．家用电器，2016，1：68-70.

同步业务

根据小案例4“C小家电公司所面临的渠道冲突”的案例介绍，如果你是销售经理，面对目前渠道冲突问题，你将如何着手解决这一难题？

业务分析：解决渠道冲突的方法。

业务程序：首先仔细阅读小案例4，深入分析C小家电渠道冲突产生的原因，然后从管理者角度出发提出解决渠道冲突的有效对策。

业务说明：销售渠道冲突解决的方法。

考核要点：学生对销售冲突原因的分析，解决渠道冲突的策略的全面性、有效性。

本章小结

（1）销售渠道是指产品或服务从生产商或服务商向消费者转移过程中所经过的、由各中间环节所联结的路径。这些中间环节包括生产商或服务商内设的销售机构、批发商、零售商、代理商、中介机构等。

（2）按流通环节的多少可以将分销渠道划分为直接渠道和间接渠道、短渠道和长渠道，按各环节中间商数目的多少又可将分销渠道划分为宽渠道和窄渠道两大类型。

（3）从销售渠道选择的角度来说，生产企业要考虑产品因素、市场因素、购买行为因素、企业自身因素、中间商因素。

（4）渠道建设是一项系统的、复杂的工程，各个企业在进行销售渠道的设计和规划时会采取不同的措施，但是从本质上来讲，销售渠道的设计基本遵循以下程序：制定营销目标、设定销售渠道目标、确定销售渠道的备选方案、渠道设计方案评估、选择合适的渠道结构、选择渠道成员。

（5）销售渠道的流程最基本的包括六项：产品实体流程、所有权流程、付款流程、信息流程、促销流程和谈判流程。

（6）渠道冲突指的是销售渠道成员发现其他销售渠道成员从事阻碍或者不利于本组织实现自身目标的活动。渠道冲突包括水平渠道冲突、垂直渠道冲突、不同渠道间的冲突。

案例阅读

K中央空调企业的渠道管理

K中央空调公司总部设在美国，并在中国的广东深圳设有生产基地。该公司经过100多年的发展，现已成为世界上最大的制造和销售暖通空调、冷冻冷藏和空气净化设备的专业公司之一，K品牌也成为国内中央空调行业里比较具有影响力的品牌。但近两年，K公司出现了市场占有率减少、销量下滑的情况。究其原因，是由于K公司在管理渠道中存在诸多不足，具体表现以及改善建议如下：

表现：渠道开发与扶植在地域上严重失衡。

K公司在广东地区设置了密集的经销商，而在其他地区只有一个总经销，比如东北地区的黑龙江、吉林、辽宁各设了一个总经销，但管理渠道的办事处又只有一个设在沈阳，从经销商和办事处的数量多寡不难看出该公司对各个市场重视程度的高低。对于广东地区的经销商在铺货、宣传、装修、年终返点上的扶植力度也远远大于东北等地区的经销商。出于对风险的考虑，扶植力度大的经销商在经营规模上得到了扩张，销售量也处于一个稳定或上升的状态，经销商的业绩越好，公司越是扶植，这些经销商和K公司形成了良性循环；而扶植力度小的经销商的经营规模要么不变，要么缩小，销售量自然也就难以提高了，经销的业绩越差，公司越是不扶植。

这种失衡的局面如今还在继续，其结果就是K公司的总体市场占有率和销售总量得不到提高，因为在广东地区经过多年的扶植已是一个相当成熟的市场，众多的经销商已建立了密集的分销网点，几乎渗透了所有的市场，增长潜力十分有限，加上经济环境变差、竞争加剧等因素的影响，维持以往的业绩已不是易事，并不会因为扶植力度大而出现大的增长；而在东北等地区的市场上，该公司中央空调产品的市场占有率很低，空白市场都还大大存在，但因为扶植力度小，市场占有率和销售量不升反降。

改善建议：

广东地区：K公司在广东地区的渠道过宽，各个经销商为了争夺市场与顾客，常常不顾公司的市场价格体系，直接采取降价的恶性竞争手段；窜货问题也层出不穷，对渠道的稳定极其不利。因此应减少总经销商的数量。在深圳、广州各设置二至三家总经销；市场规模较大的二线城市设置一家总经销；其他城市则由这些总经销向下发展二级经销商。这样每家总经销的市场规模大体相当，既不影响市场覆盖面，又能减少恶性冲突，便于公司管理，从而促使市场稳定。

其他地区：K公司在广东地区以外的其他地区的渠道设置过窄，各个省市都只有一个总经销。这些经销商因为没有本品牌竞争的压力，往往追求更高的利润额，有些还存在“三年不开张，开张吃三年”的经营思想，这种经营观念对其本身的利润额可能并无多大的影响，但是对公司却造成了相当大的损失，因为对经销商的价格是确定了的，并不会因为销量的多少而进行相应的降低或提高，只有量提高了，公司的利润才能得到提高。由于总经销实力的限制或经营观念的保守，大部分市场上的分销网点不多，市场覆盖面很低，很多二、三线城市根本就没有经营K中央空调的零售店，比如内蒙古地区，只有呼和浩特有总经销自己开设的零售店；这种情况还导致了该地办事处资源只提供了独家服务，单位成本过高。所以应该适当增加总经销的数量。在省会城市设置两家总经销；在经济情况好，发展潜力大的二级城市可设置一家总经销；这些总经销再向下发展二级经销商。这样每个地区的总经销就不是独此一家了，既能产生一种竞争机制，又能扩大市场覆盖面，从而促使销量得到提升。

另外K公司原来对经销商的选择具有很大的随意性，要么关系至上，要么先到先得，没有一个客观评价这些经销商的标准，在其经营的过程中，也没有真正实行优胜劣汰，现存经销商中一部分需要进行调整。因此其公司需要新的经销商加盟，K品牌在中国已是一个具有一定影响力的品牌，愿意经销其产品的经销商通常不止一家，有些地方还会为取得经销权而展开竞争。K公司为了日后取得良好的销售业绩，很有必要对愿意加盟的经销商进行选择，与更具优势者进行合作。

选择经销商时要从以下一些方面进行考察：① 财务能力：要考察他们的注册资金、实际投入资金是多少；仓库、运输车辆、营业店铺等必备的经营设施能承受多大的业务量；银行贷款能力如何；能否按照公司所希望的结算方式进行结算；对外有无应付账款等。② 市场能力：要考察他们的经商时间有多长；现存网络能渗透多大的市场；批发、零售手段如何；能否控制市场价格；促销手段是否科学、有效等。③ 管理能力：要考察他们组织内部各部门之间是否协调一致；有无长期发展战略；聘用的业务人员是否干练；库存是否科学合理等。④ 家庭情况：要考察他们的家庭由哪些成员组成，成员的关系如何。这一点往往是企业在进行经销商选择时容易忽略的一点，但是家庭情况会对很多事情产生深远的影响，包括经销K公司的产品。现在的经销商大多是夫妻店，只是规模不尽相同而已，很难相信一个不和睦的家庭会做出骄人的业绩。因此家庭情况应作为一个对经销商考察的重要因素。

资料来源：赵艳丰.由一则案例探讨中央空调企业的渠道管理.家用电器，2014（11）.

练习与思考

一、选择题

1. 渠道冲突指的是销售渠道成员发现其他（　　）从事阻碍或者不利于本组织实现自身目标的活动。

A. 顾客　　B. 客户

C. 销售渠道成员　　D. 竞争对手

2. （　　）的原因大多是生产企业没有对目标市场的中间商数量分管区域做出合理的规划，使中间商为各自的利益互相倾轧。

A. 水平冲突　　B. 垂直冲突

C. 不同渠道间的冲突　　D. 窜货

3. 美国的李维斯牌牛仔裤原来通过特约经销店销售，当它决定将西尔斯百货公司和彭尼公司也纳为自己的经销伙伴时，特约经销店表示了强烈的不满，这属于（　　）冲突。

A. 水平　　B. 垂直

C. 不同渠道间的　　D. 都不对

4. 销售渠道不包括（　　）。

A. 中间商　　B. 消费者　　C. 供应商　　D. 制造商

5. （　　）包括销售信息的收集、处理、应用各环节及渠道成员之间的有效沟通。

A. 产品实体流程　　B. 所有权流程　　C. 信息流程　　D. 付款流程

二、判断题

1. 销售渠道是指产品或服务从生产商或服务商向零售商转移过程中所经过的、由各中间环节所联结的路径。（ ）

2. 按流通环节的多少可以将分销渠道划分为宽渠道和窄渠道两大类型。（ ）

3. 直接渠道是指产品从生产领域转移到消费领域时不经过任何中间环节的分销渠道，是企业采用的产销合一的经营方法。（ ）

4. 不管生产商采取什么样的渠道，采取什么样的战略，他们的目的只有一个：利益最大化。（ ）

5. 当企业采用成本领先战略并假设目标细分市场所需为“低价格”和“购买方便”时，密集分销是较合适的方式。（ ）

三、简答题

1. 选择销售渠道时需要考虑哪些因素？

2. 解决渠道冲突的方法有哪些？

3. 渠道建设的程序是什么？

实训项目

案例分析

阅读下面的案例，谈谈安踏的渠道建设策略对你的启示。

安踏的渠道建设

安踏经过多年的艰苦努力，如今建立起了一个稳固的渠道网络，为公司的发展奠定了坚实的基础。安踏总裁丁志忠认为，“终端网络是一个企业的生存之本。国内市场是一个十分庞大的市场，要在这个大市场里找到属于自己的位置，就必须拥有属于自己的网络。”一个市场销售量大的品牌没有完善的市场网络为后盾是不可想象的，品牌竞争在一定程度上取决于市场渠道的争夺。

中国奥委会合作伙伴

安踏的渠道建设策略包括以下几点：

1. 立足国内，定位二三线市场

面对国外品牌在一线城市的强势进攻，安踏首选二三线城市的战略布局，并在发展空间巨大的二三线城市站稳了脚跟。安踏在渠道建设方面是出色的，如今安踏在一线市场占自身市场总体的20%，而二三线市场则占60%，这一市场组合比例相对合适。大城市多开店、小城市开大店，因地制宜地升级分销渠道，这是安踏渠道建设的基本策略。一方面，根据其消费习惯，在三线城市开设聚客效应良好的大店，在增强品牌效应的同时，促进销售；另一方面，一线城市及部分二线城市开设多家店面，方便就近消费，保持在国内二三线市场中占据领先份额。

2. 扩大自营店，展示自我实力

2006 年安踏把渠道的重心转移到旗舰店的建设上来， 把旗舰店建设作为渠道战略，重力推进整体市场升级运动。旗舰店作为运动品牌在市场上展现自己实力形象的主要手段之一。安踏董事长丁志忠宣称，“将三个亿资金投放在总部直营的直营店上，实现一个大城市有一个安踏旗舰店”。在提升市场终端的整体营销能力的同时，将消费者与安踏品牌紧密联系在一起。

3. 国际化的渠道建设

安踏对国际渠道的布局是“扎根中国、布局亚太、展望世界”。2005 年在新加坡设立了代表处，同时着眼于马来西亚、菲律宾、印尼等东南亚市场，推进布局亚太的战略。2006 年在中国台湾、希腊等地区和国家开专卖店，并在捷克、乌克兰找到合作伙伴，并以此为窗口全面拓展欧洲市场。

虽然对海外的渠道进行了拓展， 但安踏的营销重心仍然在中国，国际化进程还有很长的路要走，从销售额的角度讲，李宁、安踏已经可以排进世界体育品牌前十名，但如果从国际化程度、知名度来说，还远远不够。

4. 借力网络平台，扩大渠道优势

安踏没有忽视网络的传播力量，网络推广具有传播速度快、覆盖范围广、低成本和互动性等特点，能与传统媒体很好地结合，对企业品牌的传播具有很大的推动作用。在这种背景下，为更好地把握网上购物的巨大商机，安踏选择了中国最大的网络购物平台——淘宝网，并建立了官方旗舰店。

资料来源：徐金明 . 安踏销售渠道建设与品牌战略的启示 . 科技信息，2011（13）.

实战演练

实训目标：掌握销售渠道的设计和管理

实训内容：结合“安踏的渠道建设”案例，以及任务一的实训项目“珠江啤酒东莞大区市场销售管理分析”相关资料，谈谈珠江啤酒东莞大区渠道建设策略。

实训要求：

（1）教师帮助学生了解管理区域市场需要的信息。

（2）教师帮助学生了解管理渠道建设的工作内容。

（3）在理解案例的基础上，结合珠江啤酒东莞大区市场（或者某企业某市场）的资料，完成珠江啤酒东莞大区（或者某企业某市场）渠道建设策略分析报告。

实训步骤：

（1）通过对珠江啤酒东莞大区营销人员进行访谈，对市场信息的收集，了解企业在该市场的渠道建设现状。

（2）学生从管理者角度出发，分析企业产品在该市场渠道管理中存在的问题。

（3）谈一谈如果你来进行渠道管理，你将采取哪些策略。

（4）学生通过信息的收集分析，完成珠江啤酒东莞大区（或者某企业某市场）渠道建设策略分析报告。

组织形式：以 3~5 人为一个实训项目小组展开活动。

考核方式：以小组的形式提交渠道建设分析报告。

任务五 销售计划管理

学习目标

- 知识目标：
  1. 了解销售计划的定义、内容。
  2. 熟悉销售计划的制定程序。
  3. 了解销售目标的内容、确定方法。
  4. 熟悉销售预测的方法和程序。
  5. 熟悉销售配额确定的程序和分配方法。

- 能力目标：
  1. 能够制定合理的销售计划。
  2. 能够制定合理的销售目标。
  3. 能够做出合理的销售预测。
  4. 能够合理分配销售配额。

引例

某某企业分公司年度销售计划书

一、经营环境分析

（一）宏观经济、社会环境分析

宏观经济、社会环境分析包括当地人口、人均国民生产总值等。（略）

（二）行业市场分析

行业市场分析包括当地市场总规模估计，下一年度市场增长预测等。（略）

（三）竞争对手分析

竞争对手分析主要从价格、定位、当前市场状况等方面对企业竞争对手产品进行分析。（略）

二、200× 年年度目标

200× 年，依据总公司的年度营销计划及本地区营销工作现状、市场状况等，本分公司的营销工作主要包括以下三大目标：争取销售量；提高边际利润，降低销售成本；健全营销组织结构。

（1）开发省内、市内、郊县乡镇市场

省内建立销售办事处，实现销量目标。具体目标如下：

1）省内实现销售增长率 ×%，销量 × 箱。

2）市内实现销售增长率 ×%，其中市内直销部年销量达 × 箱；郊县部年销量达 × 箱；批发部年销量达 × 箱；大客户部年销量达 × 箱，总计销量达 × 箱。

（2）提高边际利润，降低销售成本

1）制定价格稳步提升策略，保证本企业产品的价格领先地位。

2）提高售点开发力度，扩大全系列饮料的铺货率，提高售点铺货率。

3）通过促销、政策支持等拉动销售，推动经销商进货，提高市场占有量。

（3）健全销售组织和营销网络

1）健全销售组织和机构，加强人员培训，提高市场终端的控制水平。

2）健全批发商协助计划的销售系统，使其更具可控性和有效性。

3）加强与公司生产、物流、财务、人事等部门的协作。

三、年度销售工作计划及各项工作措施

（一）销售组织建设

依据本年度销售目标，本分公司营销组织结构调整如图 1 所示。

（二）销售系统建设与控制

1. 销售系统建设工作计划

（1）销售系统建设总体工作计划

销售系统建设总体工作计划，具体如表 1 所示。

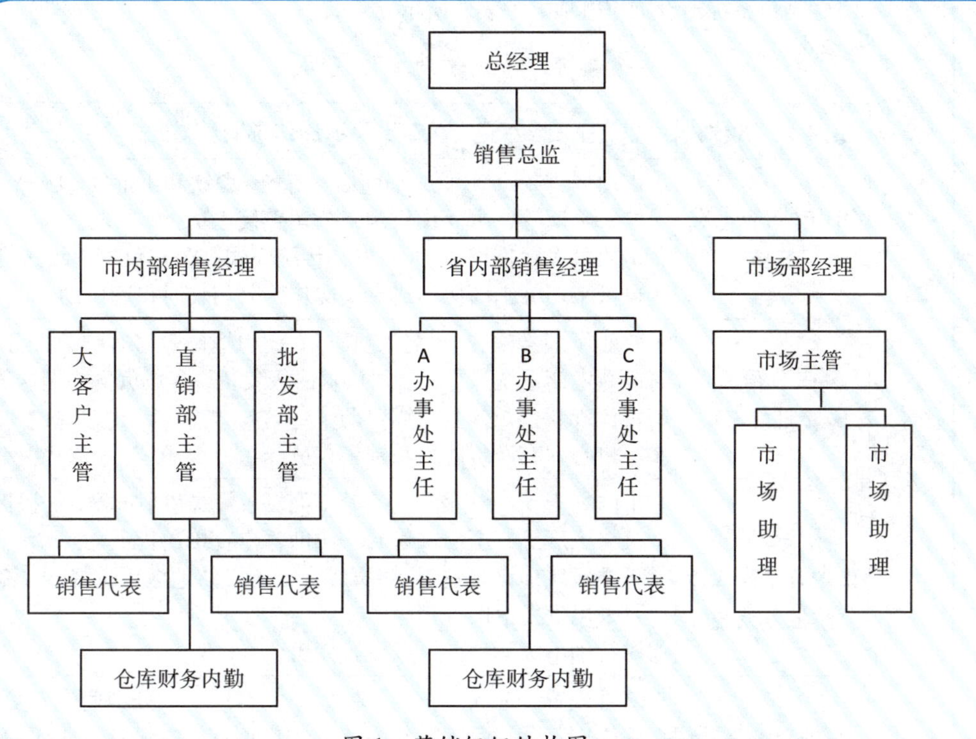

图 1 营销组织结构图

表 1 销售系统建设总体工作计划

时间	具体工作事项说明
x 年 x 月	（1）整理销售系统培训资料下发各营业部门 （2）省市内主管级以上人员进行销售系统集中培训 （3）各办事处对全部业务代表（含新聘）进行销售系统培训
x 年 x 月	（1）省市内按照人员编制计划进行大规模招聘、培训、上岗，人事部配合 （2）办事处进行住房办公室的租赁工作 （3）行政部进行车辆的配备，司机的招聘实习
x 年 x 月	（1）各办事处对市内郊县区域确定选择分销商、专卖商名单交公司 （2）公司对每一地区选择的客户进行评定审核 （3）统一签订 200× 年销售合同及其他合作协议 （4）确定各地区客户、销售系统、人员、车辆、销量，并归档管理
重要提示	× 月 × 日前必须将确立的客户、销售系统、人员、车辆和合同统一整理完毕，上报经理

（2）销售系统建设工作事项，如表2所示。

表2 销售系统建设工作说明表

销售系统类别	建设事项操作说明
市内/传统批发系统	①市内划为×个片区，小商店、商场、餐饮和小批发、居民区、学校、工厂等，全面预售制，公司直接送货 ②市内批发渠道设×人开发，传统模式，公司负责一级送货 ③也可采用分销商协作或专卖协作，公司临时租库协助
郊县分销商/专卖批发系统	①营业所郊县设置×名人员，每一县选择×家客户，按分销商或专卖商系统操作，公司负责一级发货，客户负责终端送货，销售代表和公司郊县车辆协助 ②客户必须有送货能力和销售人员×人
省内各办事处市内分销商或传统批发系统	①市内划为×个片区，小商店、商场、餐饮和小批发、居民区、学校、工厂等，全面预售制，协助客户直接送货 ②条件成熟地区可选择×家客户，不成熟地区可选择×家客户，采用批发协助分销商 ③对特别不成熟地区可以设置库房
省内各办事处郊县分销商	①郊县设置×人，每个县选择×家客户，按分销商或专卖商系统操作，公司负责一级发货，客户负责终端送货，业代和公司郊县车辆协助 ②客户必须有送货能力和销售人员×人

2．经销商控制措施

（1）销量及市场控制，由公司销售部直接控制执行，具体措施如下：

1）利用合同规定之客户全年和分月销售量计划控制，连续×个月完不成销量计划有权撤销合同。

2）利用市场占有率、铺货率计划控制，连续×个月完成不理想有权撤销合同。

（2）冲货返销、低价杀价控制，由销售部设立专业查禁跨区和杀价的检查人员负责，具体措施如下：

公司全部产品统一编号，统一包装纸箱打码，通告全省，禁止返销杀价；若发现低价杀价等行为一次，提出警告并取消被查产品的全部奖励；发现查实两次，提出严重警告，并取消该季度产品的全部奖励；发现查实两次以上，取消合同及所有已经发生的奖励。

3．价格控制，具体如表3所示。

表3 销售渠道产品价格控制说明表

事项	具体操作
基本价格	鉴于当前市场价格及竞争对手的价格策略和可能的铺货策略，当务之急是调整目前的价格体系。调整后的基本价格为×元；批发价格为×元。直销价格：在做市场项目时，给予特殊价格
价格操作步骤	根据公司价格战略予以阶段性调整

续表

事项	具体操作
分销价格控制	确定每一地区的分销价格，其中全省统一分销价格为 × 元；分销体系价差为 × 元； 一批价格为 × 元；二批价格为 × 元；公司直销价格 / 一批或二批的终端价格为 × 元

（三）本年度销售工作计划

1. 本分公司 200× 年度销售工作重点及具体安排如表 4 所示。

表 4　200× 年度销售工作重点及实施方案表

分销网络建设	①各地办事处根据销售计划（销量计划、组织、人员、销售系统）进行组织建设工作，具体事项包括：招聘新销售专员、司机及其他人员；招聘选拔销售主管或经理；成立新办事处及办事处的办公住房租赁、重划销售区域和整修客户管理；销售计划分解落实；销售部门人员培训 ②根据销售系统建设计划对二级城市市区、郊县经销客户进行销售系统建设工作，具体工作包括：确定各地区、各郊县的销售系统有 × 家合作客户；确定 × 年销售合同并签署，核查各客户的销量等事宜；召开 200× 年客户会议，全面预定一年的销售计划；确定本年优秀客户的年销售信用额度和期限，签订信用合同和财产抵押文件等
铺货第一阶段	①二级城市市区：市区各零售客户、餐饮娱乐场所、重点学校区域、市区居民、风景区等地，按计划全面铺货 ②郊县：每郊县 × 家零售客户、餐饮娱乐场所 × 家客户、重要公路沿线 × 家零售点的全面铺货
铺货第二阶段	①二级级城市市区：同第一阶段，并巩固加强 ②郊县：重复第一阶段，巩固加强
分销促进第一阶段	①二级级城市市区：对销售系统经销商进行奖励促进，鼓励进货；突击春节前后进货；维护销售系统和网络；监控合同执行和销售计划执行的进展情况 ②郊县：每郊县销售系统的进货促进；销售系统、销售计划、客户发展、市场发展的监控
铺货第三阶段	①二级城市市区：零售点的全系列包装，品牌促进和城市周边加强；餐饮娱乐场所中 × 家客户的全系列铺货加强；重点学校区域的全系列加强 ②郊县：每郊县 × 家零售客户、每郊县餐饮娱乐场所 × 家客户、每郊县重要公路沿线 × 家零售点铺货加强；郊县重点乡镇的铺货第一次全面行动

分销促进第二阶段	措施延续第一阶段；突击 × 月分销销量
铺货第四阶段	①根据三次突击铺货状况，进行旺季后的全面铺货 ②继续对郊县乡镇一级客户的全面铺货
分销促进第三阶段	根据实际销售成绩进行分销网络的激励促进

2. 各销售代表的销售量分解（略）

四、市场活动计划及预算

（1）市场工作计划安排，如表 5 所示。

表 5　× × 分公司 200× 年度市场工作计划表

时间 推广事项	1月	2月	3月	4月	5月	6月	7月	8月	9月	10月	11月	12月
广告 / 产品												
售点 / 非售点广告												
促销活动												
赠饮												
……												

（2）市场活动费用预算（略）

资料来源：http://wenku.baidu.com/link?url=uvwQNf9R6tFvuvra6Cz8RZw2pP6jDwn2qxZopWo50OyBkb9_UB4yQMlcTRBbtD66l3YE6qsQZVZ_8e0kOptVOJ1ofLGwLlhDQxDzQoy3K1e.

从 × × 企业分公司年度销售计划书可以看出什么?

（1）销售计划书包括内容环境分析、目标、措施、费用预算等。

（2）销售目标制定后要有与之配套的工作计划、措施和费用。

（3）销售目标的制定要科学合理，可执行性强。

5.1 销售计划概述

5.1.1 销售计划的含义

计划是人们为实现既定目标而对未来的活动进行的预先筹划和安排。计划是管理的重要职能，也是人类活动有目的、高效率进行的基础。销售计划是企业为取得销售收入而进行的一系列销售工作的安排，包括确定销售目标、分配销售定额、制定实施方案等。

销售计划是销售管理的基石，销售管理过程就是销售计划的制定、执行和评价的过程。许多企业在销售管理上存在的问题，往往是销售计划的问题。如有的企业的销售目标不是建立在准确把握市场机会、有效组织企业资源的基础上，而是拍脑门拍出来的，缺乏科学的依据；有的企业的销售计划没有按地区、客户、产品、销售人员进行分解，使计划无法具体落实；还有的企业管理者只知道向下级下达目标数字，缺乏切实可行的实施方案，也没有提供必要的业务指导，结果使计划落空。

小案例 1

多尔弗的计划

多尔弗平均每星期要花上半天的时间用来做计划，每天要花一个多小时的时间来做销售的准备工作，在没有做好计划和准备工作之前，他绝不会出门去拜访客户和做销售业务。不要以为这是浪费时间，正是因为有了完善的计划与准备，才使他能一直保持高额的销售业绩。一次，一位新来的销售员请教多尔弗：“多尔弗先生，您是怎样成为汽车行业最顶尖的销售员的呢？”

“因为我会给自己定下远大的目标，并且有切实可行的实施方案。”多尔弗回答。

“是什么方案呢？”

“我会将年度的计划和目标细分到每周和每天里。比如说今年定的目标是 3840 万美元，我会把它按 12 个月分成 12 等份，这样每个月完成 320 万美元就好了。然后再用星期来分 320 万除以 4，这下子我就不用做 320 万元的业绩了，只要每个星期做 80 万元就行了。”

“80 万美元还是太大，怎么办？”

“我会把它再细分下去，把它分成七等份，分出来的数就是每天需要完成的签单目标。目标要定得够大才足以令我兴奋，接着再把目标分成一小块一小块的，这样它就会确实可行。”

5.1.2 销售计划的内容

销售计划是直接实现销售收入的一连串行为的具体安排，即进行销售预测、确定销售目标、编制销售配额和销售预算，也是企业营销战略的最终体现。好的销售计划可以使企业的目标顺利实现。仅仅涉及销售额的销售计划是不够的。通常销售计划应能够实现公司的经营方针、经营目标以及符合发展计划、利润计划、成本计划、财务预算等。图 5-1 简要说明了销售计划的大致内容。

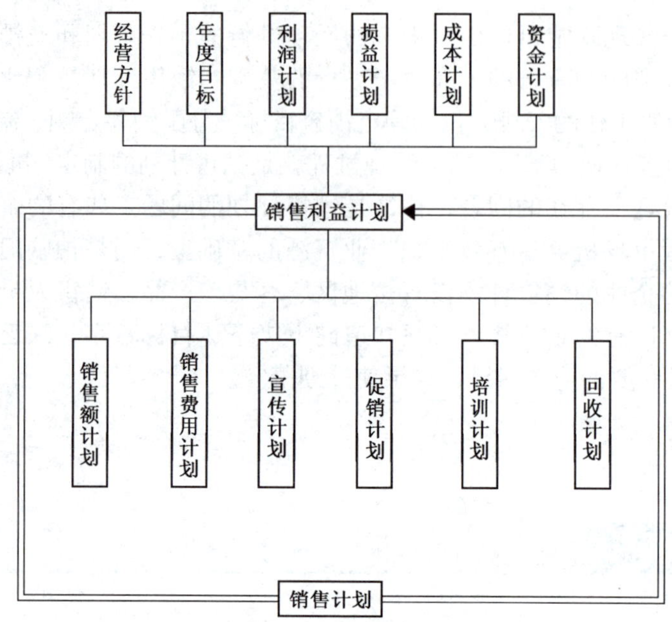

图 5-1 销售计划的内容

通俗来说，编制销售计划主要考虑的内容可简述为：

（1）销售什么商品？——商品计划。

（2）销售到哪里去？——销售渠道设计。

（3）销售的价格是多少？——定价计划。

（4）由谁来销售？——销售组织计划。

（5）要销售多少商品？——销售额计划。

（6）要耗费多少资金进行销售？——销售预算。

5.1.3 销售计划的编制原则

销售计划的编制应该符合 SMART 原则。

具体（Specific）：销售计划必须是清晰和具体的，不能模棱两可，对于管理者来说必须明确销售计划的每一个细节，这样才能实现销售目标。

量化（Measurable）：企业管理者应知道销售计划进行的过程，并且何时达到销售的目标，那么每一步的销售计划必须是可以测量的，并对出现的偏差进行校正，以达到销售计划的科学性。

挑战性（Ambitious）：销售计划应该是挑战性的、进取的，具有挑战性的销售计划可以激发销售人员的热情，鼓舞员工的士气，有利于销售目标的达成。

可行性（Realistic）：销售计划必须是可行的，使用可以利用的时间与资源。一个有效的销售计划应该是可以控制和执行的，充分利用企业的资源，不额外增加企业的成本。

完成期限（Timed）：销售计划必须有目标达成的期限，这样才能够控制整个销售计划和计划的执行人员，达到相应的目标。

5.1.4 销售计划的制定程序

1. 分析现状

利用 SWOT 分析法，即从优势（Strength）、劣势（Weakness）、机会（Opportunity）、威胁（Threat）四个方面对企业当前的市场状况、竞争对手及其产品、销售渠道和促销工作进行详细的分析，然后市场营销部门进行销售预测。

2. 确定目标

销售部门结合前一阶段的计划执行情况对现状进行分析，对市场前景进行预测，提出下一阶段切实可行的销售目标。

3. 制定销售策略

确立目标以后，企业各部门要制定出几个可供选择的销售策略方案。销售策略方案的内容一般包括以下方面：

（1）销售能力建设，包括销售组织的数量和质量及客户的数量和质量。

（2）产品策略，包括强势产品的选择和新产品的推广等。

（3）价格策略，包括确定合适的价格体系，是否对价格进行严格的控制等。

（4）促销策略，包括广告、人员推销、营业推广等。

（5）竞争策略，包括应对竞争对手的手段等。

4. 评价和选定销售策略

评价各部门提出的销售策略方案，权衡利弊，从中选择最优方案。

5. 编制销售计划书

由主管销售的副总经理负责，把各部门制定的销售计划汇集在一起，经过统一协调，编制每一产品的销售计划书。完善的销售计划书应包括以下内容：

（1）计划综述，简要概述销售计划的内容，便于阅读者使用。

（2）企业现状，包括企业目前所处的市场环境、竞争对手的情况等信息。

（3）SWOT 分析，对企业的优势、劣势、机会与威胁进行分析。

（4）组织目标，包括销售目标和财务目标等。

（5）实施策略，提供实现目标的战略和战术。

（6）具体行动计划，一般采用 STAR 模式，即策略（Strategy）、时间表（Timetable）、具体行动（Action）和相关资源（Resources）。

（7）计划预算，提供实施该计划所需的财务支持。

（8）跟踪和控制系统。制定计划是为了执行计划，需要建立相应的信息系统，定期检查，以确保该计划的实现。

6. 执行计划

计划一经确定，各部门就必须按照既定的计划执行，以求达到销售目标。

7. 计划的检查、控制

在执行计划的过程中，企业要按照一定的评价和反馈制度，了解和检查计划的执行情况，评价计划的效率，也就是分析计划是否被正常执行。市场通常会出现意想不到的变化，甚至会出现意外事件，如战争、自然灾害等，销售部门要及时修正计划或改变策略，以适应新的情况。

编制销售计划的步骤如图 5-2 所示。

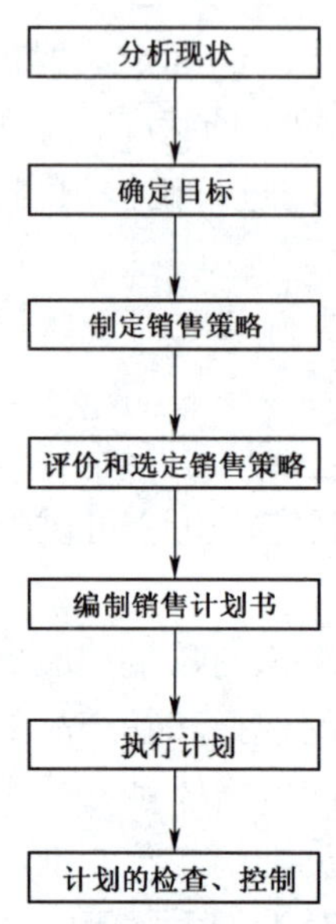

图 5-2 编制计划的步骤

5.1.5 编制销售计划的注意事项

（1）符合销售组织自身的特点。企业所制定的销售计划一定要符合企业发展的现状，脱离实际的、抽象的销售计划对实际的销售活动没有任何意义。更为致命的是，如果销售组织和销售人员认为企业的销售计划根本不可能实现，那么该销售组织将会在一定时期内失去方向。

（2）全员参与计划的编制。许多销售组织的销售计划是销售经理一个人制定的，没有相关部门和基层销售人员的参与和支持，从而使计划缺少很多实际的资料和销售人员创造性的建议，该计划就成了销售经理自己的计划而不是整个销售组织的计划。这种计划没有实施依据，肯定是不可行的。

（3）保持一定的弹性。在计划的执行过程中，如果没有发现计划不实际或存在缺陷，就应该严格执行，不可轻易变更或废除，这是计划的约束力。但是，计划也不能是一成不变的，当出现继续执行计划将会使企业遭受严重损失或根本无法执行原计划时，应该在权衡利弊得失之后，进行适当调整使计划保持一定的弹性。市场瞬息万变，竞争对手在不断调整战略战术，企业的市场营销环境也在不断变化，这就要求销售经理根据这些变化相应地调整销售计划，以保证销售计划的实际价值。当然，这需要销售经理具有批评和自我批评的精神。

5.2 销售目标管理

在销售计划管理中，销售目标的制定相当重要。一个好的销售目标必须与公司的整体销售目标相配合，并能实现公司的经营方针、经营目标以及发展计划的整体内容。好的销售目标能指导销售行为，激励销售人员，降低销售成本，增加企业利润，提高管理效率。因此，销售目标管理（Selling by Objective，SBO）成为销售经理管理销售活动的有效手段。

小案例 2

两药厂销售中的目标管理

A 药厂在 1997 年初有一新产品上市，是一个在国际上较领先的产品，全厂上下都信心十足地定下 1997 销售年度完成 6000 万元的销售目标。而到 1997 年 12 月 31 日才完成了不到 600 万元且回款仅 200 万元，然而市场开发费用却是根据 6000 万元的销售目标进行投入。目标与现实、投入与产出反差巨大。

B 药厂在 1997 年初也有一个中成药新产品上市，年初定下 600 万元的销售指标，年底却完成 900 万元。尽管全厂上下对能大大超额完成任务感到异常兴奋，欢欣鼓舞。然而从营销管理角度来看，这并非是一个值得高兴的事，我们看到，同样目标与现实差距也是如此之大。

通过 A、B 两家药厂的情况可以看出，A 药厂肯定失落感十足，B 药厂欣喜若狂。然而从另一个角度来看，B 药厂同 A 药厂一样没有成功，因为他们在营销目标订立与管理上一样是失败的。我们可以看到国际上的大制药公司及国内的合资药厂如“杨森”“史克”“施贵宝”的目标制定与实际差距一般不会超过 10%。

5.2.1 销售目标的内容

销售目标是在企业营销目标的基础上确定的，其各层次目标的关系如图 5-3 所示。一般来说，企业的销售目标应包括以下几方面的内容：

（一）销售额指标

销售额指标包括部门、地区、区域销售额，销售产品的数量、销售收入和市场份额。

（二）销售费用的预算

销售费用的预算包括出差、运输和招待等费用，销售费用占净销售额的比例，各种损失等。

（三）利润目标

利润目标包括每一个销售人员所创造的利润、区域利润和产品利润等。

（四）销售活动目标

销售活动目标包括访问新老顾客的数量、营业推广活动、商务洽谈等。

销售目标又可按地区、人员、时间段分成各个子目标，在设定这些目标时，必须结合企业的销售策略。企业销售经理可根据以上内容制定部门销售目标，销售目标体系如图 5-4 所示。

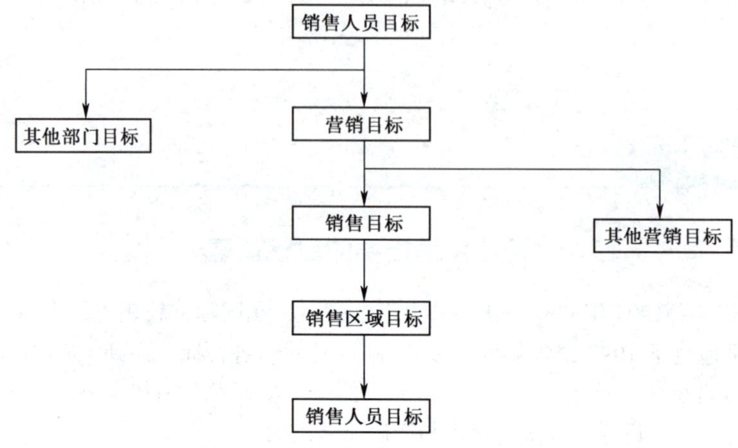

图 5-3　企业各层次目标体系图

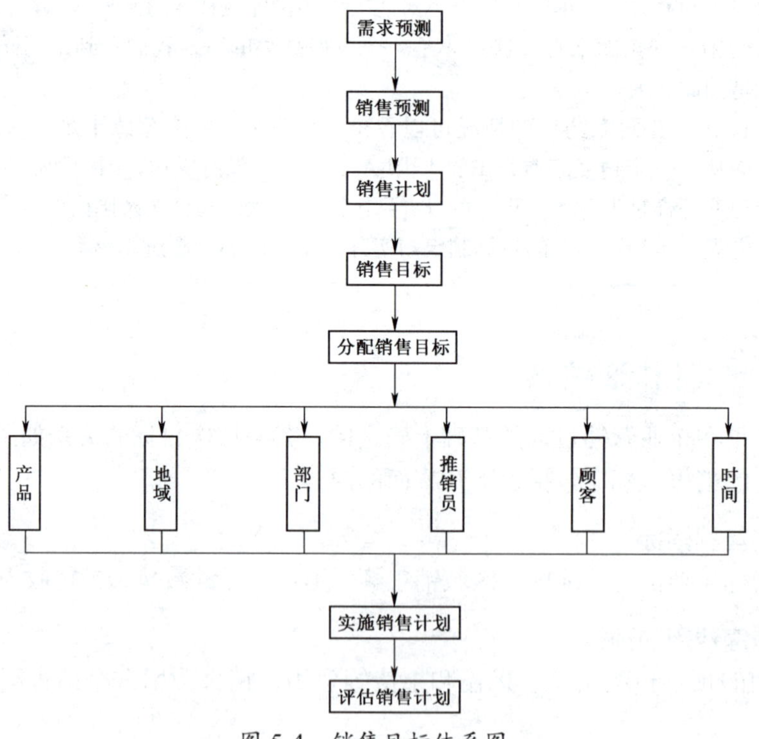

图 5-4　销售目标体系图

5.2.2　销售目标值的确定方法

制定销售计划，首先要根据销售预测确定销售收入目标，销售收入目标在销售计划中居中心地位。企业的销售目标反映了企业的经营意识，是企业市场地位的象征，也是企业经营得好与坏的标志。

（一）根据销售成长率确定销售目标

销售成长率是企业本年的销售实绩与上一年销售实绩的比率，用公式表示为：

$$销售成长率=\frac{本年销售实绩}{上年销售实绩}\times 100\%$$

有时，以“经济增长率”或“业界增长率”来代替销售成长率。

下年度的销售收入的计算公式如下：

下年度的销售收入＝本年销售实绩 × 销售成长率

企业的销售成长率不仅受市场需求及企业市场占有率的影响，还受到竞争者的影响，所以销售成长率往往与企业目标有一定的差距。要想得到比较难确的销售成长率，需要综合考虑过去几年的销售成长情况，求出平均销售成长率。此时所用的平均成长率并非以“期数”（年数）去除“成长率”，因为每年的销售收入是以几何级数增加的。平均销售成长率的公式如下：

$$平均增长率=\sqrt[n]{\frac{本年销售实绩}{基年销售实绩}}\times 100\%$$

（二）根据市场占有率确定销售目标

市场占有率是在一定时期、一定市场范围内企业实现的销售额（量）占该行业总销售额（量）的比率，用公式表示为：

$$市场占有率=\frac{企业销售收入}{该行业总销售收入}\times 100\%$$

使用该方法，首先要通过收集资料、分析数据来获知整个行业的销售收入。那么，

下年度的销售目标值＝行业总销售收入 × 企业市场占有率

对一个企业而言，市场占有率代表了企业的销售实力，代表了企业的竞争能力，代表了企业的市场地位，所以，企业总是千方百计扩大自己的市场占有率。但是受法律及竞争的影响，企业市场的扩张有一定的限度，企业市场占有率目标只能根据企业现有的销售能力和竞争能力来确定。

（三）根据市场扩大率或实质成长率确定销售目标

这是根据企业希望其市场的地位扩大多少来决定销售收入目标值的方法。市场扩大率是企业本年市场占有率与上年市场占有率的比率，用公式表示为：

$$市场扩大率=\frac{本年市场占有率}{上年市场占有率}\times 100\%$$

根据市场扩大率或实质成长率确定销售目标，实际上是企业依据其在市场上的地位扩大目标或实质成长目标来决定销售目标。当企业本年的销售额等于上年的销售额时，

不一定是维持原状，只有当实质成长率为100%，也就是业界的成长率与企业成长率相等时，才可称为维持了原状。那么，也只有当企业的成长率高于业界成长率时，才可称为实质的成长。如果企业的成长率低于业界的成长率，虽然市场扩大率有所增加，那也并不意味着企业实质的成长，只能说明企业的发展速度不如业界的增长速度快。

相反，遇到经济衰退，如果企业的成长率降低幅度等于业界成长率的降低幅度，说明企业在业界维持了原状；如果企业的成长率降低幅度高于业界成长率降低幅度，说明企业在业界的市场地位降低；如果企业的成长率降低幅度低于业界成长率降低幅度，说明企业实质是在成长的。

因此，企业在确定了下年度市场扩大率的目标值及预测了业界的成长率之后，就可以确定销售收入的目标值了。其计算公式如下：

下年度销售目标值＝企业本年度销售实绩 × 业界成长率 × 市场扩大率

（四）根据损益平衡点确定销售目标

损益平衡就是销售收入等于成本，损益值为零。一般而言，销售收入（X）由成本和利润构成，成本又可分为固定成本（F）和变动成本（y）。所以，损益平衡时的销售收入（X）等于固定成本（F）加上变动成本（y）。公式推导如下：

销售收入＝成本＋利润

销售收入＝固定成本＋变动成本＋利润

当损益平衡时，

销售收入＝固定成本＋变动成本

销售收入－变动成本＝固定成本

变动成本随销售收入的增减而变动，可以通过变动成本率（V）计算每单位销售收入的增减率：

$$变动成本率=\frac{变动成本}{销售收入}\times 100\%$$

固定成本（F）＝销售收入（X）－变动成本率（V）× 销售收入（X）

利用上述计算公式可推导出损益平衡点公式：

$$损益平衡点销售收入(x_0)=\frac{固定成本（F）}{1-变动成本率（V）}$$

（五）根据消费者购买力确定销售目标

根据消费者购买力确定企业销售目标，也就是估计企业服务范围内的消费者购买力状况，以此预测企业的销售额。该方法尤其适用于零售企业。

根据消费者购买力确定企业销售目标的程序如下：

（1）设定企业的服务范围，并调查该范围内的人口数、户数、收入额及消费支出额。

（2）调查企业服务范围内商店的数目及其平均销售能力。

（3）大致估计各商店的销售收入。

（4）确定企业的销售收入目标值。

（六）根据各种基数确定销售目标

在销售管理中，主要依据各种指标对销售人员进行业绩考评，如销售额、销售毛利、销售费用等，而其中最基本的就是销售收入。因此，需要将销售收入与其他各种指标挂钩。

1. 根据每人平均销售收入确定

根据每人平均销售收入确定企业销售收入目标的计算公式为：

企业销售收入目标＝每人平均销售收入 × 销售员人数

每人的平均销售收入总额就是下年度企业的销售收入目标。当然，也要考虑到下年度的企业成长率。这是最具代表性、最简易的方法。

2. 根据每人平均毛利额确定

根据每人平均毛利额确定企业销售收入目标的计算公式为：

$$企业销售收入目标=\frac{每人平均毛利额\times 销售员人数}{毛利率}$$

（七）根据销售人员的申报确定销售目标

根据销售人员的申报确定销售收入目标，就是根据一线销售人员的申报，逐级累计，求得企业销售收入目标。由于一线销售人员最了解销售情况，所以根据他们的估计而申报上来的销售收入最能反映企业当前的销售状况，而且最有可能实现。当然，如果一线销售人员的预测值与管理者的预测值一致，这是最为理想的结果。

根据销售人员的申报确定销售收入目标时，需要注意以下几点：

（1）申报时尽量避免过分保守或夸大。销售人员在申报销售指标时，应依据自己的能力来申报可能实现的销售收入，避免过分保守或极端夸大的情形。

（2）检查申报内容。销售经理不仅要检查销售人员是否有保守或夸大的情形，而且要检查申报内容是否符合市场发展趋势以及市场购买力情况。

（3）协调上下目标。由销售人员申报属于“由下往上分配式”，但是一线销售人员往往过于保守，其销售目标值较低，不能达到公司的销售目标要求。因此，销售经理还要采用“由上往下分配式”来调整销售目标，并做好协调工作。

5.3 销售预测

销售预测是公司进行各项决策的基础。几乎每个公司的年度报告都包括对下一年度的销售预测。即使是一个非常小的公司，没有什么正规的销售预测程序，但它的决策仍然是建立在对未来的某种预测之上的。

5.3.1 销售预测定义

销售预测是指在未来特定时间内，对整个产品或特定产品的销售数量与销售余额的估计。销售预测是在充分考虑未来各种影响因素的基础上，结合本企业的销售实绩，通过一定的分析方法提出切实可行的销售目标。销售预测在企业管理中具有很重要的作用，它不仅提供寻求市场机会以及营销策略的依据，而且是制定销售计划和目标的前提，同时还影响和决定着企业其他工作的安排。

5.3.2 常用术语

1. 市场潜力

市场潜力是指在特定的时期一个具体的市场上某种产品或服务总的预期销售额（量）。完整和清楚地表述市场潜力这个概念，必须包括以下四个要素：

（1）可出售的物品，这里指产品、服务、人员或地点等。

（2）整个行业的销售可以用货币或产品单位来计量。

（3）一个具体的时期，例如一年。

（4）可用地理范围或顾客类型，或者二者的综合，来确定具体的市场界限。

例如，预计 1999 年美国啤酒的市场潜力是 1.94 亿桶。这个关于啤酒的市场潜力的表述包含了上述四个方面的信息：物品指啤酒，单位用桶来计算，时间是 1999 年，地理范围是美国。

2. 销售潜力

销售潜力是指单个公司对自己能够在整个市场潜力中获得的最大市场份额（或百分比）的合理预期。

例如，百威啤酒 1998 年取得了美国全国将近 1.8 亿桶啤酒消费的 40%，因此有理由相信百威啤酒下一年的销售潜力接近于 40%。在谈论公司销售潜力的时候，必须详细到产品、市场和时间日期。

市场潜力是关于整个行业的一个概念，而销售潜力只涉及个别公司。所以，应就啤酒谈“市场潜力”，就百威啤酒谈“销售潜力”（或市场份额）。在垄断的行业中，市场潜力等同于销售潜力。然而，在绝大多数行业，由于市场上存在许多相互竞争的企业，市场潜力与销售潜力是不同的。

5.3.3 销售预测应考虑的因素

虽然影响企业销售预测的因素很多，但是可以根据已有数据，为可能产生的情况建立“架构”，然后在各种情况下制定行动计划。因此，销售预测应考虑如下因素：

1. 外界因素

（1）消费者需求的动向。消费者需求是外界因素中最重要的一项。如消费流行的趋势、消费者爱好的变化、生活形态的变化、人口的流动等，均可成为产品（或服务）需求质与量方面的影响因素，因此，必须加以分析与预测。平时，企业应尽量收集有关对象的市场资料、市场调查机构资料、购买动机调查等统计资料，以掌握市场的需求动向。

通常情况下，应首先对市场需求进行预测。市场需求决定着销售潜力，而销售预测值又是在给定营销策略和内部因素的前提下统计出来的，因此其数值以销售潜力为基础，并低于销售潜力。需求预测是很重要的。一般常见的消费需求预测的方法有市场调查法、消费者判断法、市场试验法。需求预测有利于销售经理从整体上把握市场状况，使销售预测更加客观准确。

（2）经济发展态势。销售收入深受经济变动的影响，尤其是近几年来信息技术快速发展，更带来各种无法预测的影响，导致企业销售收入出现波动。因此，为了正确预测需求，应特别注意资源的未来发展、财经界对经济发展的预测以及相关经济指标的变动情况。

（3）同业竞争的动向。销售额的高低深受同业竞争者的影响。古人云："知己知彼，百战不殆。"企业为了生存，必须掌握竞争对手在市场的动向。例如，其市场重心置于何处，促销与服务体系如何等。

（4）政府政策与法律的动向。政府的各种经济措施、政策与法律均会对企业销售产生影响，因此企业应及时了解这方面的信息，以正确做出销售预测。

2. 内部因素

（1）营销活动策略。公司的产品策略、价格策略、销售渠道策略、广告及促销策略等的变更对销售额均会产生影响。

（2）销售政策。如变更市场管理方式、交易条件或付款条件、销售人员报酬方式、销售方法等对销售额所产生的影响。

（3）销售人员。销售活动是一种以人为核心的活动，所以人的因素对于销售额的实现具有相当深远的影响。

（4）生产状况。如生产是否能与销售收入配合、今后是否会产生问题等。

小案例 3

缺货，生产，无人问津，这是为什么

某年3月，广州某超市，某品牌新上市的洗发香波缺货了，专程前来购买的顾客不得不购买其他品牌的产品。该公司立即召开紧急会议：这个新品上市一周，全国销售40000箱，已经超过两个月市场预测总和，市场严重缺货；公司会议计划把下周的预测从5000箱提高到50000箱，增加到10倍，这个数量工厂虽然不可能立刻生产出来，但是立即生产，可以减少缺货的时间，比长期缺货好。

工厂计划部经理Jake看到新的预测量，目瞪口呆：生产要增加10倍，而原材料库存最多只能支持1.5倍的生产量；原材料大多是进口的，立刻下单，就算供应商仓库有能够支持10倍产量的库存，按照正常情况，运输清关需要2个月才能完成；并且，下周生产计划已经排满了。但是，工厂的职责就是保证预测的需求，无论如何，也要尽力生产出来；Jake通知采购部门紧急给供应商下单，所有海外材料一律空运，这样运输和清关时间可以缩短到2周，同时调整2周之后的生产计划，优先保证该新品种的生产。然后计划部经理告诉总部，3周之后能够完成新的计划，建议先制定给现有客户的销售配额。

一个月后，产品陆续摆上各个商店货架，公司上下都等着喜讯，但是市场却出奇的平静，新产品无人问津，甚至还不如其他产品卖得好。最有利的商机转瞬即逝，预测不准确以及过长的供应链给公司带来大量的损失：巨额的材料空运成本，囤积在仓库里面的大量库存，还有失去的消费者。

5.3.4 销售预测的程序

销售预测程序是指进行销售预测的一系列过程。其过程如图 5-5 所示。

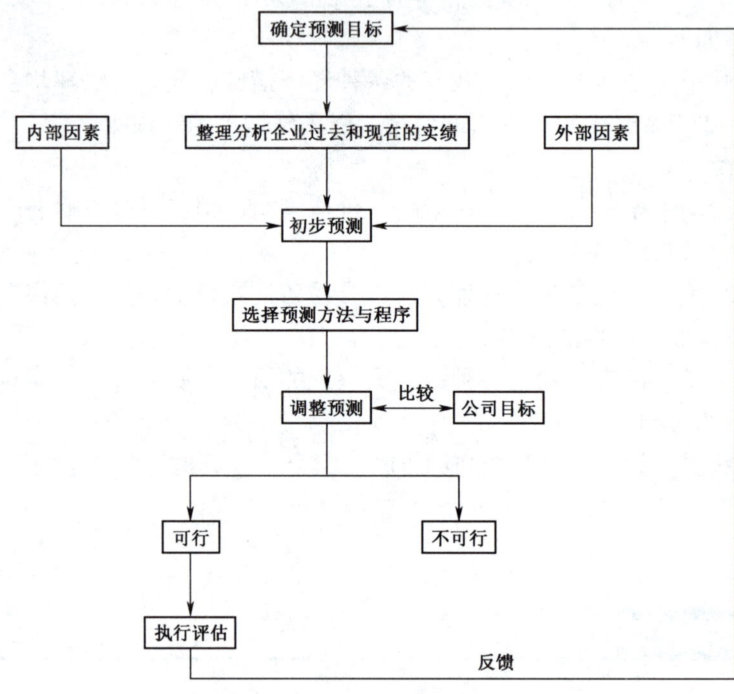

图 5-5 销售预测的过程

1. 确定预测目标

（1）销售预测的目的是什么？

（2）预测将被如何使用？谁来使用？

（3）是否用于企业计划进入的市场？

（4）预测是否需要体现对现金的控制？

（5）是否用于个人销售配额的设定？

2. 初步预测

初步预测将来的销售量，主要确定预测应涉及哪些变量，如销售量、市场占有率、利润率等。

3. 选择预测方法与程序

这主要是决定采用什么方法、以什么样的程序来进行预测。

4. 依据内外部因素调整预测

从内部来讲，应考虑的问题有：预测期间的工作同过去相比将有什么不同，整个营销战略是否有改变，是否有新产品推出，价格策略如何，促销费用如何安排，销售渠道有无变化等。

从外部来讲，应考虑的问题有：一般经济环境是改善了还是恶化了，是否有重要对手加入，竞争对手的营销策略动向如何？

5. 比较预测和目标

（1）预测和公司的营销目标是否一致？

（2）若预测不能满足目标，是降低目标值还是采取进一步的措施来实现原来的目标？

6. 检查和评价

做出的销售预测不是固定不变的。随着内外环境的变化，需要调整目标，或者采取其他措施来实现公司的销售目标。另外，必须有反馈制度使一些重大的变化能够在销售预测和决策中反映出来。

5.3.5 销售预测的方法

销售预测的方法有多种，既可以通过统计方法来进行，也可以凭直觉或经验来估算，至于哪种更好则无一定的标准可循。但有一点需特别注意，就是不宜拘泥于某一种销售预测方法，而应根据实际情况来加以预测。一般来讲，销售预测方法分为调查方法和数理方法两种。

调查方法包括购买者意向调查法、销售人员综合意见法、高级管理人员估计法和专家意见法。

数理方法包括市场试验法、时间序列分析法、回归分析法、趋势外推法、模拟分析法等。以下是对几种常用方法的介绍。

（一）购买者意向调查法

购买者意向调查法即根据购买者的意见来进行销售预测的方法。许多企业在无法把握产品市场总体情况时，采用这一方法往往能达到很好的效果。

1. 购买者意向调查法的优点

预测本是一种在假设条件下预估购买者将来可能消费行为的艺术，这表明最有用的情报来源是购买者本身。在实际调查中，企业一般根据购买者（包括潜在顾客）的名单接近他们（有时是面对面），问他们在某一特定情况下、在未来的某一特定时间对某些特定产品的购买意向，也可能请他们说明愿意从某一特定厂商购买的数量或有哪些因素影响他们对于卖者的选择。假定厂商可以获得这些情报，同时这些情报也很可靠的话，那么厂商便可据以预测其未来的销售量。

2. 购买者意向调查法的缺点

虽然这一方法比较直观，但在实际操作上仍存在许多限制：

（1）意愿问题。在许多情况下，购买者是不会表露他们的购买意向的。例如：一位计算机采购人员不会告诉计算机推销员有关他们下年购买计算机的预算到底有多少。受各种因素所限，消费者对调查的回答也许并不真实。此外，购买者有时可能有敷衍的情形，其不愿合作的心态会使调查结果有所偏差。

（2）能力问题。即使购买者合作，而且调查费用也不高，这种方法的效用仍然要看购买者是否有能力以明确、系统的方式表明其意向。一般而言，购买者意向调查法较有应用价值的两个对象是耐用消费品及工业用品。

（3）成本—收益问题。即使购买者是我们所认识的，同时他也能够且愿意提供有关他的购买意向的正确信息，但是这些信息的价值与收集它的成本相比较是否值得仍需要权衡，即要考虑调查的成本。为降低成本，一些企业往往以部分抽样的方法代替百分之百的调查（全查），以电话或邮寄问卷代替亲自访问，此时若抽样方法不当就会影响调查的准确度。

3. 购买者意向调查的科学性问题

企业对耐用消费品如汽车、房屋、家具等一般采用抽样调查，而且问卷的设计通常是两分式的，如：

您是否有意在近两年内购买一部汽车?

口是　口否　口不知道

此种“是”“否”两分法的问法常含有两个问题：①回答“否”者，也有购买的几率；②回答“不知道”者，则其实际行为有很多种。所以，消费者意向调查有一个科学性的问题。购买者意向调查法只在下列范围内才能增加其适用性：

（1）购买者很少。

（2）调查成本很低。

（3）购买者有明确的意向。

（4）购买者愿意吐露他们的愿望。

（5）购买者有能力实现他们的愿望。

若能如此，则此方法对于工业品、耐用消费品、计划性采购品和过去没有资料可参考的新产品极具采用价值。

（二）销售人员综合意见法

若直接的购买者调查不切实际，公司可安排各地区销售人员分别就其工作地区内的产品种类或顾客估计未来需求量。通常各地区的估计结果须经各地区的负责人加以修正。而后送往总公司，总公司也可能对各地区的估计再予修正，综合计算出总体估计数。其操作过程如图 5-6 所示。

1. 销售人员综合意见法的优点

（1）各销售人员对当地的情况较为熟悉，并且比较接近顾客，对顾客的认识比较深刻或更能看透发展趋势，特别是当产品技术性含量高且技术创新快时更是如此，因此其所做的估计比较切合实际。

（2）由于参与销售预测，销售人员对其估计结果较具责任感，也能接受公司下达的销售目标；同时，他们对完成公司所提出来的销售配额也有较大的信心，有助于他们达到目标（配额）。

（3）此种由低层往上预测的过程，可以得到产品、地区、顾客、销售员的细分估计值，用处很大。

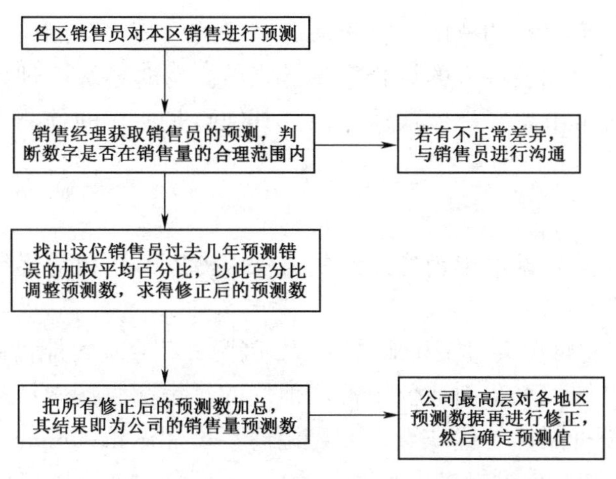

图 5-6 销售人员综合意见法操作过程

2. 销售人员综合意见法的缺点

销售人员的估计，大部分都必须再加以调整，因为销售人员的观察可能会有所偏差。销售人员难免受乐观成悲观心理的影响。或者受近期销售业绩的影响而产生极端的判断；或者他们不了解经济发展的趋势，以及公司在各地区的销售计划；他们也可能为使其下一年度的销售量能大大地超过销售配额，以获得奖金或升迁机会，而故意低估预测数字，销售人员还可能缺乏足够的学识与分析能力，或者没有时间做详细估计，或者对此根本没有兴趣。这些因素都可能使他所做的估计不太准确，而有修正的必要。

虽然存在这些不利的影响因素，但是销售人员的估计仍被许多厂家所应用。据美国专家估计，美国有 62%～71% 的公司采用此法；在我国，大部分公司也使用此法。这是因为公司可根据销售人员的预测下达相应的销售任务，销售人员也较易接受任务。为改进这一方法的准确度，公司可以提供一些帮助或奖励办法以刺激销售人员做较佳的估计，如提供每一位销售人员过去的预测与其实际销售的比较记录表，以及公司对于企业前途所做的假设。有些公司则将每一项预测做成摘要，提供给所有的销售人员。某些销售人员的估计可能会过于保守，以压低公司给他们的销售任务，遇此情形，公司可根据他们所报较低的估计，配以较少的广告及推广费用，以作为处罚。

销售人员综合意见法在下列条件范围内具有适用性：

（1）推销人员对于市场信息有较全面深入的了解。

（2）销售人员具有积极、客观的工作态度。

（3）销售人员参与销售预测可以获得额外的利益。

(三)高级管理人员估计法

由于购买者意向调查法与销售人员综合意见法所需耗费的时间太多、成本太高，并且其所得结果均须经过公司高级经理人员修正，因此有时可由公司高级管理人员直接估计，以使所耗费用降低。其结果可能并不比前两种方法差。

高级管理人员估计法是由公司高级管理人员根据其所获得的事实资料，独立估计下一期 (或未来期间) 可能的销售量，然后将此结果进行公布，并请那些估计较为乐观或悲观者说明其所持观点的理由，互相讨论之后，再请他们重做一次估计，如此重复估计直到彼此间的估计值集中在一个很小的范围内，再取此范围的中值为预测值。此法的优点是简单明了，且所做的估计值代表各方的综合意见。当然。有时各级管理人员间可能无法获得一致的估计值，此时可由总经理做最后估计。其缺点是所得的预测值可能不易被销售人员所接受。

（四）专家意见法

专家意见法是指根据专家意见做出销售预测的方法。专家既可以是经销商，也可以是科技人员和大学教授。

高级管理人员的估计有时难免会过于乐观或悲观，因此一些企业可能借助外部力量，即请专家做出销售预测。例如，汽车制造公司常请他们的经销商直接做销售估计。这种估计方法和销售人员估计法有同样的优缺点，如经销商不可能做很细心的估计，对企业将来的发展趋势可能看得不准，也可能提供有偏差的估计数字来取得眼前的好处。

有时候厂商会聘请有关科技人员、大学教授等来预测将来的市场需求量。实际中，厂商常使用外界提供的一般的经济预测或特殊的工业预测，也属专家意见。各商业研究机构也常发行或出售长短期商业情况的定期预测报告。专家所提供的意见可能是调查购买者与供应商的结果，也可能是分析过去统计资料的结论。

1. 专家意见法的优点

（1）预测能做得较快且费用较低。

（2）在预测过程中能引证并且协调各种不同的观点。

（3）假如基本资料较少或缺乏，采用此种方法相对来说更方便。

2. 专家意见法的缺点

（1）其意见比具体事实要难以使人信服。

（2）责任分散，如好的和坏的估计值机会参半。

（3）用此方法所求得的分预测数没有总预测数那么可靠。

（五）模拟分析法

模拟分析法是利用模拟模式以预测未来市场需求情况的一种方法。模拟分析法一般借助计算机技术，然后根据模拟的经济或市场行为结果加以预测。利用模拟分析法所具有的最大优点是它不需要分析被预测变量及每一自变量间的关系，它只需模拟个别消费者的购买行为，然后将个别消费者的模拟结果汇总，即可用汇总的模拟结果代表市场的需求状况。

模拟模式对复杂现象的预测特别有效。例如预测总销售量时，可以以三个自变量即国民生产总值、价格及广告支出彼此之间的交互作用，进行模拟模式预测。模拟模式可以是简单的形态，也可以是较复杂的形态。复杂的形态常需借助计算机进行分析。

模拟分析的优点在于能将复杂的问题简单化，此外它还可以衡量某些不可控制的变量，例如国民生产总值及竞争状况是厂商所无法控制的变量。国内外计算机软件商已开发了一些用于销售预测的软件，企业可借此来进行销售预测。

模拟分析的主要缺点是建立模式费时、费钱，模式的有效性及可靠性不易获得验证。

关于时间序列分析法、趋势外推法、统计需求分析法等方法，其他很多书籍都有介绍，限于篇幅，这里不做介绍。

5.4 销售配额与预算

5.4.1 销售配额的定义

销售配额又称为销售定额，是销售经理计划管理工作中最有力的措施之一。它规定了销售单位和个人必须实现的最低目标，可以用来衡量销售单位、销售人员完成任务的情况。如果配额管理运用得当，它可以激励每个销售人员更好地完成任务，这对于一个销售组织来说有极其重要的作用。

5.4.2 销售配额的作用

1. 销售配额为组织提供了绩效考核的目标

销售配额为销售组织提供了工作指南。销售组织为了实现定额目标，需要对现有的资源和工作进行有效计划和配置。为了更好地实现组织目标，企业往往以定额目标对销售人员进行绩效考评，也常常会对有利于实现定额目标的行为进行奖励。

2. 销售配额提供了一种工作标准

销售配额为销售经理及销售人员提供了一种工作标准，它是企业获得信息反馈以及对销售人员绩效进行考评的手段。销售经理把销售人员实际完成工作的情况与预先制定的配额进行对比，以对一个销售单位以及销售人员进行考核。例如，可以用销售配额考核销售竞赛的结果，并由此确定销售人员的收入水平和职务晋升。

3. 销售配额为销售经理提供了一种控制手段

销售经理有权要求销售人员按照定额目标行事，并在对方背离了配额目标的时候对其施加控制和影响。例如，销售经理有权要求销售人员平均每天拜访 10 名客户，销售人员要填写拜访记录并呈交给销售经理。尽管销售经理并不直接参与销售人员的工作，但是销售人员知道自己必须完成 10 次拜访任务。销售经理通过这种方式实现了对销售人员的控制和监督。

4. 销售配额是调整指导方向的依据

销售配额可以调整销售人员的工作方向。例如，企业可能会在不同的销售期内强调对不同产品的销售。在每个销售期的开始，企业可以通过销售会议提出本期应重点向顾客推出的产品，并对销售配额以及销售方式等进行讨论，针对不同产品制定相应的销售配额。对于企业未作重点销售的产品，销售人员会相应地降低推销力度，而把更多的精力和时间放在企业重点销售的产品上。

5.4.3 销售配额确定的程序

设置配额通常是一件困难的事情，需要认真对待。作为销售经理，首先，要确定配额的类型，然后根据类型的不同确定相关的配额；其次，要确定配额基准，逐一制定任务标准；最后，根据销售人员所在区域的情况进行调整。其基本流程如图 5-7 所示。

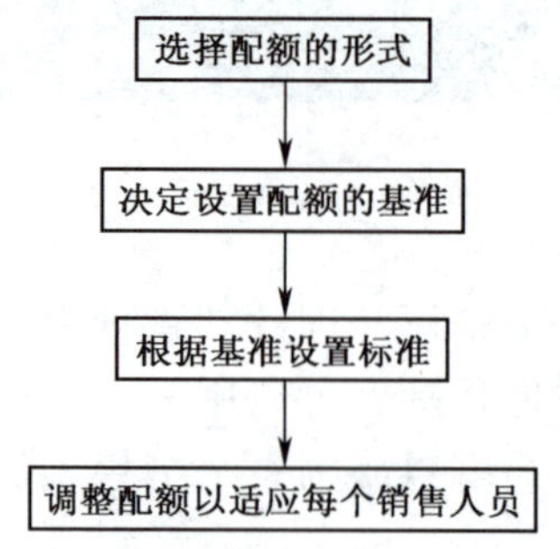

图 5-7 销售配额设置的基本流程

有了销售配额体系不一定能保证销售人员完成任务。因此设计销售配额时，必须使之能够激励销售人员完成个人和公司的销售目标。

好的销售配额体系应体现以下原则：

（1）公平原则。配额应真实地反映销售的潜力。

（2）可行原则。配额可行并兼顾挑战性，有些公司设定的基数较低，因而起不到对销售人员的鼓励作用。

（3）综合原则。与销售量配额相关的其他各种销售活动配额应及时明确。

（4）灵活原则。配额要有利于销售经理对销售人员的销售活动进行检查，同时要便于销售经理对偏离销售目标的行为采取措施。

销售配额一般体现在销售计划及销售进度表中。

5.4.4 销售配额的类型

销售配额通常有四大类型：销售量配额、财务配额、销售活动配额和综合配额。

1. 销售量配额

销售量配额是最常用、最重要的销售配额。目前经常使用的设置销售量配额的方法是以当地过去的销售量、销售潜力和市场预测为基础，以销售成长率来确定当年的销售配额。如果当年期望的销售成长率为 110%，每位销售人员的销售配额就是上年配额增加 10%，即上年配额的 110%。

显然，仅以过去的销售量来设置销售量配额是不够的，销售经理在设置销售量配额时，还要考虑以下因素：

（1）区域市场状况。

（2）竞争者地位。

（3）现行市场占有率。

（4）市场涵盖的客户数量和质量。

（5）过去的销售业绩。

（6）新产品推出的效果、价格政策及预期的经济条件。

2. 财务配额

与销售量相比，企业重视更多的是利润。如果销售人员在盈利少、容易卖的产品上花费太多的时间和精力，就会大大降低企业的盈利能力。财务配额可以激励销售人员开发对企业更有效益的客户，销售更有效益的产品。财务定额包括费用配额和利润配额。

（1）费用配额。提高利润率的关键在于对销售费用的控制，费用配额规定了销售人员销售一定数量的产品所需的最高费用限额。

为了控制销售人员的销售费用，限制交通、饮食和住宿成本的快速上升，通常销售经理把这些费用直接与销售量或者补偿计划结合起来。一种方法是规定销售人员每天可以花费在饮食、交通、住宿上的费用标准，另一种方法是用销售费用率来决定允许的费用限额。设置费用配额的目的是控制销售人员的费用水平，增加销售利润。销售经理在设置费用定额时，一定要注意以下问题：

一方面，注意费用限制不能阻碍销售业绩的提高，必须保证销售人员有相对充足的经费来开发新的客户，维持销售业务的正常进行。一定的销售业务量要求有相应数额的费用来保证。如果过分强调节省费用开支，必然会影响销售人员正常的业务活动。因此，销售经理对费用的控制应该是适度的，而且要具体情况区别对待。假如一名销售员某月的费用开支超过定额 100 元，而他的销售量定额超过定额 100000 元，销售经理应该给予奖励而不是指责或处罚。

另一方面，销售经理要注意将费用配额与销售量配额、销售人员的薪酬挂钩，通过一定的经济手段来鼓励销售人员节约费用开支。如将节约的费用按一定比例以津贴的形式退还给销售人员，可以调动销售人员节约费用开支的积极性，进而使他们在销售过程中精打细算，最大限度地实现企业利润目标。

（2）利润配额。利润是企业生存的前提，销售经理和销售人员必须创造能为企业带来利润的销售额，因此利润配额也是一项重要的财务配额。利润配额具体可分为两种类型：毛利润配额和净利润配额。

毛利是产品销售额与销售成本之间的差额。有时企业用毛利定额代替销售量定额，用以强调毛利、利润的重要度，这是由于毛利定额可以帮助说明销售任务的完成情况。净利润是销售额减去产品销售成本和销售人员直接费用后的余额。

3. 销售活动配额

销售人员的销售活动配额包括以下几项内容：

（1）日常性拜访。

（2）吸引新客户，获得订单。

（3）产品展示。

（4）宣传企业及其产品。

（5）为顾客提供服务、帮助和建议。

（6）培养新的销售人员。

建立销售活动配额可以让销售人员对日常活动做出更好的计划，从而更加有效地利用时间。销售活动配额也使得销售经理便于控制销售人员对时间的使用，即控制不同销售活动的时间分配。实际工作中，销售活动定额管理也会遇到一些问题，包括员工参与人数多，资料信息必须从销售人员的报告中获得，而销售人员在报告时可能偏重数量而忽视质量，如销售人员甲拜访的次数和订单的数量都是最高的，但他每单的平均销售额并不是最高的。另外，由于销售活动有时无法直接实现销售，很难对销售人员产生激励，这就需要将销售活动配额与销售量配额一起使用，才能使效果更佳。

4. 综合配额

综合配额是对销售量配额、财务配额、销售活动配额进行综合而得出的配额。综合配额以多项指标为基础，可以全面反映销售人员的工作情况，因此更加合理。

在设置综合配额时，需要根据不同的指标赋予不同的权重，这些权重表示各项指标对管理的重要性，如表 5-1 所示。

需要注意的是，企业虽然可以同时采用多项配额，但这些配额必须与最重要的销售活动、销售量及产品相关。

表 5-1 综合配额的计算

	权数	配额	实际完成额	完成额	乘权数
销售额	50	60000	66000	110%	55
毛利	25	15000	13500	90%	22.5
新顾客	15	40	30	75%	11.25
服务、培训	10	60	72	120%	12
合计	100				100.75

5.4.5 销售配额的分配方法

1. 月别分配法

月别分配法就是将年度目标销售配额分配到一年的 12 个月或 4 个季度中。

月别分配法的优点在于简便易行，容易操作。目前有许多企业采用月别分配法分配销售配额。其缺点是忽略了销售人员所在地区的大小以及顾客的多少，可能影响销售人员的积极性。如果将月别分配法与其他分配方法结合起来，效果更好。

2. 销售单位分配法

销售单位分配法就是以某一销售单位为对象来分配销售配额。

销售单位分配法的优点在于强调销售单位的团结合作，利用销售单位的整体力量来实现目标销售配额。缺点是过于重视销售单位目标配额的完成，而忽视了销售人员个人的存在。所以，当企业将目标销售配额分配到各个销售单位时，应考虑销售单位所在地区的特征，如销售区域的大小、市场的成长性、竞争对手与潜在顾客的多寡等。

3. 地区分配法

地区分配法指根据销售人员所在的地区与顾客的购买能力来分配目标销售配额。地区分配法的优点在于可以对区域市场进行充分挖掘，使产品在当地市场的占有率逐渐提高，因此，比较容易为销售人员所接受；其缺点在于很难判断某地区所需产品的实际数量以及该地区潜在的消费能力。所以，在分配目标销售配额时，必须考虑各个地区的经济发展水平、人口数量、生活水平、消费习惯等因素。

4. 产品类别分配法

产品类别分配法是指根据销售人员销售产品的类别来分配目标销售配额。采用这种方法的前提是培养尽可能多的忠诚客户。因为，如果消费者经常改变消费需求，变换所消费的产品，企业就很难判断某种产品的消费者群体的规模大小，产品类别分配法也就失去了意义。所以，企业必须进行市场调查，及时了解消费需求的变动情况，采取多种措施来满足消费者的需求，培养一批忠诚的顾客。

5. 客户分配法

客户分配法是指根据销售人员所面对顾客的特点及数量来分配目标销售配额。

客户分配法充分体现了客户导向的观念，可以使销售人员把销售的重点放在重点客户身上，有利于客户的深度开发和忠诚客户的培养。但是，这种方法也会使销售人员为了业绩只注重老客户的维护，而忽视新客户的开发。

6. 销售人员分配法

销售人员分配法是指根据销售人员能力的大小来分配目标销售配额。

销售人员分配法有利于形成对销售人员的激励，激励销售能力强的销售人员继续努力，鼓励销售能力相对较差的销售人员奋起直追。但是，这种方法也容易使销售队伍产生等级之分，能力强的销售人员产生骄傲自满的情绪，使能力较差的销售人员产生自卑感，从而形成内部矛盾。

在实际操作中，上述六种方法一般不单独使用，而是将两种或两种以上的方法结合起来使用，扬长避短，优势互补。

小案例 4

销售配额引发的问题

超级地砖公司有一项销售人员的奖励制度，是以销售量与所指定的销售配额的关系为基础来给付奖金。销售配额是由管理人员根据每个销售员销售地区内的客户类型、竞争情况，以及前一年公司业绩和销售员个人业绩综合计算出来的。该奖励制度在实施过程中产生了以下几个问题：

（1）目前，那些表现最好的销售人员的客户太多了。从公司的角度最好能缩减销售人员的服务地区，并增加一些新的销售员。但是杰出销售员抗议，认为这是在对他们的成就进行惩罚。

（2）成绩最好的销售员也抱怨其配额每年都在增加，并且是以他们过去的成就为基础。他们觉得这有点类似于鞭打快牛。

（3）管理人员认为，公司没有取得足够的新客户。他们认为，所谓的市场开发，就是吸引从未采购超级地砖产品的建筑材料商店成为自己的顾客，而这项任务往往需要在数年后才会见到成效。现行的奖励制度可能无法激励员工从事这类工作。

（4）当某销售员所在地区的经济发展迅速时，他可能不需很努力就可获得高的薪资。当某地区失业率高，或竞争者决定降低价格以打入新市场时，即使销售人员尽力工作，其薪资也可能减少。

5.4.6 销售预算管理

预算的目的是使企业以尽可能少的资金投入取得尽可能多的销售收入。销售预算是保证销售组织正常运行的重要因素，是企业销售控制的核心。编制销售预算是销售经理的主要职责之一。

（一）销售预算的概念与作用

销售预算是一种为了获得预期的销售收入而分配资源的销售财务计划。许多销售经理相信，企业的利润问题可以在销售量中找到答案，如果销售量增加，利润也会随之增加。但在当今激烈的市场竞争环境下，销售经理除了考虑销售量的增长外，还必须考虑获得这些增长的成本。销售预算是对获得未来销售量所需成本的财务计划，这种计划的基础是销售预测。

销售预算对销售的成功而言是非常重要的。具体来说，销售预算主要有以下作用：

1\. 计划作用

企业在制定了销售目标后，一般通过预算来决定如何实现这一目标。对各个部门来说，预算既是行动计划，又是绩效标准。预算一旦确定，各个部门就可以开始实施计划，这对销售人员尤其重要。正是渠道销售预算在产品、区域和客户之间的详细分解，才使销售人员真正了解管理层对他们的期望。

2\. 协调作用

预算有利于各部门合理地使用费用和协调活动。销售预算会预测出达到某一销售水平需要花费的费用，然后把这些费用在生产、管理、销售等各部门之间进行分配。这样，预算就是销售经理协调销售与费用之间，以及销售部门与其他部门之间关系的依据。同时，预算也避免了销售经理在获取收入时发生费用超支现象，从而有助于防止费用失控。

3\. 控制作用

销售预算一旦确定，就成为衡量销售人员业绩的工具。销售人员如果按照销售预算完成销售目标，就会得到相应的奖励；否则，就会受到批评或惩罚。这样，销售预算就会激励销售人员积极地完成任务和目标。

（二）销售预算控制

销售预算不仅是销售计划的重要组成部分，而且是确保销售活动有计划且顺利展开的基础。但是，销售预算编制额度过大，就会造成资金的浪费；编制额度过小，又无法实现预期的产品销售目标。因此，有必要对销售预算进行控制。

常用的预算控制有两种方式：费用专控目标体系和定额管理。

1\. 费用专控目标体系

费用专控目标体系是由企业单项费用指标和无程序性的随机费用指标组成的目标体系。专项控制的主要内容有单位成本、材料燃料消耗、水电消耗、办公费、差旅费、医药费、大修理费、生产生活设施维修费、易耗品购置费、储备资金周转天数等。这些专项费用的控制工作量大、涉及面广、随机性强，在预算中很难进行有效控制，因此需要采用费用目标体系方法，实施系统化的管理，加强对费用的控制。

2\. 定额管理

定额是企业及职工从事生产活动时，在人力、物力、财力利用方面应遵守的标准。

利用定额管理的目的，一是为了以尽可能少的消耗完成尽可能多的工作量，提高工作效率，从而提高企业经济效益；二是对整个企业各项工作、各个生产岗位的定员进行核实，重新编制定员计划，使工作人员与工作任务相适应。在此基础上，企业可以健全完善各工种劳动定额、各项物资消耗劳动定额以及各种资金、费用、劳务结算定额。

本章小结

（1）销售计划是企业为取得销售收入而进行的一系列销售工作的安排，包括确定销售目标、分配销售定额、制定实施方案等，销售计划的编订应该符合 SMART 原则。

（2）销售计划编制的程序包括：分析现状、确定目标、制定销售策略、评价和选定销售策略、编制销售计划书、执行计划、计划的检查和控制。

（3）销售目标管理（Selling by Objective，SBO）是销售经理管理销售活动的有效手段。企业的销售目标一般包括：销售额指标、销售费用的预算、利润目标、销售活动目标。

（4）销售预测是指在未来特定时间内，对整个产品或特定产品的销售数量与销售余额的估计。销售预测是在充分考虑未来各种影响因素的基础上，结合本企业的销售实绩，通过一定的分析方法提出切实可行的销售目标。一般来讲，销售预测方法分为调查方法和数理方法两种。

（5）销售配额又称为销售定额，是销售经理计划管理工作中最有力的措施之一。它规定了销售单位和个人必须实现的最低目标，可以用来衡量销售单位、销售人员完成任务的情况。销售配额通常有四大类型：销售量配额、财务配额、销售活动配额和综合配额。

（6）销售预算不仅是销售计划的重要组成部分，而且是确保销售活动有计划且顺利展开的基础。常用的预算控制有两种方式：费用专控目标体系和定额管理。

案例阅读

如何制定有效的销售计划促使业绩提升

大部分眼镜店的店长都是从销售岗位提拔起来的，所以个人销售能力都比较强。当他们从一个杰出的销售员晋升成为一名管理者的时候，角色的转换就变得尤为重要。大多数销售员犹如一位乐师，他习惯于跟着乐队指挥走，“简单、听话、照着做”就是最好的表现；而作为一名店长，就是那个拿指挥棒的人，他必须带领每一位演奏者，一起为观众呈现一段完美的乐章。作为一名指挥，就必须先有“乐谱”，这个“乐谱”就是“工作计划”。

小时候听过很多探险故事，几乎所有的探险故事都是从一张藏宝图开始的，无论是探险家还是盗贼，都希望能够找到藏宝图，然后循着藏宝图的路线找到稀世珍宝。而工作计划就是店长的“藏宝图”，当我们把业绩视为宝藏，就需要找到一条最近并且行得通的路线，同时要为“沿途”可能遇到的各种危险做好准备。

2001 年，我和我的团队为河南一家眼镜连锁企业做咨询。这家企业无论是单店规模还是连锁店的数量在当地都处于龙头地位，业绩也一直遥遥领先。但经过实地考察，我们觉得这家企业还有很大的上升空间，其中一项，就是推广青少年渐进镜片。在我们参与这家企业的经营之前，他们就开始销售青少年渐进镜片，尤其在 1999 年曾经达到一个销售高峰，但在遭遇几起顾客投诉之后，销量就一路下滑。为此，我们协同客户经理和店长一起，制定了一套青少年渐进片的销售计划，计划内容大致如下：

目的：通过提升青少年渐进片的销量提升营业额，并形成经营特色。

目标：3 个月内，青少年渐进片达到月销量 200 副。

具体工作内容：

（1）对产品进行梳理，确定主要销售哪几个系列的青少年渐进片以及对应的镜架产品，确保产品品质可靠、利润空间充分、厂家提供较大的支持。

（2）对前期已经验配青少年渐进片的学生进行集中回访，邀请厂家的专业事务部委派培训师协助。同时，邀请厂家培训师对员工进行一次相关培训，重点在于青少年渐进片的产品原理和验配注意事项。

（3）整理出一套销售青少年渐进镜片的统一术语，针对顾客不同的问题，给予相应的答复；并针对此内容开展一次内部培训，进行实战演练。

（4）设计专用的销售单据，包括专用的验光单、顾客档案卡等。

（5）在橱窗、店堂卖场区和验光室分别张贴青少年渐进片的宣传海报。

（6）设计一个针对青少年渐进镜片的优惠销售方案（当时选择的方案是配 1.499 折射率的镜片赠送 180 元的镜架、1.60 折射率的镜片赠送 280 元的镜架），执行周期为 1 个月，观察效果。

（7）给员工下达销售任务，并对完成任务的员工给予单品奖励，第一个月的任务是每人每月销售 1 副；第二个月的任务是每人每月销售 2 副，第 3 个月的任务是每人每周销售 1 副。完成任务的每副奖励 5 元，超出任务部分，每副 10 元，单店销售第一名的员工另外奖励 100 元；验光师给予同等奖励。计划书中还对以上每项工作的具体责任人和时间进度做了规划；同时，对于需要店长去执行落实的工作，每个店长再根据本店的情况进行调整，做出一份门店执行计划细则。

由于有了工作计划，各项工作有条不紊地开展起来。那段时间去门店巡视，经常会听到店长找员工谈话，开口第一句通常都是：“你本周青少年渐进片的销售任务完成没有？”当我们要执行一个促销活动，当我们被安排去某学校做一次宣传，当我们要推广一款新上市的产品，当各项工作排山倒海般压过来的时候，我们就一定要未雨绸缪，做一份工作计划，把各项任务按照轻、重、缓、急列出计划表，分步实施。不断理清明天、后天、下周、下月，甚至明年的计划；在计划的实施及检讨时，要预见关键性问题。

“成功是可以被预见的”，店长的工作计划其实就是描绘一条通往成功的道路。要清楚做好 20% 的重要工作，等于创造 80% 的业绩，而计划就是那关键的 20%。

对于一份有效的工作计划而言，目标的设定尤其重要。每一位店长要知道如何在日常工作中订立“聪明”的目标。所谓“聪明”的目标，是指目标制定的 SMART 原则。SMART 是 5 个英文单词的缩写下面简单介绍。

SMART 原则 1：S（Specific）——明确性

所谓明确就是要用具体的语言清楚地说明要达成的目标。明确的目标几乎是所有成功团队的一致特点，很多团队不成功的重要原因之一就是因为目标定得模棱两可，或没有将目标有效地传达给相关成员。

比如，一个店长定了一个目标是“增强员工的团队意识”。这种对目标的描述就很不明确，因为团队意识这个概念本身就很模糊。比如，让大家一起加班大扫除，很可能几个员工会以家里有事为托辞请假离开，但如果你告诉大家今天下班后去 KTV 唱歌，大家都会踊跃报名，这时就算真的家里有事的同事也会被拉上，同事们会对他说：“一起去吧，有点团队意识好不好？”如果真的想在“团队意识”方面有所突破，作为店长可以分析一下员工缺乏团队意识的具体表现是什么，内在的原因又是什么，然后有针对性地设立目标。

再比如，一个店长设定了“提高员工专业素质”的目标，这个目标同样非常含糊、模棱两可，究竟是哪方面的素质，如何界定是不是提高了，或者说，提高员工专业素质的目的又是什么呢？如果是为了提高员工的人均业绩，或者更直接地说“提高员工的销售单价”则更为明确，这时，提高专业素质就变成了达成目标的方法了。

SMART 原则 2：M（Measurable）——可衡量性

可衡量性就是指目标应该是可以量化可以考核的。如果制定的目标没有办法衡量，就无法判断这个目标是否实现。比如，主管有一天问下属：“距离目标实现大概有多远？”团队成员的回答是：“我们早实现了”。这就是主管和下属对目标所产生的一种分歧，原因就在于没有给目标一个定量的、可以衡量的数据标准。在上述的案例中，“提高员工专业素质”就很难量化，但“提高员工人均销售单价”是很容易量化的，当然，员工专业素质可以通过某些技术等级来衡量，那么，目标就可能变成“让全体员工通过中级验光员考核”，这样一来，目标就可以衡量了，3 个量化指标：“全体”“中级”和“通过”。

SMART 原则 3：A（Attainable）——可实现性

目标是要能够被执行人所接受的，如果店长一厢情愿地把自己所制定的目标强压给下属，下属典型的反应就是心理和行为上的抗拒：我可以接受，但是否完成这个目标，有没有把握，这个可不好说。一旦有一天这个目标完成不了，下属有一百个理由可以推卸责任：“我早就说了，这个目标肯定完成不了，但你坚持要压给我。”

“控制式”的干部喜欢自己设定目标，然后交给下属去完成，他们不在乎下属的意见和反应，这种做法越来越没有市场。现在的领导者开始逐渐采取“教练式”的管理，他们启发下属的愿景，挖掘下属的潜能，让他们自己设定一个想要的目标。同时，这个目标是一个“摘桃”的目标——跳起来可以拿到，但不会是“摘星星”的目标。

一位店长找员工小王谈话，他说：“小王，你过去几个月的奖金都拿多少？”小王一听，立刻满脸哀怨地说：“店长，前 3 个月中，有一个月没达到指标，没拿奖金，另外两个月也少得可怜，就几百块。”店长又问：“那你想不想这个月拿到 1000 元的奖金？”小王的眼睛亮了起来，将信将疑地问：“当然想，可是怎么拿呢？”店长说：“上个月你的业绩是 20000 元，平均单价是 300 多，你几乎卖的都是 1.56 的镜片，并且一副多焦点也没销售。如果这个月，你能主推 1.60 的镜片，并且卖出 8 副多焦点的话，你的业绩会是多少？你再算算，这样的业绩，你可以拿多少奖金，还有公司的渐进多焦点单品提成。”

小王说：“怎样才可以多卖 1.60，怎样才能提高渐进片的销售呢？”店长说：“这个不难，你看丽姐（另一位销售员）几乎卖的都是 1.60，而小张上个月卖了 10 副渐进多焦点，你只要向她们学就可以了，我也会教你的。”小王说：“店长你一定要教我啊！”店长说：“没问题，那你这个月的目标是什么？”小王大声说：“业绩做 40000 元，奖金拿 1000 元！每副镜片都推 1.60，两天卖一副多焦点。”

这就是目标的可实现性。

SMART 原则 4：R（Relevant）——相关性

目标的相关性是指实现此目标与企业总体目标的关联情况。如果实现了这个目标，但与企业发展的大方向完全不相关，或者相关度很低，那这个目标即使达到了，意义也不是很大。

SMART 原则 5：T（Time-based）——时限性

目标的时限性就是指完成目标是有时间限制的。例如，一个员工设定了目标：我要通过验光技师的考核，但却没有设定时间期限，于是，每年年初她都会把这个目标重复一次，“明日复明日，明日何其多”，始终也未能实现。没有时间限制的目标或没有明确的时间限定的方式都会带来考核的不公正，伤害工作关系，伤害下属的工作热情。

资料来源：沈理．中国眼镜科技杂志，2012（03）：136-137.

练习与思考

一、选择题

1. 编制销售计划要符合 SMART 原则，具体是指计划要具体、量化、挑战性、（　）、完成期限。

A．盈利性　　B．有效性　　C．可行性　　D．全局性

2. （　）在销售计划中居中心地位。

A．销售收入目标　　B．销售盈利目标　　C．销售费用目标　　D．销售成本目标

3. （　）是公司进行各项决策的基础。

A．销售预测　　B．销售计划　　C．销售预算　　D．销售盈利

4. 销售预测方法分为调查方法和数理方法两种，以下方法哪种不是数理方法。（　）

A．市场试验法　　B．时间序列分析法

C．回归分析法　　D．销售人员综合意见法

5. 销售配额通常有四大类型：销售量配额、财务配额、（　）和综合配额。

A．费用配额　　B．利润配额　　C．销售活动配额　　D．销售人员配额

二、判断题

1. 销售计划是企业为取得销售收入而进行的一系列销售工作的安排，包括确定销售目标、分配销售定额、制定实施方案等。（　）

2. 企业的销售目标反映了企业的经营意识，是企业市场地位的象征，也是企业经营得好与坏的最好标志。（ ）

3. 损益平衡就是销售收入等于成本，损益值为零。（ ）

4. 专家意见法是指根据专家意见做出销售预测的方法。专家既可以是经销商，也可以是科技人员和大学教授。（ ）

5. 销售预算是保证销售组织正常运行的重要因素，是企业销售控制的核心。（ ）

三、简答题

1. 什么是市场潜力、销售潜力，试举例说明。

2. 销售预测应考虑的因素有哪些？

3. 什么是销售配额？销售配额有什么作用？

实训项目

案例分析

A 公司销售计划管理

A 公司是一家实行直营销售模式的冷糕点加工企业，目前在全国设有 21 个销售大区和 137 家分公司。与粗放管理的企业相比，A 公司的精细化、标准化管理具体到销售计划环节，其最大的特征是将销售计划制定、执行、风险控制与销售人员的业绩考评紧密结合，从而形成对销售人员有效的激励约束机制，通过全员和全过程控制确保销售目标的实现。

一、年度销售预估的确定

作为生产糖果和糕点的食品企业，A 公司的销售黄金季节在春节前后，故 A 公司的经营年度是本年 7 月到次年 6 月，如正在运行的 2011 年度即为 2010 年 7 月到 2011 年 6 月。

（一）总体目标销售额和不同产品目标

每年的 6 月份是 A 公司相对的销售淡季，此时全国范围内的大区总经理和分公司经理将被召回总部进行下年度的销售目标预估。该目标预估是项庞大的工程，之所以庞大是因为要经过上亿笔的计算，因为 A 公司的产品有近 1000 个品种。为保证每个品种都有合理的生产计划和销售量，由总公司根据各大区及分公司往年的销售数据，结合区域人口数量和当地 GDP 增幅，设定整体增长目标。做预估时必须细分到每个小类（同种规格不同口味的产品归为一小类），小类共计有 200 多种，也就意味着 A 公司不同产品的目标销售额将有 200 多项。

（二）小类销售目标在客户之间的分配

A 公司现有全国范围内各种形态的客户 2 万多家，具体可分为以下几类：一是直营式大卖场，如家乐福、欧尚、沃尔玛、大润发、华联等，这是该公司最大的客户群；二是区域代理商，一般在尚未设立销售分公司的地市或设立销售分公司的地市下面的县设立若干家代理商，以完善和补充营销网络；三是传统批发经销商；四是地方小规模超市等。为保证每个客户都可以均衡地销售公司每个品种的产品，避免由于客户“偏食”造成公司部分产品供不应求或部分产品库存积压，年度预估目标把公司的小类销售目标根据客户的经营规模和以前年度销售状况等因素合理分配到 2 万多家客户。

（三）年度销售目标在月份之间的细分及汇总

为保证全年目标的均衡有序完成和考核销售人员（含管理层）的业绩，需要把整年度目标细分到 12 个月。具体到每个业务员的销售计划称为单客户单小类商品单月份预估表（表 1 以 M 销售大区 N 分公司的业务员丙为例说明），把每个业务员负责的客户汇总即为业务区年度销售计划，分公司把管辖的业务区汇总即为分公司年度销售计划，以此类推计算大区总部年度销售计划。

表 1　M 大区 N 分公司业务员丙 2011 年度单客户单小类商品单月份预估表

业务主管	客户	小类码	小类	全年合计		2010 年 7 月		2010 年 8 月		…
				预估量（件）	预估额（万元）	预估量（件）	预估额（万元）	预估量（件）	预估额（万元）	…
丙	X 卖场	2005	（沙琪玛）600	2157	24.78	151	1.73	173	1.98	…
丙	X 卖场	2051	（精制沙琪玛）8 包装	135	1.36	7	0.07	7	0.07	…
丙	X 卖场	2107	（包装）包馅酥（184）	1066	11.65	77	0.84	80	0.87	…
…	…	…	…	…	…	…	…	…	…	…

注：完整的销售预估表中的小类商品有近 200 种，月份应从 2010 年 7 月至 2011 年 6 月，限于篇幅本表对内容进行了删略。

资料来源：李文新 . 财务与会计（理财版），2011（2）：39-41.

实战演练

实训目标：掌握销售计划的制定。

实训内容：结合 A 公司销售计划管理的案例，结合实训 1 珠江啤酒东莞大区市场调查资料，制定东莞大区销售计划。

实训要求：

（1）教师帮助学生理解销售计划的制定、销售目标的分解。

（2）教师帮助学生了解管理区域市场需要的信息。

（3）在理解案例的基础上，结合珠江啤酒东莞大区市场（或者某企业某市场）资料，制定珠江啤酒东莞大区（或者某企业某市场）销售计划。

实训步骤：

（1）通过对珠江啤酒东莞大区营销人员进行访谈，对市场信息的收集，分析珠江啤酒各销售渠道情况，竞争品牌各渠道销售情况。

（2）学生从管理者角度出发，分析能提升或改进的销售机会点，存在威胁的销售渠道。

（3）如果你来制定明年的销售计划，你将怎么做？

（4）学生通过信息的收集分析，制定珠江啤酒东莞大区（或者某企业某市场）销售计划。

组织形式：以 3~5 人为一个实训项目小组展开活动。

考核方式：以小组形式制定的销售计划。

任务六　销售业绩评估与费用控制

学习目标

- 知识目标：
  1. 熟悉销售业绩评估的程序和方法。
  2. 熟悉销售成本分析的内容。
  3. 熟悉销售费用控制的方法。

- 能力目标：
  1. 能够有效进行销售业绩评估。
  2. 能够对销售成本进行分析。
  3. 能够有效管控销售费用。

引例

某厨具公司的销售业绩分析实例

表1给出了一个实际销售分析的例子。某小型厨房用具的公司首先根据销售与人口、收入、零售水平的相关关系，采用推论指数法和购买指数法测算出每个地区的市场潜力，得出了表1所示的地区定额。

表 1 某厨具公司的销售及销售定额

地区	购买力指数（占全国的百分比）	销售定额（百万元）	销售（百万元）	偏差（百万元）	业绩指数（PI=S/Q*100）
北京市	5.82%	24.44	25.03	0.59	102.4
华东地区	18.39%	77.22	78.19	0.97	101.3
北方地区	20.14%	84.6	79.48	-5.12	94
西北地区	7.40%	31.07	30.51	-0.56	98.2
华南地区	14.75%	61.96	64	2.11	103.2
华中地区	5.26%	22.08	23.2	1.12	105.1
西南地区	9.20%	38.65	38.42	-0.23	99.4
新疆地区	4.28%	17.98	17.73	-0.25	98.6
其他地区	14.76%	62	64.6	2.6	104.2
全国总计	100.00%	420.00	421.16	1.23	100.30

由表 1 可以看出，不仅整个公司达到了销售定额，而且大多数地区也达到了销售定额，甚至有 5 个地区的业绩指数及销售额与定额比率还超过了 100%。虽然有 4 个地区没有达到定额，但其中 3 个地区已非常接近定额。仅仅只有北方地区定额少了 2%，但绝对销售额在所有主要地区中仍是最高的。很多销售经理据此都会推断情况一切良好，最多，他们只给北方地区写一封信要求设法让该地区的销售代表干得更好些罢了。

该厨具公司的销售经理没有这样做。相反，他查询了一下北方地区的销售分类数据处理方法（如表 2 所示），发现总定额使用的预测销售可能希望将每个百分比转化成地区的百分比，而不是全国的百分比，这样，河北的百分比就是 600037/201419*100%=29.8%，这个百分比乘以该地区的定额 0.846 亿元就得到了河北的定额。尽管结果是一样的，但第二种方法清楚地显示了该地区的需求。所以，当销售分析以越小的单位进行时，其反映的实际情况越真实。

表 2 北方中心的销售情况

省区	购买力指数（占全国的百分比）	销售定额（百万元）	销售（百万元）	偏差（百万元）	业绩指数（PI=S/Q*100）
河北	6.00%	25.22	24.3	-0.92	96.4
内蒙古	2.41%	10.12	10.24	0.12	101.2
辽宁	4.64%	19.49	17.77	-1.72	91.2
吉林	4.98%	20.9	20.43	-0.47	97.8
黑龙江	2.11%	8.87	6.74	-2.13	76
总计	20.14%	84.6	79.48	-5.12	94

表 2 表明北方地区的销售存在一些问题。只有内蒙古的销售代表超过了定额，超额的数字也不大。而且定额的偏差也比表 1 中的大，这种情况一般只会在进行小单位的分析时才会发生。如果以地区为单位来统计，则数字越大越适用，这是因为定额的增减有助于彼此平衡，因而以较大的单位进行分析时所得到的业绩指数就趋向于 100%。

当销售分析基于大的集合单位（如地区）而不是基于小单位（如销售代表）时，定额偏差就小得多，这就需要进行进一步的调查。

表 2 中，5 个省中就有 4 个省的偏差是负数，其中黑龙江的偏差最突出，只完成了 76% 的定额。

这样，销售经理就很可能会让北方地区找到黑龙江经理，或者直接找来北方地区的经理，查询黑龙江的销售具体情况（如表 3 所示）。

表 3　黑龙江地区的各销售代表的情况

地区销售代表	购买力指数（占全国的百分比）	销售定额（百万元）	销售（百万元）	偏差（百万元）	业绩指数（PI=S/Q*100）
王力	0.0953%	400.2	392.6	-7.6	98.1
黄静	0.13322%	559.4	501	-58.4	89.6
王涛	0.1325%	556.5	512.4	-44.1	92.1
李海洋	0.2021%	848.8	768.7	-80.1	90.6
李家	0.2596%	1090.3	969.3	-121	88.9
郑海波	0.3384%	1421.3	1340.3	-81	94.3
张华	0.6975%	2929.5	1285	-1644.5	43.9
聂丽	0.2528%	1061.8	970	-91.3	91.4
全国总计	2.11%	8867.8	6739.3	-2128	76

黑龙江所有销售地区的销售额都低于定额，这似乎表明该省一定存在某些根本性问题，如经济不景气、失业率太高、竞争比其他地区激烈，或者销售队伍的心境和动机有问题等。经过进一步分析表明，核心问题还是在张华身上。如果他的销售业绩与其他销售代表一样出色，该区域的销售将会十分接近目标。

张华负责的是该地区最重要的哈尔滨市场，但其业绩指数仅为 43.9%。为了进一步查清张华业绩差的原因，又对张华的产品销售表（如表 4 所示）进行了分析，发现张华所销售的 6 类产品中，4 类的业绩指数都超过了平均数，主要问题就出在包饺子机和食品搅拌器上。

表 4　张华的产品销售情况

产品	销售定额（百万元）	销售（百万元）	偏差（百万元）	业绩指数（PI=S/Q*100）
开罐器 / 磨刀器	212000	124500	87500	58.7
烤面包机	468000	237000	231500	50.6
包饺子机	627000	176000	451000	28.1
食品搅拌器	604000	159200	444800	26.4
铁锅 / 电煎锅	573000	340000	233000	59.3
其他 / 电动切肉刀 / 爆玉米花机 / 热盘等	445000	248300	197200	55.7
总计	2929000	1285000	-1644500	43.9

这是张华的问题，还是产品的问题？对这些产品进一步的销售分析表明，问题出

在大型百货商店的购买者身上。而且，这个问题不仅是张华独有，华东和西北地区所有经销商都存在这种问题。看来有一个很强大的竞争者正试图通过大量广告和减价相结合的方式来改善北方地区的销售状况。这个问题在其他销售领域还不大明显，因为其他产品的销售弥补了包饺子机和食品搅拌器上的损失。张华在这点上是不幸的，他销售的其他产品未能弥补这个缺口。

因此，这个问题的责任不能归咎于张华，而应归咎于北方地区特定的销售环境。尽管这种环境对公司的竞争地位冲击相当大，但不进行销售分析，问题就不可能被揭示出来。

从某厨具公司的销售业绩分析实例可以看出什么?

（1）通过销售分析我们可以找出问题的根本原因。

（2）销售数据背后隐藏着某种秘密。

（3）销售经理只有做好销售分析才能更好地开展销售管理工作。

6.1 销售业绩评估

销售业绩评估是企业销售管理的重要一环，在销售过程中，要经常地进行销售业绩的评估，以发现销售过程中存在的问题，奖优罚劣，并根据环境的变化，对销售预算和销售定额进行反馈和调整。

6.1.1 销售业绩评估的重要性

对于企业而言，业绩评估的重要性在于：

（1）通过业绩评估，有利于企业提高经营管理水平。销售分析与评价作为认识实践的重要方法，可以帮助销售管理人员正确认识各项销售活动的内在联系，明确影响销售活动的各种原因，找出销售活动中存在的关键问题。这就为销售措施的改进和新的销售战略的制定提供了科学依据。在销售战略的实施过程中进行销售分析与评价，既可监督、检查战略的实施情况，又能考察销售战略是否符合实际。

（2）通过业绩评估，有利于企业战略的制定和推行。企业根据市场需要，确定销售战略目标后，就要将销售战略目标在企业内部进行指标分解，实行目标管理，要求做到“人人有事做，事事有人做”，不能出现人浮于事、有事无人做的现象。企业在实行目标管理的过程中，离不开销售分析与评价，需要经常检查计划目标的完成情况，分析影响计划完成的原因，找出有利于计划完成的积极因素和阻碍计划完成的消极因素，正确评价企业各项销售工作，从而为制定改进措施或调整目标计划提供依据。同时，开展销售分析与评价能把影响销售活动的主客观原因区分开来，可以查清各责任单位对销售成果的影响，从而分清责任和贡献的大小，有利于把经济责任和经济利益结合起来。

（3）通过业绩评估，有利于提高企业经济效益。企业以目标市场需求为中心，不断满足顾客需要，其目的在于扩大销售量，获取利润。企业开展业绩评估，通过对影响利润形成的各种因素的分析比较，可以衡量企业销售活动取得的经济效益水平与存在的差距，判断各项销售措施的得失。同时，通过对人力、物力、财力等资源利用情况的分析，可以找出实现资源利用的最佳方法。这对企业不断提高经济效益，实现预期利润具有重要作用。

问题是，对企业的业绩评估都并非一蹴而就的，比如，保持与顾客的良好关系或者在市场中建立商誉，在这些方面很难进行客观的衡量。同时，销售地区的多样性也使管理层很难比较销售人员的效率。还没有任何令人信服的方法可以平衡地区在销售潜力、竞争或工作条件方面的差异。例如，我们很难比较城市与农村销售人员的绩效。而且，就算各地区在市场潜力方面是一样的，其他方面仍是不同的。而且有时绩效评估之所以困难是因为地区销售人员的努力与结果之间的关联并不明显。一个地区的销量改善只能在销售代表工作一年或更久以后才能显现。而且，当两个或更多的销售人员进行同一项销售或为一个客户服务时，要给每个销售人员的工作成果打分就更困难了。这就要求我们制定一个有效的销售业绩评估的方法。

小案例 1

变味的销售业绩分析

5月底的最后几天，是各区域经理的月度销售业绩汇报时间。某某啤酒公司的销售总监王振宇一边按下电话，一边气恼地说：“费用，费用，就知道要费用，就知道诉苦……”话音未落，铃声又起，这次是湖南省区域经理赵刚打来的：“朱总，本月我们区域按公司的要求，把夏季销售政策一一落实下去了。公司给予销售商的旺季进货奖励政策，我们也一一传达至每一位经销商，不过，离公司要求的出货量还有一截差距。主要原因是这样的，我们的对手抢在了我们前面，以同样的政策把货给经销商压了不少……我们做了不少工作，可是，经销商要求，如果多进货就必须再给一些比对手优厚的搭赠政策……可是，按照预算做计划，本月的费用已全部用完。另外，有些产品的外部标签破损或有污点……湖南是我们公司的重要市场，怎么办？能不能再给我们一些额外的费用支持？……”

放下电话，王振宇的脑子乱哄哄的。为了做好今年的销售，王振宇要求每个区域经理在月末都要认真做月度销售业绩分析，力求达到了解和分析市场情况，进而检验各区域的销售、费用、投入及产出等。考虑到下面的工作量，不要求一定以书面形式提交，可以电话汇报。实施两个月来，王振宇不但没能从这些区域经理的销售业绩汇报中了解到各区的销售情况，达到管理的目的，却成了“财政厅”“问题处理中心”，要钱的不断，诉苦的不断。

6.1.2 销售业绩评估方法

销售工作绝非单独的销售量指标就可以评价的，它可考虑以下几个部分，如产出、顾客关系、工作态度与能力、协作精神等，这几个方面可分成两大类——基于产出和基于行为的指标，它们代表了两个关于业绩评价的思想流派。基于产出指标主要涉及“底线”，包括销售量、销售组合、销售成本和利润。一般说来，通过这些指标，销售经理们可少用一些事前的管理方法。基于产出的指标易于测定，并且在某种意义上更客观。然而，即使更客观，它们也可能受到业绩以外的因素的影响，如某公司销售相当不错，4 年间销售收入每年都在增长，年平均增长近 18%；但进一步分析我们发现，4 年间全行业收入增长了 240%，某公司市场份额却由 13.6% 下降到 8.6%。基于行为指标建立在这样的观点上：如果企业“做正确的事”，它们的产出指标会与期望一致。这种指标体系注重顾客关系的建立与维系、企业形象与商誉的树立，它往往是一种过程管理，注重给销售人员适中的反馈，它要求销售经理有更高的管理素质以指导销售人员开展工作，这种评价主观性更强。

常用的分析方法有：

1. 绝对分析法

绝对分析法是通过销售指标绝对数值的对比确定数量差异的一种方法，它是应用最广泛的一种方法，其作用在于揭示客观存在的差距，发现值得研究的问题，为进一步分析原因指明方向。

依据分析的不同要求主要可进行三种比较分析，即将实际资料与计划资料对比，与前期资料对比，与先进资料对比。与计划资料对比，可以找出实际与计划的差异，说明计划完成的情况，为进一步分析指明方向。与前期资料对比，如与上月、上季、上年同期对比可反映销售活动的发展动态，考察销售活动的进步情况。与先进资料对比，可以找出同先进水平的差距，有利于吸收和推广先进经验，挖掘潜力，提高工作效率和利润水平。

在运用绝对分析法时，要注意对比指标的可比性，对比指标双方的指标内容、计算方法以及采用的计价标准和时间单位应当一致。在与其他企业比较时，还要考虑各种不同因素的影响。

2. 相对分析法

相对分析法是指通过计算、对比销售指标比率，确定相对数差异的一种分析方法。利用这一方法，可以把某些不同条件下不可比的指标，变为可比指标，进行对比分析。依据分析的不同目的要求，可计算出各种不同的比率进行对比。主要有：

（1）相关比率分析

这是将两个性质不同而又相关的指标数值相比，求出比率，从销售活动的客观联系中进行研究分析。如将纯利润与企业全部投资相比，求出投资收益；将销售费用与销售收入额相比，求出销售费用率等。然后利用这些经济指标再进行对比分析。

（2）构成比率分析

这是计算某项销售指标占总体的比重，分析其构成比率的变化，掌握该项销售指标的变化情况。如将某一种产品的销售额与企业总的销售额相比，求出它的构成比率，然后将它的前期构成比率和其他产品构成比率相对比，能发现它的变化情况和变化趋势。

（3）动态比率分析

这是将某项销售指标不同时期的数值相比，求出比率，以观察其动态变化过程和增减变化的速度。由于采用的基期数值不一样，计算出的动态比率有两种，即定基动态比率和环比动态比率。

1）定基动态比率

这是将某一时期的数值固定为基期数值计算的动态比率。计算公式为：

$$\text{定基动态比率}=\frac{\text{比较基数值}}{\text{固定基期数值}}\times 100\%$$

2）环比动态比率

这是将以每一比较期的前期数值为基期数值计算的动态比率。计算公式为：

$$\text{环比动态比率}=\frac{\text{比较期数值}}{\text{前期数值}}\times 100\%$$

3. 因素替代法

因素替代法是指通过逐个替代因素，计算几个相互联系的因素对经济指标变动影响程度的一种分析方法。下面举例说明因素替代法的应用。

假定某销售部门某月计划以单价 1 元的价格销售某种小商品 4000 件，销售额为 4000 元。到了月末 1 只以单价 0.8 元售出 3000 件，销售额为 2400 元，销售实绩与计划差为 1600 元，完成了计划的 60%。那么，销售实绩的差额有多少是由于降价引起的？有多少是由于销售量下降而引起的？运用因素替代法分析计算如表 6-1 所示。分析可见，销售额的下降有 62.5% 是由于销售量的目标没有达到造成的，有 37.5% 是由于降价引起的。企业部门应详细调查销售量没有完成的原因。

表 6-1　影响销售额变动的因素分析表

计算顺序	替换因素	影响因素		销售额（元）	与前一次计算差异	各因素的影响程度
		销量（件）	单价（元）			
计划数	—	4000	1	4000	—	—
第一次替代	销量	3000	1	3000	–1000	62.5%
第二次替代	单价	3000	0.8	2400	–600	37.5%
合计					–1600	100%

在运用因素替代法时要保持严格的因素替代顺序，不能随意改变。分析前必须研究各因素的相互依存关系。一般来说，就实物量指标和货币量指标而言，应先替换实物量指标，后替换货币量指标。因为实物量指标的增减变化一般不会改变货币量指标的变化。就数量指标和质量指标而言，应先替换数量指标，后替换质量指标。这是因为数量指标的增减变化，在其他条件不变的情况下，一般不会改变质量指标的变化。如果同类指标又有各种因素，则应分清主要和次要的因素。依据其依存关系确定替代顺序。这样有利于分清各个因素对销售指标变动的影响程度，判断有关方面的经济责任，公正评价销售

管理部门的工作。

4. 量本利分析法

量本利三者之间的关系是：销售收入与销售成本之间的差额为利润（或亏损）。销售成本包括固定成本和变动成本两类。固定成本不随销售量的增减而变动，但每个单位产品的固定成本随销售量的增减而变动。变动成本随销售量的增减而增减，而每个单位产品的变动成本不变。

运用量本利分析法，首先要测算保本点即盈亏平衡点，然后在此基础上进行分析。盈亏平衡点是指销售收入额正好抵补销售成本，既无利润也无亏损的状态。如果销售量大于盈亏平衡点就能获得一定的利润，如果销售量小于盈亏平衡点就会发生亏损。

那么怎样确定盈亏平衡点？根据量、本、利之间的关系，盈亏平衡点的销售收入额等于该点的变动成本总额与固定成本总额之和，即：

盈亏平衡点的销售收入额=盈亏平衡点的变动成本总额＋固定成本总额

假设：Q_0 表示盈亏平衡点销售量；P 表示单位产品价格；C 表示单位商品变动成本；F 表示固定成本总额。上述公式可表示为：

$$Q_0 \times P = Q_0 \times C + F$$

整理得：

$$Q_0 = \frac{F}{P - C}$$

假设 S_0 表示盈亏平衡点销售收入额，则：

$$S_0 = \frac{F}{1 - \frac{C}{P}}$$

例如：某企业销售部销售某种产品，单价为每件 5 元，单位产品变动成本为 4 元，每月固定成本总额为 50000 元。根据量、本、利分析法，可计算出盈亏平衡点的销售量：

$$Q_0 = \frac{F}{P - C} = \frac{50000}{5 - 4} = 50000（件）$$

原计划每月赢利 30000 元，销售 80000 件，但由于市场行情变化，单位售价调整为 4.8 元，要实现预期利润目标，销售量必须达到的水平为：

$$Q_0 = \frac{50000 + 30000}{4.8 - 4} = 100000（件）$$

就是说要完成销售量 100000 件。

6.1.3 销售业绩评估的程序

一、建立基本政策

基本政策的制定要基于企业战略的实施，确定评估的基本框架，比如谁将参加评估，通常几个主管人员会参与其中。最可能参加的是销售人员的直接上司，如实地销售总监、地区经理或者分公司经理。现在许多公司在考核时也运用360度反馈的雇员评估方法。这可以从销售人员的同事、下属和客户以及直接上司那里多角度地得到反馈信息，从而使评价更客观。当然，销售人员也应积极参与其中，通常是某种形式的自我评估。销售人员参与目标制定，将会提高其责任感和集体感。在一些企业，经理和销售人员共同商讨和确认未来的特定目标，然后签订以此目标为绩效标准的绩效协议。这样就不会出现误解任务的情况。这一过程通常称为目标管理。再比如确定评估的频率，尽管许多公司每年只做一次全面的绩效评估，但管理者在环境快速变化或战略转移的情况下，也倾向于更频繁的评估，如每季度一次，这时要比较绩效的提高与机会成本。

二、选择评估基础

成功评估的关键是尽可能多地从不同的角度去评估企业销售的情况。当我们选择评估基础时，牢记评估的两个目的很重要：一是发现和奖励绩效优秀的人员，二是清楚了解企业的绩效以帮助提高绩效水准。要清楚了解，就要确定评价基础，即以什么作为评估指标。一般认为，销售量、毛利、订单数量等被大多数企业作为工作成果的衡量标准。一些常作为评估基础的产出标准列示如下：

（1）销售量。具体包括：按产品和顾客（或顾客群）划分的销售量，电话订购、个人销售拜访划分的销售量。

（2）市场潜力（也就是市场份额）。

（3）按产品线、顾客群和订单规模划分的毛利。

（4）订单。具体包括：订单数量、订单的平均规模（金额）、平均成功率（订单数量除以拜访次数）、订单撤销的数量。

（5）客户。具体包括：客户购买的比例、新客户数量、客户流失的数量、回款的客户数量。

这些标准常常用作一些有意义的比较，例如，今年与去年的绩效之间、实际绩效与目标之间或者销售人员的市场份额与竞争对手之间的比较。每一个标准又可进一步按照产品类型、顾客群、分销渠道等进行分解，进行类似的比较。将标准按照细目进一步分类可以使我们深入地了解一些可能被忽略的问题。如果销售区域绩效低于平均水平，我们就可以将原因追究到某种销售形势或某个产品类型。经理若能精确地知道绩效问题的原因，解决问题就更容易。

所有的产出标准都是定量标准。在很大程度上，定量标准的使用可能使主观性和偏见减至最小。定量标准也相对容易衡量。但是，由于只考虑工作的结果，这些标准在比较两个销售区域的绩效时还不能保证公平。

在实际评估过程中，管理层应该明确那些不可控因素，并在评估绩效时加以考虑，比如地区的销售潜力，尤其联系到顾客的规模和数量时，就是一个典型的不可控因素，销售潜力较大，该地区的销售人员更容易实现销售目标，而销售潜力较小地区的销售人员需费“九牛二虎之力”才能达到相同的销售目标。竞争活动或者自然条件的地区差异也应该在比较绩效时加以考虑。通常，广告数量、销售的促销支持、顾客所能得到的总部提供的技术服务等存在着地区差异。这些因素给比较绩效数据增加了难度。这也是为什么必须同时考虑行为标准或者努力程度的原因。

三、收集销售评价资料

在选择绩效评估基础时，管理层应该只选择那些以合理成本可以获得的数据进行分析。资料是进行销售分析的重要依据，应全面、系统、完整地收集各方面的资料。一般来说，分析资料主要包括：各项销售计划、预算、定额、责任指标等计划资料，各项业务核算资料，各种内外部报表资料，同行业有关资料，有关合同、协议、决议等文件报告资料，以及各种环境状况、市场状况、顾客意见等销售调查资料。主要的信息来源于公司记录、销售人员、销售经理和客户。

（1）公司记录是绝大多数绩效的来源。通过研究销售发票、顾客订单、会计记录管理层能得到许多关于销售人员销售量、毛利、平均订单规模等信息。企业应充分利用公司记录为绩效评估服务，可运用计算机制作表格来进行数据的收集、分析和报告。

（2）销售人员提交的报告是另一个重要的信息来源，尤其是对投入因素而言。拜访报告、活动报告和费用报告能够提供销售人员工作的必要数据。

（3）销售经理常和销售人员一起工作，对销售一线的情况最为熟悉。销售经理能直接观察客户和市场的变化，能够给出销售绩效方面的第一手资料。

（4）客户在某些情况下也被作为评估信息的来源之一。比较普遍的做法是将客户在自愿、非正式的基础上提交的信息收集起来。不幸的是，收集到的往往是投诉，因为客户很少对销售人员给予表扬。越来越多的公司正在积极地定期收集顾客的意见。一些公司会向顾客提这样的问题："销售人员很好地分析您的需求了吗？""销售人员很好地与您建立起信任了吗？"

四、比较绩效与标准

对收集的各种数据必须进行解释。这一步骤涉及企业销售的结果与事先设定的标准的比较。在解释这些数据时必须考虑实际环境，具体分析。比如大多数销售经理评估销售人员相对绩效的第一个标准是销售量，一些主管相信：抛开其他因素，卖得最多的就是最好的。遗憾的是，销售量可能是反映销售区域价值很糟的指标。仅仅有总销售量并不能说明企业销售人员对公司利润和客户关系的任何贡献，可以将总销售量按产品或顾客群或订单规模分类研究。就算这样，销售量仍然不是很有意义，除非它们可以与预定的、可接受的绩效标准相联系，比如各产品线或顾客群的销售定额指标。

五、与销售人员讨论评估结果并作出报告

企业销售的绩效评估结束后，销售经理应该在会议上与相关人员一同讨论结果并对公司的决策层作出有参考价值的报告。根据对所有评价因素的讨论，销售经理和销售人员就能为下期设定目标和运作规划。

六、在评估的基础上调整战略

前面讲到的五个步骤更多的是销售部门内部的工作，在完成后应作出全面的分析结论，为整个企业的发展战略服务。进行销售分析与评价主要是为了肯定成绩、总结经验、发现问题、吸取教训，以挖掘潜力，制定最佳销售组合，实现更多的利润。在作出分析结论时，对各项销售业绩的评价应当切合实际，并对其中的问题提出切实可行的改进措施、建议和实施方案。同时，还应对以往分析中所提出的改进措施、建议和方案的实施效果作出分析、评价。

这六个步骤构成了一个环形，相互衔接并互为支撑。

6.1.4 销售业绩评估的指标

一、市场份额

市场份额即销售人员销售量与该地区的市场潜力之比。管理层在比较销售人员之间的市场份额时必须十分谨慎。销售人员 A 可能获得了所在地区 20% 的市场份额，而销售人员 B 只获得了所在地区 10% 的市场份额。但是 B 的工作可能更出色，因为其所在地区竞争的激烈程度可能远远超过其他地区，或者公司可能给予 A 相当多的广告支持。

二、毛利

销售经理应该更多地关心销售人员创造的毛利，而不是他们的销售量。毛利是销售人员工作效率一个更好的评估标准，因为它在某种程度上显示了销售人员推销高利润产品的能力。大多数交易的基本目的是赚取目标投资回收额，个人对利润的直接贡献理所应当是评估绩效的标尺。管理层可以通过设定每一条产品线的定量指标来反映其毛利目标。作为评估标尺，毛利也有局限性。当管理层忽视销售费用时，就没办法知道毛利的成本了。此外，地区市场潜力、竞争强度等都存在差异，而这些因素将影响不同产品线的销售，进而影响毛利。

直接销售成本是每个销售人员所发生的下列费用之和：出差费用、其他业务费用、薪酬（工资、佣金、红利）等。总费用表示为销售额的一定比例。同样，可以比较各个销售人员间的费用—销售比率，或者管理层可以用总费用除以拜访次数来计算每人每次拜访的成本。绩效评估中，这些成本指数能够反映出销售人员实地工作的相对效率，但是管理层必须仔细详尽地解释这些比率。例如，费用—销售比率高于平均水平可能因为：①销售人员的工作能力差；②工作的地区缺乏潜力；③在新开辟的地区工作，需要做大量的发展新客户的工作。

三、管理资产回报（Return on Assets Management，ROAM）

作为产出的指标，管理资产回报是销售人员的一个业绩指标，它不仅考虑销售量而且考虑一个区域相对资产周转的利率。这个指标给销售经理提供了一些额外的信息。

$$\text{ROAM}=\text{贡献百分比}\times\text{资产周转率}=\frac{\text{利润贡献}}{\text{销售额}}\times\frac{\text{销售额}}{\text{管理资产}}$$

以表 6-2 为例，区域 A 和区域 B 在该期总销售额相等，这两个区域的总产出相等吗？用 ROAM 公式可进行详细分析。

表 6-2 区域管理资产回报数据

	销售额	商品成本	毛利	销售成本	利润贡献	应收账款	库存	管理资产	贡献百分比	资产周转	ROAM
区域 A	1 750 000	1 250 000	500 000	160 000	340 000	750 000	850 000	1 600 000	19%	1.09	21%
区域 B	1 750 000	1 050 000	700 000	150 000	550 000	500 000	500 000	1 350 000	31%	1.30	40%

虽然销售额相同并且区域A看上去销售增长更快，但它的利润贡献较低。这说明区域A的销售人员销售了大量低利润的产品。同时，区域A的应收账款额较高，这意味着销售人员“放大”了信贷限额。还应注意的是，区域A的销售成本明显比区域B高。通过ROAM公式，销售经理就对在哪里需要改变进行更深的理解。

6.2 销售成本分析

一定销售额的获得总是以一定量的成本付出为代价的，如果一个企业不进行销售成本分析，就很难了解投入与产出之间的关系，也就很难有效地分配销售资源、确定销售区域和目标市场。投入产出分析，正是销售成本分析的目的所在。

6.2.1 销售成本定义

销售管理活动中，成本分析是销售额分析的补充。销售额分析着重是对已获得的销售成果进行分析，而销售成本分析则侧重于产生这些成果所花费的成本，以及成本与成果是否相称。因此，销售成本分析就是对影响销售额的销售成本的数据进行收集、分类、比较和研究。

这里所谓的销售成本，是指在销售过程中发生的、为实现销售收入而支付的各项费用，包括销售人员报酬、广告费用、公关费用、业务费用、售后服务费用和销售物流费用。其中，销售人员报酬是销售费用的重要组成部分，报酬的高低及报酬形式或构成的不同直接影响着销售活动的最终效果。广告费用是企业用于广告活动中的各种费用，包括广告策划费、媒体费、制作费、管理费和杂费等。公关费用是企业用于公关活动的各项费用，分为公关企业费用、公关人员费用、赞助费用、会议费用、庆典活动费等。业务费用是销售人员从事具体业务工作所需的费用，一般包括培训费、差旅费、会议费、业务招待费、销售折扣与折让、坏账损失、印刷费等。售后服务费用一般包括消耗材料与燃料动力费、工资及附加费、顾客损失赔偿费和部分管理费等。如果企业没有将物流外包，则销售物流费用一般包括库存费用、包装费用和运输费用。

当今市场竞争日趋激烈，企业对市场的依赖程度越来越高，企业销售活动的中心地位逐步形成。销售环节投入越来越大，企业的广告费用、人员推广费用与日俱增。从产品本身来看，产品整体概念中的延伸产品即附加服务和附加利益增多了。产品服务含量的增加，如送货上门、安装、培训等，势必增加销售成本的比重。从消费者角度来看，近些年的生活水平节节提高，消费观念、消费心理和消费方式等都发生了很大的改变，消费者愿意花钱享受购物环境和精美包装，愿意通过广告以更少的时间购到称心的商品，这些变化也导致销售成本的增加。当然，整体收入水平的提高和企业追求销售业绩的增长也在一定程度上提升了销售人员的薪酬水平。

但是，有些销售成本的增长是由一些不合理的现象所造成的，如不公平的竞争环境、企业销售人员的不规范行为等，这也是销售成本控制的主要内容。因此，有必要进行销售成本分析，以提高企业的利润率。

6.2.2 销售成本分析的目的

销售成本分析的第一步，就是要确定成本分析的目的。企业进行销售成本分析的目的很多，但其主要的目的如下：

1. 用以作为拟定企业销售政策的基础

制定销售计划对企业而言非常重要。企业在做销售计划时，销售预算是计划的基础。而做好销售预算，又必须做好销售成本预算。也就是说，企业整个计划要建立在销售成本分析的基础上。做好销售成本分析，进而规划出一套完整的销售预算，制定每个月预定费用的支出和预期的收入，从目标利润和必要费用的角度来设定销售目标，最后制定出企业的年度销售计划，以及为完成销售计划而应采取的一系列销售措施。

2. 为选择销售途径提供依据

当把销售的商品推广到市场上时，还需要有一定的路径来组织商品分销，以便消费者能在最适当的地点购买到所需的商品。商品从企业到消费者之间可以经过这样的途径：企业—销售企业、代理商、掮客—批发商—零售商—消费者。在这一途径中，也有跳过批发商，由销售企业或是代理商、掮客直达零售商的情形。一般可分四类，如图 6-1 所示。

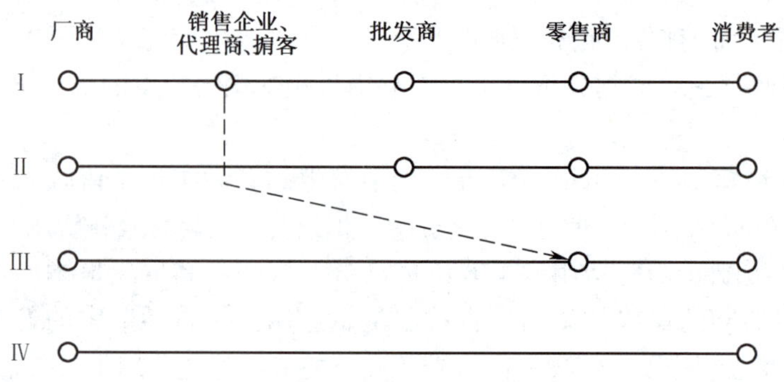

图 6-1 商品的流通途径

在上面列举的四种基本途径中，企业要选择适合自己的途径，通常从两方面着手：一是消费者的购买习惯，二是经济合算。

采用不同的销售途径，会涉及配货经费、广告费、事务费、仓储费、贷款回收费等费用。在选择销售途径时就要进行销售成本分析，主要是寻求销货量最高且经费最少的方式。具体操作时，可从企业自身的财务状况、产品的种类、单价、销售时期、产品的品质规格、所需服务技术的难易程度及零售店分布的情况来分析，从而定下最佳的销售方案。

3. 为制定价格或计算折扣比率提供依据

一般情况下，企业在制定产品价格的时候，通常是根据“价格＝成本＋利润”来制定的。销售成本作为产品成本的一个组成部分，对于产品价格的制定也是一个重要的影响因素。因此要做好销售成本分析，制定最佳的价格方案，从而获得最大的利润。

企业在进行销售的时候，通常会给销售商一定的折扣，而折扣的比率应该是多少呢？这也需根据成本分析的结果来制定。给予折扣相当于产品的价格降低了，根据上面价格制定的方法来看，折扣其实也是销售成本的一个组成部分。但如果保持原来的价格，利润就会降低，而折扣的给予会带来销售量的增加。这时，要分析销售成本的增加能否带来更多的利润，根据分析结果再确定折扣比率。

4. 用以作为销售活动的管理资料

做好销售成本分析之后，可根据分析结果做销售预算。在企业进行销售活动时，就可以把销售成本分析结果作为销售活动的管理资料。例如，企业进行销售活动时，为了获得一定的销售量而采取折扣的方式，这时就可根据销售成本分析的结果来进行管理，判断是否要采取折扣方式，从而控制费用的支出。

6.2.3 销售成本分析的内容

通过对企业销售成本的分析，可以知道销售成本的组成，从而加强成本控制，减少不能为企业带来利润的成本，增加企业的盈利能力。

销售成本分析的主要内容包括以下几点：

（1）推销费用率，即推销费用占销售总额的比率。

$$推销费用率=\frac{推销费用}{销售总额}\times 100\%$$

分析推销费用占销售总额的比率，以确定销售费用分配是否得当，结构是否平衡，效率是否优异，并分析其原因以求得改进。各行业推销费用率的标准不一，通常在10%～20%。

（2）管理费用率，即管理费用与销售总额的比率。

$$管理费用率=\frac{管理费用}{销售总额}\times 100\%$$

分析管理费用占销售总额的比率，以测定管理费用是否过高，有无浪费。各行业管理费用率的标准不一，通常在10%～20%。

（3）推销管理费用率，即推销管理费用占销售总额的比率。

$$推销管理费用率=\frac{推销管理费用额}{销售总额}\times 100\%$$

分析推销管理费用占销售总额的比率，以测定推销管理费用的效率是否合理，有无浪费。各行业推销管理费用率的标准不一，通常在10%～20%。

（4）运费与推销费用率。

$$运费与推销费用率=\frac{运费与推销费用额}{销售总额}\times 100\%$$

分析运费与推销费占销售总额的比率，以测定费用是否合理，结构是否平衡。各行业没有一定的标准，比率越低越好。

（5）折旧费率，即折旧费与销售总额的比率。

$$折旧费率=\frac{折旧费}{销售总额}\times 100\%$$

分析折旧费占销售总额的比率，以测定每一单位销售额需要多少折旧费。各行业没有一定的标准，比率越低越好。

（6）人工费率，即人工费与销售总额的比率。

$$人工费率 = \frac{人工费}{销售总额} \times 100\%$$

分析人工费占销售总额的比率，以测定单位销售额需要多少人工费。比率越少则销售成本中人工费所占比率越小。

（7）利息率，即利息支出与销售总额的比率。

$$利息率 = \frac{利息支出}{销售总额} \times 100\%$$

分析利息支出占销售总额的比率，以测定单位销售需支出多少利息，比率越低越好。

（8）交易费率，即交易费占销售总额的比率。

$$交易费率 = \frac{交易费用}{销售总额} \times 100\%$$

分析交易费占销售总额的比率，以测定单位销售需要多少交易费，比率越低越好。

（9）广告费率，即广告宣传费用支出占销售总额的比率。

$$广告费率 = \frac{广告费用}{销售总额} \times 100\%$$

分析广告宣传费占销售总额的比率，以测定每单位销售额需要多少广告费，广告效果是否明显。广告费率的标准不一，但不要太低，有的企业控制在 2% 左右。

6.3 销售控制

任何一种营销控制模式都不是万能的，不可能适合所有的管理环境。选择恰当的营销控制模式，不但可以规范销售人员的行为，而且可以保证营销计划顺利实施，实现企业的营销目标。也就是说，环境特征决定了企业所适用的营销控制模式。

一般来说，业绩目标的可量化程度和营销活动的透明度是评价营销环境的两个重要维度，也是选择营销控制模式的基础条件。业绩目标的可量化程度是指用具体量化的值来测度目标的程度，例如销售额、销售量等指标的可量化程度比较高，市场信息清晰度、客户满意度等指标的可量化程度则比较低。营销活动的透明度是指销售主管对营销活动的信息所掌握的范围和程度，例如销售主管是否掌握了所有客户的信息等。当业绩目标的可量化程度很高，而营销活动的透明度比较低时，例如，当一线销售人员比他的销售主管掌握了更多的市场信息，但是销售主管可以较容易地测定销售额、销售量、利润水平等销售目标时，企业适合选择结果控制模式。当业绩目标的可量化程度很高，同时营销活动的透明度也很高时，企业更适合采取自我控制的模式，使销售人员进行自我规范、自我约束，以达到控制与激励相融合的目的。当业绩目标的可量化程度比较低，而营销活动的透明度比较高时，企业更适合采取过程控制模式，制定相应的过程规范制度来约束销售人员的行为。当业绩目标的可量化程度与营销活动的透明度都很低时，企业应侧重于他人（同事）控制模式，使销售队伍这个非正式的小群体对其成员的行为进行控制是比较合适的。销售控制的类型见图 6-2。

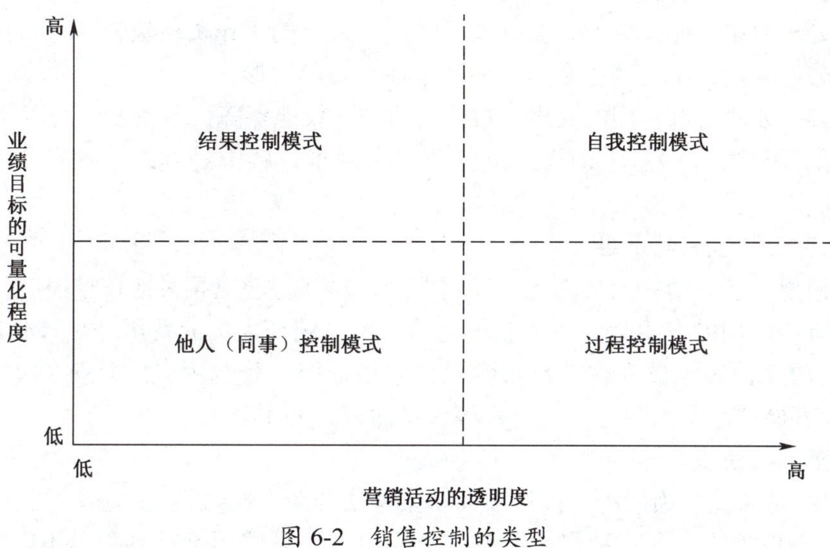

图 6-2 销售控制的类型

6.3.1 销售费用控制的原则

销售费用的控制成为企业销售管理中的重要问题，为了控制好费用，企业往往将销售人员的报酬与销售人员的销售费用挂钩，因此，应将两者联系起来进行管理。费用控制应遵循下面几个基本原则：

1. 公平原则

费用的管理应遵循公平原则。费用是销售人员因推广业务之需所做的开支，而不是销售人员薪酬的一部分。因此，一方面不能使销售人员从费用的开支中获取个人利益；但是另一方面也不能让销售人员因为公务而自掏腰包。费用的审核必须公平合理，不能有所偏袒，也不能随心所欲地变成主管个人的施舍。

2. 拓展业务原则

费用支出的目的是为了业务的拓展，因此费用审核者不应将费用视为是一种浪费，更不要因为要节省开支而限制了销售人员的活动，致使其工作效率降低。投入一定的费用来开拓市场，往往其回报是很可观的。

3. 简单易行原则

费用的控制办法必须容易操作，不要制定太复杂的管制办法，否则会导致不必要的误会或曲解。费用的报销和使用应该有一定的流程和固定的系统，这一套流程和系统应该越简明越好，所流经的单位也应该尽量简化，同时也应该避免因费用的报支而和公司的管理单位、稽核单位或出纳单位发生纷争。

6.3.2 一般费用的控制办法

1. 费用由销售人员自行承担

这种方法适用于纯佣金制的销售人员。销售部门在制定佣金比率时，就把销售费用的支出考虑在内，一并归到佣金比率中，发给销售人员，销售人员必须在其佣金项下开支销售费用，不得再向公司另外申请。这种方法对公司的好处是：

（1）处理简单，操作方便，会计人员及出纳人员的工作负荷较轻。

（2）公平一致，不会产生宽严不一、审核不公等情形。

（3）有业务才会有费用的支出，对公司的利润较能保障，不致发生费用超支的情形。

（4）如果销售部门对于销售人员的监督有困难，就不易判断某些费用的支出是否合理。

但是这种方法也有其不足：

（1）销售主管对销售人员因无法控制费用，对其行动也相对地较难控制。

（2）有些费用的发生是在业务获得之前，但是销售人员的费用补贴却必须等到业务求得之后，因此销售人员往往需自掏腰包，先垫费用。若费用支出后业务又无法获得，则这些支出就要“血本无归”。这对销售人员而言，并不公平。

2. 无限制报销法

无限制报销法又分为两种，即逐项列举报销法和荣誉制报销法。

逐项列举报销法是允许销售人员就其所支出的业务费用逐项列举，不限额度地予以报销。通常都是由销售人员定期（每周或10天）填写支出报告，将所开支费用逐项填写，并附必要单据，呈报主管审核，然后到出纳单位领取该项费用。这种费用管制法对于销售人员的支用额度没有限制，因此销售人员可以斟酌其业务需要，做最灵活、最有效的运用；相对应地，销售主管也可以对销售人员的行动进行管理。但是这种方法也有其缺点：

（1）实施这种方法后，销售人员很难精确地预测其直接推销费用，因为每一位销售人员会花多少钱谁也难以预计。

（2）这种方法很容易让销售人员变得过分“慷”公司之“慨”，甚至会使得某些信用较差的销售人员把“私账”拿来“公报”。

（3）这种方法只能鼓励销售人员浪费，而不能督促他们节省，因此现在较少采用。

荣誉制报销法与逐项列举法很相似，唯一不同的地方是荣誉制报销法不必逐项列举。销售人员只要定期在报告上注明费用支出总额，公司即照数付给。这种方法是建立在对员工的高度信任之上的，在这种情况下，销售主管与部属间的摩擦会减到最小，而员工的士气可以尽量得到发挥，其优点与前述的逐项列举报销法相似。但是这种方法对公司而言，所负担的风险很大，稍有不慎，很可能就会造成浪费，因此目前使用得不多，大多仅限于高级主管或能力、信用程度都较高的销售人员。

3. 限额报销法

限额报销法是就销售人员可能开支的费用规定一个最高限额给予报销的方法。这种方法最大的优点是让业务主管能够精确地预测其直接推销费用，而且也可防止销售人员过度浪费。限额报销法又可分成两种，即逐项限制法和总额限制法。

逐项限制法是就销售人员所可能开支的费用，逐项规定一个最高限额。例如规定销售人员出差时，住宿费每晚不得超过500元，餐费早餐不得超过25元，午餐、晚餐不得超过50元。

总额限制法是规定在一定期间内，如每日、每周或每月销售人员报销的费用总额不得超过某一限额，至于各项费用的额度则不予以硬性规定，以使销售人员有适当的自主权。例如规定销售人员每周的费用不得超过1000元等。

限额报销法最大的问题是限额的制定问题。限额定得太低，销售人员捉襟见肘，“又叫马儿跑，又少给马儿草”，效率自然低下。但是限额如果定得太高，则容易导致浪费，增加销售成本。一般而言，信用程度较高的销售人员大多难以忍受这种限额报销制。因为把这种制度加诸他们身上，等于是宣布公司对他们不信任。即使限额报销制有这么多缺点，目前却是企业界使用得最广泛的一种费用控制法。

6.3.3 交通费控制法

在所有费用控制问题中，交通费的控制一直是一个棘手的问题，一般根据交通工具性质不同及所有权不同，来决定交通费用的控制。

1. 由公司提供交通工具

（1）实报实销法。一般而言，如果是公司提供交通工具，大多采取实报实销，由公司负责一切修理费用、保养费用、税费及燃料费。销售人员可以凭发票及油单核实报销。这是最常见的一种方法。

（2）实报实销，但扣除自用里程。销售人员用公司提供的交通工具及燃料，上下班、节假日也用于私人用途，这些费用如果再由公司负担，显然有失公允。因此有些公司规定这一部分应予以扣除。扣除的方法是由销售人员按期自行估计自用里程数，然后乘以一定的金额，将此一数额外的负担转给公司。有些公司是在销售人员上下班前，每日两次登记其里程数，以作为核算其“公务里程”的标准，凭此给予津贴。

（3）固定津贴法。有些公司虽然提供交通工具给员工，但其燃料费则采用固定津贴法，按月或按实际工作日给予固定金额的津贴。这种方法的优点是简单方便，但会给销售人员的拜访活动产生负面影响，因为访问越少，其津贴“盈余”就会越多。

2. 自备交通工具

（1）固定津贴法。即给予销售人员固定额度的津贴，津贴的范围包括折旧维护、税费及燃料费。

（2）里程数津贴法。即根据其实际使用的里程给予津贴，津贴范围也包括一切费用在内。

3. 混合津贴法

混合津贴法是按月给予固定的津贴，以贴补车辆的修理、保养、维护及税费等费用，而燃料则采用实报实销法或按里程数给予津贴。这种方法比较合理，而且简单易行，所以被企业广泛采用。

小刘的虚假差旅费报销单

销售工程师小刘的差旅费报销单厚厚的一沓就放在办公桌上，该不该签字？老李实在不想签。这不是第一次了，虽然小刘业务能力一般，但是每次出差的费用都偏高。就拿桌面上的单据来说，仅温州两个晚上请客户吃饭就花了 2200 多，而且发票很明显属于虚开的，小刘说两个晚上请两家客户吃饭都在同一个饭店，所以饭店老板就一起开了票。作为资深销售员，这种事情老李很明白，即使客户请小刘吃饭或者根本就没有吃饭，发票小刘自己也能开出。老李觉得很为难，如果彻查的话小刘肯定在公司是呆不住了；小刘平时做工作还是比较卖力的，又是公司内公认的自己的嫡系人马，和自己感情也不错，销售部十几个人中，小刘的业务水平也不是最差。但是小刘就这个毛病，只要出差就会发生虚报费用的问题。由于目前公司销售业绩很好，虽然在销售费用上公司也不是卡得很紧，但是作为主管销售的经理，老李明白自己必须要想办法解决这个问题。

老李是公司外聘的，在公司也没有股份，但是作为公司销售的领导，必须要处处首先为公司考虑，在搞好公司销售工作的同时也必须为公司打造一支能征善战的队伍，没有好的制度管理，使得销售人员个个变成贪图小利、自私自利的堕落分子，长此以往，不但公司的销售工作做不好，领导没有权威，更重要的是在公司内容易形成一种贪污腐化的风气，在客户当中给公司形象带来不好的影响。再说了，作为一个职业经理人，老板怎么评价自己的工作！

资料来源：http://www.huishangbao.com/edu/show-7365.html.

6.3.4 销售控制的要点

（一）建立评估销售人员的标准

目标管理就是一个销售控制的过程。为此，首先要建立销售人员的评估标准。有评估标准，才能区分销售人员绩效的好坏。评估标准有“定量标准”和“定性标准”。定量标准的评估，要与公司的销售量、销售利益、成长总目标一致；定性标准涉及销售人员的销售行为评价，从产品知识、推销谈判能力、应付客户的技巧等方面考核，无法用数字说明。定量标准应具体化，并设定目标值。

（二）记录销售人员的成果

选定评估的标准后（如销售实绩、拜访次数），下一个步骤是选定可测量的方法，获得信息来评估效果。公司内部的销售资料、费用记录，都值得作为评估的资料，但在评估之前，许多资料需要做再度的整理与分类，公司内部应建立报告制度，销售经理要督促销售人员按时递交销售报表。

（三）对成果加以评估比较

利用获得的资料，整理出销售人员的成果记录，针对销售人员成果加以评估比较。

评估绩效分两种层面，第一种是完全针对某销售人员的分析，第二种是销售人员彼此之间的评估与比较。评估时，也要考虑销售人员的现有记录与趋势，例如有进步的销售人员即使达不到规定标准，主管也要给予鼓励，并进行工作指导。

在评估时要注意，同样的评估标准并非对所有销售人员都是一样合理的，因有地区差异，客户与竞争不一样，销售人员与客户个性也有不同等，在评估时要将差异予以考虑。

（四）采取评估后的改善行动

有记录，有标准，加以评估比较，获得优劣结果，并且进行改善。销售主管根据评估将目标与实绩结合，指出何处要改进，协助销售人员取得更好的绩效。

本章小结

（1）在销售过程中，要经常地进行销售业绩的评估，以发现销售过程中存在的问题，奖优罚劣，并根据环境的变化，对销售预算和销售定额进行反馈和调整。

（2）销售业绩评估的程序包括：建立基本政策、选择评估基础、收集销售评价资料、比较绩效与标准、与销售人员讨论评估结果并作出报告、在评估的基础上调整战略。

（3）销售成本，是指在销售过程中发生的、为实现销售收入而支付的各项费用，包括销售人员报酬、广告费用、公关费用、业务费用、售后服务费用和销售物流费用。

（4）销售费用的控制成为企业销售管理中的重要问题，为了控制好费用，企业往往将销售人员的报酬与销售人员的销售费用联系起来进行管理。费用控制应遵循下面几个基本原则：公平原则、拓展业务原则、简单易行原则。

（5）销售控制的要点包括：建立评估销售人员的标准、记录销售人员的成果、对成果加以评估比较、采取评估后的改善行动。

案例阅读

区域经理月度分析报告做什么

要让区域经理的月度分析报告发挥应有的作用，首先，要坚决杜绝“月度分析报告”沦为“月度问题报告”“要钱的门路”等。其次，还要以具体的内容要求让区域经理知道月度分析报告到底该分析什么、报告什么，即必须包含哪些内容，以此让他们不再“跑题”，指东道西。这里介绍一种形式。

月度分析报告可改为在讲台上做演示，以获得公司管理层的认可，并且当中提出的建设性意见能让领导参与讨论，并能得出即时的答复，这样不失为一种非常好的沟通方式。

那么，怎样才能在一两个小时内将这种分析报告达到预想的目的呢？月度分析报告也是非常重要的一份演讲素材。站在台上将月度情况先做陈述，这种一个月内营销事实的陈述都会很短。以这样的汇报形式，将不得不让区域经理做大量的分析工作。

很多企业的月度报告都是直面问题，却对上个月的问题跟踪等缺乏认识，还有的企业只讲销量，不讲利润，没有经营意识，而这都是月度分析报告应该重点讨论的。一份月度分析报告（而不是情况汇报报告）最好应该包括 4 大部分：①上月情况跟踪回顾；②本月情况分析，包括销量分析、费用（财务）分析、价格分析、渠道分析、促销分析；③内部管理回顾；④下月计划。

一、上月情况跟踪回顾

这是某企业一区域经理陈泽做的月度分析报告："这是上个月执行'开盖有奖'以来，销量的变动情况。从图中可以看出，我们的产品销量增长了 30%，超过了预期。而竞争对手的销售受到影响，据业务员调查的信息，对手的销量严重下降，虽然在我们推出活动 10 天后，对手也推出类似活动，但效果明显不如我们。"总体来讲，在我的这个区域内，严重阻止了对手今年来势凶猛的竞争势头，至于本月活动是否还要继续，在后半部分汇报中将会介绍我们共同制定的一个方案，请领导审定……"

区域经理可通过上月的各项分析及建议，在市场上实施后，进行情况跟踪回顾。这样领导不但知道各个区域的执行力及执行效果怎么样，也能得出决策的正确与否，便于提高。

这种上月情况跟踪回顾的主要内容应该是上月的月度分析报告中所提出问题的解决结果。尽量以对比的形式来呈现，成功的，要找到成功的经验所在；没取得实效的，还要在这次会议上重点研讨新的思路、新的办法。

国内企业不缺乏发现问题的能力，但经常缺乏将问题一追到底的决心，到最后，问题仍是问题。一个问题说了几十遍仍未能解决的企业大有存在，这除了一线员工的执行力不强之外，与整个企业都没有解决问题的毅力、每次销售会议的论题太多且杂而未能取得可执行性的具体办法都有很大关系！

国内企业很怕谈问题，而外企的营销会议却只谈问题，不谈成绩。这是内企与外企存在很大区别的地方。所以，这种会议要达成实效，还是建议各企业将这一项作为重要内容。

实务：

上月情况跟踪回顾一般包括以下内容及方法：

（1）销量、产品覆盖率和市场占有率的变化及分析的原因——图表法。

（2）特殊考核项目情况跟踪，如生动化、新品上市铺货、促销政策跟踪等——专项跟踪监督表格和其他管理工具法。

（3）上月度分析报告中的各关键项目跟踪——对比法。

二、销售分析

陈泽："我们来看看这个对比分析图，对手虽然上个月只是在我们推出促销 10 天后才推出类似政策，但不可忽略的是，他们正准备在这个月推出一个新产品，这个新产品以低价入市，在渠道上做促销，不针对消费者，目的是为了两支产品形成产品组合，共同抵御我们的促销。这样的话，如果对手将两个产品捆绑起来进行铺货，将攻击到我们的终端软肋，所以，我们能不能在对手入市之前，抓紧时间，集中力量，在终端实施陈列方案，进行终端拦截……”

在这里为什么要着重强调“分析”而不是情况汇报，原因是现实中很多企业的营销一到分析时就“卡壳”。头重脚轻式的情况报告，只有情况，没有分析，直接达成心中想好的结论，这种现象普遍存在于企业中。所以，最好采用一些分析工具，数据或情况一定要为分析做服务。

一些主管、经理，甚至是区域经理或总监级管理者，都缺少一些可应用的分析工具。其实，除了大家熟悉的SWOT分析工具外，分析工具还有很多种，但量化分析或对比分析是基本原则，尽量避免凭空猜测、主观臆断的一些分析方法。如对市场情况的调查就可用对比调查法，得到的竞争对手情况就可与本公司的一些情况进行对比，有的企业明确规定，任何一项市场情况都必须有一项本企业的表现，同时一定要有竞争对手的状况。还有市场部门经常应用的加权评分法，通过将一些不成体系的数据资料用统一的标准进行评分，配套以每个指标的重要性（权数），最终得出量化后完全可比较和分析的指标，都是非常实用的销售分析工具。

本块内容分析主要包括销量分析、费用（财务）分析、价格分析、渠道分析、促销分析等，这都是从单个关键指标来分析的。如果区域经理随着这些分析方法的熟练运用，可将以上因素整合到一起来分析，如销售—费用分析、渠道—价格分析、销量—促销分析、价格—促销分析、促销—费用分析等。

为节省时间，可将常规分析内容省略，而着重分析异动情况。建议最好全部用图 / 表表示，便于公司管理层清晰、透彻地看到各类变化。如果区域经理能在以图 / 表呈现详尽原因分析的同时，又能结合自己的经验，提出改进措施或意见、想法时，这种行云流水式的解决问题方式，是很容易取得公司领导的认可的。

当然，很多企业也正在进行诸如销量分析、价格分析、渠道分析之类的汇报，但却往往是先设定了结果的主观判断，结论下了，然后再去找原因来支持它，这样的分析也就失去了意义。

通过各方面的异动分析，基本的营销策略将由区域经理不断提出。这种初具雏形的营销策略，通过与会者头脑风暴式的建议，加上激烈讨论后的不断完善，这时的营销策略将是最完善和最具战斗力的。

很多区域经理甚至是所有一线的营销人员都有点害怕与财务部门打交道，也不喜欢与市场部门打交道，很多时候都是不得已而为之。这除了因为几个部门的具体工作目标不同（但总体的销售产品的目标相同）之外，主要还是缺乏沟通。如果月度分析报告会上有各个部门人员的参与，有他们的意见和建议，这样，无形之中给区域经理扫平了很多沟通障碍，在具体执行的问题上也易沟通和达成一致。

我们经常将营销策略当作讨论的一个最重要的事情，这是有偏差的。它应该是通过分析和讨论后水到渠成的结果。也就是说，有了分析，结果将不点自明。

实务：

销售分析主要包括以下内容及方法：

（1）销量分析：对比分析法、内部因素分析法、关键点分析法、竞争因素分析法等。

（2）费用（财务）分析：投入产出比率法、单箱成本法、促销活动评估法、边际利润法等。

（3）价格分析：渠道各层级的进出价格与利差分析法、竞争对手价格对比法等。

（4）渠道分析：渠道地图分析法、经销商渠道结构分析法、ABC 层级分析法等。

（5）促销分析：促销效果费用评估分析法等。

三、内部管理回顾

陈泽："我们为什么只能做一些'开盖有奖'之类的交给经销商去实施的促销，而很少做终端场所的活动，如陈列奖励、单品奖励等，除了因人员短缺，不能各个点都受到控制，根本没有时间去检查监督之外，在流程上也存在一些问题，如对终端场所的反应必须非常快，他们希望一周后能兑付，而按我们的流程，大概两个月内才可能兑现。我已经准备让每个地区经理设立一个督导机制，每月将这类情况反映上来，便于及时解决问题。后面我将谈到这个督导方案，它还会对一线人员的'人浮于事'大有用处……"

销售部门经常是重市场不重管理。这种持有"只要销量好，谁也管不了我"观念的营销人员大有人在。所以，要在这种极重要的月度分析报告上拨乱反正，将内部管理提上重要议程。

都说内因是一件事情成败的决定因素，而营销成绩的好坏最终还是取决于人员素质的提升以及团队整体的战斗力量。这完全依赖于良好的内部管理工作。

同时，国内企业的区域经理经常会埋怨企业的管理没有流程，人浮于事，一件非常紧急的事情往往在内部就被拖延。通过内部管理回顾，就会将这些因素有形无形地表现出来。这是区域经理取得公司领导层以及公司各部门人员支持的一个好机会，也是区域经理自省内部管理是否存在问题的机会。作为区域经理，很少能再得到做普通员工或基层主管（主任）时领导对自己的教导机会，管理能力的提升将受到一定限制，向公司领导、各相关部门汇报，取得他们的指点，则可以弥补这方面的缺陷。

实务：

内部管理回顾主要内容包括：

（1）流程回顾。

（2）人员管理及人力资源回顾。

（3）基层执行力回顾。

（4）机构管理回顾。

（5）人员考核与激励回顾。

四、下月计划

下月计划中的部分内容，可能是早已经安排好的，但在月度分析报告上还是能做点文章的。如通过前面的分析，就可对目标进行初检，让大家讨论其可行性，从而对不合理的计划做出最终调整。

通过月度分析报告及报告会，能承前启后，发现问题，找到问题的症结，以及通过头脑风暴找到一些具体措施，能对一些关键问题事前提醒。如果是连续几个月都出现同样的问题，那就更要好好地进行调整，甚至进行专题讨论。

对于一些成熟的企业，可将月底分析报告运用到销售经理向区域经理汇报、基层主管向销售经理汇报上。这样，"上下同气"更能体现一个企业的营销管理能力！

资料来源：谭长春，贺忠．销售与市场（管理版），2005（16）．

练习与思考

一、选择题

1. 销售工作绝非单独的销售量指标就可以评价的，它可考虑两大类——基于产出和基于（　）的指标。

A. 利润　　B. 行为　　C. 销售额　　D. 开发客户

2. 相对分析法是指通过计算、对比销售指标比率，确定相对数差异的一种分析方法。下面（　）不是相对分析法。

A. 相关比率分析　　B. 构成比率分析　C. 动态比率分析　D. 量本利分析

3. 管理资产回报是（　）的一个业绩指标，它不仅考虑销售量而且考虑一个区域相对资产周转的利润。

A. 客户　　B. 经销商　　C. 竞争者　　D. 销售人员

4. 下面（　）不属于销售成本。

A. 人员报酬　　B. 广告费用　　C. 原料采购　　D. 业务费用

5. 费用控制应遵循公平原则、拓展业务原则、（　）。

A. 简单易行原则　　B. 节约原则　　C. 量力而为原则　D. 竞争原则

二、判断题

1. 在销售过程中，要经常地进行销售业绩的评估，以发现销售过程中存在的问题，奖优罚劣，并根据环境的变化，对销售预算和销售定额进行反馈和调整。（　）

2. 行为指标体系注重顾客关系的建立与维系、企业形象与商誉的树立，它往往是一种过程管理，注重给销售人员事中的反馈，它要求销售经理有更高的管理素质以指导销售人员开展工作，这种评价主观性更强。（　）

3. 在运用因素替代法时要保持严格的因素替代顺序，不能随意改变。（　）

4. 收集销售评价资料时，主要的信息来源于公司记录、销售人员、销售经理和客户。（　）

5. 销售额分析着重于对已获得的销售成果进行分析，而销售成本分析则侧重于产生这些成果所花费的成本，以及成本与成果是否相称。（　）

三、简答题

1. 简述销售业绩评估的程序。

2. 简述销售控制的要点。

实训项目

案例分析

月度销售分析报告

过去的一个月，销售部门全体员工，奋发进取，团结协作，在公司的领导和支持下，努力扎实地开展工作，现将有关工作情况报告如下：

一、本月销售情况综述

目前销售部门人员编制 6 人，本月销售任务计划数为 210 万，实际完成销售额 145 万，同比下降 22%，环比下降 17%。由于经济形势的好转，在销售任务同比增长 5%，环比持平的情况下，本月销售达成率呈直线下降趋势，回款呈大幅下降趋势，费用呈整体上升状态，形势比较严峻。具体详见图 1：

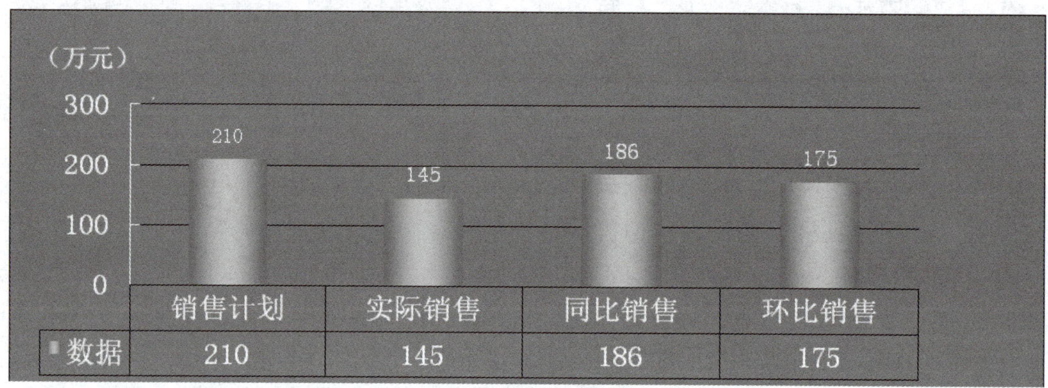

图 1　本月销售情况

二、月度销售情况具体分析诊断

（1）任务分解及完成情况：具体详见图 2。

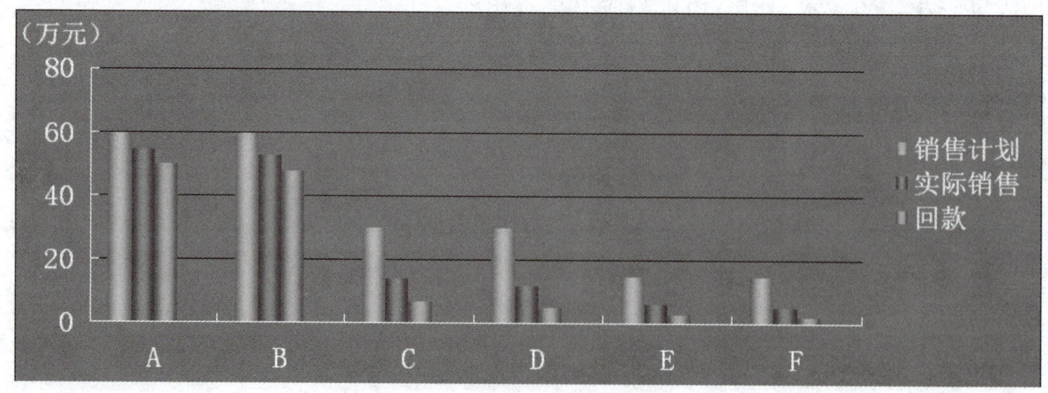

图 2　任务分解及完成情况

本月销售计划 210 万元，实际完成 145 万元，回款 115 万元，总费用 0.83 万元。其中 A、B 作为销售团队新成长起来的骨干，本月任务占计划的 57%，实际完成量占全部销售额的 74.5%，回款 98 万，占回款额的 85.2%。C、D、E、F 四人作为销售团队的新晋成员，本月任务占计划的 43%，实际完成量占全部销售额的 25.5%，回款 17 万，占回款额的 14.8%。通过数据和图表分析，骨干成员与新晋成员之间的业绩存在较大的差距。

（2）去年同期销售数据分析（同比）：具体详见图 3。

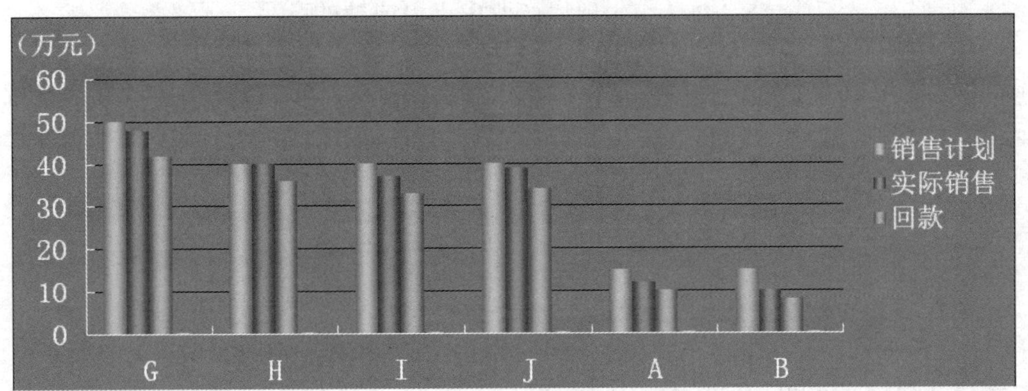

图 3 去年同期销售数据分析

去年同期，销售计划 200 万元，实际完成 186 万，回款 163 万，费用 0.615 万元。G、H、I、J 四位作为销售团队的老队员，所负任务 170 万，占全部销售计划的 85%；实际完成 164 万，占实际销售总额的 88.1%；回款 145 万，占总汇款额的 88.9%；费用 0.405 万元；A、B 作为团队新成员所负任务 30 万，占销售计划的 15%，实际完成 22 万，占实际销售总额的 11.9%；回款 18 万，占总汇款的 11%；费用 0.21 万元。A、B 两位销售员完成情况与计划基本保持一致。去年同期销售团队中六位成员年龄都在 28 岁以上，尤其 G、H、I、A、B 五位都具备大专以上学历，工作经验都在五年以上，还有四位有同行业销售经验。因此团队成员相互鼓励、支持、帮助使当月销售业绩完成较好。

（3）上月销售数据分析（环比）：具体详见图 4。

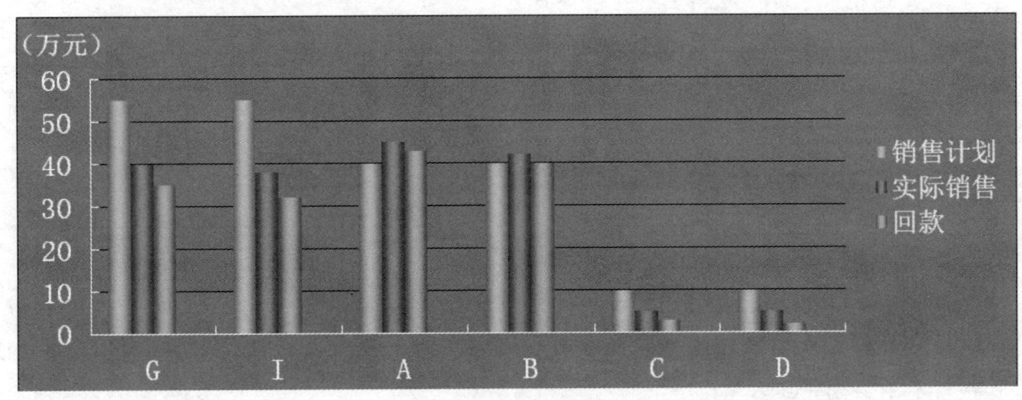

图 4 上月销售数据分析

上月，销售计划 210 万元，实际完成 175 万元，回款 155 万，费用 0.72 万元。其中 G、I、A、B 四位作为销售团队的老队员，所负任务 190 万，占全部销售计划的 90.4%；实际完成 164 万，占实际销售总额的 93.7%；回款 150 万，占总回款的 97.7%；费用 0.45 万元；其中 G、I 由于个人原因完成情况均不理想，A、B 两位超额完成任务。C、D 作为团队新成员所负任务 20 万，占全部销售计划的 9.6%；实际完成 10 万，占实际销售总额的 6.3%；回款 5 万，占总回款的 2.3%；费用 0.27 万元。月底 G、I 两位员工因连续三个月业绩不达标而解除劳动关系。

（4）产品分析。

公司销售产品为钢材，钢材作为现代产业中不可或缺的商品，了解并熟悉它本身需要一定知识储备和经验，尤其作为钢材销售，要把它做好，需要销售人员掌握钢材的品种知识，包括应用的领域、场合；关注钢材期货指数和各地钢材现货价格，对未来价格走势有清晰的判断；要掌握汽车制造、建筑工程、机械制造，压力容器等大宗采购商的行业知识；了解掌握竞争对手和替代商品的知识。因此做好钢材销售员，需要一定的行业经验或知识背景，较强的学习能力、综合分析及判断能力。

（5）客户分析。

公司客户多为建筑工程和机械制造公司，这些客户中有大中型国企，也有小规模的私营业主，因此客户群体参差不齐，因此销售人员面对不同客户必须采用不同的沟通技巧、谈判策略、交易手段和回款方式；除此之外，销售人员必须有整合发掘客户资源的能力、不断开辟新业务，只有这样才能不断提升自己的业绩，进而实现公司的销售目标，树立良好的行业品牌形象。所以在钢材销售中销售人员的销售技巧和能力很重要。

（6）销售部人员架构及基本情况分析。

销售部目前编制 6 人，具体分布为：下设（代理）销售总监 1 名（A），销售经理 1 名（B），销售代表 2 名（C、D），销售培训生 2 名（E、F），其中 A 为新晋总监替代 G 上月离职的空缺，C、D、E、F 都为因职位空缺新招募的销售人员。其具体情况见表 1。

表 1　销售部人员架构及基本情况

姓名	年龄	学历	入职时间	工作年限	行业经验	有无行业知识、销售技能、培训经历
A	32	本科	13 个月	9	3	有
B	30	大专	12 个月	6	1	有
C	26	高中	2 个月	8	0	无
D	24	中专	2 个月	4	0	无
E	22	职高	1 个月	2	0	无
F	23	技校	1 个月	3	0	无

数据来源：人力资源部

从图表分析可以看出，团队成员尤其是新晋成员年龄相对较年轻，所受教育程度一般，入职时间都较短，工作年限偏低，尤其行业销售经验几乎空白。因此销售团队的知识、经验和技能存在一定问题。

综上所述：导致目前销售团队业绩不佳，销售业绩呈下滑趋势的原因有：

（1）年龄结构偏年轻，行业从业经验相对较缺乏。

（2）入职时间都比较短，缺乏行业知识和产品知识，入职后未能有效地加以培训开发。

（3）新晋成员无行业从业经验，尤其是对公司所属产品的销售技巧和对目标客户的销售能力上不具备一定的实力。

因此，销售团队成员的行业和产品知识的缺乏，销售技巧和能力的弱势，是导致本月销售任务无法达成，各项指标下降的重要原因，需要在今后的工作中花大力气整顿。

三、解决方案及建议

为了保证销售任务的达成，使销售部门成为强有力的执行团队，立足当下，着眼长远，本人建议从以下几个方面入手，扎实做好销售团队的管理工作：

（1）做好人力规划方案，针对选人、用人、育人、留人、退人等策略制定相应的机制、流程和制度。保证选人有标准，用人有策略，育人有指引，留人有方法，退人有手段。即：对销售团队的人员管理必须做好充分的规划方案，在具体的选择什么标准的人员，任用什么样的成员，培育什么样的人才，留住什么样的骨干，辞退什么样的人员都要做好制度安排，保证销售团队的成员始终是最优秀合理的配置，使之成为一支“招之即来，来之能战，战之能胜”的队伍。坚决杜绝对销售队伍的规划管理成为糊涂账！

（2）严把招聘甄选关，研究开发适合本行业、本公司销售人员的胜任素质模型，通过科学合理的方法选择最合适、最有潜质的销售人员充实团队。销售人员工作成功有五大要素：包括对行业和产品知识的了解和掌握程度、对销售成交业务的领悟程度、个人熟练及精细的销售技巧、完整的价值观和自我激励状态、对某一岗位某一职业阶段的潜能调整能力。因此在今后的销售人员招聘工作中，要严把胜任关，保证有潜质和实力的销售人员向公司合理流动。

（3）抓好培训开发工作，为优秀的人才建立全流程的培训开发业务，支持其快速成长为企业需要的角色。作为管理者，建立完善的培训开发体系，是把有潜质的销售人员锻炼出来最重要的推手。这是我们销售团队管理中的薄弱环节，因此销售管理者应与公司人力资源部门合作开发一套适合公司销售人员成长的培训开发体系，保证新员工能快速成长。

（4）建立完善的绩效考核体系，保证能者上、庸者下、落后者淘汰的机制。销售团队本来就是低稳定性的团队，为了使能者上、庸者下、落后者淘汰，必须通过有效的绩效考核制度来甄别团队成员的业绩。因此，在销售团队中必须树立“人人头上有责任，个个身上有担子”的思维，通过合理公平的竞争，引导团队目标达成和个人的成长。

（5）制定合理的薪酬制度，最大限度激发销售团队的主观能动性。只有良好的薪酬制度才能最大限度的激发销售人员的潜能，因此在设计销售团队薪酬体系时，要充分考虑激励因素，对能者重奖，对弱者重罚。

（6）引导团队建设，重点抓好关键人员的辅导工作。现代企业的营销已不能靠单打独斗的个人英雄主义，更要强调发挥团队的精神，建立群体营销意识，及时满足顾客需求，提升销售工作效率。因此公司销售管理人员必须从实际出发打造属于公司的核心销售团队，尤其重点关注骨干成员的成长，使整个团队充满生机和战斗力，即使个别成员落后，其他成员努力扶持帮助也能使团队达成良好的目标。

我们深信，在公司的正确领导下，只要销售部门全体员工坚定信念，奋发进取，团结协作，扎实学习，以小目标实现大目标，以大目标实现长远目标，一步一个脚印，一定能出色地完成任务！

资料来源：http://wenku.baidu.com/view/4a13812ab4daa58da0114a33.html.

实战演练

实训目标：掌握销售业绩分析的方法。

实训内容：结合月度销售分析报告的案例，结合实训 1 珠江啤酒东莞大区市场调查资料，在啤酒销售旺季的 7 月份，东莞大区销售业绩比年同期下滑 20%，请对此进行销售业绩分析。

实训要求：

（1）教师帮助学生理解销售业绩分析的方法、步骤以及销售控制的方法。

（2）教师帮助学生了解管理区域市场销售数据等信息。

（3）在理解案例的基础上，结合珠江啤酒东莞大区市场（或者某企业某市场）资料，提交珠江啤酒东莞大区（或者某企业某市场）销售业绩分析报告。

实训步骤：

（1）通过对珠江啤酒东莞大区营销人员进行访谈，对市场信息的收集，分析珠江啤酒销售业绩情况。

（2）学生从管理者角度出发，分析业绩下滑的原因。

（3）下一步你将怎样着手改进。

（4）学生通过信息的收集分析，编写珠江啤酒东莞大区（或者某企业某市场）销售业绩分析报告。

组织形式：以 3~5 人为一个实训项目小组展开活动。

考核方式：以小组形式编写销售业绩分析报告。

任务七　客户管理

学习目标

- 知识目标：
  1. 了解客户管理的概念、分类。
  2. 熟悉客户生命周期。
  3. 了解客户信用管理流程。
  4. 掌握客户服务管理、客户投诉管理基本内容。
- 能力目标：
  1. 能进行简单的客户管理。
  2. 能解决客户管理中常见的信用、服务、投诉等问题。

引例

王永庆卖米的故事

王永庆小时候家里贫困，15 岁小学毕业就辍学，被父亲送到一个小镇上去做米店的学徒。做学徒几乎没什么工钱，每天做很辛苦的活，但他并不怕苦。

当时这家米店生意平平，同行业的米店也很多，老板经常叹息：生意越来越难做。永庆听了也担心，自己才来没多久，如果生意不好米店关门可能自己会没工作做，所以他开始观察其他米店的情况。他发现所有的米店基本和他老板开的米店没什么区别，同质化竞争激烈，卖一样的大米，生意也一般。然后王永庆开始对经常来店里买米的几位客户询问，永庆听了客户的想法后向老板提出：每天向镇上年纪大的顾客家送米到家，再收钱。这样一来，镇上家里年纪大的都来到王永庆老板的米店里要求送米到家。老板发现这个方法使店里生意一下子好了起来。觉得永庆人很聪明，救活了他的米店。

但好景不长，其他米店的生意清淡了许多，这些米店的老板们一打听原来是这么一回事，纷纷仿效王永庆的做法，没过多久，镇上的米店老板都采用了送米上门的销售方法，王永庆老板的米生意又不好了。

一天老板找王永庆谈，生意不好了能否再想些办法？永庆说他会有办法的。过了几天永庆开始询问镇上的客户，为什么每次买米总是很少？而且经常到不同的店里去买。客户告诉他，大家都是这样的，习惯了，到不同的店里可以比较一下。这是几百年来的消费习惯，永庆记下了。于是他对现有的店里的老顾客一个个了解，每次去送米时问他们家有几口人，家里是否今年办些喜事等。

他每天白天送米，晚上回来开始做功课，在小本子上记录下今天送过米的几个顾客的家里情况。

有一天他背了一袋米，“咚咚”地敲一家顾客的门，主人出来满脸疑惑地问：“永庆，我们家今天没有让你送米，你怎么送来了？”永庆回答：“东家，你家的米缸里已快没米了，今天我特地给你们送一袋过来。”这位东家，打开自家的米缸一看，果然快没米了，对永庆当场就表示赞赏，并表示，以后我家的米就指定让你送了，以后他也不再到镇上其他米店去买了。

又有一天，永庆看到一位以前的老顾客从他的米店前路过，他马上叫住他，说，“李某某，你家的米缸里已没米了，你今天是否买些回去？”那人一听觉得奇怪了，你怎么知道我家没米了，就是不信，他说我回家看如果没有的话我就到你店里来买。他回家打开米缸一看果然所剩下无几，真的来到永庆老板的米店来买米了，并请教了永庆，“你难道是我家米缸里的老鼠，我家的米有多少你也知道？”原来，王永庆每次去送米时都从左口袋掏出小笔记本对客户作了详细的记录，家里的人口数量，每天吃多少，这样他就完全掌握了客户的需求信息，服务很有针对性。并且每次出门送米时右口袋放着一把卷尺，测量一下客户家的米缸的深度和直径，也掌握了最多能存放的米的数量。另外还了解客户每年有几次大的事要办，在办大事的月份可以多储备些，在过节前多储备些等。这样一来，王永庆老板的米生意非常红火，使镇上的其他米店生意惨淡，有些米店老板甚至怎么倒闭的也不知道，只感觉客户越来越少。

这样做王永庆觉得还不够，因为这些方法同行业还会模仿，为了让购买过他家米的客户再次购买，并一直留住，他又想出了方法。一般的米店伙计都只将米送到客户的门口就放下米收钱走人了，让客户自己搬到家里面。而王永庆发现有时家里是老弱病残的，放在门口的米搬到家里也有困难，于是他每次到了客户家敲开门后说“东家，米送到了，请问您的米家的米缸在哪儿？我给您倒进去。”就这一小步路的服务，又使米店增加了许多客户。

他了解到，一般的顾客家里每个月到月底米缸里总会有剩米，这样新的米放在上面时间长了下面的米容易生米虫。于是每次王永庆送米到客户家里时先在地上铺一块白布，打开米缸的盖子，将米缸里的剩米倒在白布上面，然后拿出一块布将米缸刷干净，再将新米倒入米缸，将剩米放在上面，最后，盖上盖子。这个方法解决了客户长期来的问题，客户既能吃到新米，又不用担心剩米生虫子。

这样起早摸黑在米店做了一年，为老板赢得了许多客户。可他只是学徒只能解决有口饭吃，王永庆想自己也能开个米店。第二年他回家向家里要了钱，他父亲向亲戚借了200元，他为了不和原来的老板竞争，在另外的镇上开起了米店。当时是日治时期，他看到周边的日本米店服务非常周到，于是他又想出办法。以前的米店卖的米都有米糠、沙石等，他将这些杂物捡去再卖给客户，又在服务上更上一层，一下子打开了更大的市场，为了提升服务，吸引更多的客户，王永庆不断提供更周到的服务，没过多久，镇上的其他米店纷纷倒闭。他又在其他几个镇上开了几家米店，后来只要王永庆到哪开米店，原有米店老板都闻风丧胆，成批地倒闭。他占领了很大的市场，创造了卖米的奇迹，一直被后人传为服务经营的佳话。他悟出了经营之道，从此，也步入了经商之路，最终成为台湾地区首富，华人经营之神。

从王永庆卖米我们可以看出什么?

在市场竞争万分激烈的今天，通过客户服务来促进销售和提高客户满意度，已成为销售管理中重要的环节和策略。不管是小企业还是财雄势大的跨国集团公司，都逐渐意识到这一行之有效的管理方式。虽然，企业的客户管理方法众多，但是“以客户为中心”仍是最基本的理念，它值得广大企业销售管理人员学习、借鉴。

7.1 客户管理概述

7.1.1 客户管理的概念

客户管理是将客户作为核心内容，围绕客户开展一系列的营销活动，根据客户细分，将销售、营销、服务等获取到的客户信息作进一步处理并实现共享，以提高公司的客户满意度来提高公司的整体盈利水平。

依据客户管理的概念可知，客户管理的核心是客户，原因基于以下两方面：

（1）顾客需求的差异性。客户的需求是存在差异的，只要存在的客户超过一个，那他们的需求就一定存在不同点。由于客户的需求是多元的，它由顾客的显性需求、隐性需求以及购买能力和行为构成。正是由于这些元素的组合，才呈现出客户需求的差异性。

（2）企业资源的有限性和市场的竞争。任何一个公司不可能单凭单一企业的人力、物力和财力来满足整个市场客户的全部需求，这不仅是企业自身资源的限制，从市场竞争的规律来说也是不可取的。只有将客户进行细分，找出自己适合的目标客户，集中自己的优势力量，才能提高自己的竞争力来赢得客户的青睐。

客户细分可以根据一定的客户属性集合来划分客户。它是客户管理理论组成的重要部分，也是客户管理的工具。客户细分是研究客户、寻找目标客户、聚焦客户、制定差异化服务策略的首要基础，它能为企业充分开发客户价值提供指导。

7.1.2 客户分析

一、客户的概念

所谓客户，可以指企业针对某一特定市场进行销售产品和服务的自然人或组织，他们可能是最终的消费者、代理人或供应链内的中间人。客户是企业销售体系中的重要组成部分，是企业的重要资产之一。

二、客户的分类

一般来说，客户可以根据以下几个方面来划分：

（1）按时间序列，可分为老顾客、新顾客和潜在顾客。

（2）按地区，可分为东北区、华北区、华东区、华中区、华南区、西南区、西北区等。

（3）按客户实力，可分为主力客户、一般客户、零散客户。

（4）按产品，可根据各企业的产品项目分类。

（5）按客户的性质，可分为政府机构、企业用户、个体工商户等。

（6）按客户的内在因素，比如性别、年龄、信仰、爱好、收入、家庭成员数、信用度、性格、价值取向等。

（7）按客户价值。可分为战略客户、利润客户、潜力客户以及普通客户。战略客户是客户价值高，战略匹配度也高的一类客户。利润客户是客户价值高，但战略匹配度低的一类客户。潜力客户是战略匹配度高，但客户价值低的一类客户。普通客户是战略匹配度与客户价值都低的一类客户。

按照不同方式细分的不同类型的客户，其需求各不相同，在处理的时候要采取不同的方法。

销售管理人员应了解客户划分后的类别不是唯一的，通过关注和分析现在的客户细分类别，挖掘潜在的新客户类别。因为它很可能是一个数量巨大的客户群。

销售管理人员也应了解，客户类别是会发生改变的，客户划分方法也应发生相应改变。

总之，应该把客户划分融入到销售管理的日常工作中，并能贯彻实施，但以上的划分方法比较粗放，企业依然很难充分了解在每一个客户层面，谁是优质客户，谁是要淘汰的客户。如果需要更精确的客户细分类别，还需要收集更多的客户数据进行分析，甚至借用外部软件系统如 CRM 来进行复杂管理。

拓展案例

加拿大皇家银行客户精准细分案例分析

加拿大皇家银行（Royal Bank of Canada，简称 RBC），总部位于多伦多，在全球拥有超过 1200 万的客户、210 万在线客户和 58000 名雇员，是加拿大目前资产规模最大的银行，同时也是北美洲地区提供多元化财务金融产品服务的金融机构之一。主要业务包括个人和商业的银行服务、资产管理业务、保险业务、企业组织及融资业务，以及投资银行等业务，服务客户和分支机构遍布全球。

精细的客户细分，说来容易做到难，但 RBC 可能就是少数真正做到这一点的银行之一，本文描述了这家跨国银行如何通过满足其特定用户群体的需求来提高其市场份额的故事，其客户细分人群甚至包括了退休的老人以及未来执业的医生。

如果银行选择客户像孩子们在球场上凑伙挑边一样，那么 18~35 岁年龄段上的客户可能会是最后被选中的人群。因为这些人的收入在其人生阶段中相对较低，个人收支的账单盈余不够宽裕，并且大部分还有高额学生贷款尚未偿还。总之，这个年轻客户群体实际上不是大多数银行所垂青的那类客户类型。

然而在 RBC，领导层认识到，这些年轻人很可能以后会变成富有的、给银行带来利润增长点的客户。于是 RBC 的分析师仔细分析了这些年轻客户的数据资料，为这类未来收入有着快速增长强劲潜力的人群做了进一步的客户细分。他们的数据分析师把目标锁定在医学院或牙科学校在读学生，以及那些实习医师人群身上。他们一旦成为银行的客户，那么未来就会给银行带来巨大利润，这部分人群在 RBC 看来有着巨大的回报潜力。于是 2004 年银行发起了一个融资产品计划，用来满足处于借贷状况的年轻医学从业者个人及职业发展融资需求。这个计划所采取的方式具体包括：通过助学贷款，为新开业的从业者提供医疗设备贷款，以及为他们的第一个诊所提供发起贷款等。一年之内，RBC 针对这类用户群体所定制业务的市场份额从 2% 快速上升到了 18%，而且，现在这类客户群平均每位客户给银行带来的收入是公司整体平均水平的 3.7 倍。RBC 金融集团（RBC Financial Group）的副总裁兼 CIO Martin Lippert 说，银行为这些年轻职业从业者提供资金帮助的良好意愿开始赢得来自客户的回报和嘉奖，这些努力已经转变为客户流失率不断降低。

在金融服务领域，客户终身“价值等式”这个概念存在用词不当的错误，因为如果银行试着计算客户给银行带来 5 年以上的利润价值回报量，那现在以这个方程式得出的数值和方程式本身存在的意义一样，几乎为零。这个等式计算的指标包括：客户年龄、职业生涯长度、所使用的金融产品和服务的数量，享受银行金融产品和服务的心理选择倾向，以及远离违约风险行为的个人习惯等。然后，借助这个等式，该客户投资组合的价值就可以通过每个金融产品和金融服务项目所带来的利润总值计算出来。

尽管很多公司声称他们以客户为中心，但真正做到基于客户需求，而不是简单基于客户大致分类做客户细分的银行却是少数，RBC 可能就是这少数当中的少数。通过把经营的重点集中在如何满足这些客户的特定需求上，RBC 把自己的资产总额从 6 年前的 180 亿美元提高到了今天的接近 500 亿美元。

迄今为止，很少有银行能像 RBC 这样在客户细分上如此精于计算。很多银行甚至不做任何相对细致的划分工作，或者由于细分基于错误的划分标准，他们也从中获利甚少。精准的、基于需求的客户细分是耗费时间和非常困难的一项工作，而且在这项工作的设计初期尤为如此。可值得如此一试的原因和吸引力就在于它可以把能带来利润的客户精确定位出来，从而更好地为这些客户提供匹配其需求的产品和服务。这种精确的定位避免了投递海量却无效的宣传邮件所带来的印制和递送成本。而事实上，提供没有关系的产品服务的做法会疏远客户，银行实质上的“不作为”会产生“绝对作为”的后果。在 RBC 看来，Win-Win 战略的真髓在于：客户得到想要的产品并且随后就会购买更多的产品；公司花费较少的钱并且会提高销售量和利润率。

资料来源：百度文库，http://wenku.baidu.com/view/98aa59cd0508763231121225.html?from=search.

7.1.3 客户生命周期

企业和客户之前的关系，存在着从认识到合作，最后不合作的一个过程，可称之为客户关系生命周期或者客户生命周期。客户生命周期包括了公司与客户从开始接触阶段一直到合作终止阶段的所有时段的关系，以及这些关系的总体特征。客户生命周期可分为考察期、形成期、稳定期和退化期这四个发展阶段。考察期是客户与企业建立关系的初始期，形成期是客户与企业的合作发展阶段，稳定期是客户与企业关系的双赢发展阶段，退化期是客户与企业终止关系的阶段。

考察期，是双方关系摸索和相互了解的阶段。在这个阶段，客户会收集公司的相关信息，了解公司提供的产品种类，了解企业经营实力，以及双方经营理念的契合度等各方面的要素，以决定是否展开合作。这个阶段是公司展示自身实力的关键阶段。公司也应调查客户的价值，确认该客户是否有合作的价值。了解清楚客户的发展潜力与可能的订单量，总之，在这一阶段的客户不会立刻为公司带来收益，公司的投入小于收益。

形成期，是企业与客户关系的快速发展阶段。表明在考察期双方相互满意，并建立了一定的相互信任和相互依赖的关系。在这个阶段，双方从关系中获得回报，同时风险承受意愿增加，由此双方交易不断增加。逐渐认识到对方有能力提供令自己满意的价值（或利益）和履行其在关系中担负的职责，客户和公司双方都会加大人力、物力的投入。会有更多的人员接触，因此愿意承诺一种长期关系。此时客户已经开始为企业做贡献，企业从客户交易中获得的收入已经大于投入，开始盈利。

稳定期，关系发展阶段中的最紧密状态，这一阶段属于战略合作伙伴关系的建立时期。双方都满意于交易互动过程中的获利。在这个阶段，双方的人力和物力投入达到最大值，双方关系处于一种相对稳定的状态。此时客户为企业做出较大的贡献，企业与客户交易量处于较高的盈利时期。企业的投入最少，收益也最大。

退化期，关系发展过程中的逆向阶段。在客户生命周期的每一个阶段，都有可能因为客户需求改变或者双方出现不满而发生退化，进入这个阶段明显的特征是：双方的交易量下降。当客户与企业的交易量逐渐下降或急剧下降，而客户自身的总业务量并未下降时，说明客户已进入衰退期。如果企业不再加大对客户的投入，不尝试重新恢复与客户的关系，渐渐放弃这些客户，且企业与客户之间的债权债务关系已经理清时，意味着客户生命周期的完全结束，此时企业有少许成本支出而无收益。

根据客户生命周期，客户关系水平从考察期到形成期、稳定期直至退化期先是依次增高，在稳定期达到最高关系水平，然后逐渐递减直至关系结束。客户利润在客户生命周期有着明显的区分，考察期最小，形成期次之，稳定期最大。

客户生命周期中，考察期和形成期越短，则企业进入盈利的状态越快，稳定期维护越长，则企业的盈利越大。企业可以针对客户生命周期的不同特点，提供相应的个性化服务，进行不同的客户管理策略，使企业获得更高的客户价值，从而增强企业竞争力。

7.2 客户信用管理

7.2.1 客户信用的概念

信用是商品交换或者买卖等经济活动中，债权人在充分信任债务人能够实现其承诺的基础上，债权人以延期付款或货币的借贷等形式赊销商品或者贷出货币，债务人则按照约定日期偿还货款或者贷款。

信用包括履约意愿和履约能力两个方面，履约意愿是指债务人愿意在规定的期限内偿还货款或者贷款；履约能力是指债务人在规定的期限内有经济实力去偿还货款或贷款。

信用的产生是因为在商品交换过程中，受到各种条件的限制，如果购买者暂时没有足够资金而又想提走商品，则购买者通常以自己的信用为担保，承诺一段时间之后再付款，也就是赊销，这种赊销赊购的行为就叫做信用销售。

企业给予客户信用的目的在于以风险为代价获得经营收入和利润。企业总是以尽可能小的风险来获得收益，因此，信用能否实现，企业是否以赊销的形式转移价值，需要考虑两个问题：第一，客户是否具有还款承诺；第二，客户是否具有偿还能力。

在客户信用发生的过程中，企业和客户所获得的收益是不同的，企业所获得的是或有收益，也就是企业的收益能否实现，取决于在未来约定的时点客户是否支付货款。如果客户不支付货款，对于企业来讲，或有收益就变成了坏账损失。而客户所获得的是既得收益，没有支付货款，就占用了企业的资源。

7.2.2 客户信用风险

企业成长的过程就是不断规避风险，获得收益的过程。企业的决策更多地表现为平衡收益和风险的决策。对于多数企业来讲，信用风险是仅次于投资风险的第二大类经营风险；对于以贸易和销售为主的企业来讲，信用风险是他们面临的主要经营风险。

客户信用风险是指在赊销过程中，由于客户或企业自身管理原因，交易对象无法履约的风险，即债务人未能如期偿还债务而给债权人带来的风险。

1. 客户信用风险的来源

（1）来源于客户的信用风险

来源于客户的信用风险主要有三类：第一类是客户没有履行意愿，比如蓄意欺诈、有意拖欠、恶意欠债或破产等；第二类是客户没有或部分丧失了履约能力，或者客户遇到了突发性事件致使丧失履约能力，比如清算、破产等；第三类是客户的习惯性拖欠或存在侥幸心理，比如寻找各种拖欠借口和制造贸易纠纷等。

（2）来源于企业自身管理的信用风险

来源于企业自身管理的信用风险突出表现为两类：一类是信用管理体系不健全造成的，比如没有信用控制的专业部门或专职人员，信用管理流程不够清晰，对销售人员没有回款方面的绩效考核等；另一类是具体信用决策失误造成的，包括做出信用决策的人员的决策能力不强，支持决策的数据和信息不充分，使得决策者难以做出正确决策等。

事实上，由于企业自身管理原因造成的信用风险更为严重和根本，因为即使是来自客户的资信风险，也往往是通过企业内部信用管理来表现的。比如，面对一个恶意欺诈的客户，如果企业有完善的信用管理系统，完全可以在事前进行防范，这样的客户根本不应进入企业的赊销客户名单。

小案例 1

赊销条件下的信用风险

天津A公司2014年11月接到广东C公司的认购货物通知，随即C公司马上派专人前往A公司所在地天津商洽购买货物的具体事宜。由于贸易涉及的总金额高达1000万元，A公司的管理者以及整个决策层对此事十分重视，先后与C公司的代表多次洽谈，商讨合同的具体细则和以后合作的意向。在双方洽谈中，C公司的代表告之，由于C公司的决策层认为距离货物销售的旺季尚早，提出前期购买小批量的货物来试探市场走向，一旦该货品市场反应良好，C公司将按上述金额大批量购买。

C公司的代表向A公司提出先期购买价值为100万元的货物，要求A公司能够给予30天的赊销期，A公司的决策层经过商谈，认为双方的合作前景良好，同时又能够给公司带来相当大的利润，同意了C公司的要求，签署了售货合同。

经过了1个月的放账后，A公司开始向公司催款，但C公司称A公司的货物在市场上反馈不佳，购买A公司的货物积压十分严重，并向A公司提出该货物的质量与合同规定不符等，以此为借口要求降低还款金额。A公司先后派人前往C公司商谈还款事宜，发现C公司以往的货物积压十分严重，员工士气低落，情况不佳。通过专业机构得出的分析结果来看，该公司财务十分混乱，其供货商早在3个月前已取消了授予的信用限额，并正在追讨欠款。该公司根本没有能力偿还100万元的货款，其主要负责人更以破产相威胁。经过近几个月的追讨努力，A公司在当地法院通过诉讼保全，拿回了40%的货款，C公司也随即破产。

分析与启示：企业借助赊销、放账来提高自身产品所占的市场份额，扩大销售业绩，却对买方信用状况完全不了解，仅仅依靠业务员、宣传品等方式来获取信息，甚至以此作为判断买方能否按时支付货款的依据，这种做法是非常危险的。

A公司受惑于即将带来的高额利润和美好的合作前景，忽略了赊销条件下的信用分析，在根本不了解对方信用限额的前提下，贸然发出大金额的货物，因此给自己企业带来了巨大损失。

2. 客户信用风险评价

最常用的客户信用风险评价的方法是“6C”分析。“6C”分析指对客户的品德（Character）、能力（Capacity）、资本（Capital）、抵押物品（Collateral）、经济状况（Condition）、连续性（Continuity）进行分析。

（1）品德（Character）

诚实、正直、有责任心以及在欠款期限内有强烈的还款愿望，这一切构成了客户的品德。但企业对客户的品德很难进行评估，品德的最佳衡量指标之一是客户过去归还欠款的记录。企业可根据以往的记录来分析客户的地位和声望是否良好、经营方针是否稳健、违约现象是否出现过、还款愿望是否强烈等。

（2）能力（Capacity）

能力分析主要分析客户的合法身份（体现为客户被授权申请欠款及其签署有约束力欠款协议的法定地位）、经营能力、企业管理能力以及有效运用资金的能力，这些因素最终决定了客户按期偿还债务的能力。

（3）资本（Capital）

企业对客户能否产生足够资本归还欠款的能力进行评估是必不可少的。企业的资本有内部和外部两个来源。其中，外部资本来源包括资产变现、贷款和发行新股票。一般来讲，如果公司盈利下降或经济状况恶化，外部资本来源将变得极不可靠。因此，依靠外部资金来源归还欠款是不合适的；相反，内部资本来源（即所有者权益，包括自有资金、公积金和未分配利润等）才是归还欠款的主要资金来源。

（4）抵押物品（Collateral）

欠款的抵押物品可由客户的多种资产组成，企业特别关注抵押物品的适销性。当客户的主要现金流量不足以偿还其债务时，抵押物品就成为偿还欠款的第二资金来源，这相当于给企业提供了一种保护，相应地减少了企业承担的客户信用风险。

（5）经济状况（Condition）

经济状况主要是指客户运营的环境，企业不但要根据客户的经营特点、经营方法以及技术水平等因素来判断客户微观运营的状况，还要根据社会环境、经济周期、国民收入水平和同业竞争等因素来分析客户的宏观运营环境。总之，微观经济和宏观经济的波动都有可能会影响客户债务的按期归还，因此，企业必须对上述变动因素（尤其是客户最新的行业变动趋势和社会经济周期）进行预测。

（6）连续性（Continuity）

连续性主要是审查客户的持续经营前景。在当今科技迅猛发展的环境下，产品更新换代周期越来越短，市场竞争日趋激烈，客户如何针对变化的形势做出迅速调整，是其生存并发展下去的前提条件；否则，客户的事业就不具有连续发展的后劲，企业的欠款风险也随之增加。因此，连续性也就成为企业信用分析的重要内容之一。

小案例 2

进出口业务中的老客户信用风险

某服装进出口公司和美国一家著名的女装进口批发商十年来一直保持着良好的贸易合作关系。该公司在美国纺织行业中具有较高的声誉，几年来与中国的贸易一直处于稳定的发展状态。在最近几年中，由于美国公司信誉良好、付款及时，该公司对于金额大的订单仍旧坚持即期信用证方式付款，对于小额订单则采用 30% 货前预付，

70% 为货后 90 天付款方式。由于该公司长期对小金额订单放松监督，截至 2010 年 6 月份，美国公司累计有 100 万美元没有按时支付，有些欠款虽然金额只有几千美元，但拖欠时间却达 5 年之久。

对于这些逾期账款，该公司的领导很为难，一方面还想保持与客户的贸易关系，另一方面公司又面临资金周转困难。

该公司高层经过商议决定委托资信调查机构对其展开深入的资信调查。通过国际资信调查和深入了解，浙江公司信用调查人员发现美国公司正在全力变卖固定资产，近期有被收购的趋向，公司已经处于破产的边缘。该公司领导得到报告后，立即决定委托律师对美国公司进行追讨。律师协同美国追账代理制定了严密的追讨策略：首先在美国法院提出债权清偿申请；其次，对业务负责人展开强大的追讨攻势；最后，律师要求该公司派员直接去美国当地协调处理。由于追讨及时，同时掌握了美国公司存货的所在地，因此挽回了 100 万美元的经济损失。该公司事后了解到，如果此案晚追讨一个月，追回欠款的可能性几乎为零。

分析与启示：统计表明，80% 的企业拖欠是由老客户造成的。被拖欠企业往往碍于过去的良好合作的原因，不愿意对老客户立即进行追讨，因而错过了最好的追讨时机。甚至极大影响到企业经营运营。

此案例给予我们许多启示，通过债务专项资信调查，可以较为准确地判断客户的真实拖欠原因，如果不是故意拖欠，根据客户经营发展趋势，可以给予合理的延迟期限。如果发现客户经营状况恶化，正在转移资产，必须立即追讨，挽回极有可能产生的坏账损失。

7.2.3 客户信用管理

一、客户信用管理概念

客户信用管理，是指企业对于客户的信用赊销行为进行科学管理的专业技术，主要目的在于规避因赊销产生的风险，增加赊销的成功率。

二、客户信用管理的对象

客户信用管理的对象是客户，其中要重点关注两类客户。

第一类是核心客户，即占有企业应收账款资源比较多的那些客户。一旦这些核心客户的应收账款回收出现问题，可能会导致整个公司的资金链出现危机。核心客户分为两类，一类是二八原则型，即按照各客户近三年（或者五年）的销售额从大到小排名，以占总额的 80% 作为分界线，线上的属于核心客户。另一类是持续往来型，虽然在 80% 线下，但有多年往来并因此享受较为宽松的信用政策，对其经营和财务状况的变化容易疏于防范，也需要作为核心客户。

第二类是高风险的客户，这类客户的财务状况出现问题的概率比较高，因此，也应该重点关注。

此外，对交易一段时期的任何信用客户，都可以总结出其习惯性的还款方式，因而需要采用有区别的信用管理（尤其是催收）策略，包括五类：到货即付（提前还款）的客户、接近到期付款的客户、提醒付款（逾期还款）的客户、强制付款（逾期还款）的客户和赖账（造成坏账）的客户。

一般来说，接近到期付款的客户和提醒付款的客户占客户的绝大多数。信用管理的主旨是避免大多数客户对企业资金周转的负面影响。

三、客户信用管理的流程

客户信用管理的具体流程包括六个步骤：成立信用管理小组、建立客户信用管理制度、收集客户信用资料、评价客户信用、确定客户信用条款、执行客户信用条款。

1. 成立信用管理小组

无论是否建立独立的信用部门，无论信用部门规模的大小，都必须要设有独立的信用管理专员来专门执行，以此明确信用管理权责、做好部门间的协调，避免由于部门间相互推诿而造成损失。

信用管理小组一般由主管财务的领导担任组长，组员包括财务部、市场营销部、销售部及企业服务部人员。

2. 建立客户信用管理制度

客户信用管理制度可由财务部、销售部等部门共同研究制定，信用部门可以精简机构，在相关部门的辅助下完成信用管理工作。

3. 收集客户信用资料

销售部门人员与客户接触紧密，因此由销售部门人员负责获取相关客户的信用资料，包括营业执照信息、相关资质证明、信用等级证明等。

4. 评价客户信用

信用管理小组按照客户信用管理制度的规定负责对客户信用进行评估，内容包括客户基本情况、信用状况、盈利能力、资产运营能力和偿债能力等。具体包括核对所有的客户资料、走访记录和印象评审表的内容，与财务部门核对初始交易期间的所有交易和回款记录，在此基础上进行信用管理，整理自己收集的资料和走访记录，通过这些资料的汇总以及信用风险模型的使用，制作客户信用分析报告，对客户的信用进行分析评定，并向客户传达和解释信用政策。

5. 确定客户信用条款

信用管理小组根据授予客户的信用级别，确定信用条款，内容包括优惠折扣百分数、优惠时间期限和信用期等。

6. 执行客户信用条款

财务部在收到由销售部转来的客户订单后，审核客户的信用条款，如果符合信用条款，则通知相关部门为企业发货；如果不符合企业信用条款，欠款金额已超过规定额度，由财务部核实相关数据包括欠款金额、逾期金额、逾期天数等，报送企业高层审核并决定是否继续交易。账款到期时，信用管理小组配合财务部、销售部等部门对应收账款进行监控和管理，以及对拖欠案件采取一系列的挽回措施，并对客户的信用额度进行修订。

7.3 客户服务管理

7.3.1 客户服务管理的概念与作用

一、客户服务管理的概念

客户服务是一个过程，是在合适的时间、合适的场合，以合适的价格、合适的方式向合适的客户提供合适的产品和服务，使客户合适的需求得到满足，价值得到提升的活动过程。

客户服务管理是指企业为了建立、维护并发展客户关系而进行的各项服务工作的总称，其目标是建立并提高顾客的满意度和忠诚度，最大限度地开发利用顾客。

客户服务管理需要了解与创造客户需求，以实现客户满意为目的，企业全员、全过程参与的一种经营行为和管理方式。它涉及生产、销售、营销、物流等多个部门的多个环节。

二、客户服务管理的作用

客户服务管理的核心理念是企业全部的经营活动都要从满足客户的需要出发，以提供满足客户需要的产品或服务。它的重要作用主要体现在：

（1）可以充分利用客户资源，提高效益。企业的生产经营活动都是为了满足客户的需要，从而获得盈利，客户是企业生存和发展的基础。如果企业客户资源多，那么经济效益就好。通过增进企业和客户之间的交流，不断提升管理水平，保证客户服务的规范化，优质化，使企业更好地利用客户资源；通过客户服务管理，对现有客户资源进行科学分析，准确掌握客户动态，并针对性地提供精准的服务，企业效益一定能得到提高。

（2）提高企业竞争力。企业和客户已经是市场经济中密不可分的利益共同体，随着市场竞争日益激烈，客户选择的机会增加，企业对于客户的服务水平很大程度上决定了客户的选择，也决定了企业未来的发展。良好的客户服务管理，可以赢得有价值的客户，使企业更加了解客户需求，规避各种市场风险，赢得有价值的客户，提高企业的核心竞争力。

（3）满足客户需求。客户服务作为企业价值链上最靠近消费者的一环，对提高客户的满意度，培养客户的忠诚度至关重要。通过客户服务环节，可以让企业的产品或服务增值，消费者实现的价值最大化。随着生活水平的提高，人们对服务的要求越来越高，使得服务的内容更加丰富，方式更加多样化，单纯靠产品很难满足消费者的需求，而服务的介入，可以让企业更清楚客户需要，从而加以满足。

7.3.2 客户服务的内容

客户服务通常是通过电话进行的，但也可以通过电子邮件、聊天、传真、媒体自服务或邮件进行。它包括售前服务、售中服务、售后服务。

一、售前服务

售前服务又可包括需求调查、提供便利、提供咨询服务等服务内容。

1. 需求调查

企业新产品投放市场时，对客户来说是新面孔，这时要依靠售前服务进行客户的需求调查，主要包括消费者需求量调查、消费者收入调查、消费结构调查、消费者行为调查，包括消费者为什么购买、购买什么、购买数量、购买频率、购买时间、购买方式、购买习惯、购买偏好和购买后的评价等。

2. 提供便利

客户购买产品，不仅看中产品本身，也看中由销售服务而获得的便利。企业为客户服务越周到，客户便越有可能购买你的产品。企业提供的各种便利已经成为客户购买决策时的重要影响因素。例如工厂为客户提供的免费参观；技术部门为客户提供的免费培训；市中心为客户提供的各类服务台、休息室等。一方面让客户有一个美妙的购物体验，另一方面可加强客户的购买信心。

3. 提供咨询服务

客户在购买商品之前一般要收集尽可能多的信息和资料，从而权衡利弊，最终选择购买。企业可以设置专业人员向客户介绍企业的基本情况。根据客户需要向客户如实详细地说明企业生产制造及代购代销产品的性能结构及使用方法。或者公司派专业人员到客户现场进行实地考察，根据客户需要及实际情况为客户提供咨询。

售前服务的方式不单单只有上面提到的三种，企业应根据具体情况具体设定，让售前服务的内容不断创新。

二、售中服务

售中服务指在产品交易过程中销售者向购买者提供的服务，如接待服务、帮助客户选购、提供产品包装运输服务等。

1. 接待服务

销售人员接待客户时，在与客户建立信任，获取双方交流机会的基础上，还须向客户介绍产品性能、质量、用途、造型、品种、规格等服务内容。

2. 帮助客户选购

客户在购买时会有诸多的困惑，销售人员需要根据客户的心理加以分析，正确引导客户，帮助客户选购，进而促成交易。

3. 提供产品包装运输服务

企业可以尽量为客户提供各种便利，包括：代办托运，提供邮寄，提供客户要求的产品包装等。

三、售后服务

售后服务指凡与所销售商品有连带关系，并且有益于购买者的服务，主要包括送货、安装、产品维修及退换、技术培训、回访等方面的服务。

1. 送货

在经济合理区域范围内，企业可根据客户要求，对物品进行拣选、加工、包装、分割、组配等作业，并按时送达指定地点。送货服务对于企业来说操作并不困难，但对客户来说却是提供了便利，有利于提高客户的满意度。

2. 安装

随着科学技术的发展，商品中的技术含量越来越高，一些商品的使用和安装也十分复杂，企业可提供上门安装调试的服务，保证所售商品的质量。

3. 产品维修及退换

企业承诺产品维修及退换的相关规定，可以让客户放心购买，消除客户疑虑，促进交易量。提高客户满意度。

4. 技术培训

企业按商品及客户人群的不同，制定相应的培训教材及安装指导书、操作手册等。对客户进行从产品本身到商品的基本操作原理、调试、操作使用和保养维修等有关内容的培训。

5. 回访

企业可安排专人负责分析与整理客户反馈的资料、信息等，向本公司的客户回访有关本公司的产品及服务的态度及一些问题．从而达到更好的服务来提升公司的形象，维护公司品牌形象。

小案例 3

“芬克斯”酒吧案例分析

在以色列的耶路撒冷有一家名叫“芬克斯”的小酒吧，面积不足 30 平方米，仅有一个柜台和五张桌子，是一位名叫罗斯恰尔斯的犹太人开设的。

一天，美国国务卿基辛格到这里进行访问，发现了这家路边的小酒吧。晚上他突然想到这家酒吧去放松和消遣一下，于是他亲自打电话到酒吧，告诉酒吧的老板罗斯恰尔斯，说他本人以及他的十几个随从和保镖要到贵店，为了安全起见，希望贵店能够到时拒绝其他顾客来此消费。像这样一位声名显赫的国家级重要人物要光临一个普通而平凡的小店，是一般的老板求之不得的事情；然而，面对基辛格的要求，酒吧老板罗斯恰尔斯却客气地回答说：“您能光临小店，我感到莫大的荣幸。但是要我因此而拒绝其他客人，我做不到；因为他们都是我多年的老熟客，是一直支持本店的人，因为您的来临而把他们拒之门外，我就失去了信誉。”听了老板的这些话之后，基辛格只得颓丧而不满地挂了电话。

正是由于“芬克斯”敢于为了维护老顾客的利益和自己的商业信誉而拒绝了美国国务卿基辛格，这家名不见经传的小酒吧被美国的《新闻周刊》评选进入世界最佳酒吧的前十五名。

分析与启示：商业信誉是企业生存的根本，是企业经营的灵魂。“芬克斯” 酒吧老板罗斯恰尔斯很好地把握住了这点，才敢于得罪美国国务卿，但却因此获得了客户的信任。这个案例告诉我们：忠诚的老客户是企业最重要的财富，是企业最独特的资源。只有忠诚于你的老客户，他们才会始终支持你。

有礼貌的客户服务也不一定能满足客户需求

某顾客致电某服务中心，因无人接听一直处于在电脑服务当中，等得不耐烦的时候，终于有服务员接听。

服务员："您好！我是 77 号，竭诚为您服务，有什么可以帮助您？"

顾客答："你能不能让我少等会儿？"

服务员："哦，今天电话特别多，一下忙不过来，您有什么事？"

顾客答："你们为什么不多配点人？"

服务员："那是我们领导的事，我也想人多点呀！"

顾客答："那你们领导真蠢，总是让我们花大把时间等，难道顾客的时间就不值钱吗？" 可见，光是礼貌和客气，客户还是不满意。

分析与启示：客户服务不是单纯靠礼貌的语言与客户沟通就能解决问题的。要从服务的态度、服务响应时间，甚至服务技巧等多方面来满足客户的需求。客户服务管理也需要从上至下的关注和监督，避免因为细节做不到位而让客户产生反感，甚至丢失客户。

7.4 客户投诉管理

7.4.1 客户投诉常见因素

当客户购买商品和接受服务时，对商品本身和企业服务会抱有良好的愿望和期盼，如果这些愿望和期盼得不到满足，就会失去心理平衡，由此产生抱怨和想"讨个说法"的行为，这就是客户投诉。造成客户投诉的常见因素有以下几个方面。

1. 产品或服务的质量不良

因为质量的问题所产生的投诉，占了所有客户投诉类型中的绝大多数。由于一些企业质量控制不严或者为了获得客户做出一些无法实现的承诺等原因，导致质量投诉居高不下。

2. 客户服务不当

客户服务不当表现在很多方面。例如，一些企业的客户服务代表的态度不好，在出现问题时一味辩解甚至与客户争吵，这样会导致客户的反感；再比如一些企业，当出现问题时各部门之间相互"踢皮球"，都不愿承担责任，从而导致客户的强烈不满。诸如此类的服务问题，使得服务投诉也成为客户投诉的重要原因。

3. 客户的理解错误或使用不当

由于客户的理解错误或使用不当也可能产生投诉。例如，现在流行用金银丝掺在衣料中来增加亮丽的感觉，但是此种衣料和其他布料混合在一起洗涤就会失去光泽，而且用普通洗衣粉还会掉色，因此给顾客造成了许多不便。因此，出售衣物的零售商应该有心理准备，随时准备接受顾客的不满。而且，在出售这些新商品时．员工应该事先了解商品的特性、使用方法、保存方法、洗涤方法，然后详细地说明，让顾客了解，这样才不至于由于客户的理解错误或使用不当造成客户投诉的问题。

7.4.2 客户投诉处理原则和技巧

一、客户投诉处理的原则

1. 提前做预防

客户投诉并非不可避免，往往是因为企业的组织不健全、管理制度不完善或疏忽大意引发客户投诉，所以防患于未然是客户投诉管理的最重要原则。它有三个要点：

（1）改善管理，建立健全各种规章制度。

（2）加强企业内外部的信息交流，提高全体员工的素质和业务能力。

（3）树立全心全意为客户着想的工作态度。

2. 明确责任方

企业不仅要分清造成客户投诉的责任部门和责任人，而且要明确处理投诉的各部门、各类人员的具体责任与权限，尤其是客户投诉不能得到圆满解决的责任。

3. 响应速度快

对于客户投诉，各部门应通力合作，迅速做出反应，力争在最短的时间内全面解决问题，给客户一个圆满的答复。否则，拖延时间或推卸责任，只会激怒投诉者，使事态进一步扩大化和复杂化。

4. 进度有反馈

如果客户投诉的问题当时不能解决，企业应向客户说明将采取的解决方案，并及时向客户反馈进度。

5. 有效做记录

企业对每一起客户的投诉及处理情况都要做出详细记录，包括投诉的内容、处理过程、处理结果、客户满意程度等。通过记录，总结经验，吸取教训，为以后更好地处理客户投诉提供参考。

二、客户投诉处理的技巧

作为一名客服人员，只有了解、掌握并灵活运用多种消除投诉的技巧，才能在处理客户投诉的过程中得心应手，具体技巧主要有以下几种。

1. 换位思考法

当接到客户投诉时，首先要有换位思考的意识。如果是本方的失误，首先要代表公司表示道歉，并站在客户的立场上为其设计解决方案。对问题的解决，也许有多套解决方案，可将自己认为最佳的一套方案提供给客户，如果客户提出异议，可再换另一套，待客户确认后再实施。当问题解决后，至少还应有一至两次征求客户对该问题的处理意见，争取下一次的合作机会。

2. 耐心倾听法

客户只有在利益受到损害时才会投诉，作为客服人员要专心倾听，对客户表示理解并做好记录。待客户叙述完后，复述其主要内容并征询客户意见，对于较小的投诉，自己能解决的应马上答复客户。对于当时无法解答的，要做出时间承诺。在处理过程中无论进展如何，到承诺的时间一定要给客户答复，直至问题解决。

3. 平抑怒气法

通常客户会带着怒气投诉，这是十分正常的现象，此时客服人员首先应当耐心地听取客户的投诉，引导客户讲出原因，然后针对问题作出解释和解决。

这种方法适用于所有投诉处理，是用得最多的一种方法。这种方法应把握三个要点：

（1）认真倾听客户的投诉，搞清楚客户不满的要点所在。

（2）表明对此事的态度，使客户感到你是有诚意对待他们的投诉。

（3）能够马上解决的应当时解决，不能马上解决的应给出一个明确的承诺，直到客户感到满意为止。

4. 问题转化法

问题转化法适用于误解所导致的投诉，因此处理这种投诉时应当首先让客户明白问题所在，当客户明白是因为误解导致争议时，问题也就解决了。

问题转化方式要轻松自然。这种方法运用恰当，客户容易理解；若转化不当，则会弄巧成拙，使客户生气，反而会增加阻力。因此，客服人员在用此法时应心平气和，即使客户的投诉明显缺乏事实根据，也不能当面驳斥，而应旁敲侧击、发出暗示。

5. 委婉否认法

委婉否认法就是当客户提出自己的投诉后，客服人员先肯定对方的投诉，然后再陈述自己的观点。这种方法在澄清客户的错误想法方面，会常常起到出人意料的显著效果。

6. 承认错误法

如果产品瑕疵或服务质量不能令客户满意，就应当承认错误，并争取客户谅解，而不能推卸责任或者寻找借口。因为客户理由充分时，任何推诿都会使矛盾激化。

承认错误是第一步，接着应当在明确承诺的基础上迅速解决问题，不能拖延时间。第一时间解决问题成本会最低，客户会认可，一旦时间长了就会另生事端。

7. 话题转移法

有时客户提出投诉本身就是无事生非或无端生事，或者比较荒谬，这时最好不予理睬而应当迅速转移话题，使客户感到你不想与他加剧矛盾而采取一种回避的态度。

三、客户投诉处理的流程

1. 记录投诉内容

利用客户投诉记录表详细记录客户投诉的全部内容，包括投诉人、投诉时间、投诉对象、投诉要求等。

2. 判定投诉是否成立

了解客户投诉的内容后，要判定客户投诉的理由是否充分，投诉要求是否合理。如果投诉不能成立，即采取婉转的方式答复客户，取得客户的理解，消除误会。

3. 确定投诉处理责任部门

如果通过第 2 步判断投诉成立，则要根据客户投诉的内容，确定相关的具体受理单位和受理负责人。如属于运输问题，则由交通运输保管部门处理；如属于质量问题，则交质量管理部门处理：如属于服务问题，则交服务部门处理。

4. 责任部门分析投诉原因

有关责任部门要查明客户投诉的具体原因及具体造成客户投诉的责任人。

5. 提出处理方案

根据实际情况，参照客户的投诉要求，有关部门要提出解决投诉问题的具体方案。如退货、换货、维修、折价、赔偿等。

6. 提交主管领导指示

对于客户投诉，领导应予以高度重视。主管领导应对投诉的处理方案一一过目，及时做出批示，根据实际情况，采取一切可能的措施，挽回已经出现的损失。

7. 实施处理方案，处罚直接责任者

企业对已经做出决定的处理方案要贯彻落实，并通知客户，收集客户的反馈意见。对造成客户投诉的直接责任人和部门主管要按照有关规定进行处罚。依照投诉所造成的损失大小，扣罚责任人一定比例的绩效工资或奖金。如果存在对客户敷衍或不认真对待的问题，还要对责任人追究行政责任。

8. 总结评价

最后，对投诉处理过程进行总结与综合评价，吸取经验教训，提出改进对策，写出客户投诉分析报告，以完善企业经营管理和业务操作水平，提高客户服务质量和服务水平，降低投诉率。

7.4.3 客户投诉管理方法

1. 建立健全各种规章制度

要有专门的制度和负责人来管理客户投诉，并明确投诉受理部门在公司组织中的地位。要明文规定处理投诉的目的和业务流程，根据实际情况确定投诉部门与高层经营者之间的沟通关系。另外，还要做好各种预防工作，减少顾客投诉。

2. 确定受理投诉的标准

客户投诉管理的一个关键是要把处理的品质均一化。当处理同一类型的投诉时，如果经办人处理办法不同或同时对各个投诉者有不同的对待态度，势必会失去客户的信赖。因此，无论从公正处理的角度，还是从提高业务效率的角度来说，都应该制定出合乎本企业的投诉处理标准。

3. 规定投诉的受理时间

及时处理客户投诉，有利于争取到客户对企业的好感与信赖，因此，企业应规定投诉的受理时间。如 IBM 公司明确规定，必须在 24 小时内，对用户的咨询与投诉做出明确的答复，其具体的做法是设置用户服务子系统，开通投诉热线，安排专人记录，并将信息传递给相关部门。

4. 分清客户投诉处理的相关部门及其职责

处理问题时应分清责任，确保问题妥善解决。不仅要分清造成客户投诉的责任部门和责任人，而且需要明确处理投诉的各个部门、各类人员的具体责任与权限。对于处理投诉的责任人，究竟应该给予怎样的责任与何种程度的权限，事先需进行书面化的规定。

同时，对接待人员尽量给予大幅度的权限。如果事事均向上级请求，会降低客户对接待人员的信赖，甚至强化不满情绪。

5. 建立投诉处理系统

建立客户投诉处理系统，对每一起客户投诉及处理都要做出详细的记录（包括投诉内容、处理过程、处理结果、客户满意度等），不断改进客户投诉处理办法，并将获得的信息传达给其他部门，做到有效、全面地收集、统计和分析客户意见，立即反应，做出明确适时的处理，并经常总结经验，吸取教训，为将来更好地处理客户投诉提供参考。

客户是企业的生命线，有效的客户投诉管理是企业获得竞争优势的重要途径。因此，企业必须重视和加强对客户投诉的有效管理，使其更加规范化、系统化，从而培育更加融洽的客户关系，以便在激烈的市场竞争中立于不败之地。

小案例 5

客户投诉案例及分析

几位老板谈完生意后，相约到“× 家庄”共进午餐。“× 家庄”是这座北方城市有名的粤菜馆，因此大家对品尝粤式风味美食的提议一致赞同。

一道色香味俱佳的“油焖芥蓝”上来后，大家举箸分享。忽然，B 老板将菜吐到了小碟里。原来，B 老板感到下咽时喉咙有异样感，吐出来一看，一根长长的头发与菜搅合在一起。菜里有头发！满桌人顿时感到不舒服。雅间的服务员在确认头发是菜里带着的以后，去向上司禀报。

过了一会儿，一个穿职业装、带着耳机的高个服务员走了进来，对他们说：“各位老板，我是这儿的领班，出了这样的事，实在不好意思，您们看这事怎么解决？”就餐的几位老板反问：“这样的事情你们怎么解决？”领班一边捏着胸前的微型话筒，一边说：“我们一般是给您再换一个菜，或免收这道菜的菜金。”经询问，领班所佩带为对讲机，显然，是将雅间里的情况通过对讲机传递给酒店的负责人。这无形中引起了大家强烈的反感，坚持要酒店老板出面对话，领班的答复是“老板不在”。僵持了一会儿，领班提高了嗓门，说：“我的权限是换个菜或免这个菜的菜金，你们看着办吧。”领班的口气非常强硬。就餐的几位老板坚持不与她交涉，领班退出。

另一着职业装、戴耳机的服务员进来。依然是那套说辞，但此人级别上升，为当班主管。就餐的几位老板再次重申，只与酒店老板对话。主管反复强调老板外出，回不来。又拖延了十来分钟，就餐的几位老板提出只付酒水钱、不付菜金的方案，并指出他们身为企业管理者，不会有意为难，而是对酒店管理失误的惩戒，以避免出现更为严重的失误。主管仍以老板不在为挡箭牌，说难以做主。见此情况，他们等其老板来解决问题。从主管答应通知老板回来，快一个小时还不见其踪影。

时间到了下午两点多，大家时间都宝贵，就提议签单，让其老板随后找他们处理。主管仍搪塞等她老板回来。就餐的几位老板实在忍无可忍，收拾东西要离开酒店。他们等电梯时，另一主管模样的人用对讲机下通知：“都到楼下，他们要走”。看来，到门口还有麻烦。他们已经进入电梯时，主管快速跑过来，拦住他们，说：“我们免菜金，但酒水钱请您们付了。”埋单后到酒店门口，几个保安正严阵以待，好像还没收到撤离的指令。

“头发事件”至此结束。大家回望“×家庄”不俗的门头，摇着头走了。

分析与启示：任何企业都会遇到客户投诉，有客户投诉并不可怕，可怕的是没有相应的管理办法和处理技巧。本案例的酒店服务人员，明知道菜品有问题，而不肯承认错误，反而使得客户更加有意见，这样对酒店声誉有极大影响。本案例告诉我们，企业应该建立完善的客户投诉管理制度，并在平时进行技巧性训练，避免客户投诉发生后的不良处理方式。

本章小结

（1）客户管理是将客户作为核心内容，围绕客户开展一系列的营销活动，根据客户细分，将销售、营销、服务等获取到的客户信息作进一步处理并实现共享，以提高公司的客户满意度，从而提高公司的整体盈利水平。

（2）企业和客户之前的关系，存在着从认识到合作，最后不合作的一个过程，称为客户关系生命周期或者客户生命周期，可分为考察期、形成期、稳定期和退化期这四个发展阶段。考察期是客户与企业建立关系的初始期，形成期是客户与企业的合作发展阶段，稳定期是客户与企业关系的双赢发展阶段，退化期是客户与企业终止关系的阶段。

（3）最常用的客户信用风险评价的方法是“6C”分析。“6C”分析是指对客户的品德（Character）、能力（Capacity）、资本（Capital）、抵押物品（Collateral）、经济状况（Condition）、连续性（Continuity）进行分析。

（4）客户信用管理的具体流程包括六个步骤：成立信用管理小组、建立客户信用管理制度、收集客户信用资料、评价客户信用、确定客户信用条款、执行客户信用条款。

（5）客户服务通常是通过电话进行，但也可以通过电子邮件、聊天、传真、媒体自服务或邮件进行。它包括售前服务、售中服务、售后服务。售前服务包括需求调查、提供便利、提供咨询服务等服务内容；售中服务包括接待服务、帮助客户选购、提供产品包装运输服务等；售后服务主要包括送货、安装、产品维修及退换、技术培训、回访等方面的服务。

（6）客服人员在处理客户投诉的过程中应掌握以下七种技巧：换位思考法、耐心倾听法、平抑怒气法、问题转化法、委婉否认法、承认错误法、话题转移法。

（7）客户投诉管理办法：建立健全各种规章制度；确定受理投诉的标准；规定投诉的受理时间；分清客户投诉处理的相关部门及其职责；建立投诉处理系统。

案例阅读

“海底捞”的客户管理

海底捞成立于1994年，是一家以经营川味火锅为主，融汇各地火锅特色为一体的大型跨省直营餐饮品牌火锅店，全称是四川海底捞餐饮股份有限公司。在北京、上海、沈阳、天津、武汉、石家庄、西安、郑州、南京、广州、沈阳、杭州、深圳、成都、韩国、日本、新加坡、美国等城市和国家有百余家直营连锁餐厅。

经过二十多年的艰苦创业，不断进取，团结拼搏，海底捞逐步从一个不知名的小火锅店起步，发展成为今天拥有近2万名员工。同时也拥有一批食品、饮食、营养、工程、仓储、管理等方面的专家和专业技术人员。现有117家直营店，四个大型现代化物流配送基地和一个底料生产基地（获得HACCP认证、QS认证和ISO9001国际质量体系认证）。

公司曾先后在四川、陕西、河南等省荣获“先进企业”“消费者满意单位”“名优火锅”等十几项称号和荣誉，创新的特色服务赢得了“五星级”火锅店的美名。2008至2012年连续5年荣获大众点评网“最受欢迎10佳火锅店”。同时连续5年获得“中国餐饮百强企业”荣誉称号。2011年5月27日“海底捞”商标荣获“中国驰名商标”。

“海底捞”之所以能取得这么高的成就，与它的整个企业的管理和制度息息相关。下面我们就从客户管理方面来看看海底捞是怎么做的吧。

海底捞在服务差异化战略的指导下，始终秉承“服务至上、顾客至上”的理念，以创新为核心，改变传统的标准化、单一化的服务，提倡个性化的特色服务，将用心服务作为基本经营理念，致力于为顾客提供“贴心、温心、舒心”的服务；在管理上，倡导双手改变命运的价值观，为员工创建公平、公正的工作环境，实施人性化和亲情化的管理模式，提升员工价值。

海底捞成功地在餐饮业，将一场连锁火锅店在口味、品质与价格方面的竞争，转化为“服务之争”。海底捞清楚地意识到，如果在拼口味或拼品质上难以建立特色的时候，唯一的选择也是价格战。与家电不同的是，餐饮业公司的规模比家电要小很多，“拼价格”更是死路一条，出路在哪里？那就是客户服务。

在同行拼命强调“特色口味”的时候，海底捞创新性地把其他行业的服务纳入免费服务范围，比如：把美容业的修指甲，把网吧的服务，把茶馆的服务提供给等座的客人，让折磨人的“等坐”成为一种享受。

如果说“等坐”都如此享受，那么吃饭就更享受了。比如点个面条，可以观赏到戏院才有的杂耍，因为海底捞的拉面师傅会当着顾客的面像杂耍一样把一团面拉成头发般细长的丝，比如顾客可以免费喝到在“永和豆浆”要几元钱才可以享受的豆浆。担心火锅会把你的衣服弄脏了？不要紧，会有服务员提供专门的火锅服装给你挡在胸前，甚至手机都有个透明的手机套帮你套上，以免被汤水污秽。总之，服务员在对顾客的态度与照顾上绝对做得比五星级宾馆还要体贴入微。而且在走的时候，有时海底捞优秀的服务人员还会送点礼品之类的给顾客，每一个经历了海底捞服务的顾客都在内心深处感到欠了海底捞的债——感情上的债。

有句话说得好，天下没有免费的午餐。客户欠了如此多感情的债怎么办？那就是付出给消费者的一切，消费者只要传播给自己的亲朋好友，只要下次继续消费就自然有回报。

海底捞也凭着这一服务战略所形成的品牌形象，专注重复成为人们心目中的餐饮业领导者，有网友甚至在网上写下“人类挡不住的海底捞”这样的称赞语。就此而言，不要以为海底捞今天的兴盛是一夜走红，为这一天他们已经奋斗了很多年。

这样造成的结果是，海底捞有意无意地实现了饥饿营销：永远有无数的客户愿意排队等坐，而等坐的过程又创造了对服务的需求，反过来，这种需求又创造了“超级五星级服务”。凭着这种“超五星级”免费服务战略，再加上其对员工的“家管理哲学”，海底捞在几年间积累了大量的忠诚客户，而且这些客户都在不停地为海底捞介绍新的客户。

练习与思考

一、选择题

1. 客户管理的核心内容是（　）。

A. 关系　　B. 组织　　C. 客户　　D. 领导

2. 客户服务管理的内容主要包括（　）。

A. 售前服务　　B. 售中服务　　C. 售后服务　　D. 员工服务

3. 在客户生命周期中，（　）是企业与客户关系的快速发展阶段。表明在考察期双方相互满意，并建立了一定的相互信任和相互依赖。

A. 考察期　　B. 形成期　　C. 稳定期　　D. 退化期

4. 在客户生命周期中，（　）客户为企业做出较大的贡献，企业与客户交易量处于较高的盈利时期。企业的投入最少，收益也最大。

A. 考察期　　B. 形成期　　C. 稳定期　　D. 退化期

5. 在客户生命周期中，（　）是双方关系摸索和相互了解的阶段。在这个阶段，客户不会立刻为公司带来收益，公司的投入小于收益。

A. 考察期　　B. 形成期　　C. 稳定期　　D. 退化期

6. （　）方法适用于所有投诉处理，是用得最多的一种方法。（　）

A. 换位思考法　　B. 耐心倾听法　　C. 问题转化法　　D. 平抑怒气法

7. 如果产品瑕疵或服务质量不能令客户满意，应该最先采用（　）。

A. 耐心倾听法　　B. 委婉否认法　　C. 平抑怒气法　　D. 承认错误法

8. 有时客户提出投诉本身就是无事生非或无端生事，或者比较荒谬，宜采用（　）。

A. 耐心倾听法　　B. 话题转移法　　C. 平抑怒气法　　D. 承认错误法

二、判断题

1. 根据不同方式细分的不同类型的客户，其需求各不相同，在处理的时候要采取不同的方法。因为客户划分后的类别不是唯一的，通过关注和分析现在的客户细分类别，

发掘潜在的新客户类别，可以挖掘另一个数量巨大的客户群。（ ）

2．客户信用风险来源于企业自身管理的信用风险和来源于客户的信用风险。其中来源于客户的信用风险更多。（ ）

3．客户服务管理是指企业为了建立、维护并发展客户关系而进行的各项服务工作的总称，其目标是建立并提高顾客的满意度和忠诚度，最大限度地开发利用顾客。（ ）

4．客户投诉不可避免，因此不必事先做预防，等到投诉发生时再立马解决就可以了。（ ）

5．企业必须建立独立的信用部门，设有独立的信用管理专员来专门执行，以此明确信用管理权责，做好部门间的协调，避免由于部门间相互推诿而造成损失。（ ）

三、简答题

1．简述客户管理的概念，并举例。

2．客户服务管理的内容主要是什么？

3．简述客户生命周期的四个过程。

实训项目

案例分析

啤酒企业五招强化终端客户管理

终端酒店、商店等是啤酒企业的重要资源，处在销售最前线，是企业宣传的窗口和阵地。协助终端客户做好啤酒销售，提高客户赢利水平，提升客户满意度，是啤酒企业的一项重要工作。

第一招：协助客户丰富啤酒品种。俗话说“货不全，不赚钱”。就啤酒经营而言，货要全，就是要做到啤酒品种多样化。啤酒按度数分为 11 度、10 度、9 度、8 度等，按容量分有 620ml、580ml、500ml、330ml 等，按品种分有干啤、冰啤、无醇啤酒等。有的终端客户喜欢销售“大路”啤酒，不喜欢销量小的品种。长此以往，就会大大压缩消费者的选择空间，从而丧失销售机会。所以，客户经理要协助终端客户丰富本公司产品品种，使高、中、低档啤酒科学搭配，满足不同消费者的不同需求，完善品种结构，提高销售成功率。

第二招：协助客户做好库存管理。有些终端客户进货时带有很大的盲目性，没有根据自己的实际情况合理组织货源。客户库存偏小，就可能出现断档；库存过大，容易造成积压，导致啤酒新鲜度下降，甚至资金周转困难。当出现这种情况时，客户经理就要协助终端客户合理安排库存，既要防止啤酒断档脱销，也要避免库存积压，从而加快资金周转，提高经营的科学性。在啤酒保管方面，客户经理还要指导终端客户科学保存啤酒。如在炎热的夏天，可把啤酒放在保鲜柜中保鲜，但不可放在冰柜中冷冻，因为温度急剧下降可致啤酒爆瓶。

第三招：协助客户做好终端维护。店面好比人的长相，长相好自然能得到更多的关注。所以，良好的啤酒终端形象有助于吸引更多消费者。但是，有的零售客户在经营中不注意店容店貌，啤酒陈列杂乱无章，甚至把啤酒堆放在阳光下暴晒，或者啤酒垛上摆放着其他商品。客户经理要协助客户做好终端形象维护，让零售客户把经营的所有品种的啤酒都整齐摆放好，并贴好价签。明码标价加上井然有序的陈列，不仅能让消费者一目了然，还有助于提升店堂形象，从而吸引更多的消费者，提升啤酒销量，增加效益。

第四招：协助客户做好品牌宣传。终端客户的文化水平参差不齐，不少客户对新品啤酒的培育和推广重视不够，消费者买什么就卖什么，很少主动推介新品；更有客户生怕新产品库存积压，不敢订购新产品，缺乏对未来市场需求的引导。因此，客户经理要根据客户所处地域消费群体的需求，协助客户做好新品试销，加强本公司啤酒品牌的宣传，更好地满足消费者的需求。

第五招：对客户实行动态管理。企业应建立起一套完善的终端客户档案，对每个客户实行动态管理，将每个客户的详细资料如营业执照、资金信誉情况、经营历史、月度和年度进货情况、回款情况、未解决问题等登记在案。在此基础上，对客户进行 ABCD 四级管理，信誉良好、无欠款史的客户列为 A 级；信誉较好、有欠款但能及时清还的列为 B 级；信誉一般、经营业绩差、欠款较多、清欠有难度的客户列为 C 级；故意拖延欠款或有意不还的客户列为 D 级。对 A 级客户关系要重点加强。对 B 级客户关系要进行巩固，帮助其提高经营业绩。对 C 级客户要区别对待，经营业绩提升有希望的谨慎合作，努力帮助其提升经营业绩，提高还款能力。对经营无望的 C 级客户要防止其成为有意不还欠款的 D 级客户，要通过法律等手段尽可能地从这部分客户和 D 级客户手中追回欠款。

资料来源：王志华，袁晖．啤酒企业五招强化终端客户管理．中国食品报，2011-05-20.

实战演练

实训目标：培养学生的客户管理思维习惯，从管理者角度分析市场、管理客户。

实训内容：结合上述客户管理的案例分析，做珠江啤酒东莞大区的客户管理调查分析。

实训要求：

（1）了解客户管理涉及的各个方面。

（2）了解客户管理的内容以及流程。

（3）在理解案例的基础上，学生调查市场，收集资料，完成该企业的客户管理调查报告。

实训步骤：

（1）教师指定珠江啤酒东莞大区市场或学生自选一家企业的某个区域市场。

（2）可通过网站、客户回访等方式收集该企业的客户管理信息。

（3）学生从管理者角度出发，分析企业客户管理可能存在的问题。

（4）如果你来管理该企业客户，你将采取哪些策略。

（5）学生通过信息的收集分析，完成一份有利于管理者管理客户的小组报告。

组织形式：以 3~5 人为一个实训项目小组展开活动。

考核方式：以小组形式提交详细报告。

模块三 人员管理

任务八 销售人员的招聘与培训

学习目标

- 知识目标：
  1. 掌握销售人员招聘的途径。
  2. 了解销售人员招聘的程序。
  3. 掌握销售人员的培训步骤。
  4. 掌握销售人员的培训方法。
- 能力目标：
  1. 能分析销售人员工作说明书。
  2. 能多渠道招聘销售人员。
  3. 能制定销售人员培训计划。

引例

招聘销售人员的难题

某信息技术有限公司新上任的人事部李经理遇到了难题，该公司销售人员的流动率特别大，有时半个月不到就要招聘新人，大量繁重的招聘工作让李经理苦不堪言。他分析调查了之前流失的销售人员的情况，发现一些问题：

（1）该公司对销售人员的学历高低、专业是否对口并不看重，以至于被逼进来很多看似积极的销售人员。比如之前有一个学计算机的小伙子，极度厌恶编程，就想找些与人打交道的工作。他看到市场营销类的岗位都会去投，可投了许多职位的简历，大多石沉大海，杳无音信。而唯一能够让他面试的工作经常就是销售类岗位。无奈之下，最终选择了销售人员岗位。但干了两年，也换了两三家公司，保险、证券、理财等不同类型的销售也都接触过。但无论怎样换，怎样努力，业绩始终都不好，这次他的离职也是因为出不了业绩，半年不到就辞职了。

（2）很多新来的销售人员虽然是市场营销专业，但他们当初选这个专业并不是自己的第一志愿，是被调剂到此专业。即使是自己选择的第一志愿专业，当时也并没有对这个专业有深入的了解，只是感觉热门，或者名字听上去很好听。至于这个专业毕业后能干什么，现实的职业状况是什么样子的，职业发展前景如何，更是一无所知。当真正在企业开始工作，就发现与自己的想象差距巨大，甚至感觉不合适，所以，这类销售人员经常做一两个月就辞职了。

（3）还有一部分被销售经理认为是后继能成为优秀销售人员的人。昨天刚辞职的一个女性销售人员，她就是这样一个典型。她的人缘极好，很会为客户考虑。有一次，她都与客户签订合同了，但回企业后发现客户需要的不是她公司的产品，就主动找客户退单了，客户为此送了她一面锦旗。她的业绩在同事之中一直排在前3名。但在该公司工作一年后就结婚了，结婚后不知是受到谁的影响，决定去做行政内勤方面的工作，离职之前销售经理一直在开导她，鼓励她，但最终还是辞职了。

李经理觉得，这销售人员的招聘工作怎么就这么难啊！遇到上面这样的事情很正常，离职也能理解，可是如果能在事情发生之前就预防，比如说找准合适的销售人员，那他的烦恼就会少很多了。销售人员到底应具备何种素质和能力？怎样才算是优秀的销售人员？他陷入了沉思中。

从招聘销售人员的难题可以看出什么？

（1）招聘销售人员是销售经理的重要工作内容。

（2）招聘到合适的销售人员不是一件很容易的事情。

（3）销售经理要认真分析销售岗位工作能力要求，选择合适的销售人员，让合适的人做合适的事。

8.1 销售人员的招聘

销售人员的招聘和培训是销售经理最重要的职责之一，因为对大多数客户而言，销售人员就代表了公司。销售人员在与顾客面对面交流中的表现，影响着公司的销售业绩。

销售是一项艰苦的工作，因此，不是任何人都适合做销售工作。做销售不易，做一个优秀的销售人员更不容易。一个优秀的销售人员可以从个人特征、技能、知识三个方面区别于一般销售人员。

8.1.1 优秀销售人员的个人特征

1. 关键特征

表8-1所示为财富500强公司要求的销售人员必备的关键特征。这些公司利用5分制量表，评估候选人的性格特征。只有那些得到3.5分及以上的人才能得到接下来的面试机会。

表 8-1　销售人员必备的性格特征和行为要求

智力	表现在口头表达、快速反应和思维分析过程中
决断	能做出明确的选择，在这个问题上的立场不是暂定的
精力和热情	热情的、称职的、自发的、快节奏的
注重成果	切中要点，强调现实目标，答复与问题相关
成熟	表现镇静、着装全体
自信	强有力的、令人信服的、有说服力
开朗	真诚、友好、得体、反应灵敏
思想坚定	批判地讨论人和事，不让情感影响理智

2. 特殊品质

（1）移情能力

什么是移情能力呢？先来看看没有移情能力的销售人员是怎么做的。比如，有些客户马上就要去外面和朋友聚会，而这类销售人员却还在不厌其烦地介绍产品特性；有些客户根本不在意产品价格，而是更看重产品的质量，而这类销售人员却说这款产品如何便宜。

移情能力是指销售人员能觉察到客户的想法，并能根据这些想法做出调整。他不会受固定的销售套路影响，而是根据自己与客户之间的实际沟通情况来进行销售的能力。优秀的销售人员体会到了客户的感受之后，就能够改变销售节奏，做到进退自如，并且做出具有创造性的调整，从而锁定目标并完成销售。移情使销售人员有能力去预测客户的想法，并对客户可能的行为做好准备；移情还可以帮助销售人员与客户建立密切的关系。优秀的销售人员能够为客户着想。他们能够理解客户的需求和压力，能够体会客户所面临的挑战。他们可以从客户的角度来看待每一笔交易。但是，他们具有平衡公司利益和客户利益的天赋，即使是经过艰难的讨价还价达成一致之后，双方也会对这一过程中除“公正”之外的其他方面感到满意。

（2）自我激励

销售的性质决定了这是一份不断被客户打击和拒绝的工作，失败的次数要远远大于成功的次数。自我驱动力弱的人，会在不断的失败和打击之后彻底丧失再继续干下去的勇气和决心。相反，自我驱动力强的人则会愈挫愈勇，将失败视为一种激励因素，加倍努力地去开发客户。

自我激励是一种特质。它可以让人充满希望，并能让人产生按照自己行为方式销售产品的欲望。能自我激励的人觉得自己需要去做销售，而客户是帮助他们满足个人需要的对象。对顶尖的销售人员来说，一个客户说“是”可以大大提高其自信心。

销售人员寻找的是让别人接受其观点的机会，将成交视为自己的价值使命。自我激励能力强的销售人员热爱销售工作，即使年龄渐长，仍同刚开始工作一样有活力、精力充沛，他能够从征服客户的过程中获得成就感，并通过销售业绩来证明自己的价值。

移情能力和自我激励在一定程度上应达到某种平衡。如果移情能力太强，自我激励太弱，则会使销售人员的同情心泛滥成灾，而降低成交率。但如果自我激励强，而移情能力弱，则在一定情况下可能会激怒顾客，使潜在客户避而远之。

8.1.2 优秀销售人员应具备的技能

优秀的销售人员有着比一般销售员更有效的技能。这些技能包括沟通能力、分析能力、学习能力、组织能力和时间安排能力。

1. 沟通能力

一般认为，销售人员能说会道就是会沟通了，但其实沟通是一个听说的双向过程。倾听也是销售人员重要的技能。优秀的销售人员更加擅长倾听，从倾听中收集信息，寻找客户需求点，以便更好地同客户进行沟通交流。

2. 分析能力

分析能力是指针对问题进行分析并能加以解决的能力。优秀的销售人员有通过表象看本质的能力。通过洞察机会，分析问题，利用机会，获得促成交易的机会。

3. 学习能力

销售人员要面对形形色色的客户，在沟通交流时经常会谈及各个领域，知识面要求很广，大到学习国家的方针政策、经济法规、国家的宏观微观经济政策，小到促销终端的产品摆放，都要精通。并且有较强学习能力的销售人员能在竞争激烈的市场工作中，找到新的突破点。

4. 组织能力

组织与时间管理技能是相关的，因为后者其实就是对时间的组织能力。组织能力就是使各种因素处于有序状态的能力。因为销售员掌握着大量的顾客信息、产品信息、行业信息和经济信息。每种信息都必须以可用的方式组织起来。

5. 时间管理能力

正确估计时间需求和安排日常行动是非常重要的。一个销售员通常要处理顾客、产品线、一般经济形势、行业情况、公司状况五方面的问题，而优秀的销售人员会用 1/3 的时间与顾客进行面对面交流，因为增加与顾客会面的时间就有助于增加销售额。而且优秀的销售员通常花大量的时间在 20% 的重要顾客身上，因为他们可带来 80% 的销售额。

8.1.3 优秀销售人员应掌握的知识

要成为优秀的销售人员的前提是拥有丰富的知识，最重要的有产品知识、推销知识、客户知识。

1. 产品知识

如果对自己所推销的产品缺乏充分的了解，势必很难将产品推销出去，因此身为一位专业的销售人员，其本身必须先有丰富的产品知识。掌握产品知识，是为了更好地了解自己的推销客体，更好地向用户介绍产品，从而增强自己的推销信心和顾客的购买信心。

2. 推销知识

为了充实自身的推销知识，可多听成功推销人员的演讲或阅读成功的销售人员的著作，吸取其经验，这是相当重要的。首先推销知识，然后推销产品，这是现代市场销售工作的一个主要特征。销售人员必须把产品的各种知识介绍给用户，让消费者了解生产者的意图。当然，要推销知识，必须先掌握知识。

3. 客户知识

我们不能只对销售技巧做表面的研究，还必须有足够的客户知识。一位成功的销售人员，能够在需要的时候保存必要的信息。他们知道如何收集有用的信息，并且能筛选有用信息，从中找出潜在客户，并能针对不同客户分别处理。

小案例 1

招聘来的"外行黑马"

陈龙作为一家国内著名公司的销售经理，原先在招聘销售人员时，特别注重其专业对口和过往工作经验，凡是专业不对口的和没有相关行业工作经验的，在简历筛选环节就被淘汰了。

即便如此，费了千辛万苦找到的专业对口、经验吻合的"优秀人才"经过一段时间销售实战的洗礼，大多数都被证明不太适合从事具有压力和挑战性的销售工作；陈龙在公司人事总监的建议下，决定放开学历、专业和经验的要求，转而注重候选人的个性、意志品质、抗压能力、自我挑战欲望等评估指标，结果所招来的几个"外行"均成为团队中业绩增长最快的"黑马"。

启示：注重工作经验和客户资源往往是很多销售管理者的普遍做法，但也反映了他们在人才选择上的"短视"。优秀的销售人员应从个人特征、技能、知识等方面综合考虑，陈龙正是从最初重视销售人员经验、资源等显性指标，转而关注其个性、品质等隐性指标才取得了成功。

8.2 销售人员的招聘流程

8.2.1 确定招聘数量

经常有企业和销售管理人员认为，只有销售人员岗位空缺时才需要进行招聘，但因为销售人员对现有岗位的消极态度，在各行业中都存在着较高的人员流动率。在保险行业里，人员一年的流动率达到 300%。这意味着一般的销售人员从招聘到离职只有四个月的时间。图 8-1 所示为 2013 年和 2014 年中国各行业员工离职率中可以看到，各行业的离职率都在升高，而有些商贸服务行业的离职率更是达到 40% 以上。这就是为什么很多企业的招聘变成一个时刻在进行的过程。只有提前制定好招聘计划，企业才能保证各类职位不会出现空缺。

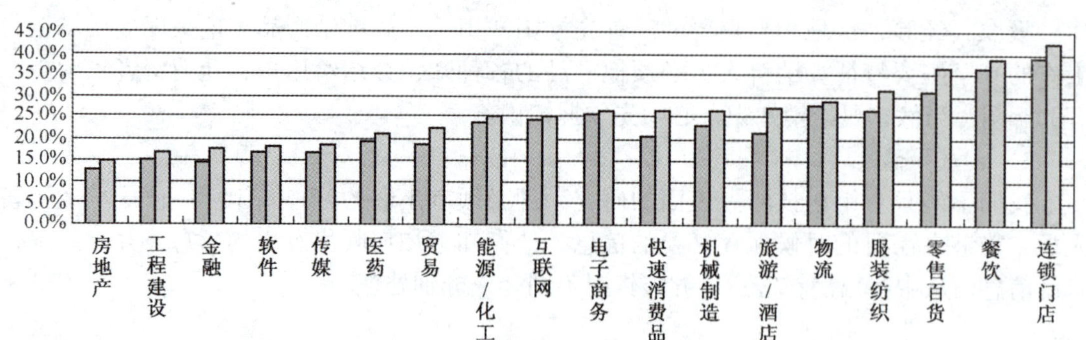

图 8-1　2013 年和 2014 年中国各行业员工离职率

（资料来源：2015 年最新企业离职率调研报告）

一、确定销售人员的数量

要准确把握销售人员的需求量必须认真做好调查分析工作。销售人员的预测方法有如下几种：

1. 现状分析法

现状分析法假定目前销售人员的配备比例和人员总数完全能适应预测计划期内的人员需求。通过计算销售人员的流动率来预测未来销售人员的需求。

人员流动率是指一定时期内人员流动的数量与人员总数的比率。销售人员的流动率可以用一年内销售人员流动人数的比率来计算。

年度销售人员流动率 = 一年中离开公司的销售人员数量 / 一年中平均的销售队伍规模

人员缺额的产生完全取决于人员的晋升、降级、退休和离职等情况的发生，由于离职较难准确预测。本方法主要依据对历史资料的统计和比率分析，统筹考虑现行环境条件进行预测。

对于销售经理来说，更重要的任务是确定为什么销售人员会离开公司，流动率过高和过低都需要销售经理加以分析。在任何行业，如果企业的销售人员流动率大于行业平均水平，那么销售经理要去调查这是由于企业还是市场环境影响造成的；如果企业的销售人员流动率小于行业平均水平，甚至流动率为零，销售经理要从销售人员激励政策或者绩效考核等方面去调查，销售经理可以和人力资源部经理共同去完成此类调查。

2. 经验预测法

经验预测法，就是依据以往的经验推测销售人员的需求量。通常依据以往的销售额与销售人员的配置以及不同销售区域、产品品种等对销售人员的配置需求来进行预测。这种方法不适宜企业的发展出现方向性变化或企业环境发生大变化的情况。

3. 定员法

定员法适用于大型企业和历史久远的传统企业。由于企业的技术更新和发展非常稳定，所以对销售人员的需求也是相对稳定的。在实际应用中，有岗位定员法、比例定员法和效率定员法几种方式。

二、计算销售人员的需求量

1. 销售目标分解法

销售目标分解法是根据销售人员要完成的销售目标，估算所必须付出的工作总量，再结合每个销售人员的工作负荷，以此来确定销售人员的数量。

销售人员数量＝企业年销售目标 / 每位销售人员的年平均销售额

例如：某企业预计年度的销售额为 3000 万元，销售人员人均年销售额为 100 万元，依上式可得，年度大约需要 30 名销售人员。

此方法比较简单，但存在如下缺陷：

（1）没有考虑销售人员的能力差异、各销售区域市场差异以及不同区域或产品的竞争程度差异。

（2）没有考虑利润目标，销售人员数量是根据销售额而不是目标利润来计算的。

2. 工作总量分解法

工作总量分解法是根据销售人员要完成的销售目标，估算所必须付出的工作总量，再结合每个销售人员的工作负荷，以此来确定销售人员的数量。具体的步骤是：

（1）将顾客按年销售量分成 ABC 三类。将大客户归入 A 类，中等客户归入 B 类，小客户归入 C 类。

（2）确定每类客户每年所需的访问次数及每次的访问时间。将访问次数乘以访问时间便是每类客户的访问工作量。

（3）计算年工作量。将每类客户数乘以每类客户的访问工作量得到年工作量。

（4）计算销售人员数量。将总的年访问次数除以每个销售人员的平均年访问数即得所需销售人员的人数。具体计算公式是：

销售人员数量＝企业年度工作总量 ÷ 每位销售员的平均年工作负荷

例如：某公司有客户 1000 家，按 ABC 法分类如下：A 类（大客户和极有潜力客户）为 200 家；B 类（中等规模及中等潜力客户）为 300 家；C 类（小客户）为 500 家。

确定每类客户的访问次数及时间：

A 类：24 次 × 60 分 / 次＝ 1440 分＝ 24 小时

B 类：12 次 × 30 分 / 次＝ 360 分 =6 小时

C 类：6 次 ×20 分 / 次＝ 120 分＝ 2 小时

计算全年工作时间：

A 类：200 家 ×24 小时 / 家＝ 4800 小时

B 类：300 家 ×6 小时 / 家＝ 1800 小时

C 类：500 家 ×2 小时 / 家＝ 1000 小时

总计 7600 小时。确定该公司人员每周工作 40 小时，每年有效工作时间 48 周，这样每个销售人员的年工作时间为 40×48 ＝ 1920（小时）。考虑到销售人员用于访问的时间占其总工作时间的 30%，则 1920×30% ＝ 576（小时）。

计算销售人员数目：

所需销售人员数量：7600 小时 /576 小时 =13.19

取整数即为 13 人，即该公司需要 13 位销售人员。

以上两种销售人员数量的确定方法是从不同的角度来进行分析的：销售目标分解法是从完成销售目标所需人数来考虑的，注重于结果；工作总量分解法是从完成目标所需工作量来确定人数的，注重于过程。在实际的应用中，必须根据企业的实际情况来选择合适的方法。

8.2.2 分析工作任务及制作工作说明书

一、工作任务分析

工作分析是对销售职位的员工职责、活动和行为等相关信息进行收集和分析，以便对销售工作岗位的任职做出明确的规定，并确定完成该工作所需要的行为、条件和人员的过程。

通过全面的销售职位分析，负责招聘的销售经理可以了解：①一个销售人员胜任工作必需的资格条件；②销售人员要做的各项工作的要求、责任。销售经理如果在清楚的工作描述和任职说明等指导性文件的帮助下去招聘、选择员工，招聘工作就有了明确的选择依据，并通过素质测评等工作，选拔和任用合格的销售人员。

二、工作说明书

工作说明书是指用书面形式对销售岗位的工作性质、工作任务、责任、权限、工作内容和方法、工作环境和条件，以及本职务任职人资格条件所作的统一要求。

一个销售人员的工作说明书包括：①销售人员所要销售的产品和服务的内容；②拜访客户的类型及拜访频率；③销售人员的日常工作内容和职责；④在销售组织中与其他成员的关系；⑤对智力和体力的要求；⑥岗位要求，如心理、生理、出差次数；⑦薪酬方式，如每月定期向销售人员支付基本工资，另外加销售提成。

销售人员的工作任务书在岗位描述时一定要具体，过于简单或者写得模棱两可，则在招聘程序中几乎不起作用。

范例：

工作说明书——广州销售经理

岗位名称	销售经理	岗位编号		定编人数	1
所在部门	销售部	直接上级岗位	总经理	工作地点	广州
直接下级岗位	销售主管				

续表

<table>
<tr><td></td><td colspan="2">职 责 内 容</td><td>权限</td></tr>
<tr><td rowspan="6">岗位职责及具体工作内容</td><td colspan="2">1.完成公司下达的销售指标</td><td rowspan="6">1. 承办
2. 需报审
3. 全权负责</td></tr>
<tr><td colspan="2">2.负责渠道开发及客户维护</td></tr>
<tr><td colspan="2">3.制定并完成部门（团队）月/季/年度工作计划</td></tr>
<tr><td colspan="2">4.负责部门销售团队的建设与管理，协调部门与公司其他部门间的关系</td></tr>
<tr><td colspan="2">5.能掌握行业产品的销售策略知识，分析市场动态，及时调整营销策略</td></tr>
<tr><td colspan="2">6.能够将 50% 的时间用于出差</td></tr>
<tr><td rowspan="5">岗位资质要求</td><td>教育水平</td><td colspan="2">□博士 □硕士 ☑本科 □专科 □职校 □高中 □其他</td></tr>
<tr><td>职业资格</td><td colspan="2"></td></tr>
<tr><td>专业要求</td><td colspan="2"></td></tr>
<tr><td>知识技能</td><td colspan="2">有丰富的销售团队管理经验和策划、谈判能力</td></tr>
<tr><td>工作经验</td><td colspan="2">有五年或以上相关销售工作经验</td></tr>
<tr><td>薪酬</td><td colspan="3">年薪制，根据每年完成公司任务比例不同可进行 10% 以内的调动</td></tr>
</table>

8.2.3 确定人员招聘渠道

各企业可根据实际情况来选择招聘渠道，一般来说，可供选择的招聘渠道有以下几种：

1. 校园招聘

传统的校园招聘是一种两点式招聘，即在学校与企业两点间进行。对于部分优秀的学生，可以由学校推荐，对于一些较为特殊的职位也可通过学校委托培养后，企业直接录用。大学毕业生与没有受过高等教育的同龄人相比，通常会具有更强的社会适应能力，但是，大学毕业生也存在没有推销经验、容易“跳槽”等问题。

2. 人才交流会

人才交流会是一种企业和人才通过第三方提供的场地，进行直接面对面对话，现场完成招聘面试的一种方式。该方法直观、明了、见效快，但是双方只能进行初步的选择，企业将大量的信息带回公司进一步筛选。交流会的招聘费用较低，但会花费招聘人员大量的时间和精力，包括前期的准备工作以及到现场进行招聘。交流会的效果受宣传力度和组织形式的影响。

3. 网络招聘

网络招聘就是通过公司网站或专业招聘网站发布招聘信息进行招聘的方式之一。是公司的人力资源管理部门通过互联网或内部网发布招聘信息，并通过 E-mail 或简历库收集应聘信息，经过信息处理后，初步确定所需岗位人选的一种招聘方法。网络招聘的主要优点是招聘的成本比较低，信息收集及时、充分，缩短企业招聘时间；主要缺点是不能控制招聘人员数量和质量、不能进行面对面的交流、不适用于经济不发达地区。网络招聘在中国目前形式下不适合招聘知识技能要求较低的职位。

4. 传统媒体广告招聘

传统媒体广告招聘是通过在报纸杂志、电视和电台等载体上刊登、播放招聘信息进行招聘的一种招聘方式。目前国内中小型公司或刚成立的公司，大多依赖于报纸广告招聘员工。此种招聘方式受众面广，收效快，过程简单，一般会收到较多的应聘资料，同时也对企业起了一定的宣传作用。但这是一种被动式的招聘方式，对于应聘的人数和应聘人的资格很难进行控制，同时后继有大量的面试工作。此招聘方式比较适用于大众熟知的工作和专业，对于一些冷门专业不合适，因为人员少而分布广，从经济角度考虑不合算；对于一些过分热门的专业也不合适，因为太多的应聘者会增加招聘工作者的工作量，所以招聘公司中基层和技术职位的员工时比较适用。

5. 猎头招聘

猎头招聘主要是指通过猎头公司为企业输送中、高层次的人才，这些机构一方面为企业寻找人才，另一方面也帮助人才找到合适的企业。这种招聘渠道比较省时、省力。企业只需将空缺职位的相关信息发给猎头公司，猎头公司就会将合适的人员推荐给企业，但招聘成本是相当高的。企业可用此种方式招聘高级人才。

6. 员工推荐

企业通过内部员工推荐其亲戚、朋友、同事等来应聘企业的空缺职位。员工推荐对招聘专业人才比较有效。这种招聘方式最大的优点是企业和应聘者双方掌握的信息较为对称。招聘成本小、应聘人员素质高、可靠性高。缺点是：一些企业员工为了栽培个人在公司的势力，在公司重要岗位安排自己的亲信，形成小团体，甚至影响公司正常的组织架构和运作。而且此方法招聘面窄，难以招到很优秀的人才。

7. 内部招聘

内部招聘是由公司根据空岗情况对内发布招聘信息，由内部职工自行申请竞岗或者推荐其他人应聘。许多规模较大、员工众多、人力资源较丰富的公司常采用这种方法。对于大型企业来说，进行内部招聘有助于增强员工的流动性，同时员工可以通过竞聘得到晋升或者换岗。因此这也是一种有效的激励手段，可以提高员工的满意度，留住人才。但这种方式也有一定的缺点，容易形成“帮派”、小团体。过多使用内部招聘，企业将缺乏新观点、新视角，而员工容易形成思维惯性，缺少活力。

8.2.4 销售人员甄选

一、简历筛选

招聘阶段获得的大量申请表常常需要销售经理进行初步筛选，然后才能进入面试和测试环节。在分析简历的过程中，销售经理要考察其是否满足职位要求（如受教育水平或要求的销售经验），申请人的职业生涯及变更工作的频率。不同单位的简历形式和考察范围不同，有的可能要考察应聘者的工作史和对工作的要求、放弃上一份工作的原因。通过简历可以获取有价值的应聘者的信息。

小案例 2

流水活鱼

一个中等规模的服装生产企业在这一竞争行业中正在逐渐失去市场份额。该公司聘用了十个区域销售经理，这些销售经理每人管理十个销售人员。为了应对挑战，扭转局势，提高市场份额，公司总裁决定，除了退休、自愿离职及不能达到最低业绩标准要求的人员外，每位区域经理一年内要辞退一位销售人员。

三年后，该公司的市场份额开始上升，五年后公司成为行业的领导者。这家公司的成功可能有很多原因，但有一点非常突出，那就是新的政策迫使销售经理不断寻找更好的销售人员。每年让销售人员的 10% 离开会使销售业绩不断提高。10% 的辞退人员被更好的人员更换，留下的销售人员被高度激励成为精选团队的一分子。

这家服装生产企业总裁的做法体现了“流水活鱼”的原则，即让销售团队内的人员主动流动而不是被迫流动，通过主动淘汰确保团队的士气和活力。这种方式是通过主动调整、更新来实现销售人员结构的优化。

二、面试

由于人与人之间的沟通及关系是销售工作的基础环节，面试是整个甄选环节的核心部分，销售经理可采用行为事件访谈法来进行面试。

行为事件访谈是通过一个人过去的行为来预测其将来的行为，通过对应聘者过去的行为进行全方位的了解，预测应聘者能否适合新的岗位。此方法通常适合于已有销售经验的应聘者。例如在面试有经验的销售人员时，可让其举例印象最深的一次成功销售的经历，而并非简单看对方简历上所写的签单数量和签单金额。销售人员在描述一个完整的销售案例时通常会涉及销售人员是否具有相应的素质。销售经理着重于对行为性问题进行提问，要特别关注应聘者所列事例的行为性和完整性。对于重要岗位可以设置初试和复试两个环节。

拓展阅读 1

销售人员面试过程中提问的问题和针对每个问题侧重的素质

1. 客户线索如何挖掘？（测试素质：勤奋、学习能力）
2. 如何找到相关负责人？（测试素质：沟通能力）
3. 如何约见客户？（测试素质：激情、沟通能力、成就动机）
4. 如何推进客户关系？（勤奋、成就动机、沟通能力、亲和力、洞察力）
5. 如何设置客户内线？（测试素质：亲和力）
6. 如何判断关键人物？（测试素质：亲和力、洞察力）
7. 如何取得决策者的信任？（测试素质：成就动机、亲和力）
8. 如何击败竞争对手？（测试素质：成就动机、自信）
9. 报价是如何产生的？（测试素质：成就动机、自信）
10. 销售过程中的公关策略？（测试素质：交际能力、职业形象）

三、测试

在面试合格的基础上，对应聘者进行有关方面的测试是必要的。常见的测试有：

1. 销售特质测试

销售特质测试可借用一些测试软件来进行，包括个人特征、技能、知识三方面的测试。例如个人特征测试主要测定应聘者的适应力、推动力、感情稳定性等方面的个性；技能测试，针对销售人员工作岗位需要的分析能力、应变能力、社交能力、组织能力等进行专门测试；知识方面的测试可借用智力测试，对应聘者进行智力、个性、兴趣等的测试。

2. 工作场景测试

行为面试法适用于已有成功销售案例的销售人员，而对于无实际销售经验的面试者可设置特定销售工作中的场景，让被测者在特定情景中扮演一定的角色，模拟实际工作中的一系列活动，并借此对这些行为进行评价。

工作场景测试能增进人与人之间的感情与合作精神，同时还能用来预测在困难情景中不同行为可能的结果。测试中，招聘方须观察被评者的语言、动作、表情、态度等各个方面，同时详细记录每项行为表现，用实际事例证明被评者的行为与对应素质层级之间的联系，由此归纳整理出被评者的素质特征。

工作场景测试需首先设计测试方案和评估表格，除了被评估的销售人员外，至少需要三位考官，一位扮演客户，另两位是评估者。以销售经理提问为主，人力资源经理为辅的形式。采取小组面试的方法，销售经理可从不同的侧面提出问题，层层推进，要求求职者回答。

同步业务

场景一：与前台沟通。销售人员需通过前台才能找到相关部门人员，并不知道对方姓名。

与前台沟通的测试问题和针对每个问题侧重的素质：

1. 我们公司没有这个人。（测试素质：自信，亲和力，沟通能力）
2. 需要知道全名才能转接。（测试素质：自信，沟通能力）
3. 你所要找的人已离职。（测试素质：亲和力，沟通能力素质）
4. 我们不需要你们的产品。（测试素质：自信，激情，成就动机）
5. 我们只能给您转接到他的秘书。（测试素质：亲和力）

场景二：初次联系客户。介绍产品，并给客户留下深刻印象。

初次联系客户问题和针对每个问题侧重的素质：

1. 开场白如何说？（测试素质：激情）
2. 如何让客户听你的介绍？（测试素质：沟通能力）
3. 如何给客户留下深刻印象？（测试素质：亲和力）
4. 如何在电话中把握客户的需求？（测试素质：沟通能力，洞察力）
5. 如何在电话中约见客户？（测试素质：沟通能力，洞察力，亲和力）

场景三：如何拜访客户，促成签单。

拜访客户时提问的问题和针对每个问题侧重的素质：

1. 初次见面做介绍。（测试素质：职业形象）
2. 如何给客户介绍产品？（测试素质：激情，自信，沟通能力）
3. 如何把握客户需求？（测试素质：洞察力，沟通能力）
4. 如何取得客户的信任？（测试素质：沟通能力，亲和力）
5. 如何报价？（测试素质：沟通能力，交际能力，亲和力）

拓展阅读 2

素质特性常用的问题

以下所示为素质种类和相对应问题：

- 勤奋（业余时间用于做什么？）
- 成就动机（对于职业生涯是否有明确的目标？如有，如何实现？）
- 自信（举例说明工作或生活遇到过的困难？以及如何战胜自己克服困难？）
- 沟通能力（举例说明面对他人的误解，你是如何澄清事实并予以解决的？）
- 亲和力（以往是否有过成功组织某项活动的经历？如有，是如何组织的？）
- 洞察力（例如给面试者几何图形，让其判断其差异？）
- 学习能力（是否经常给自己“充电”？是否有很强的学习欲望，并举例说明。）
- 激情（对待工作以及生活是随遇而安还是积极向上？在工作或生活中是否能感染别人？如有，请举例说明。）
- 交际能力（同学或朋友是否很多？如有，平时联系是否多？）

- 职业形象（从面试者的外表、气质形象就可反映出来。）

资料来源：百度文库，http://wenku.baidu.com/link?url=MrBEcE6f8bAsTY3Y6G3ZoQCQbzNRGyADStkZrYKEEUg15tf-XGZVPMZAAWf3S2w5cHbBTObDu7wyV9yzo2Lck9O2bu7GXrEU4arDaOG_ckG.

四、综合评估

综合评估分是在完成筛选、面试、测试等流程的基础上，由一组评估人员（通常是公司的管理人员）对参加者的表现进行评估。每位测评人员要将观察纪录进行归类、评估，写出评语，然后一起对每位候选人在不同测试练习中的表现分析整合，并按格式撰写测评报告，这种方法需要消耗大量的时间成本，但已经被越来越多的企业所采用。

五、选定和录用

一般情况下是综合评估分数最高的面试者会被正式录用，录用后，企业应依据《劳动法》等法规与录用人员签订劳动合同，以明确双方的责、权、利关系。录用后需要进行销售岗位相关培训。

8.3 销售人员培训

销售人员培训就是企业针对销售人员及其他相关职能人员，组织各种资源，提供与企业或其工作相关的态度、理念、知识和技能的课程，并借此提升员工的素质和业绩，优化企业运作，最终获得更高利润的过程。

8.3.1 销售人员培训流程

销售人员培训的流程一般包括确认培训目的、拟定培训计划、实施培训计划、培训考核、培训效果评估，如图 8-2 所示。

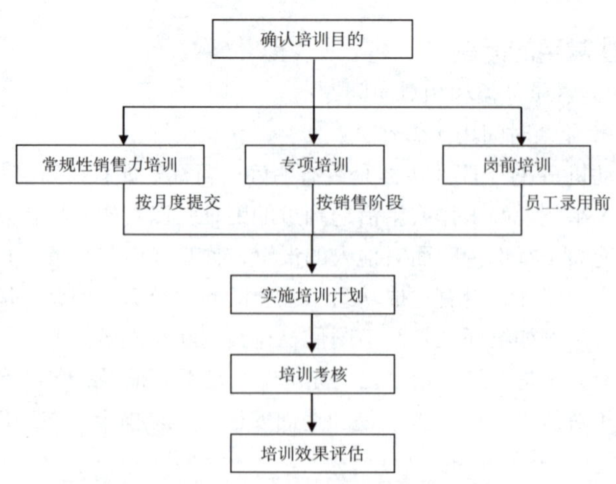

图 8-2 销售人员培训流程图

一、确认培训目的

销售经理一般会选择在以下情况开展培训：①有大批销售人员加入企业时；②销售人员业绩出现下滑时；③新产品上市时；④市场竞争激烈时；⑤人员晋升时。

销售经理应当针对具体任务，确认相应的培训目的。总的来说，培训目的包括：发掘销售人员的潜能；增加销售人员对企业的信任；训练销售人员工作的方法；改善销售人员工作的态度；提高销售人员工作的积极情绪；奠定销售人员合作的基础等。通过这些目标的达成，最终提高销售人员的综合素质，以增加销售，提高利润水平。

二、拟定培训计划

销售经理针对培训目的，应制定不同的培训计划，设置不同的培训内容。

（1）对于新进公司的销售人员，应对他们进行岗前培训，了解所从事工作的基本内容与方法，帮助员工明确自己工作的职责、程序、标准，并使他们初步了解公司所期望的态度、规范、价值观和行为模式等，从而帮助其顺利地适应企业环境和新的工作岗位，提高工作绩效。

（2）对于在职销售人员，应根据销售的每个业务操作阶段进行专项培训，例如客户接近技巧、产品介绍技巧、电话销售技巧、异议处理技巧、有效沟通技巧等。

（3）对于部门全部销售人员，可按照月底或者季度提交常规性的销售力培训计划。培训内容包括产品知识、分析目标顾客、竞争对手分析、销售知识和技巧等。

三、实施培训计划

新员工入职培训的讲师最好是企业的内部人员，因为企业内部人员是最熟悉企业的人。企业高层领导、人力资源部经理、销售部门经理、销售骨干等都可以被邀请来就不同的内容给新员工做入职培训。其他培训可聘请专业培训机构的培训师来进行。培训师应具备以下特征：丰富的营销及销售经验；高昂的教学热情；娴熟的教学方法和技巧；独特的人格特质、沟通能力和灵活性等。

培训地点可以选择相对封闭一些的场所进行。培训时间不要太长，一般在1~3天，以免学员过于疲劳影响培训效果。在培训过程中，应实施严格的过程管理，以确保学习效果的实现。

四、培训考核

培训考核由销售经理具体组织实施并上报公司批准后执行。培训考核包括新进员工的上岗考核、在职人员的非业绩考核及业绩考核三部分。

1. 上岗考核

上岗考核一般针对新进销售人员，新进销售人员在培训结束后参加企业的考核，成绩合格后方可被企业正式聘用。

2. 非业绩考核

非业绩考核主要内容有工作纪律、工作态度、精神风貌、仪容仪表、行为规范、客户投诉等内容。属于日常行为的考核，企业可每月进行，但对于销售人员来说，非业绩考核只是一种辅助考核手段。

3. 业绩考核

业绩考核是销售人员的主要考核方式，以销售人员销售业绩作为唯一的考核依据。有的企业将连续三个月业绩考核最差者，由销售经理申报上级批准后辞退。

五、培训效果评估

培训很重要，但许多培训机构因为缺乏规范的管理与操作，导致培训的效果往往达不到预期目标，从而严重影响培训的经济效益和社会效益，其原因是忽视了培训效果评估这一重要环节。只有实现了对培训效果的有效评估，才能真正达到培训的目的。

目前国内外运用最为广泛的培训评估模式是美国学者柯克帕特里克在 1959 年提出的培训效果评估模型，他根据评估的深度和难度，将培训效果分为 4 个递进的层次——反应层、学习层、行为层、效果层。

反应层评估是指评估受训人员对培训项目的印象，包括其对培训科目、讲师、设施、方法、内容、自己收获大小等方面的看法。反应层评估的主要方法是问卷调查。

学习层评估是目前最常见、也最常用到的一种评价方式。它是测量受训人员对原理、技能、态度等培训内容的理解和掌握程度。学习层评估可以采用笔试、实地操作和工作模拟等方法来考查。

行为层的评估是指评估受训人员培训后在实际岗位工作中行为的变化，以判断所学知识、技能对实际工作的影响。可以说，这是考查培训效果最重要的指标。这往往发生在培训结束后的一段时间，通过由上级、同事、下属或客户观察受训人员的行为在培训前后是否有差别，是否在工作中运用了培训中学到的知识来完成。

效果层的评估上升到组织的高度，即判断培训是否对企业经营成果具有具体而直接的贡献。这可以通过一些指标来衡量，如生产率、员工流动率、质量、员工士气以及企业对客户的服务等。

拓展阅读 3

某公司培训效果评估表

培训主题								
培训老师		培训日期						
地点		评估人						
第一部分：培训老师（请对下列各项评分，1–最不好：1 分；5–最好：5 分）			1	2	3	4	5	
1. 培训老师的专业知识								
2. 培训老师能清楚地表达思想、观念和资讯								
3. 培训老师能及时调节课堂气氛，吸引你的注意力								
4. 培训老师能将理论和实际联系起来，提供有实际意义的案例								
5. 培训老师能引导你解决工作中的问题								

续表

6. 培训老师对学员问题的反应与解答					
7. 对培训老师的总评					
第二部分：主题（请对下列各项评分，1– 最不好：1 分；5– 最好：5 分）	1	2	3	4	5
8. 教材概念清晰，内容丰富，表述形式多样					
9. 始终以软件为主展开					
10. 产品卖点鲜明突出					
11. 课程中是否含有踢单话术					
12. 互动环节是否较多					
第三部分：内容（请从选项中选一个答案）a–5 分，b–4 分，c–3 分，d–1 分					
13. 课程内容的难易程度：（　）。 a. 适中，完全可以理解　b. 虽然难，但经过授课后能够理解 c. 非常难，难以理解　d. 太容易了，不听课也能理解 14. 课程的针对性：（　）培训前我在这方面工作中所遇到的问题和困惑。 a. 课程完全包含　b. 课程基本包含 c. 课程很少包含　d. 课程无法包含 15. 课程的实用性：（　）。 a. 课程提供了许多可以使用的方法和工具 b. 课程提供了少量可以使用的方法和工具 c. 课程提供了方法和工具，但无法使用 d. 课程没有提供方法和工具 16. 课程时长：（　）。 a. 适中　b. 太长　c. 太短					
第四部分：整体（请从选项中选一个答案）a–5 分，b–1 分					
17. 是否会推荐这个课程给其他人？（　） a. 会　b. 不会					
18. 对课程的总评价（1– 最不好：1 分；5– 最好：5 分）	1	2	3	4	5
第五部分：应用（请从选项中选一个答案）a–5 分，b–4 分，c–3 分，d–1 分					
19. 所学的知识（　）运用到工作中。 a. 完全能够　b. 大部分能够 c. 有一些能够　d. 完全不能够 20. 学完课程后，我觉得自己的个人能力（　）。 a. 有非常大的提高　b. 有一些提高 c. 只有一点点提高　d. 没有提高					
第六部分：其他（附加分项，每题 5 分）					

续表

21. 你认为此次培训中最有用的内容是什么，请列出。
22. 此次培训中，你觉得还有哪些内容没有了解到，或想深入了解的？
23. 你对这次培训有何意见或建议？

8.3.2 销售人员培训方法

销售人员培训方法很多，但在实际培训过程中，销售经理往往要根据培训目的、培训的对象来选择最适合于本企业销售人员学习的培训方式。下面将介绍5种企业营销部门常用的培训方法。

1. 讲授法

讲授法是企业采用最广泛的培训方法，可聘请外部讲师做培训，也可由企业内部经验丰富的销售人员、销售专家或是专业的培训师进行培训。

优点：①将销售人员集中在一个特定空间里学习，避免了各种可能的干扰，学习效果相对较好；②培训师有专业培训经验，容易调动学习者的学习兴趣，为销售人员带来新的观念、知识和技能；③培训师会结合企业对销售人员的制度性考核和管理要求，培训效果较好。

内容：①企业知识；②产品知识；③销售过程中的销售技巧；④客户管理知识。

组织注意事项：①提前通知销售人员，以便销售人员进行工作时间的调整；②注意销售人员课堂反应，调整培训节奏，避免因不适应坐下来学习，而达不到培训效果；③可在讲授中加入案例分析，增加销售人员的参与度。

2. 视听法

视听法就是利用幻灯片、电影、录像、录音、电脑等视听教材进行培训，这一方式目前正在为许多小的公司所采用。

优点：①比讲授或讨论给人更深的印象；②教材内容与现实情况比较接近，比较容易引起受训人员的关心和兴趣；③视听教材可反复使用，能更好地适应受训人员的个别差异和不同水平的要求。

内容：与本公司的实际销售工作相结合的内容。

组织注意事项：①培训前，销售经理要为每一个要求学习的课程列出相对的试题，以便对销售人员的学习情况进行评估，并与绩效考核指标挂钩，否则销售人员可能并不认真收看视频；②销售经理要事前“消化”视频课程，并将视频课程中的内容与本公司的实际销售工作结合列出若干问题，在学习的过程中，通过提问的方式让大家展开讨论。

3. 角色扮演法

角色扮演法是由培训人员亲自参与的，具有一定实战感的培训方法。一般由受训人员扮演销售人员，由经验丰富的销售人员或培训师等扮演客户，要求受训人员面对顾客的种种问题、要求、非难、拒绝进行介绍、讲解、展示、说服、处理异议、促成交易的培训方法。

优点：①快速检验业务人员对知识的接受水平；②把学的知识直接用在具体的工作中；③能让被训练的销售人员自己看到差距；④快速提升销售人员的销售技巧。

内容：①电话沟通技巧的训练；②客户拜访礼仪训练；③客户开场白训练；④客户需求探寻的训练；⑤产品推荐的训练；⑥处理客户异议的训练；⑦缔结成交的训练。

组织注意事项：①通常是三人一组，其中一人轮流扮演观察者，在过程中指出存在的问题；②事先设定场景，如与客户接触的时间、客户的基本情况、对方大概的性格等交代清楚后再做角色扮演；③在开始就明确角色扮演必须用到哪些销售技巧；④一个小组最好有一个经验丰富的老业务人员能指出问题；⑤做得不好的人员要反复演练直到熟练掌握。

4. 销售会议法

销售会议法一般是针对上个销售计划的落实情况进行详细总结，讨论当前的销售形势，制定未来的销售方针、策略及具体计划。

优点：①提高销售人员的参与意识及积极性；②能从多方面给出解决问题的方法；③讨论的过程本身就是销售人员技能提升的过程。

内容：①针对现有产品的销售异议有哪些；②讨论各种销售异议的解决办法；③讨论产品推广话术；④讨论区域作战的技巧；⑤讨论各种销售过程中遇到的难题。

组织注意事项：①主持人在会议过程中很重要，要不断鼓励参会人员积极发言；②参会人员对好的想法要及时表扬；③要及时总结，形成最后能使用的话术或方案；④经常组织下属召开销售会议，这样就能很快形成好的会议文化。

5. 师傅带徒弟法

师傅带徒弟法即把一位或多位新的销售人员分配给一位经验丰富的老的销售人员，由老的销售人员帮助新的销售人员掌握他们工作所涉及的各种知识和技能。

优点：①让新的销售人员较快地熟悉业务，增强信心；②在较短的时间内获得丰富的经验。

内容：销售工作流程中的所有现场活动内容。

组织注意事项：①要对师傅进行科学的评估和选拔；②每个师傅所带徒弟数量不宜超过 3 人，否则会引起所拜访客户的不安。

本章小结

（1）一个优秀的销售人员可以从个人特征、技能、知识三方面区别于一般销售人员。除了销售人员必备的性格特征外，优秀的销售人员还应具备移情能力和自我激励的特殊品质。并且在沟通能力、分析能力、组织能力和时间安排能力上优于普通销售人员。优秀的销售人员的前提是拥有丰富的知识，最重要的有商品知识、推销知识、客户知识。

（2）销售人员的招聘流程包括：确定招聘数量；分析工作任务及制作工作说明书；确定人员招聘渠道；销售人员甄选。

（3）销售人员常用的招聘渠道有校园招聘、人才交流会、网络招聘、传统媒体广告招聘、猎头招聘、员工推荐、内部招聘。

（4）销售人员培训的流程一般包括确认培训目的，拟定培训计划，实施培训计划，培训考核，培训效果评估。

（5）常用的销售人员培训方法有讲授法、视听法、角色扮演法、销售会议法、师傅带徒弟法。

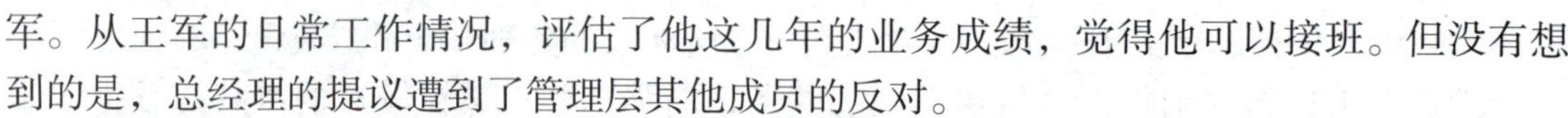

案例阅读

选谁做销售部经理

W 公司是一家基于“互联网 +”平台的软件开发、硬件制造及销售为一体的科技公司。公司的销售业务每年以 20% 的速度增长。公司总经理在这个企业任职已经有四年了。

上星期，销售部经理向总经理提交了辞呈，因为有公司给他提供了更加优厚的薪水。虽然企业一再挽留，但他仍然坚持要走。眼下，当务之急就是确定新的销售部经理。

总经理首先考虑的人选是销售部副经理王军。从王军的日常工作情况，评估了他这几年的业务成绩，觉得他可以接班。但没有想到的是，总经理的提议遭到了管理层其他成员的反对。

大家都认为，王军的个人能力的确不错。他才思敏捷，分析透彻，适应能力强，但是，他总是咄咄逼人，目中无人，不喜欢听取别人的意见。他经常抱怨其他部门这个不是，那个不是，所以其他部门对他意见很大。大家还担心他当经理后，可能和下属关系搞不好，下属会纷纷走人。再说，销售部有不少大学毕业生，他们会不会对学历不高的王军不服气？

总经理没想到欣赏的王军竟然得到如此差评。虽然总经理可以力排众议，坚持己见，但这样做必然使王军处处树敌。如果换一个人选，王军会不会因此愤然辞职呢？如果王军辞职，对公司可是一大损失！

其实，销售部另一位副经理赵响也是一个人选。他和王军属于两类人。赵响外表不起眼，但生性平和，团结下属，办事有毅力，看淡名利，做事不张扬。让赵响出任销售部经理似乎顺应民意，可总经理还是犹豫不定。赵响有时做事不够果断，原则性不强，缺乏领导魄力。他手下有几位表现欠佳的销售员，按理说应该辞退，可赵响不忍心，仍让他们留在销售部干些不重要的事情。人力资源部经理向总经理反映过这件事，但赵响毫不妥协。

赵响究竟适不适合做销售部经理呢？正当总经理一筹莫展时，人力资源部经理跑来跟我说：“既然对内部人选拿不定主意，不妨看看其他公司。H 公司销售部经理赵颖的能力我们都十分清楚。我听说最近她跟老板闹翻了，要辞职不干。我们何不趁此机会把她挖过来，既解决我们选人的矛盾，又可以把握时机击败竞争对手。”

总经理一听，觉得这不失为一个好方法。但认真考虑后，又觉得不妥。一来，外来的和尚不一定就会念经。二来，这样做很可能挫伤现有销售人员的积极性。王军、赵响等人在公司已经工作好几年，如何向他们解释？如果挖来一个人，却走了一批人，岂不是得不偿失！

总经理到底该选谁？

看看大家的看法吧。

黄铁鹰（北京大学光华管理学院教授，找同行网创始人）：

我选赵响。

管理者的目标和绩效是由别人的脑袋和手决定的！因此，作为管理者，首先不在于自己多能干，而在于大家愿意跟他干！虽然赵响的业务能力不如王军出色，但他能“团结下属”。赵响“办事有毅力”。商场竞争是中长跑，尤其做销售，能赢得战役的，一定是能坚持到最后一口气的人！

说赵响“原则性不强”，我并不同意。他能顶住人力资源部门的压力，把那些不能干的人留下，这是有原则的表现。为什么？我估计他认为他比人力资源部经理和总经理更了解他的下属！这种敢于抗上是一个好管理者的素质！

我用过王军那样的业务尖子当领导，结果却让人大跌眼镜。我跟好多老板探讨过，他们都有过这样的经历：自视过高的人往往不是好领导；选拔业务好的人当干部，尽管合乎公平和常理，但往往不是正确的选择。

王军因为没获任命，走了怎么办？这是必须接受的后果，两害相权取其轻。你要一个能人，还是要一个团队？而且，我会约谈王军，解释理由，并要求他配合赵响工作。如果他不服气，应该马上让他走人，以免阻碍赵响的工作。请记住：好的管理者是用出来的！别以为王军和赵响都能留下来是最好的结果！他俩如果互不服气，那么 $1+1<2$。

最差的决策是空降。这两个人心里一定都不顺！

杨中秋（深圳学习力文化传播有限公司首席训练师）：

建议用王军试试。

用王军虽然风险较大，但收益也可能最大。业务贡献大的人得不到重用，王军和业务人员如何服气？那以后大家就忙着搞关系，而不是开发客户。王军桀骜不驯，很可能是因为大材小用。虽然很多销售高手确实不适合当销售经理，但其中很大一部分是公司的责任。公司只知道用人，却不培养人！况且，公司当初为什么要提拔王军做副经理呢？

当然，让王军做销售部经理，必须丑话说在前头：干不好，就要下台！同时，指出他的缺点和问题，并和他沟通如何改进。另外，还要明确告诉他，为什么力排众议用他。如果王军是有心人，知道老板顶着压力用他，他会知恩、图报。如果业绩大幅下滑，或者出现严重的管理冲突，他就得下来。真要那样，他也心服口服，如果不走，以后就会收敛很多。

对于赵响，这也是一次真正的考验。他既然有毅力、坚忍不拔，那就看他没获提拔后如何表现。如果他表现好，而王军又没有完成目标，那么就让赵响上。而且，要明确告诉赵响，之所以没有提拔他，是因为在销售部门要用业绩说话。这也是考验总经理的魄力和眼光的时候。

总经理能否坚持自己的底线和原则？销售部门要靠业绩说话，总经理在业绩和内部和谐之间得有取舍。业绩上要有突破，当然会在内外部产生冲突和矛盾，这也是在向非销售部门传递客户导向和业绩导向的信号。非销售部门对于王军的评价，在某种程度上表明王军更以客户为中心，当出现冲突时，他敢于维护客户的利益。这是好事，也是他业绩突出的原因。倒是那些不直接面对客户的部门要反思，是不是对客户和销售的支持力度不够。

从外面招人，是下下策。公司销售业务每年增长 20%，说明销售部门运转良好。只有当部门出现重大问题、长期低迷，或者公司有重大战略调整时，才适合从外面找人，或从其他部门调人。

郭志杰（从事房地产评估和土地整理行业）：

我不同意杨中秋的看法，我建议用赵响。

以业绩作为提拔人才的唯一标准，我觉得有些偏颇。诚然，一个有优秀业绩的销售人员对于一个销售型企业非常重要，销售指标也是公司完成的最重要任务。但是，现在不是评选优秀销售员，而是评选销售团队的领导者。销售目标不可能只靠某几个优秀销售员就可以完成的，需要整个销售团队共同努力。销售经理的任务不是他个人能够完成多高的业绩，而是在他的带领下整个团队能完成什么样的业绩。销售经理不应是好业绩的缔造者，而应该是好业绩缔造者的缔造者，锻炼队伍和达成团队目标才是他应该做的。

选择赵响并不表示公司推崇“搞关系”。赵响所谓的“搞关系”正是我们常挂在嘴边的团队合作精神。一方面，王军的个性可能造成销售部矛盾不断，影响团队合作；另一方面，从其他部门一致反对来看，他们对王军意见很大。如果总经理力排众议，让王军做销售部经理，容易让员工们觉得老总一言堂，影响公司整体氛围。还有，销售工作的顺利开展离不开其他部门的大力配合，王军和其他部门的合作能力会让销售部门处于孤立状态，其他部门的不配合甚至有意为难会成为销售部门在一线冲杀的阻力。

如果赵响的“搞关系”对实现销售目标有益，我赞成大家都“搞关系”。对于王军先上，不行再下，也不妥。如果不让他上，可以向他解释原因，并对他的能力和认可，安抚他的情绪。凭借良好的业绩，他会认同你的安抚，同时抱有上升的希望，还有可能检讨自己的不足。但是，如果让王军做经理，不行又下来，不仅同事会笑话他，他自己也会觉得无地自容的，很可能主动辞职。毕竟，能上能下的人还是少数。

让王军做经理，借此考验赵响，这样做同样不妥。要知道再坚忍的人也是有脾气的。让赵响觉得公司看重业绩，而不是员工的综合能力，会让他感到失望，甚至因此离职。有时候，无谓的考验会导致严重的后果。

刘舜才（某欧洲背景饲料公司总经理，北大光华 MBA)：

如果我是总经理，就不会先表态。我会找我的团队成员单独谈，看他推荐谁，为什么，被推荐人有什么优缺点。如果他推荐的人不是我首要考虑的，我会再问他对我考虑的那个人有何看法，为什么。当然，我还会直接找候选人，问他自己担任这个职位的优缺点是什么，他会怎么做等。和这些人单独谈完后，我想问题就会明朗得多。

一个人不在位的表现和在位的表现可能完全不同，我们不应该以不在位的表现来猜测某人日后会怎么样。向来比较独断的人做了经理后，也可能改变策略和行为，当然，这中间需要上级的提醒和培养。其实，选人的过程也是教育人、培养人，更是管理者使用人的过程。选人和用人分不开！

面对困难决策，我的经验是把情况了解清楚，比“做决定”更重要。情况清楚了，做决定就会简单。大家总是想得到一个简单的结论，却不关心过程，这样做是本末倒置。

刘文玉（北京仪器信息网首席执行官）：

我非常赞同舜才的思路。我们都有自己独到的选人观点，可我们都是局外人，就是案例里面各部门的负责人也都带有一定偏见的。

我个人认为选择王军和赵响都可以，关键是看总经理在选定后怎么做，怎么用人，也就是说，他怎么去引导和培养这个销售经理。现在，总经理在三个选择上难以当机立断、纠结不定，这样做最不可取！

我说说自己的选人用人经历：2005 年，我赴任公司华南区总经理。当时，华南区有一个销售经理与赵响类似，他对人友好，但决断力弱，指导部下的能力也不强，大家对他的能力评价一般。为了尽快提升业绩，我向公司建议更换销售经理。我提名的人很像王军（我了解他之前一年的业务能力）：聪明、办事利索、为人耿直、公关能力强，但平时喜欢独来独往，不太配合其他业务部门的工作，也不太帮助和关心别人。可想而知，别人对他会有什么印象，就连我的直接上司都觉得他不行。但我坚持了下来，我并不是凭着哥们义气来选人，而是依据我对他的了解和综合判断。我觉得销售经理必须业务能力够强，其他方面都是可以改变的。我任命他后，在最初三个月里几乎每天都和他交流业务情况，从着装、递名片、开会发言、与员工沟通、用心帮助别人、带领团队等各个方面，给他指点和更多锻炼机会。正如舜才所说的，人都是积极的，位置变了，角色变了，他的很多行为也会有所改变。在我的培养和他自身的努力下，他足以胜任华南区经理的工作，后来更是当上了全国销售总经理和全国业务总经理。

我的感受是，选人当然要尽可能多听各方意见，做好平衡，与当事人进行交流，但人多嘴杂，口味各异，作为决策者你一定要有自信！最关键的是，选人后如何用好他也就是要用心去培养他。

总经理：

非常感谢大家的建议！我最后选了赵响，王军第二个月辞职了，还带走了一个能干的手下。这六个月公司的销售业绩没有完成，其中有王军出走的原因，但也有市场的问题。

正如刘舜才先生说的那样，我分别找他们谈了话。我问赵响，让王军当经理，他怎么看？赵响表示，他心里不舒服，但他会接受公司的决定，配合王军做一段时间。我继续问，王军的问题主要是什么？赵响说，他太咄咄逼人，得理不让人，让周围的人都没有自信。

我又问王军，让赵响当经理，他认为如何？王军说，他没想到公司会这样安排，如果这样，他一定辞职。我问为什么。他说，赵响的销售能力不行，大客户有几个是他拿下来的？赵响只能做后勤支持工作！

我连续几夜都没有睡好觉，王军的话总在我耳边回响。一个星期天早晨，我正睡着难得的懒觉，五岁儿子的哭声和太太的大声说话把我吵醒。太太对岳母说：“你不能这样事事顺着他，将来他会变成一个任性的小恶霸！”王军离开是公司必须付出的代价，好的管理者必须是一个善于与同伴配合的人。

黄铁鹰（北京大学光华管理学院教授，找同行网创始人）：

这真是一个经典的选人和用人的案例。

选人和用人，哪个重要？我的观点是：用人比选人重要。用人为什么比选人重要？

因为人看不准人。

（1）正常人选人都会走眼，所以千里马与伯乐才成为佳话！如果谁说“我选人很准”，他要么吹牛，要么就没怎么选过人。

（2）人都会变，好人也会变得不好，平庸的人也会变成英雄！所以，选人有不可控因素。

（3）不论怎么选，优秀的人永远是人群中的少数，所以选来选去，选中的人是平均素质的可能性最大！

用人为什么比选人重要？因为用人的因素是可以控制的。

（1）工资你可以决定，关键人物甚至比老板拿的都多！

（2）让他做什么职位，你可以决定；给他什么权力，你可以决定。

（3）如何监控、考核和培训，你可以决定。

（4）如何给他配副手，你可以决定。副手和正手摩擦起来，靠谱的人也会不靠谱。

其实，优秀企业与一般企业的唯一不同是，优秀企业里那些平凡的人干出了不平凡的事情，一般企业里那些平凡的人干的不是平凡的事情。

士为知己者死，谁不会为好老板多出些力？

资料来源：百度文库，http://wenku.baidu.com/link?url=nSYvADXcx3TpPM28aWI9XM8KfjBQgeSRVEFuakdimezEtCfmZT2SAbr78g7AYwuk3DltWvw06Kt3zz4b7csdhD6glXrxan6MrVGUtKTfOsS.

练习与思考

一、选择题

1.（　）是指销售人员能觉察到客户的想法，并能根据这些想法做出调整。他不会受固定的销售套路影响，而是根据自己与客户之间的实际沟通情况来进行销售的能力。

A. 创新能力　　B. 学习能力　　C. 移情能力　　D. 沟通能力

2.（　）是根据销售人员要完成的销售目标，估算所必须付出的工作总量，再结合每个销售人员的工作负荷，以此来确定销售人员的数量。

A. 工作总量分解法　　B. 销售目标分解法

C. 边际成本分析法　　D. 定员法

3.（　）招聘渠道比较省时、省力，但招聘成本相当高。

A. 人才交流会　　B. 校园招聘　　C. 网络招聘　　D. 猎头招聘

4. 美国学者柯克帕特里克在 1959 年提出的培训效果评估模型，其中（　）评估是指评估受训人员对培训项目的印象，包括其对培训科目、讲师、设施、方法、内容、自己收获大小等方面的看法。

A. 反应层　　B. 学习层　　C. 行为层　　D. 效果层

5.（　）是由培训人员亲自参与的，具有一定实战感的培训方法。

A. 角色扮演法　　B. 销售会议法　　C. 师傅带徒弟法　D. 视听法

6．（　）就是利用幻灯片、电影、录像、录音、电脑等视听教材进行培训。

A．角色扮演法　　B．销售会议法　　C．师傅带徒弟法 D．视听法

二、判断题

1．优秀的销售人员都是天生的，所以在招聘时一定要考核个性特征。（　）

2．如果移情能力太强，自我激励太弱，则在一定情况下可能会激怒顾客，使潜在客户避而远之，而降低成交率；但如果自我激励强，而移情能力弱，则会使销售人员的同情心泛滥。（　）

3．销售人员的工作任务书在岗位描述时一定要具体，过于简单或者写得模棱两可，则在招聘程序中几乎不起作用。（　）

4．美国学者柯克帕特里克在 1959 年提出了培训效果评估模型，他根据评估的深度和难度将培训效果分为 4 个递进的层次——反应层、学习层、行为层、效果层。（　）

5．视听法是企业采用最广泛的销售人员培训方法。（　）

6．师傅带徒弟法即把一位或多位新的销售人员分配给一位经验丰富的老的销售人员，由老的销售人员帮助新的销售人员掌握他们工作所涉及的各种知识和技能。师傅带的人越多越好，一般多于三人。（　）

三、简答题

1．招聘销售人员时，如何确定销售人员的需求数量？

2．简述招聘销售人员的基本流程。

3．销售培训方法有哪几种？

实训项目

案例分析

珠江啤酒股份有限公司促销人员培训安排表

2015 年，在啤酒行业整体负增长的情况下，广州珠江啤酒股份有限公司营业总收入基本持平。这与公司注重营销战略息息相关。对于销售部门有着完善的培训机制，下表是珠江啤酒股份有限公司促销人员培训安排表。

序号	培训项目	培训方法	课程时间	培训师	培训对象	培训目标	培训内容
1	企业基本知识	讲授法	2~3 课时	厂方业务人员、业务及促销主管、经理	新入职员工	使业务及促销人员熟练掌握企业的基本知识	1. 成为一名合格销售人员的前提条件； 2. 培养自己对公司的热爱，增强认同感、归属感； 3. 以热情和专长感染和影响我们的客户

续表

序号	培训项目	培训方法	课程时间	培训师	培训对象	培训目标	培训内容
2	产品基本知识	讲授法、角色扮演法	4~6课时	厂方业务人员、业务及促销主管、经理	新入职员工	使业务及促销人员熟练掌握产品的基本知识	1. 成为一名合格促销人员的前提条件； 2. 培养自己对公司的热爱，增强认同感、归属感； 3. 以热情和专长感染和影响我们的顾客
3	促销人员基本工作职责	讲授法	1课时	促销主管	新入职促销人员	使促销人员充分理解其工作职责	1. 促销人员基本职责； 2. 促销人员所承担的角色
4	促销小姐日常礼仪规范	讲授法、视听法	1~2课时	促销主管、经理	新入职促销人员	使广大促销人员掌握并能运用日常礼仪规范	1. 促销人员的基本要求； 2. 促销人员的基本行为规范
5.	促销人员每日工作流程	讲授法、师傅带徒弟	1~2课时	促销主管、经理	新入职促销人员	使广大促销人员掌握每日促销工作的基本程序	1. 意义阐述； 2. 每日工作流程； 3. 促销流程
6	促销人员的标准促销技巧	讲授法、角色扮演法	3~4课时	促销主管、经理	新入职促销人员	使促销人员熟悉并掌握一些标准的促销技巧	1. 常见的情景处理； 2. 珠江啤酒现场促销问题解答
7	餐饮促销人员的终端生动化管理	讲授法、师傅带徒弟	1课时	促销主管、经理	新入职促销人员	使广大促销人员熟悉并掌握基本的终端生动化管理技巧	基本的终端生动化管理技巧

实战演练

实训目标：通过该实训项目，使同学们能够掌握销售人员必须具备的能力及素质，合理制定销售人员培训计划，全面了解一名合格的销售人员必须掌握的知识。

实训内容：结合珠江啤酒深圳大区销售人员培训计划表，制定珠江啤酒东莞大区销售人员培训计划表。

实训要求：

（1）以小组为单位，完成实训任务。

（2）销售人员培训计划表应包含培训项目、培训方法、课程时间、培训师、培训对象、培训目标、培训内容七方面的内容。

实训步骤：

（1）各小组成员分析珠江啤酒东莞分公司销售人员的工作任务。

（2）小组集体完成各类销售人员工作任务书。

（3）列出成为合格销售人员所应具备的知识和技能。

（4）制定销售人员培训计划表。

组织形式：以 3~5 人为一个实训项目小组展开活动。

考核方式：以小组的形式提交培训计划表。

考核标准：销售人员工作任务分析的合理性，工作说明书的完整性、销售人员培训计划表的可执行性。

任务九　销售人员的报酬与激励

学习目标

- 知识目标：
  1. 掌握销售报酬制度设计程序。
  2. 掌握销售报酬结构的构成及类型。
  3. 掌握销售人员的激励因素。
  4. 掌握销售人员的激励方法。
- 能力目标：
  1. 能设计简单的销售报酬制度。
  2. 能运用销售激励的方法。

引例

两熊赛蜜

黑熊和棕熊喜食蜂蜜，都以养蜂为生。它们各有一个蜂箱，养着同样多的蜜蜂。有一天，它们决定比赛看谁的蜜蜂产的蜜多。

黑熊想，蜜的产量取决于蜜蜂每天对花的“访问量”。于是它买来了一套昂贵的测量蜜蜂访问量的绩效管理系统。在它看来，蜜蜂所接触的花的数量就是其工作量。每过完一个季度，黑熊就公布每只蜜蜂的工作量；同时，黑熊还设立了奖项，奖励访问量最高的蜜蜂。但它从不告诉蜜蜂们它是在与棕熊比赛，它只是让它的蜜蜂比赛访问量。

棕熊与黑熊想得不一样。它认为蜜蜂能产多少蜜，关键在于它们每天采回多少花蜜，花蜜越多，酿的蜂蜜也越多。于是它直截了当地告诉众蜜蜂：它在和黑熊比赛看谁产的蜜多。它花了不多的钱买了一套绩效管理系统，测量每只蜜蜂每天采回花蜜的数量和整个蜂箱每天酿出蜂蜜的数量，并把测量结果张榜公布。它也设立了一套奖励制度，重奖当月采花蜜最多的蜜蜂。如果一个月的蜜蜂总产量高于上个月，那么所有蜜蜂都可得到不同程度的奖励。

一年过去了，两只熊查看比赛结果，黑熊的蜂蜜不及棕熊的一半。

黑熊的评估体系很精确，但它评估的绩效与最终的绩效并不直接相关。黑熊的蜜蜂为尽可能提高访问量，都不采太多的花蜜，因为采的花蜜越多，飞起来就越慢，每天的访问量就越少。另外，黑熊本来是为了让蜜蜂搜集更多的信息才让它们竞争，由于奖励范围太小，为搜集更多信息的竞争变成了相互封锁信息。蜜蜂之间竞争的压力太大，一只蜜蜂即使获得了很有价值的信息，比如某个地方有一片巨大的槐树林，它也不愿将此信息与其他蜜蜂分享。

而棕熊的蜜蜂则不一样，因为它不限于奖励一只蜜蜂，为了采集到更多的花蜜，蜜蜂相互合作，嗅觉灵敏、飞得快的蜜蜂负责打探哪儿的花最多最好，然后回来告诉力气大的蜜蜂一起到那儿去采集花蜜，剩下的蜜蜂负责储存采集回的花蜜，将其酿成蜂蜜。虽然采集花蜜多的能得到最多的奖励，但其他蜜蜂也能得到部分好处，因此蜜蜂之间远没有到人人自危相互拆台的地步。

激励是手段，激励员工之间的竞争固然必要，但相比之下，激发起所有员工的团队精神尤显突出。

从两熊赛蜜我们可以看出什么?

销售经理都会面临销售人员绩效评估方面的管理问题。如何设置销售人员的报酬，让优秀的员工拿到能体现自身价值的那一份。通过聘用、培训、评估、非货币的激励，使得这些销售人员的价值远超过公司所给的报酬，这是销售经理必须仔细思量的命题。

9.1 销售人员的报酬

销售人员的报酬因个人销售能力的不同会带来较大的收入差距。从事销售的人员底薪一般不高，但绩效很高。销售人员的报酬受职位高低的影响不大，一些公司里一个优秀的销售人员的收入可能比他的销售主管还要高。但只有让销售队伍里面的每个人都觉得报酬体现了他的自身价值，才能让他能安心留在企业。现在众多企业需要针对销售人员单独设计销售报酬制度。最大限度地发挥各种薪酬制度的激励作用，为企业创造更大的价值。

9.1.1 销售报酬制度建立的原则

一、公平性原则

销售人员报酬制度应建立在比较客观现实的基础上，使销售人员感到他们所获得的报酬公平合理，而企业的销售成本也不至于过大。也就是说，既不让销售人员感觉到薪酬太低，也不要给企业造成浪费。只有这样，才能使销售费用保持在合理的范围内。销售人员报酬制度要使销售人员的报酬与其本人的能力相称，并且能够维持一种合理的生活水准。同时，销售人员的报酬必须与企业内其他人员的报酬相称，不可有任何歧视之嫌。

二、激励性原则

销售人员报酬制度必须能给销售人员一种强烈的激励作用，以促使其取得最佳的销售业绩，同时又能引导销售人员尽可能地努力工作，对公司各项工作的开展起到积极作用。当销售表现良好时，销售人员往往期望获得特别的报酬。企业除了赋予销售人员稳定的岗位收入以外，还要善于依据其贡献的大小在总体报酬上进行区分，并给予数额不同的额外报酬，这是销售人员报酬制度真正起到激励作用的关键。当然，至于额外报酬的多少，要依据综合的因素进行评定，不能采取简单化的做法，认为奖励越高，激励也就越大。激励性原则还表现在销售人员的奖酬制度必须富有竞争性，给予的报酬要不低于竞争对手规定的水平，这样才能吸引最佳的销售人员加入本企业的销售组织。

三、灵活性原则

销售人员报酬制度的建立应既能满足各种销售工作的需要，又能比较灵活地加以运用，即理想的销售人员报酬制度应该具有变通性，能够结合不同的情况进行调整。实际上，不同企业的组织文化、经营状况、期望水平、市场风险存在很大的差异，这种差异导致不同行业或企业之间报酬要求的不同。因此，企业在具体的报酬方式的选择上，应对各种相关因素进行综合评估，并进行科学的决策。

四、稳定性原则

优良的销售人员报酬制度能够保证销售人员有稳定的收入，这样才不至于影响其正常的工作和生活。因为销售量常受一些外界因素的影响，销售人员通常期望自己的收入不会因这些因素的变动而下降至低于维持生计的水平，企业要尽可能解决销售人员的后顾之忧。除了正常的福利之外，还要为其提供一笔稳定的收入，这笔收入主要与销售人员的销售岗位有关，而与其销售业绩不发生直接联系。

五、控制性原则

销售人员的报酬制度应体现工作的倾向性，并能为销售人员的工作指引方向，能使销售人员发挥潜能，提高其工作效率。同时，报酬制度的设立应能实现企业对销售人员的有效控制。企业所确立的销售人员报酬制度，不能以牺牲必要的控制能力为代价，这是企业保持销售队伍稳定性并最终占有市场的关键。为了实现这一点，企业必须承担必要的投入风险，而不能把绝大部分的风险转嫁给销售人员。

9.1.2 设计销售报酬制度

一套好的报酬制度是建立在公平性、激励性、灵活性、稳定性、竞争性之上的。销售人员的薪酬制度相比其他薪酬制度更能反映企业的员工文化和氛围。销售报酬制度设计包括以下程序。

一、进行报酬调查

报酬水平设计首先应做报酬调查，通过了解市场上同行业的薪资水平，对各类公司薪酬状况进行调研。调研需保证数据的真实性，可聘请专业调研机构进行。

二、确定报酬设计标准

根据销售人员工作任务书，明确各个岗位的报酬设计关键要素，如大客户销售人员的设计关键是大客户的维系程度；渠道销售人员的设计关键是渠道的建立和维护。不同的岗位有不同的设计要素，好的薪酬制度必须抓住各岗位的关键要素，体现各岗位存在的价值。

三、设计报酬结构

设计报酬结构是指企业采取何种付薪的方式。这是报酬设计最核心的部分之一，例如，很多公司的薪酬结构包括基本工资、职务工资、绩效工资、学历工资等，但销售人员组成和管理模式与研发、职能和生产等体系大相径庭。销售人员的薪酬结构设计需要更多地考虑企业的销售理念，以激励为主，体现公司业绩为重点和要求。

四、对各类报酬要素的计算逻辑进行设计

报酬结构确定后，还需要对各类报酬要素的计算逻辑进行设计。如业绩提成奖，是根据销售额提成，还是根据毛利，或是根据销量？有没有最低销售额限制？销售额提成是按照什么比例？是统一提成比例还是按照超额累进方式提成？

报酬要素的权重设计要考虑公司规模、品牌效应、产品的生命周期、市场投入等因素。如成熟产品、低毛利提成比例要低；而新产品、高毛利产品提成比例要高，因为销售新产品的难度会比销售成熟产品大很多。市场投入大，成本高，则员工的提成相应就少。

五. 设计调薪规则

报酬制度中必须要明确调薪规则，可建立基于年度个人能力评价的任职资格体系，通过资格认证等级结果调整薪酬。

销售人员底薪可依据一定的标准设计不同等级，各等级设计不同的薪资标准，明确级别划分及评审规则，销售人员达到相应等级，即可涨薪；另外，企业需要每年对销售人员的绩效进行审核，根据产品生命周期、区域、岗位职责等综合因素调整销售人员的绩效，保证销售人员报酬的竞争力。

拓展阅读 1

如何调整康健销售公司的薪酬体系

2015 年元旦，康健销售公司产品进入销售旺季，在这个节骨眼上，上海分公司销售部的销售精英一个接一个地提出了辞职。华北分公司新招进的销售人员在试用期未满之前走人。总裁代尹杰一直在思考解决对策。

康健销售公司成立于 2002 年，是海格集团为了整合营销渠道而新设立的销售公司，80% 的员工属于销售人员，他们来自海格集团原有的 4 个分公司，因此基本上还拿着原来公司的工资。由于当初北方两家分公司效益比南方两家好很多，于是北方的销售人员一直拿着比业内平均水平高得多的薪水。而南方的销售人员则相反，到手的薪水比起同地区、同行业的销售人员足足要少 30% 左右。干着同样的活儿，别人拿的薪水却超出自己好大一截，谁会乐意！

其实，针对这些问题，公司也在想办法。2008 年 6 月，康健销售公司发布了新的薪酬体系方案，出台了“老人老办法，新人新办法”，公司希望通过逐步到位的薪酬调整，慢慢解决这个问题，实现薪酬调整的“软着陆”。

这次薪酬改革，主要是针对销售部和市场部。首先，公司将销售部和市场部的总体薪酬水平调高了 10% 左右。与此同时，销售人员的固定工资由原来的 80% 下调到了 70%，市场部也由原来的 90% 下调到了 80%。对于这个变化，两个部门的人都很不服气。因为浮动工资的发放取决于销售指标的达成，而销售指标是年初就定下来的，定得相当高。到了年中，突然告诉他们固定工资比例下降、浮动工资比例上涨，当然没人乐意了。况且原来工资水平有落差的问题在这次方案中也没有得到解决，大家的怨气就更重了。

其次，公司在绩效考核体系中设置了一些关键指标，并给各个指标设定了相应的权重。比如，对销售人员销售额中品类结构配比的考核权重由原来的 5% 提高到了 10%，但是看起来，这个调整似乎还是提不起销售人员对于销售“新品”的兴趣，经过仔细核算公司的考核指标，他们自己设计了“抓大放小”的对策。这可苦了市场部推广新品的品牌经理，因为依据公司的考核体系，他们也需要对自己负责的新品销售额负责。于是乎，市场部人员对公司考核体系更是牢骚满腹。

除了销售部和市场部问题重重以外，这次薪酬调整没有涉及的职能部门也是怨声载道。由于健尔益公司是一个销售主导型的公司，原本这些职能部门的员工就觉得低人一等。现在倒好，薪酬调整又没自己的份，员工非常失落。如今，财务部和人力资源部的很多员工都打起了“出走”的算盘。

面对如此多的问题，康健销售公司的总裁代尹杰有点无所适从。到底是这次薪酬体系调整有问题，还是执行过程中有什么偏差？要不要继续把新的薪酬体系推行下去呢？

分析：目前康健销售公司员工的报酬满意度低，部分员工离职，这是公司的报酬与绩效考核体系不统一，内部不公平引起的。其重要原因在于分公司合并、组织架构调整，报酬与绩效考核的问题没有同步解决。为了稳定局面，采取的“老人老办法，新人新办法”和后来的调整浮动薪酬和固定薪酬比例的临时办法，不但未能从根本上解决问题，反而导致了其他职能部门的不满。

初步建议：适当梳理组织架构，明确部门管理职能和管理职责。全面设计报酬管理制度。组织专门的小组进行行业报酬调查、确定报酬设计标准、报酬结构设计、设计各类报酬要素的计算逻辑，最后设计调薪规则。确定不同职能部门的合理报酬，完善绩效考核体系，并将绩效考核的结果应用于调薪的考核分配。

9.1.3 选择销售人员报酬结构的类型

一、销售人员报酬结构的构成

销售人员的报酬包括直接报酬、福利、津贴和费用。直接报酬包括固定收入（工资），绩效考核收入（佣金或者提成）、延期绩效考核收入（奖金）。具体说明如下：

（1）工资。这是相对稳定的报酬部分，通常由职务决定，它是销售报酬的基本组成，是确定退休金的主要依据。

（2）佣金或者提成。这是根据销售人员的销售业绩给予的报酬。对优秀销售人员来讲，佣金一般是销售报酬的主体，远远超过工资收入。

（3）奖金。奖金是根据销售人员的业绩贡献或根据企业经济效益状况给予的奖励，有超额奖、节约奖、合理化建议奖、销售竞赛奖、年终综合奖、荣誉奖等。

（4）福利。一般是根据国家政策来给予的，通常销售人员均能享受，与其贡献关系不太大的利益，如企业的文化体育设施、食堂、医疗保健、优惠住房等。还包括企业在销售人员受到意外损失或失去劳动能力以及失业时为其提供的补助，包括社会保险、医疗保险、失业保险等。

（5）津贴。这是工资的政策性补充部分。如职称津贴、地区补贴、高温补贴，以及国家规定的其他补贴等。

（6）费用。这是由于岗位需要而产生的部分。包括销售人员为公司分摊的费用，可报销的差旅、招待、通信和办公费用。

二、销售人员报酬结构的类型

销售报酬结构不是固定不变的，需要根据国家政策、企业自身、市场环境的变化而变化，可大致分为以下八种类型。

1. 纯佣金制

纯佣金制指的是销售人员按销售额、回款额或者销售利润的一定比例提成，作为全部的销售报酬，此外销售人员没有任何固定工资，收入是完全变动式的。纯佣金制在国内的企业运用得较多。企业聘用销售人员时如果工作重点是获得订单，而销售以外的任务不太重要，采用佣金制度是一种很好的选择。如服装业、纺织业、制鞋业，以及医药品、五金材料的批发业等，还有那些没有实际产品的行业如广告、保险和证券投资业，则适合采用佣金制度。

纯佣金制最大的优点在于有明显的激励作用，能激励销售人员努力工作，能力越高的人赚的钱也越多；控制销售成本较容易，将企业运营风险完全转移到销售人员自身，降低了公司运营成本。

缺点：纯佣金制带给销售人员巨大的风险和压力，减弱了销售队伍的稳定性和凝聚力；完全的佣金行为导向使得销售人员热衷于进行有利可图的交易，而对其他不产生直接效益的事情不予重视，有时甚至会损害公司的形象。

2. 固定报酬制

固定报酬制指的是对销售人员实行固定的工资制度，无论销售人员的销售额是多少，均可在固定时间获得固定报酬。固定报酬制适合：当企业销售人员需为顾客提供技术或咨询意见，或需负担很多销售推广工作时；当销售人员从事固定的销售工作，如驾驶车辆分送酒类、饮料、牛奶、面包和其他类似产品的情况；当公司生产大众化的产品而且容易推广时，均可采用此种类型。

固定报酬制的优点：易于管理、调动，且计算简单；销售人员的收入有保障，易使其有安全感和忠诚度；当销售人员负责的地区需重新调整时，可以减少敌意；适用于需要集体努力的销售工作。

固定薪金制度的缺点：缺乏激励作用，评估销售人员的业绩工作成为空谈；不能继续扩大销售业绩；不能够吸引和留住较有进取心的销售人员，优秀员工流失率高。

3. 混合制

混合制指销售人员有一定的销售额任务，当月不管是否完成销售指标，都可得到基本工资即底薪，是一种混合报酬结构，是当前最通行的销售报酬结构。固定报酬制缺乏弹性，对销售人员的激励作用不够明显，纯佣金制让销售人员的收入被动性较大，销售人员缺乏安全感。混合制则避免了前两种制度的不足，混合制可细分为：工资加佣金制、工资加奖金制、工资加佣金加奖金制。

混合制的优点：销售人员有稳定的收入，生活基本有保障；对销售人员有激励作用，企业目标容易依照计划达成。

缺点：由于目标激励的需要，当企业将销售目标定得过高，销售人员完不成销售任务时，会打击销售人员的自信心，没有起到应有的激励作用。

4. 瓜分制

瓜分制是指事先确定所有销售人员总收入之和，然后在本月结束后，按个人完成的销售额所占总的销售额的比例来确定报酬，从而瓜分收入总额。

瓜分制的优点：操作简单，成本相对固定，也有激励销售人员的作用。

缺点：易引起较为激烈的内部竞争，不利于团队之间的工作协调。

5. 浮动定额制

浮动定额指的是将每月的销售定额（当月的销售总额除以销售人员人数所得的人均销售额）乘以一定比例，如果某员工的个人实际完成销售额在定额以下，则只拿基本工资，如果完成的销售额在浮动定额以上，则超过定额部分按一定比例提成，外加基本工资。浮动定额制适用于销售人员的销售机会比较均衡，销售人员数目较多的情况。

浮动定额制的优点：可以减少经济环境变化对销售人员收入的影响；能够充分鼓励内部员工竞争，大大提高工作效率；有助于控制成本。

缺点：易引发激烈的内部竞争，有损内部的团结合作。

6. 排序报酬制

排序报酬制，即统计出当月销售人员的销售完成率，按第一、第二、第三……的顺序发放阶梯工资。排序报酬制应注意阶梯工资应有较大差距，避免收入差距不大而调动不了销售人员积极性，排序报酬制适用于市场形势急剧变化而无法确定销售定额、提成率的情况。

排序报酬制的优点：减少市场变化对销售收入的影响，使员工的收入有保障，能够充分鼓励内部员工竞争，对于销售队伍的稳定和提高销售员的忠诚度有好处。

缺点：原有的销售任务已经很高的情况下，将很难再有激励作用。

7. 同期比制

同期比制，指的是将每人与上一年同期比较销售额，如果比上一年差，则予以处罚，处罚程度与下降比例挂钩。同期比制主要是防止销售人员由于工作时间较长，而不积极进取，甚至违规在外兼职的情况。同期比制适用于市场情况稳定、销售额没有太大波动的情况。

同期比制的最大优点就在于见效快。缺点是容易引发销售人员的负面情绪，而且由于同期比较并不容易，很难进行有效考核。

8. 落后处罚制

落后处罚制指对销售队伍中销售额排名倒数第一名、第二名、第三名的销售人员予以罚款。落后处罚制是针对销售人员松懈，努力工作的情况而采取的一种方法。

落后处罚制的优点是处罚面小，影响面大，能对其他人起到警示作用。缺点是易于使受处罚人员产生消极心理，甚至与管理者对抗或离开公司。

同步业务 1

你来到一家私营的医疗器械生产企业，被老板任命为销售总经理。企业的规模不是很大，但产品销路不错，一年的销售额不少，利润率也不低。新官上任，老板要你将公司的福利打理一下，原因是公司“花了很多钱，但销售人员仍不满意”。公司对销售人员实行车贴，但是没驾照的员工怨声载道；公司实行销售人员幼儿免费入托，可是没有小孩或小孩不上幼儿园的员工又颇有微词；逢年过节，公司统一给员工送的礼物也引起不少员工的不满，认为不如“红包、奖金”实惠，福利众口难调。

请问，你要如何处理，让销售人员对公司福利满意呢？

同步业务 2

某公司的一位报酬福利主管，由于离职时失误留下了一份公文袋被一位销售人员发现。处于好奇，这位员工打开了文件袋，他看过后，感到无比震撼！这份文件不仅有包括他自己在内的10名销售人员的员工表现排名，还包括基本工资、佣金以及奖金等信息。最让他感到愤怒的是，一个平日团队业绩不好，但人缘关系好的销售人员的收入竟然远远高于其他人，另外，三个去年从外面招聘进来的销售人员的月薪几乎要比他们这些从学校直接进企业的销售人员多出两倍工资！而且这还是上年度的数据。

他去和团队销售主管谈判，但销售主管以各种理由狡辩，并威胁他不要说出去，谈话不欢而散，一周后，这位员工离职，并在离职前把这份文件拍了照片，并用自己的私人邮箱把图片发给了公司的高层，还抄送给了所有的相关员工。收到这封充满挑衅和不满的邮件时，公司的高管即愤怒又无奈。

假如你是销售经理，如何使其他人继续留在公司呢？你的解决方法有哪些？

9.2　销售人员的激励

9.2.1　激励的概念

“激励”一词最初的含义是移动，但是后来逐渐扩展到包括了各种可以引起人们采取某些行为的因素。对于一般人来说，激励意味着为了完成某一项任务和实现某一项目标而付出一定程度和数量的能量。斯坦顿和斯潘茹认为，“从销售来看，激励就是销售人员为其工作的各个方面所愿意付出的努力”。

在管理学中，通常认为激励是努力去满足某种被唤起的需要的意愿，包括支持这种意愿产生和持续的各种因素。有时候我们所说的激励也指这个意愿被支持的整个过程。

一般来说，激励包括三个维度：强度、持久度和选择方向。强度是指销售人员在某一任务上的努力程度；持久度指销售人员持续努力的时间；选择方向则是指销售人员为了完成工作相关任务而选择的特定行动。

小案例 1

鸭子只有一条腿

某王爷手下有个著名的厨师，他的拿手好菜是烤鸭，深受王府里的人喜爱，尤其是王爷，更是倍加赏识。不过这个王爷从来没有给予过厨师任何鼓励，使得厨师整天闷闷不乐。

有一天，王爷有客从远方来，在家设宴招待贵宾，点了数道菜，其中一道是王爷最喜爱吃的烤鸭。厨师奉命行事，然而，当王爷夹了一个鸭腿给客人时，却找不到另一条鸭腿，他便问身后的厨师：“另一条腿到哪里去了？”

厨师说：“禀王爷，我们府里养的鸭子都只有一条腿！”王爷感到诧异，但碍于客人在场，不便问个究竟。

饭后，王爷便跟着厨师到鸭笼去查个究竟。时值夜晚，鸭子正在睡觉。每只鸭子都只露出一条腿。

厨师指着鸭子说：“王爷你看，我们府里的鸭子不全都是只有一条腿吗？”

王爷听后，便大声拍掌，吵醒鸭子，鸭子当场被惊醒，都站了起来。

王爷说："鸭子不全是两条腿吗？"

厨师说："对！对！不过，只有鼓掌拍手，才会有两条腿呀！"

启示：让员工始终处于施展才干的最佳状态，最有效的方法，就是激励，在员工情绪低落时，激励是非常重要的。身为管理者，要懂得运用激励的手段，让员工继续奋斗。一点小投资，可换来数倍的业绩，何乐而不为呢？

9.2.2 销售人员激励的必要性

企业要实现销售目标，离不开销售人员积极努力的工作，销售人员工作积极性越高、精神状态越饱满，他们取得的销售业绩也就越好。但人的本性、销售工作的性质、销售人员的个人问题都决定了销售人员需要经常的鼓励和特别的刺激，才能达到最佳工作状态，取得良好的工作业绩。具体原因如下：

1. 人的本性

从事销售的人员都需要体验成就感，但销售成功不是那么容易的事情，只有不断受到刺激，才可能忽略销售过程的艰辛和困苦，积极努力地向困难挑战，以高昂的士气投入工作。刺激可以是物质上的激励，如金钱的获得，或精神上的激励，如领导的赏识等。

2. 销售工作的性质

销售人员经常需要出差或者在外拜访客户，这使得销售人员长期在外奔波，工作时间没有规律，易产生孤独感和失落感；销售人员会经常受到顾客的拒绝，有时经过艰苦努力依然不能得到订单，经常受到挫折和失败，会使销售人员失去自信心；销售工作竞争性很强，销售人员取得竞争胜利不易。因此，销售工作的性质要求销售经理应不断地激励销售人员，使销售人员保持旺盛的工作热情。

3. 销售人员的个人问题

销售人员常年外出，不能很好地照顾家庭，会出现很多家庭问题。比如家中有人生病不能很好地照顾，婚姻不和谐等。另外，销售人员还会受到身体健康状况或债务等多方面问题的困扰。总之，各种各样的个人、家庭问题会使得销售人员不能集中全身心的力量投入到销售工作之中，使得销售效率降低，这也需要销售经理运用科学的方法和手段激励销售人员达到最佳工作水平。

9.2.3 销售人员激励的原则

通过激励调动销售人员的工作积极性是以制定科学、合理的激励措施为前提的，否则只能称之为无效激励。无效激励非但不能鼓舞销售人员的工作热情，甚至还会挫伤原有的工作积极性。科学的激励要考虑不同的企业、不同的产品、不同的销售地区、不同的环境、不同的销售人员等情况，制定出有效的激励方案。

一般说来，销售经理进行激励时应遵循以下原则：

1. 公平合理

销售激励是对达到某一目标的销售人员给予奖赏刺激，目标和奖赏必须公平合理。

若没有考虑不同的销售区域的状况，而规定所有的销售人员都要达到同一目标，就有失公平；若目标定得过高或过低，就有失合理，缺乏驱动力。对于奖赏也是如此，只有公平合理的目标和奖赏，才可能使激励达到预期效果。

2. 知晓了解

公平合理的目标和奖赏能否产生管理部门所期望的效果，还要看目标和奖赏规定被销售人员所知晓了解的程度。销售人员充分了解激励的具体内容和措施，才会更加努力地工作。

3. 及时兑现

激励作为一种管理制度要长期保持，但对于个人应是短期的，以利于销售人员继续努力。期限一到，要及时按目标的实现情况兑现许诺，使达到和超过目标者得到规定的奖赏，如果开出的只是空头支票，激励的效果只能相反，会严重挫伤销售人员的工作热情。

拓展阅读 2

激励理论

激励是影响他人去做我们认为值得的事情或帮助我们实现预期目标的企图。销售经理需要掌握一些基本的激励理论，以便设计有效的激励方案。销售人员也需要对顾客进行激励。

效力法则（law of effect）：它是激励中的首要概念。该法则认为，人们试图重复受到表彰的行为。即“人们具有一种倾向性，愿意重复带来理想后果的行为，而避免重复那些伴随不良后果的行为”。

当我们试图激励一个人时，首先要明确我们究竟希望他做些什么，然后在他行动后给予报酬；反之，如果他做的与我们期望的相反，就不给他报酬。因此，效力法则可以准确传播什么是我们希望他人做的，以及建立奖励“好”行为、不奖励“坏”行为的制度的需要。

1. 需要层次理论

人们总是尽力按等级层次来满足其需要。人们从满足最基本的需要开始，在这些基本需要满足之后，会产生新的、尚未被满足的需要。马斯洛认为，需要是普遍存在的，人倾向于按部就班地依据等级次序依次满足它们。需要分为：生理需要、安全需要、社交需要、尊重需要、自我实现需要。

奥尔德弗提出与马斯洛基本相同的观点。他把需要分为 3 类：生存需要（与生活最基本的必需品有关）；关系需要（包括有关人类相互关系的需要）；成长需要（关于成就、自我实现和个人成长的需要）。他认为，人以生存需要开始，以成长需要结束。不过，与马斯洛不同的是，他认为一个人在某种情况下会反向地去满足低层次的需要。如某顾客购买是因为组织的需要，他经常和销售人员极力谈判争取价格，以获得成就感（成长需要），他可能在某一对组织来说很重要的生意中，倾向于只从已被证实过的来源购买以确保购买成功，保住自己的工作（生存需要）。

销售人员在其职业生涯的早期处于积累财富阶段，对金钱的需要最看重（生存需要），而一个建立起事业、地位的销售人员将更关注自尊和自我实现的需要（成长需要），这时，使其在公司担当更多的责任更能激励他。

2. 公平理论

公平理论是美国心理学家亚当斯（J. S. Adams）于20世纪60年代首先提出的理论。这种理论侧重于研究工资报酬分配的合理性、公平性对员工积极性的影响。

该理论认为，人们追求报酬公平。人们的工作动机不仅受其所得的绝对报酬的影响，而且受到相对报酬的影响，每个人都会不自觉地把自己付出的劳动和所得报酬相比，并且还会与其他人的这个比率相比较，看报酬和付出是否一致，这种比较便会影响他对公平的感受。

公平是相对的，是通过比较来判断的，是一种主观感受。销售经理要努力消除个人的私心和偏见，不应对某个销售人员特别优待，而应尽量准确地度量销售人员的绩效，让销售人员感到公平。销售人员也应给顾客以公平的待遇，因为不同的客户可能在一起交谈获得信息。

3. 归因理论

归因理论认为，人们总是企图为自己所做的事情追寻合理的原因。销售人员会从某些方面对自己的销售成绩寻找原因，作出解释（如图1所示），但不同的归因会导致销售人员采取不同的做法，从而影响其以后的工作绩效。

归因：		内在	外在
成绩	好	“我通过自身的努力获得成功。”	“我成功是因为运气好。”
	差	“我失败因为自己不努力。”	“我失败因为所在区域不佳。”

图1 销售成绩归因

另外，人们不仅为自己而且为别人的行为进行归因。如果是一位朋友获得成功，往往认为他努力，如果是不喜欢的人成功，往往归因为外界的因素。

销售经理要引导销售人员作出正确的归因，否则将阻碍激励方案发挥应有的作用。客户对成败也会作出自己的归因分析，客户的紧急订单因为销售人员的努力而准时交货，应让客户知道这些情况，但如果交货不及时，顾客就把生产计划完不成完全归罪于销售人员。

4. 双因素理论

双因素理论是由美国心理学家弗雷德里克·赫茨伯格（Fredrick Herzberg）提出的。20世纪50年代末期，赫茨伯格在一些工厂企业里进行调查研究，发现使职工感到不满的因素与使职工感到满意的因素是不同的，前者是由外界的工作环境引起的，后者通常是由工作本身产生的。

一方面是诸如公司政策与行政管理、监督、工作条件、人际关系、薪金、地位、职业安定以及个人生活需要等因素往往引发不满意情绪，这类因素统称为保健因素。另一方面是诸如成就、赏识、工作富有挑战性、晋升和工作中的发展等和工作内容有关的因素常常带来满意感，这类因素统称为激励因素。赫茨伯格认为，必须改善保健因素，才能消除不满，维持原有的工作效率，但这不会激发个人的工作积极性，要调动人们的工作积极性，就必须增加激励因素。

销售经理要使销售人员工作更好，既要考虑提供有助于销售人员免受消极影响的保健因素，更要考虑提供内在的激励因素。销售经理要分析销售人员中的不满意情绪，高度的不满意，往往与高的员工流动率和消极怠工相联系。为了降低不满意率，要提供给销售人员合理的外部激励水平，如不低于行业平均工资水平的薪金。

5. 预期理论

1964 年，美国心理学家维克多•弗鲁姆（Victor H.Vroom）提出预期理论（如图 2 所示）。该理论认为，如果人们预期通过一定的努力可以完成规定的任务，并相信这会得到预计的收益，就会产生努力工作的激励。

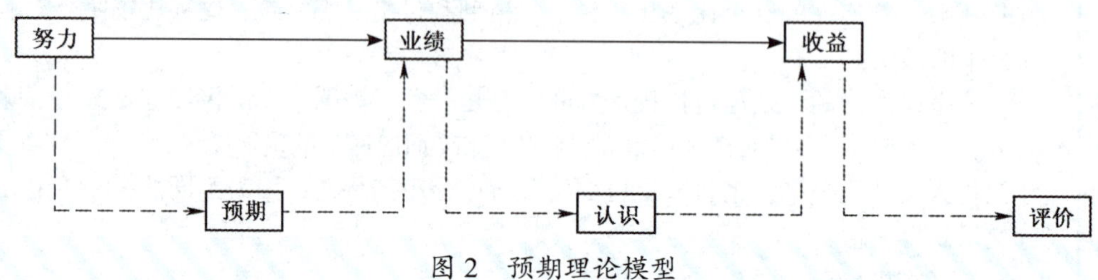

图 2 预期理论模型

例如，一个销售经理下面有 50 名销售人员，为实现目标，他发动销售竞赛，下季度销量增加 50% 者，可得到一个供 2 人免费去新马泰度假一周的机会。然而，销售人员为完成现有的销售量就已付出很高的代价——平均每周工作 60 小时。

经理修改规则，第一位在下季度销量增加 10% 的人可得到一个供 2 人免费去新马泰度假一周的机会。只有一人有机会，认知大大降低。

经理又修改规则，规定先达到销量提高 10% 的 15 名人员可得到一个供 2 人免费去新马泰度假一周的机会。此时预期和认知较高。

销售经理在对销售人员的激励中，要告诉下属你对他们的期望，使工作有价值，使工作有可行性，给他们反馈信息，当他们取得成功时给予奖励。

销售人员也可将预期理论用于和顾客关系的处理中。如果顾客相信一旦作出购买决策，产品被及时和完好地送达的可能性很高（预期），他就会被激励，产生购买意图。此外，他必须相信产品的功能如许诺的一样（认知），并且他的投资将获得理想的价值（积极的评价）。

9.2.4 销售人员的激励因素

只衡量销售业绩却没有恰当地给予激励，会严重影响销售人员的积极性以及业绩水平。销售经理的激励方法直接影响销售人员为企业所做的一切，决定着企业对销售人员的管理是否有效的问题，因而销售激励的作用是十分明显的。

销售人员的激励因素多种多样，一般可概括为两大类：物质激励因素和精神激励因素。

1. 物质激励因素

（1）报酬。报酬是一般企业常用的激励因素。

（2）销售定额。销售定额作为激励因素属于压力激励，通过向销售人员施以一定程度的压力即销售定额，促使销售人员竭尽全力去工作。报酬与销售定额的完成情况相联系。

企业先预测整个企业的销售指标，然后为各地区确定销售定额，但销售定额的总和一般高于预测销售指标。这样即使有些销售人员完不成定额，企业仍可完成销售预测这一目标。

运用销售定额进行激励，要求定额的确定要合理，给销售人员施加适当的压力，才能使销售人员做出积极的反应。

（3）辅助激励因素。一段时间的休假、度假或疗养、红利、竞赛、退休计划、保险以及其他形式的物质激励。

小案例 2

谁来拯救弱势市场

某公司的销售工作在广东省一直开展得不错，月销售额始终保持在2000万元左右。以前福建市场也曾达到过这个水平，但出于各种原因，目前福建省的月销售额只有500万元左右。为了重振福建市场，公司老总想要将负责广东省的销售员派到福建工作，希望他出色的工作能力能帮助福建市场重振雄风。

不过，老总的决定被广东省的销售员以各种理由拒绝了。原因很简单：公司采取的是提成制，在广东省，他只要维持现状就可以轻轻松松拿到不错的提成，而到了福建，不知何时才能把销售额从500万提升到2000万，费力不说，提成也拿不到多少了。

启示：佣金激励对于这个案例里的销售人员没有用。如果企业摒弃简单的佣金激励，而采用目标奖金的激励机制就能轻松解决这个问题了。例如，广东省销售2000万奖励5万元，江苏省销售600万奖励5万元，相信人员调动就没有这么难了。

2. 精神激励因素

精神激励有时比物质激励效果更好。精神激励因素主要考虑：提升、个人的发展和成就感、满足感等方面，这类因素对销售人员的激励很强烈。另外，表扬、好感和尊敬、安全感也有一定的激励作用，但这类激励因素较弱。

销售经理在选择激励因素时要估测出不同因素的激励价值大小。激励因素价值的大小还和销售人员有关，如年龄较大、工龄较长以及家庭人口较多的销售人员对物质奖励尤其是金钱奖励最为重视，而未婚或家庭人口少以及受到较多正式教育的年轻销售人员对精神奖励更为看重，销售经理要灵活运用。

9.2.5 销售人员的激励方法

不同的方式能激励不同类型的销售人员。无论什么类型的优秀销售员，他们都有一个共性：不懈的追求。只要激励方法得当，都能收到预期的效果。销售人员激励的方法有：

1. 目标激励法

合理的目标可以激励销售人员努力工作，没有目标，销售人员就失去工作责任感，也就缺少积极苦干的动力。销售经理应给予每个销售人员较高的信任感和期望值。让销售人员设计未来5~10年的营销职业规划，制定较高的职业目标，根据目标设置理论，销售人员制定了职业生涯规划后，受到自我设定目标的激励，在企业销售观念的指导下积极工作，并从中获得成就感和自我实现的满足。

小案例 3

日本松下公司的员工激励

日本松下公司每季度都要召开一次各部门经理参加的讨论会，以便了解彼此的经营成果。开会以前，把所有部门按照完成任务的情况从高到低分别划分为A、B、C、D四级。会上，A级部门首先报告，然后依次是B、C、D级部门。这种做法充分利用了人们争强好胜的心理，因为谁也不愿意排在最后。

2. 情感激励法

心理学家认为人类最强烈的需求是被爱。人们不关心你知道多少，除非他们知道你对他们有多关心。关心员工的经理能够激励员工关心他们所做的事，并使他们更受激励地达到目标。适当的情感交流能给销售人员带来其更强的归属感，从而更加激发起销售人员的积极性。情感激励法有两种方式：一种是正能量的情感，对销售人员的成绩给予肯定和表扬；一是负能量的情感，对不积极上进的销售人员表示失望和痛心。

3. 自我实现激励法

让销售人员主动激励比被动激励更好，销售人员如果被赋予做某事的责任和权力，并承担相应责任，他们会感受到来自于内心的激励以做好工作，满足自我实现的需要，这是一种激励销售人员最人性化、最能发挥其潜能的方式。当然，在充分放权和授权的过程中，需要掌握好“度”的问题，将能自由发挥的空间给予销售人员，但同时也要加强细节的管理。

拓展阅读 3

没有失败，只有暂时停止成功

如果你已经为人父母，当你的孩子正在学习走路时，你会给他几次机会？你会在他跌倒10次之後，让他改坐轮椅吗？还是只给他20次学走的机会，若学不会走路就要他放弃？或者当你身边有50个人叫嚣着劝你放弃，你就决定让他坐轮椅呢？

我想你的答案是：不会。的确，当我问每一位父母，会给你的孩子几次机会呢？

他们都说：我会给他无数次机会，直到他站起来，学会走路为止！是的，一直坚持到底者，最终都会站起来。为什么许多父母只给孩子一次高考的机会？为什么常用失望的口气告诉孩子不适合某种行业，要求他转行呢？而许多人竟也因为没有坚定的信念，一遇挫折就认为自己能力不足，因此放弃了他们的理想。其实，凡事没有失败，只有暂时停止成功。

4. *竞赛激励法*

销售竞赛可以激励销售人员付出比平常更大的努力去积极工作，销售经理常用这种方法。竞赛激励法参与人数要多，奖励覆盖面要适中，否则只有少数人能得奖或几乎每个人都能得奖，就会失去激励的作用。销售竞赛的日期也不应预先通知，不然一些销售人员会把一些销售推迟到销售竞赛的初期进行。此外，不仅要看竞赛期间的合同订货数，还要考察合同交货数，以防止虚报销售成绩的行为发生。

5. *文化激励法*

现在的激励机制很多是靠利益驱动。在市场环境还不成熟、竞争秩序尚需规范的情况下，这样的激励机制可能会失效。依靠企业文化的力量将与销售相关的员工、团队及各类组织联合起来，进而提升其尊严感及归属感。在企业文化的熏陶下，再辅以指向明确、操作简单的激励措施，才有可能收到事半功倍的激励效果。

小案例 4

北京金鑫安泰金属装饰有限责任公司销售人员激励方案

销售是市场策略的核心，而销售人员又是销售策略的执行者，销售人员的业绩直接关系到公司的生存与发展。为吸引和留住优秀人才，公司制定出针对销售人员的激励薪酬方案，以激励销售人员创造佳绩。

一、新员工激励制度

（1）开门红奖：新员工在入职一个月内能新签合同，并且合同总金额达到 3（含）万元以上可以获得“开门红奖”，现金 500 元。

（2）开拓者奖：新员工在入职一个月内，业务员拜访量最多者（100 个为基数），奖励车补 200 元；业务主管拜访量最多者（120 个为基数），奖励车补 300 元。

（3）千里马奖：新员工在入职两个月内，业绩第一名且合同金额能达到 10 万元以上者，可以获得“千里马奖”，奖励现金 1000 元。

（4）晋升奖：公司根据市场的调控需要，新入职的业务员在 2~3 个月的时间内，业绩名列前茅，考核优秀者可以破格提拔为业务主管；新入职的主管在 2~3 个月的时间内，业绩名列前茅，考核优秀者可以破格提拔为业务经理。

二、月业绩优秀团队奖励制度

（1）每月团队业绩合同金额（以团队任务为基数）第一名的团队，奖励现金 1000 元，发流动红旗。

（2）团队成员集体合影，张贴在冠军榜风采栏里。

三、月、季度和全年业绩奖励制度

（1）每月业绩前 3 名者，且当月底线合同金额在任务线以上，分别给予 300 元、200 元、100 元的奖励。

（2）每季度业绩前 3 名者，且合同金额在任务线以上，分别给予 800 元、600 元、400 元的奖励，并和总经理共进晚餐。

（3）年度业绩前 3 名者，且完成了年度任务，分别给予不低于 5000 元、3000 元、2000 元以上的奖励。

四、重大业绩重奖奖励

在规定的期限内，超额完成指标的团队或个人，给予重奖（根据现实情况而定）。

销售额创下历年度当月纪录的个人给予重奖（不低于现金 1000 元）。

业绩突出，考核结果优秀的人员，作为储备人员优先给予晋升。

五、长期服务激励奖金

服务满两年的销售人员（合同内）每年提取总业绩的 0.5% 存入其长期账户，至其离职时一次性支付，根据其服务年限，可支付的账户总额的比例如下表所示。

档次	服务年限	可支取账户比例（%）	备注
1	2 年以下	0	
2	2 年	50	
3	3 年	60	
4	4 年	70	
5	5 年	80	
6	5 年以上	100	

六、增员奖金

销售人员任职两个月后可以引进销售人员，经公司考核后一经聘用，老员工可获取以下增员奖金。

（1）被引进的销售人员进入公司后能达到转正条件并转正后，老员工可获取增员奖 300 元（分三个月付清，100 元 / 月）。

（2）老员工可获取所引进人员第一年业绩总和的 0.5% 作为伯乐奖。

七、销售人员福利

（1）合同销售人员转正后可享受100元为底数的基本商业保险。

（2）入职后根据职务不同，享受每月不低于200元的交通补助，不低于100元的电话补助。

（3）经理级别以上人员可享受公司规定的自备汽车用车补助。

（4）入职后可享受公司安排资助的团队活动。

（5）销售人员季度业绩超过当季度任务20%，享受旅游表彰，即国内旅行一次，旅行补助2000元。

（6）销售人员年度业绩超过当年总任务的20%，享受旅游表彰，即国外旅行一次，旅行补助5000元。

（7）表现优秀的员工，可享受总经理特别关爱金。（比如：员工结婚、直系亲属去世，以及总经理认可的其他情况。）

八、其他

每位销售人员工作一年以上者，享受工龄工资的待遇，即满一年100元，满两年200元，满三年300元，依次类推，1000元封顶。

本章小结

（1）销售人员的报酬因个人销售能力的不同会带来较大的收入差距。企业需要针对销售人员单独设计销售报酬制度。最大限度地发挥各种薪酬制度的激励作用，为企业创造更大的价值。

（2）一套好的报酬制度是建立在公平性、激励性、灵活性、稳定性、竞争性之上的。设计销售报酬程序包括：进行报酬调查，确定报酬设计标准，设计报酬结构，对各类报酬要素的计算逻辑进行设计，设计调薪规则。

（3）销售人员的报酬包括直接报酬、福利、津贴和费用。直接报酬包括固定收入（工资），绩效考核收入（佣金或者提成）、延期绩效考核收入（奖金）。

（4）销售人员报酬结构的类型包括纯佣金制、固定报酬制、混合制、瓜分制、浮动定额制、排序报酬制、同期比制、落后处罚制。

（5）销售人员的激励因素可概括为两大类：物质激励因素和精神激励因素。

（6）销售人员只要激励方法得当，都能收到预期的效果。销售人员激励的方法有：目标激励法、情感激励法、自我实现激励法、竞赛激励法、文化激励法。

案例阅读

H 企业销售人员薪酬激励方案

一、目的

为实现公司营销战略目标，促进公司业务的长远发展，提升 H 企业在行业里的品牌知名度和认知度。

充分发挥销售人员的积极性，提升销售人员的新客户拓展、商务谈判、营销技巧及客户维护等综合能力，并培养销售队伍的团队合作精神，以使公司整个销售团队形成互相帮助、交叉学习和共同提高的良好局面，同时为公司人才梯度的建设打下良好的基础。

本着“以人为本”的原则，建立公平、公正、合理的销售人员管理体系，培养销售人员对公司的忠诚度，与公司共同成长。

二、原则

（1）实事求是原则：销售人员定期并如实地上报工作回顾和工作计划，客观地反映客户、竞争对手及行业等相关信息至公司。

（2）综合绩效原则：根据销售人员的综合绩效、公司总体效益确定相关绩效。

（3）公平公正原则：所有执行人员、标准制定及审核人员必须公平、公正、公开。

三、薪资构成

（1）销售人员的薪酬由基本工资、绩效工资、津贴补助及其他扣除项目组成。

总体收入 = 基本工资 + 绩效工资 + 津贴补助 – 扣除项目

（2）基本工资每月定额发放。

（3）绩效工资是公司销售业绩达到一定标准，为奖励员工辛勤工作而设立。

绩效工资 = 销售奖金 + 渠道奖金

1）销售奖金是根据销售业绩给予的一种激励奖金。销售奖金包括新开发客户提成和现有客户维护提成，销售提成 =（新开发客户当年营业额 * 新开发客户提成比例 + 现有客户营业额 * 现有客户提成比例）* 提成系数（提成系数范围为 0.7~1.3），营业额以客户已付款到公司账号为准。销售奖金按月发放。注：只有销售人员已经开始维护部分现有客户，才有资格参加现有客户提成考核。

2）渠道奖金是根据销售区域内的渠道管理业绩给予的一种激励奖金。渠道奖金按年发放。在每年财政年度的结束（12 月份为当年财政年度最后一个月）之后一个月之内发放。

（4）津贴补助：话费补助、差旅补助等。

（5）扣除项目：个人所得税、社保个人支付部分及其他应扣款项等。

（6）设置原则：奖金高于基本工资，公司通过高奖金的形式鼓励销售人员提高工作积极性，增加产品销量，让销售业绩突出者实现高奖金高收入。

（7）所有薪酬由公司统一支付，但绩效工资部分由销售部承担。

四、销售费用

销售费用是指差旅费、通信费、业务招待费和各种公关费用等（但市场推广、展会费用及客户佣金除外）。

1．差旅费

差旅费包括：①长途交通费用：铁路、船舶、飞机票费；②市内交通费；③餐费补贴；④住宿费；⑤通信费；⑥伴随出差发生的其他正当费用。

餐费补贴标准：30 元 / 天。用于出差人的饮食和杂费支出，按出差日报定额支付。上午出差按全额支付，下午出差半额支付。其他费用实报实销。

2．通信费

销售人员的手机号码应进入公司话网管理，话费按 150 元 / 月予以支付，超出部分个人自理；出差中的传真、信函、汇款费、邮票等通信费依报销凭证实费支付。

3．业务招待费和各种公关费用

有客户到公司考察，销售活动中接待客户，过年过节时拜访客户的费用，按实际费用报销。

五、绩效工资计算方法

1．销售奖金

销售奖金 = 基准奖金 × 销售达成率 + 销售提成

基准奖金：800 元。

销售达成率计算方法：

（1）如果当月新客户拜访数量达到 10 个或以上，则该项系数最高可得 0.8 分；数量在 5 个以下，则系数得分为 0。如有客户重复拜访，在计数时可以增加 0.5 个每次，但同一个客户增加部分最高不超过 1 个。

（2）如果签约新客户第一个月订单达到 10 万，则系数可得 0.5 分；如果订单没达到 10 万，则系数只可得 0.25 分；另外，该项系数最高可得 1 分。

（3）如果当月缺勤天数不大于 1 天的（调休除外），则该项系数可得 0.1 分，否则为 0。

（4）如果当月销售工作报告上交及时，并且销售会议时较好地完成相应工作的，则该项系数可得 0.1 分，否则为 0。

（5）如果销售人员连续 3 个月某一项系数得分为 0 的，则公司取消该员工当年的绩效工资享受资格（第 2 项签约新客户系数除外）。

销售提成计算方法：

（1）在新客户第一个订单的当月起开始计算，连续 12 个月之内均为新客户，提成比例为 1.5%。

（2）新客户从第 13 个月开始至第 36 个月止为现有客户，提成比例为 0.6%。

（3）每个销售人员的新签约客户营业额任务为每年 200 万元。

（4）提成系数基数为 1。

（5）如果新签客户销售额任务完成率在 120%~150% 之间，则系数可增加 0.1；如果新签客户销售额任务完成率达到 150% 或以上，则系数可增加 0.15；如果新签客户销售额任务完成率只达到 50% 以下，则系数减少 0.15。

（6）如果现有客户销售额达到去年的120%~150%之间，则系数可增加0.1；如果现有客户销售额达到去年的150%或以上，则系数可增加0.15；如果现有客户销售额只达到去年的80%以下或客户丢失率达到20%或客户丢失数量达到2个的，则系数减少0.15。

（7）如果所负责的新客户和现有客户货款回款率达到90%或以上的，则系数可增加0.1；如果其回款率未达到70%，则系数减少0.1。

2. 渠道奖金

渠道奖金：基准奖金 × 客户增长率

基准奖金：800元。

客户增长率：在同一时期、同一区域内实际新增客户数量与目标新增客户数量的百分比称为客户增长率；客户增长率的区间为0~200%，客户增长率在区间内按实际值计算，当客户增长率大于200%时按200%计算。

六、其他规定

（1）当年年度结算截止日为12月底。

（2）绩效工资个人所得税由员工自理，公司代扣。

（3）销售人员对自己的薪酬必须保密。

（4）因销售人员违规或违法而被公司开除的，公司将取消其所有未核算的绩效工资。

（5）如果销售人员提前一个月提出辞职并完成交接工作，或者如果公司辞退的，或者因违反公司相关制度规定进行销售人员更换的，公司将在发放日按规定继续发放未核算或已经核算但未发放的绩效工资。

（6）销售人员应严格按公司的销售政策及管理规定执行，否则公司有权取消其绩效工资。

七、附则

（1）本方案由人力资源部和营销总监办公室共同起草，人力资源部颁布，解释并监督施行，财务部、销售部共同执行。

（2）本方案修订由人力资源部根据各部门意见和企业经营目标调整需要提报修改方案，经企业总经理核准后，方可修订。

（3）本规定经总经理批准生效后，于2015年7月1日起施行，本规定施行之日起，原有与本规定相抵触的相关规定、条文同时废止。

练习与思考

一、判断题

1．销售人员的报酬因个人销售能力的不同会带来较大的收入差距。从事销售的人员底薪一般较高，但绩效一般。（　）

2．一个优秀的销售人员的收入可能比他的销售主管还要高。（　）

3．销售新产品的难度会比成熟产品大很多，产品提成比例要高。（　）

4. 纯佣金制带给销售人员巨大的风险和压力，减弱了销售队伍的稳定性和凝聚力。完全的佣金行为导向使得销售人员热衷于进行有利可图的交易，而对其他不产生直接效益的事情不予重视，有时甚至会损害公司的形象。（　）

5. 对于销售人员来说，物质激励比精神激励好得多。（　）

二、简答题

1. 简述如何设计销售报酬制度？
2. 简述四种销售人员报酬结构的类型，并陈述优缺点。
3. 销售激励方法有哪些？简单介绍并各给出一个案例。

实训项目

案例分析

珠江啤酒股份有限公司

深圳大区销售人员及销售支持人员薪酬方案（草案）

一、适用范围

适用于深圳大区。

二、适用对象

办事处：文员、业务主管、业务员。市场部：营销、财务。

三、原则

（1）业绩导向原则。

（2）激励性原则。

（3）公平公正原则。

四、业务员薪酬构成及核算办法

工资＝基本工资＋提成 *KPI* 团队系数＋奖金

1. 基本工资及考核工资标准（如表 1 所示）

表 1　基本工资及考核工资标准

岗位	级别	基本工资（元 / 月）	提成
业务主管	一级	2200	参考提成表
	二级	1800	参考提成表
业务主管试用期		3000	不计
业务员	一级	1200	参考提成表
	二级	900	参考提成表
业务员试用期		2000	不计

2. 补贴构成

补贴部分全部纳入基本工资，不另外加其他补贴。

3. 计算办法

基本工资：按当月实际出勤天数进行计算，当月实发基本工资 = 基本工资 / 每月应出勤天数 * 当月实际出勤天数。

4. 提成工资

（1）零售业务员提成方案，如表 2 所示。

表 2　零售业务员提成方案

产品	完成率 <0.7	0.7 ≤完成率 <0.8	0.8 ≤完成率 <0.9	0.9 ≤完成率	月度
清醇（含盖）、老珠江	0.7 元 / 箱	0.9 元 / 箱	1 元 / 箱	1.1 元 / 箱	1、2、3 月份
清醇（含盖）、老珠江	0.3 元 / 箱	0.4 元 / 箱	0.5 元 / 箱	0.6 元 / 箱	4、5、6、10、11、12 月份
清醇（含盖）、老珠江	0.35 元 / 箱	0.4 元 / 箱	0.45 元 / 箱	0.5 元 / 箱	7、8、9 月份
纯生	0.7 元 / 箱	1 元 / 箱	1.1 元 / 箱	1.3 元 / 箱	1、2、3 月份
纯生	0.5 元 / 箱	0.6 元 / 箱	0.7 元 / 箱	0.8 元 / 箱	4、5、6、10、11、12 月份
纯生	0.45 元 / 箱	0.5 元 / 箱	0.55 元 / 箱	0.6 元 / 箱	7、8、9 月份
珠江罐装	元 / 箱				无

（2）业务主管提成方案，如表 3 所示。

表 3　业务主管提成方案

产品	完成率 <0.7	0.7 ≤完成率 <0.8	0.8 ≤完成率 <0.9	0.9 ≤完成率	月度
清醇（含盖）、老珠江	0.21 元 / 箱	0.27 元 / 箱	0.3 元 / 箱	0.33 元 / 箱	1、2、3 月份
清醇（含盖）、老珠江	0.09 元 / 箱	0.12 元 / 箱	0.15 元 / 箱	0.18 元 / 箱	4、5、6、10、11、12 月份
清醇（含盖）、老珠江	0.1 元 / 箱	0.12 元 / 箱	0.135 元 / 箱	0.15 元 / 箱	7、8、9 月份
纯生	0.17 元 / 箱	0.25 元 / 箱	0.27 元 / 箱	0.32 元 / 箱	1、2、3 月份
纯生	0.125 元 / 箱	0.15 元 / 箱	0.17 元 / 箱	0.2 元 / 箱	4、5、6、10、11、12 月份
纯生	0.1 元 / 箱	0.12 元 / 箱	0.13 元 / 箱	0.15 元 / 箱	7、8、9 月份
珠江罐装	元 / 箱				无

（3）数据收集：

目标量：办事处经理负责各个主管的目标分解，每月月底提交；各个主管负责所分管业务员的目标分解，每月月底提交。

完成量：各个主管每天核对所分管业务员的订单量，并定期与经销商核对业务员的出货量。

检查：办事处经理负责对各个主管的审查工作，市场助理、大区人事负责对各个办事处随时抽查。

（4）数据统计：各个办事处文员负责数据统计，并统计提成。

（5）数据核查：大区人事负责提成准确性核查。

5. 试用期

（1）试用期 1~3 个月。

（2）试用期工资固定，凡不合格者降级为业务员或者辞退。

（3）试用期转正：新进业务员试用期合格转入二级业务员，二级业务员三个月表现良好可转入一级业务员；新进业务主管试用期合格转入二级业务主管，二级业务主管三个月表现良好可转入一级业务主管。

五、销售支持人员薪酬构成及核算办法

工资＝基本工资＋绩效工资

1. 基本工资标准（如表 4 所示）

表 4 基本工资标准

岗位	级别	基本工资（元 / 月）	考核工资（元 / 月）
营销财务		1000	2500（试用期考核满分 80 分）
人事专员		1000	2500（试用期考核满分 80 分）
文员	大区	1000	1800（试用期考核满分 80 分）
	办事处	1000	1500（试用期考核满分 80 分）
市场助理	一级	1000	4200
	二级	1000	3000
试用期		1000	2500

2. 绩效工资及核算办法

营销财务及大区文员绩效工资 =2500*KPI 分数 /100

人事专员绩效工资 =2500*KPI 分数 /100

办事处文员绩效工资 =1500*KPI 分数 /100

3. 试用期

（1）试用期 1~3 个月。

（2）试用期薪酬 = 基本工资 + 绩效工资 *0.8

（3）市场助理试用合格转入二级市场助理，二级市场助理三个月表现良好可转入一级市场助理。

资料来源：百度文库，http://wenku.baidu.com/link?url=QPKGbqMOVVLDcOq3paB3Nh8bMzWa5Nl5g7yJDgeBEiBkb6m9yLaYFrwbwEIGjGhk0bSmMyc5Ke90cX8L4ywUUt99oTlziO2ZddyL0cD53gi.

实战演练

实训目标：通过该实训项目，学生能够掌握设计销售报酬制度的程序，能正确选择销售人员报酬结构，从而制定能有效激励销售人员的销售报酬制度。

实训内容：参考珠江啤酒深圳大区销售人员报酬制度，制定珠江啤酒东莞大区销售人员报酬制度。

实训要求：

（1）以小组为单位，完成实训任务。

（2）能依照报酬设计程序，清晰讲解各类销售人员选用的报酬结构，说出选择理由及其优缺点。

实训步骤：

（1）各小组成员调查收集东莞啤酒行业销售人员报酬的基本情况。

（2）小组集体讨论，确定报酬标准；完成各类销售人员工作任务书。

（3）个人陈述选择何种报酬结构，小组最终确定统一的报酬结构，并陈述理由。

（4）设计珠江啤酒东莞大区销售人员报酬制度。

组织形式：以 3~5 人为一个实训项目小组展开活动。

考核方式：小组提交珠江啤酒东莞大区销售人员报酬制度。

考核标准：

（1）报酬设计思路清晰。

（2）各类销售人员报酬结构选择合理。

（3）陈述理由得当。

任务十　销售人员的绩效考评

学习目标

- 知识目标：
  1. 了解销售人员绩效评估的作用。
  2. 掌握影响销售人员绩效考评的因素。
  3. 掌握销售人员绩效考评的原则、基本内容及方法。
  4. 掌握销售人员绩效考评的设计流程。
- 能力目标：
  1. 能分析销售人员绩效考评设计中存在的问题。
  2. 能进行简单的销售人员绩效考评设计。

引例

绩效考评考“倒”了销售员的积极性

汪处长的女儿是广东省的一家国有银行客服部的一名职工，女儿刚工作没有多久，她就向汪处长抱怨银行要绩效考评，可她到现在都没有完成任务。女儿告诉汪处长，银行上市后有业绩压力。从前几年开始，银行推行绩效考评。把考核指标层层分解到各分行，各分行再分解到各支行，各支行最后分解到每个员工身上。她被要求两个月内要销售 8 张信用卡，为了帮助女儿，汪处长和老婆各办了两张信用卡。女儿自己还一个人办了四张。

可是银行领导很快就发现多了很多“睡大觉”的信用卡。于是银行又考核信用卡的活跃程度！为了应付考核，汪处长被女儿逼着每月开始轮流用信用卡，这个月用这张，下一个月用另外一张。

汪处长现在头疼得很，全家现在一下子有八张信用卡，每个月买东西，要先问人家收不收信用卡，不收就去别的地方。现在连油盐酱醋这些东西，都要特地跑到大超市买，算上交通费和时间，这些东西比原来就近买的都贵！可是女儿也说了不是她一人这样做，完不成任务的同事家里都这样干。

而更让人烦心的事情出现了，银行今年又给每个员工定了推销基金的指标，员工的奖金要同推销的基金额挂钩。可汪处长的女儿连续两个月考核，都排在末尾，下班回家就吃不下饭。最后没办法，汪处长和老婆商量，把家里 30 万储蓄拿出来买了女儿的基金。女儿的饭碗保住了，可是半年后汪处长买的基金整整亏了 10 万！汪处长感觉现在是全家贴钱给银行打工，心里很不舒服，女儿因为银行又考核微笑服务，上班不笑要扣奖金，下班就耷拉个脸对着汪处长。汪处长觉得都是绩效考评惹的祸！

从《绩效考评考“倒”了销售员的积极性》，我们可以看出什么？

很多销售人员经常牢骚满腹，抱怨领导不懂“管理”，绩效考评体系非常糟糕，甚至还导致销售人员的工作质量降低！对销售人员进行绩效考评，作用本应是积极的，更有利于促进销售工作顺利开展，但事实上并非如此，出现了很多预期之外的恶性结果，诸如绩效考评成为个别主管领导公报私仇“整人”的工具；绩效考评考“坏”了销售部门与平行部门（如人力资源部）之间的关系，严重者导致销售体系的紊乱，甚至崩溃。追根溯源，这是由于销售人员绩效考评体系不科学或者操作不当造成的。

10.1 销售人员绩效考评概述

为了更好地管理销售队伍，激励销售人员高效地工作，企业实行销售人员绩效考评。通过绩效考评，企业对销售人员的奖惩、晋升、培训、指导等作出正确的决策；通过绩效考评，企业和个人发现问题、改进问题，最后达到双赢。有效的销售人员绩效考评将不断促进企业与员工的共同成长，保持企业的持续发展和个人的进步。

10.1.1 销售人员绩效考评的含义

绩效考评，是人力资源管理的核心职能之一，是指评定者运用科学的方法、标准和程序，对行为主体的与评定任务有关的绩效信息（业绩、成就和实际作为等）进行观察、收集、组织、存储、提取、整合，并尽可能做出准确评价的过程。

销售人员的绩效考评就是依据销售人员的工作任务测评销售人员业绩的过程。通过绩效考评，把员工聘用、职务升降、培训发展、薪资报酬相结合，使得企业激励机制得到充分运用，有利于企业的健康发展。同时对员工本人，也便于建立不断自我激励的心理模式。有效考评销售人员绩效，不仅可掌握销售人员个体对公司的贡献或不足，更可在整体上为人力资源的管理提供决定性的评估资料。

10.1.2 销售人员绩效考评的作用

1. 确定销售人员的薪资报酬

绩效考评是确定薪酬和奖励的依据。销售管理要求薪酬分配遵循公平与效率两大原则，而绩效考评的结果是决定员工报酬的重要依据，销售组织只有对销售人员的绩效作出公正的评估，才能对销售人员的奖惩、调薪等作出正确的决策。

2. 决定销售人员的升降调配

通过绩效考评可以了解个人对组织所做贡献的大小。引导销售人员朝着组织的目标方向努力，实现销售经理与销售人员更好的沟通，帮助销售经理决定销售人员的升降调配。

3. 进行销售人员的培训开发

通过绩效考评，在销售工作中管理层能够发现那些优秀销售员使用的销售技术，并在培训中将其推广给其他销售人员，从而改进整个销售队伍的绩效；也有助于改进销售培训计划。例如，现行培训计划可能过多注重销售话术的培训，而忽略了竞争对手分析，那么通过对销售培训计划的调整，使培训计划更加合理。

4. 加强企业与销售人员共同愿景的建立

企业通过绩效考评，找到企业发展过程中遇到的问题、个人发展中遇到的问题，通过解决这些问题，能实现企业与销售人员愿景的结合，促进企业与员工的共同成长，最后达到双赢。

小案例 1

刘老板的困惑

A公司是一家集碳酸、果汁饮品生产销售于一体的中型企业，公司刘老板最近很苦恼，原来公司销售部、市场部和人力资源部经理因为营销人员绩效考评问题较上了劲，并且还在部门经理例会上吵了起来，影响很不好。事情的起因是这样的，原来销售部所属的一名送货业务员由于早晨交通拥挤的原因导致送货迟了一些，进而导致商场断货，商场于是打来了投诉电话。结果人力资源部经理知道了这件事，坚持要从重处罚这名送货员，而销售部经理则认为这是客观原因造成的，不应处罚送货员。在A公司，这类事情已经发生过很多次，按照公司的考核标准这会影响到整个销售部的业绩，销售经理自然不服气。由于销售部和市场部作为营销系统的两大部门，两位经理的关系很好，并且市场部也不满于人力资源部制定的所谓绩效考评模式。于是，导致他们“联手”抵制人力资源部。更严重的是，销售部、市场部经理还找到了刘老板，扬言如果人力资源部经理不“走人”，那他们就走。面对这些曾经在商场上和自己“出生入死”的兄弟们，刘老板没了辙。人力资源部倡导绩效考评自然没错，不能打消他的积极性，可是销售部经理所言也有道理，市场更不能乱。如此“内耗”下去企业怎么办？刘老板百思不得其解，陷入极度困惑之中。

分析与启示：通过案例，我们可以发现A公司绩效考评的主体是人力资源部。但人力资源部并不清楚销售部门员工的工作性质，更不清楚员工特征。所以才会有上面的冲突。如果只让人力资源部负责绩效考评系统的开发、培训、实施监督和考核档案的管理工作，由销售部经理进行部门考核，就能避免上述冲突，从而发挥绩效考评的真正作用。

在本案例中，绩效考评也显现出明显的副作用。当牵扯到销售部利益时，市场部也跟着推波助澜，把绩效考评作为公司的政治工具，借机给员工“穿小鞋”，甚至“踢出”职工队伍，因此，绩效考评系统一定要科学、严密，注重企业文化，让小团队（部门）要融入大团队（整个企业）文化中。

10.2 影响销售人员绩效的因素

虽然要成为一名优秀的销售人员需要有一定的天赋，但大量的实证结果表明，天赋对绩效有一定的预测作用，但销售人员的绩效与天赋却没有很强的关系。销售人员的绩效可能更多地受到工作中的行为、技巧、态度等因素的影响。这些因素主要体现在两个层面上，即个体层面影响因素和组织与环境层面影响因素。个体层面影响因素包括销售相关的知识、适应性销售、角色感知、自我效能四个方面，组织与环境层面影响因素主要包括外部环境因素、内部环境因素以及上级领导行为等。

10.2.1 个体层面影响因素

1. 销售相关的知识

销售相关的知识指销售人员在销售产品或者服务的过程中运用的知识的数量和丰富程度，包括对产品的了解和对客户的了解。销售人员的知识能够让他们根据不同的客户和环境调整他们的销售方法。销售人员的知识结构将影响到销售绩效。真正成功的销售人员可能不是那些拥有最复杂的知识结构的人，而是那些拥有感性的知识结构，或者尽最大努力去学习、阅读及迅速反应的销售人员。由于知识是相对静态的，在动态的销售环境下，需要销售人员主动学习来进行补充。

2. 适应性销售

适应性销售指销售人员能够倾听客户的需求，并根据其需求调整销售策略，使得双方的关系在这个过程中得到增强。根据客户个人来调整销售行为的能力是销售绩效的一个关键。适应性销售是与销售人员技能相关的一个重要影响因素。

3. 角色感知

角色感知包括了角色冲突、角色模糊、角色过载三个重要方面。角色冲突是在个体把认知角色转换成行动角色的过程中会遇到的问题，是指个体面临这不相容的角色期望或对角色有着不同的认知时的一种对抗性局面。角色模糊是指个体对自己充当的角色不明确或缺乏真正理解所出现的状态，是个体从期望角色转换成认知角色的过程中，不清楚自己的权力、职责，不清楚自己应该干什么，不应该干什么。角色过载为一个人的角色要求太多，工作量太大，不可能完成所有角色所要求的工作时所面临的冲突。角色感知的三个方面都对销售绩效有着较大影响。

4. 自我效能

自我效能指个体对自己是否有能力完成某一行为所进行的推测与判断。如果预测到某一特定行为将会导致特定的结果，那么这一行为就可能被激活和被选择。自我效能高的销售人员对于他们的销售能力更有信心，所以在销售活动中会更坚持也会更多地参与。自我效能感越高，销售绩效会越好。

总之，企业的销售绩效受到销售人员的个体层面如销售相关的知识、适应性销售、角色感知、自我效能等方面的影响。在招聘销售人员时，需要制定科学的选聘方法，根据销售岗位的特点择优录取合适的求职者。尤其注意选择那些具备上述几个方面能力及潜力的人选。对于不适宜从事销售工作的应聘者，要严格地从源头就加以控制，以避免给企业带来不必要的损失。努力构建稳定、高效的销售队伍，为企业的持续发展提供良好的人力资本。同时对现有的销售人员，企业应该加强对他们在这些方面的培训。

10.2.2 组织与环境层面影响因素

组织与环境层面的影响因素包括外部环境因素、内部环境因素以及上级领导行为。

1. 外部环境因素

外部环境因素主要关注消费者的组成和偏好的变化、市场竞争强度、供应商以及客户等公司直接打交道的利益相关群体。比如顾客满意对销售绩效就有着积极的影响。

2. 内部环境因素

内部环境因素则包括了组织文化、组织政策等方面的因素。组织文化方面，要达到销售人员的最高绩效就需要建立起最高绩效相关的企业文化，市场导向的文化会对销售绩效有积极影响。在组织政策方面，销售管理中包括的评估、薪酬、培训等政策都会对销售绩效有显著影响。当销售人员感知到绩效评估标准是公平的，并与奖励挂钩时，工作满意度会得到提升，从而提高销售绩效。给销售人员进行培训会正面影响销售绩效，例如增加收入、减少客户抱怨等。应当注意到，没有一个单一的薪酬体系是普遍适用的，薪酬体系的设计对于销售人员的绩效有着重要的影响。

在组织和环境层面，设计适合组织文化的薪酬体系，加强培养销售人员的忠诚度和成就感，对于销售人员尽量选择基于过程的管理模式。

3. 上级领导行为

销售人员的上级领导也就是销售经理对销售人员的影响比销售人员个体的特征对销售绩效的影响更大。对销售人员的管理模式主要可以分为两个方面：以结果为基础的模式，以过程为基础的模式，这两种模式对销售绩效都有积极作用。基于过程的管理模式有利于销售人员产生忠诚感、挑战感、创新感，以及愿意为了客户的满意而接受对工作绩效和表现的评价。基于结果的管理模式，更能使销售人员感受到一种压力，促使他们在工作中尽快成熟和成长，并获得工作成就感。但是，基于结果的管理模式会导致销售人员的消极情感，进而导致员工没有忠诚度，可能一个小小的变化会导致他们离开公司，导致人力资本的不稳定性。

不同的领导风格会有不同的销售绩效。变革型领导手下的销售人员的销售绩效要比交换型领导手下的销售人员高。销售经理的领导风格以及销售人员感知到在多大程度上被授权会显著影响销售人员的客户导向，从而影响销售绩效。

销售经理应该花时间对销售人员进行管理。

第一是监督。销售经理必须花时间和销售人员在销售现场；或者打电话给销售人员询问有关情况，了解销售人员每天日常活动；或者观察销售人员在现场的表现。

第二是测评。销售经理要计算销售人员拜访客户的次数；评价销售人员的销售贡献；评价销售人员的销售结果；评价销售人员的销售演示；评价销售人员的专业发展。

第三是激励。销售经理应该定期对销售人员提供绩效反馈；根据销售活动的质量决定奖励；用非物质奖励来奖励销售人员的成功；根据销售活动的数量决定他们的报酬，而不仅仅是根据销售量来决定佣金，或者只根据销售结果对他们进行奖励。

另外，销售经理应该重视对销售区域的设计，销售区域设计的满意度对企业的销售绩效有积极影响。销售区域的客户数量设计、销售区域的地理规模设计、销售区域销售人员的分配设计、销售区域的客户拜访次数设计、销售区域的大客户数量设计、销售区域的商务旅行量设计、各个销售区域工作量的平衡、区域的总体设计与规划都有可能影响销售效果。科学的销售区域设计可以阻止销售人员采取跨区销售、侵占企业资源和截留公司的促销费等不良行为的产生。

资料来源：

江若尘，陈宏军. 销售绩效相关影响因素的实证研究. 商业经济与管理，2011，2（232）.

刘俊玮. 基于销售人员学习的销售绩效影响因素研究. 华南理工大学，2012-06-01.

10.3 建立销售人员绩效考评体系

10.3.1 建立销售人员绩效考评的主体

销售人员绩效考评的主体应当是最熟悉被考核对象工作表现以及工作效果，了解被考核对象工作内容和工作性质的，能够将日常观察和了解的结果转化为有用的评估信息的人员。一般来说，分为以下三类。

1. 销售人员直接上级主管

最主要的考评主体是销售人员的直接上级销售经理，这类考评主体直接与销售人员共同工作，从而获得直接的认识和了解。销售经理负责整个考核过程，包括提出加薪和晋升职务的建议。考核结果和建议需要上报给销售经理的直接上级人员做出最后的审批，审批通过后告知销售人员考评结果。

2. 地区经理或大区销售经理

在有些组织中，由几个经理同时对每一名销售人员进行评价。最常见的是地区经理和大区销售经理对销售人员进行绩效考评。在整个大区内全体管理人员定期召开会议的时候，同一大区内的其他地区经理对区内的销售人员进行共同的绩效考评。

3. 专业考核人员

一些公司采用由整个大区的管理者和一名由总部派出的专业考核人员对销售人员进行评价，专业考核人员提出总部对销售人员的统一考评规则，并保证整个考核过程符合规定，考核过程公正。

10.3.2 明确销售人员绩效考评的原则

为了能够设计出有效的绩效考评体系，明确绩效考评体系所遵循的原则是非常必要的，在结合各企业的行业特征后，应包含以下几个原则。

1. 目标导向原则

目标导向原则是指把人的需要转变为动机，使人们的行为朝着一定的方向努力，并根据工作难度的大小调整努力程度。将行为结果与目标做比较，及时进行改进与修正，最终实现预期目标。目标设定有两个维度：明确度和难度。目标越明确，完成明确目标的绩效变化越小，越能转变成为部门以及个人的目标。员工不同的能力和经验决定了感知目标实现的难易程度，如果目标定得高，实现难，会降低销售人员的工作积极性，影响目标达成。考评指标和评价体系成为虚设。因此，必须设定合理的目标，既要有一定的挑战性，又能让员工对实现目标抱有期望。

2. 公平合理原则

在考评中，经常会出现人为评估的情况，不可避免地会带有考评人员的主观评价。这就要求在体系设计上从多视角、多方向考虑，以确保考评的客观、公平。例如，大多数公司把销售业绩作为重要的工作绩效衡量标准，但是销售员 A 所在区域的一位客户经常向销售员 B 所在区域的一家批发商采购产品，那么销售员 B 的业绩是否能包含销售员 A 区域客户的业绩呢？答案明显是不能。遇到这种情况，考评人员很难直接通过销售业绩对销售人员进行评价，而要通过建立相关的考评管理制度，公平评价销售人员的绩效。

3. 过程公开原则

进行销售人员绩效考评前，应公开考评的指标、流程，让销售人员了解考评内容和机制。另外在考评过程中，多听取销售人员的反馈意见，并根据反馈做出考评规则的适当调整。这样不仅在考评过程中提高了评估的透明度，有效防止考评中出现的偏见及各种误差，让被考评人员心服口服；而且考评的结果也更易于让被考评人员所接受。

4. 全面评估原则

以往的考评体系中仅仅是管理部门和领导这种上级对销售人员进行的考评，但是作为直接与客户打交道，并且相互之间还存在竞争的销售人员来说，这一考评方法略有片面，它不能准确衡量出一个销售人员所具有的人际关系能力、沟通能力、同事之间的相处以及与顾客友好相处的能力。因此绩效指标和评价标准应全面，让评估的准确性更高。

5. 与激励机制挂钩原则

销售人员从事销售行业的工作其主要的目标还是利益导向的，因此考评结果的运用应当与激励机制相关联。将绩效考评的结果在实践中体现，没有相应的激励、惩罚，考评结果好的员工将失去积极性，考评结果不好的员工会更加有恃无恐。当然，激励机制不仅仅跟工资、绩效奖金相挂钩，还可以将精神激励等一同引入。

6. 差别管理原则

绩效考评应该能够区分出较差、一般以及出色的人员绩效。即使所有销售人员都出色地完成了任务，也应该区分哪些销售人员在自己的工作中表现更为出色。评估结果的各个等级之间要拉开一定的距离，否则考评的结果就会看起来更像是形式，失去了考评的意义。

7. 可操作性原则

绩效考评具有可操作性，说起来简单，可运用起来却不简单。总之绩效考评设计的指标要清晰明了，有明确的意义和计算方法，同时便于实施，使得数据便于获取。

小案例 2

考评"流产"了

B 公司是一家生产、销售乳制品的大型食品饮料企业，该公司产品主要销往市内各大商场、超市等零售网点。销售员每天都要深入销售区，除了新品谈判、货款结算业务外，更重要的是网络维护、卖场销售情况反馈、终端促销员管理等工作。由于公司近几个月已经没有新产品推出，并且货款结算大都为月结，规律性较强，公司陈老板便认为员工无所事事，甚至没有作为。于是找到了主管营销的副总经理，让其拿出一套绩效考评体系，以加强对销售人员的管理，防止他们在市场上"浪费"时间，多做工作。营销副总接受任务后，绞尽脑汁最后设计出了一套表格，要求销售人员逐日填写每天访问的客户、时间、接洽人、工作内容、接洽人电话等内容。刚开始，销售人员还如实填写，但后来销售人员便产生了抵触情绪，认为这是公司对员工的严重不信任，于是就开始在表格上信手"涂鸦"。虽然营销副总也曾通过打电话给客户以监督、检查表格内填写内容是否真实，可是执行起来并不容易，经常找不到人，并且客户也没有义务配合，而营销副总又不能到实地去核查，实际上这种考评"流产"了，根本反映不了销售人员的实际工作量。

分析与启示：在这个案例中，B 公司陈老板还是营销副总首先违背了绩效考评的全面评估原则，把日常监督作为销售人员绩效考评的全部内容，而且陈老板不清楚销售人员工作任务的前提下就片面认为销售人员无所事事，造成销售人员的不满。其次违背了过程公开原则，营销副总所设计的表格未得到销售人员的支持与认可就开始实行绩效考评，导致销售人员产生抵触情绪。最后违背了可操作性原则，营销副总的绩效考评方案不能体现被考核人的工作范畴、工作能力和工作业绩，并且也不具有科学性，有伤销售人员的积极性，不可操作，所以这种考评注定是失败的。

10.3.3 设定销售人员绩效考评的基本内容

绩效考评体系的成败很大程度上取决于绩效考评内容的确定是否合理。中国传统考核是从德、能、勤、绩四个方面进行，对于销售人员来说，可以从工作业绩、工作能力、工作态度三个方面进行绩效考评。

1. 工作业绩的考核

工作业绩是企业考核的重点，一般是衡量销售人员对结果绩效的贡献程度，其主要考核的是员工在考评周期内的销售收入、销售计划的完成率、销售费用率以及新客户的开发数量等。但是如果企业只关注工作业绩，会促使某些员工不择手段达到业绩要求，从而影响企业长远发展利益，对员工的未来发展也不利。

2. 工作能力的考核

工作能力是指销售人员能够创造更好业绩的能力，主要包括员工的计划执行能力、销售能力、市场开拓能力、专业知识能力等。工作能力是员工完成工作的必要条件，员工的能力不同，对企业所做的贡献当然也不同。

3. 工作态度的考核

工作态度是销售人员做好工作的基础，也是其工作能力转化为工作业绩的媒介，工作态度不同，工作结果也会截然不同，工作态度主要包括销售人员的努力程度、工作热情、对企业的忠诚度及服从度等。

小案例 3

绩效考评惹的祸?

C 公司是一家经营酒品的商贸公司，公司经营的白酒产品主要销往宾馆、餐饮、酒吧等场所。

这类营销网络具有几个令供应商头痛的问题，诸如客户索要进店费、开瓶费，并且产品加价率高、货款回收周期长等特点，导致呆死账现象时有发生。于是，公司主管营销的李副总同人力资源部、财务部共同制定了一套销售人员绩效考评体系，但这套所谓的绩效考评体系就是几个关键性的财务指标：销售额、回款额、呆死账额度等几个指标。并且，采取月度考核的办法，完不成任务直接从工资中扣罚，并且呆死账要销售员个人负责。

如果连续三个月没有完成目标或者超过设定目标，销售人员就得“走人”。执行后，确实使销售员十分谨慎，害怕自己“赔了”。结果，更加意想不到的事情发生了，销售网点开发力度大大降低了。更为糟糕的是，有一位销售员所负责的酒店在一夜之间倒闭了，尚欠公司 2 万元货款，这位销售员无力承担，只好“潜逃”了，还带走了公司的一些未结算的财务票据。B 企业害怕损失，结果蒙受了更大的损失，这些都是绩效考评惹的祸?

分析与启示：在这个案例中，C 企业仅考核了工作业绩，没有考核工作态度和工作能力，对绩效考评内容设定不全面从而造成销售人员“潜逃”。企业在进行绩效考评时，内容应该包括工作态度、工作能力和工作业绩，并且这三方面应根据不同行业、不同性质的企业各有侧重。而且 C 企业违背了与激励机制挂钩原则，只是注重维护企业利益，而忽略了对员工的激励与发展的考虑；也违背了全面评估原则，仅通过季度考核就决定销售员去留，这是极不合理的。员工的去留至少应该以半年或年度（在员工通过适用期后）综合考核为依据，否则就容易“枉杀”好人，更使留下来的销售人员如履薄冰，而难以与企业融为一体，形成共同的组织目标和愿景。C 企业的绩效考评还违背了公平合理原则，企业发生的呆死账要销售人员全部负责是不合理的，因为呆死账是企业间的债权债务关系，不能由员工独自承担。

拓展阅读 1

某房地产公司销售人员绩效考评内容表

被考核人姓名：　　　　　　　　　　　　　　填表日期：　　年　　月　　日

考核时间范围：　年　　月　　日—　　年　　月　　日　综合得分（行政人事填写）：

考核项目	考核指标	考核标准	满分
工作态度（25分）	周报表	0~3 分：工作报表基于形式，没有价值 4~5 分：思路基本清晰，有自己的思考在里面 6~8 分：能对市场清晰了解，对客户充分认识，对自己的工作充分掌握 9~10 分：工作成果超乎想象，积极对待各项工作，并对未来工作有完善的计划，并至少有一条有效的市场信息	10 分
	责任感	0~1 分：工作马虎，不能保质、保量地完成工作任务且工作态度极不认真 2~3 分：自觉地完成工作任务，但工作中有失误 4 分：自觉地完成工作任务且对自己的行为负责 5 分：除了做好自己的本职工作外，还主动承担公司内部额外的工作	5 分
	面对困难和挫折	0~1 分：悲观沮丧，不做任何努力 2~3 分：有时悲观，但很快就会振作 4 分：态度较端正，能平稳度过困难期 5 分：心态乐观，积极寻求解决之道	5 分
	工作热情	0~1 分：工作主动性较差，要上级指示执行 2~3 分：工作主动性一般 4 分：工作主动性较好 5 分：能够积极主动地开展工作	5 分

续表

工作能力（25分）	专业知识	0~2 分：只了解公司产品基本知识 3 分：熟悉本行业及本公司的产品 4 分：熟练掌握本岗位所具备的专业知识，但对其他相关知识了解不多 5 分：掌握熟练业务知识及其他相关知识	5 分
	分析判断能力	0~2 分：较弱，不能及时做出正确的分析与判断 3 分：一般，能对问题有简单的分析和判断 4 分：较强，能对复杂的问题进行分析和判断，但不能灵活运用到实际工作中 5 分：强，能迅速地对客观环境做出较为正确的分析和判断	5 分
	沟通能力	0~1 分：不能清晰地表达自己的思想和想法 2~3 分：有一定的说服能力 4 分：能有效地化解矛盾 5 分：能灵活运用多种谈话技巧与他人进行沟通	5 分
	灵活应变能力	0~1 分：缺少变通能力，反应不灵活 2~3 分：对个别问题能自行处理，有一定的应变能力 4 分：较强，工作中遇到的突发事件基本上都可以处理，但有时也有失误 5 分：很灵活，应对客观环境的变化能灵活地采取相应的措施	5 分
	工作成绩满意度	0~1 分：不认可其工作成绩，不满意 2 分：工作成绩不明显，勉强可以接受成绩 3~4 分：所做的工作还可以，比较满意 5 分：所做的工作有质有量，非常满意	5 分

考核项目	考核指标	考核标准（自评人按实际情况填写）	满分	实际完成数值（万元）	完成率	备注
工作绩效（50分）	销售完成率	本月任务（万元）	10 分	实际销售额		完成比率＝实际完成销售额 ÷ 销售任务 ×100%
	销售增长率	上月销售额（万元）	10 分	本月销售额		增长率＝（本月销售额－上月销售额）÷ 上月销售额的绝对值 ×100%
	回款完成率	实际回款金额 / 计划回款金额	10 分	本月回款额		完成比率＝实际完成回款额 ÷ 计划回款额 ×100%

续表

工作绩效（50分）	新客户开发	实际开发客户 / 计划开发客户	3 分	人	—	完成比率 = 实际新客户数 ÷ 任务数量 ×100%
	团队协作	个人利益服从集体利益	3 分	违规次数	—	因个人原因而影响整个团队工作的情况，出现一次扣 3 分
	参加培训、会议、活动	培训次数 开会次数 活动次数	2 分	缺席次数	—	公司组织的各种培训、会议、活动。每缺席一次扣 1 分，除出差外，无论何种原因
	出勤率	请假 / 迟到次数	3 分	请假天数 迟到次数	—	出勤率达到 100%（出差不计），得满分；请假超过 3 天或迟到超过 3 次，此项不得分
	日常行为规范	公司各项规章制度	3 分	违规次数	—	公司所有现行制度，违规 2 次该项不得分
	客户满意度	顾客投诉次数	3 分	投诉次数	—	出现 3 次客户投诉，该项不得分
	服从安排	对领导工作安排的态度	3 分	违规次数	—	听从领导合理安排，恶意违背此项不得分

自评：		部门经理评语：	
自评总分：		部门经理总评分：	

10.3.4 选择销售人员绩效考评的方法

销售人员的绩效考评方法很多，企业主要运用五种绩效考评方法，包括：目标管理法、平衡计分卡、关键绩效指标法、360º 绩效考评法、强制分布法。

一、目标管理法

目标管理法是一种以结果为基础的考评方法，是由美国管理学家彼得·德鲁克于1954年提出的。每一名销售人员都有自己的销售目标，把他们的实际销售结果与目标对比，通过绩效指数评价他们的绩效水平。这个指数等于销售目标除以实际销售额的百分比。

例如：某公司采用目标管理法，设定 4 种不同考评项目作为目标对销售人员进行评价。销售人员实现了 4 个标准中的 3 项，如表 10-1 所示。

表 10-1　考评项目表

考评项目	计划目标	实际完成	完成率 %
总销售额（万元）	50	60	120%
新产品销售额（万元）	5	4	80%
平均每天拜访客户次数（次）	4	4	100%
新顾客开发数量	10	10	100%

目标管理是一个反复循环、螺旋上升的管理过程。目标管理法就是最高管理层确定了公司来年的战略目标后，将组织的整体目标分解为几个分目标，然后将这些目标传达到下一级管理层或个人，管理者根据每个分目标完成的情况对下级进行考核、评价与奖惩。而这些目标就成为评价每一位管理者和员工个人对组织贡献的标准，考评结果作为组织报酬与改进的依据。

目标管理法的优点包括：①通过多点控制和公正的考评制度，目标管理法帮助企业建立清晰的愿景，使得员工和企业形成共同的立场、实现双赢；②目标管理可以很好地从上至下确定组织层级间的职责分工；③目标管理法是按客观条件设定的，保证了绩效考评的公平合理原则；④目标管理法费用不高，却能带来良好的绩效；⑤目标管理强调员工的自主管理和自我控制，能够极大地促进员工的个人发展。

缺点：①组织内许多目标难以定量和具体，导致目标难以确定。②因目标管理法聚焦于短期目标，会导致员工的“短视”行为；③目标管理过多地关注结果，而忽视了必要的行为过程，会影响部分员工的积极性。

二、平衡计分卡

平衡计分卡包括财务和非财务指标，通过在不同类别中综合考虑这些指标，以确保企业不仅关注过去的财务结果，而且注重企业的业务战略和未来的绩效。目前，《财富》排名前 1000 名的公司中有 40% 的公司应用了平衡计分的方法。平衡计分法的逻辑关系图如图 10-1 所示。

平衡计分卡（BSC）能很好地帮助企业解决长期困扰销售人员的绩效考评和企业销售管理的难题。它的基本内容是通过四个相互关联的视角及其相应的绩效指标考察公司实现其远景及战略目标的程度。这四个视角分别是财务、客户、内部流程、创新与学习。

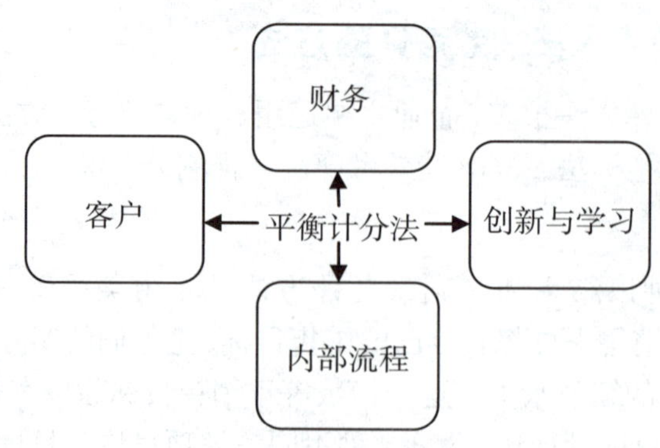

图 10-1　平衡计分卡逻辑关系图

1. 财务视角

财务指标是平衡计分卡中的焦点，所有衡量标准的最终目的是为了提高财务绩效。它通过销售收入的增长、降低成本和提高资产利用率三方面来进行绩效考评。

2. 客户视角

为了更好地服务顾客，必须将所有顾客进行细分，因为这些细分市场将构成公司财务收入的来源。客户视角的指标包括市场和客户份额、客户保持率、客户获得率、顾客满意度、顾客盈利率，以及产品和服务特征、顾客关系、形象和声誉等。这些指标体现了企业对客户利益的重视程度。

3. 内部流程视角

平衡计分卡从满足投资者和客户需要的视角出发，从价值链上针对内部的业务流程进行分析，提出了四种绩效评价：质量导向的评价、基于时间的评价、柔性导向的评价和成本指标评价。

4. 创新与学习视角

一般来说，公司的学习和成长能力有三个主要来源：人力、系统和组织程序。为了弥补现有的人员、系统和程序的能力与实现突破性业绩目标所要求的能力之间的差距，企业要投资培训员工，提高信息系统技术，组织企业程序。其中提高员工能力、激发员工士气尤为重要。反应指标主要有：员工培训支出、员工满意度、员工的稳定性、员工的生产率等。

平衡计分卡的优点：①考评内容比较全面，为企业的战略管理与绩效考评之间建立系统的联系提供了思路和方法；②平衡计分卡与绩效回报连接，能充分调动员工的积极性与主动性，保护股东利益并更好地为股东创造价值；③平衡计分卡有助于改善内部运营，促使公司内部加强沟通，创造良好的组织文化。

平衡计分卡的不足：①平衡计分卡强调从四个角度关注企业的绩效，耗时耗力；②因过于关注财务指标，对非财务指标的考核难以操作。

三、关键绩效指标法（KPI）

关键绩效指标法（KPI）是在对企业的战略目标进行逐层分解后得到的较少的关键战术目标，员工与管理人员通过在关键绩效指标上达成的一致协议来进行工作表现、工作期望以及工作未来发展的沟通。当关键绩效指标成为企业战略目标的有效组成部分时，以关键绩效指标来衡量的职位就会以实现企业战略目标的相关部分作为自己的主要奋斗

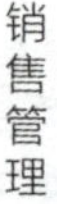

目标。关键绩效指标是在明确企业的战略目标、企业的业务重点后确定的，首先是企业级的关键绩效指标，然后根据企业的 KPI 确定部门的 KPI，最后再将这些 KPI 进行细分形成个人的 KPI，这些指标就成为员工绩效考核的要素和依据。

关键绩效指标法（KPI）体现了“二八法则”。每个部门和每位员工 80% 的工作任务是由 20% 的关键行为完成的，抓住 20% 的行为就抓住了主体。

关键绩效指标法的优势：①目标明确，有利于公司战略目标的实现；②有利于组织利益与个人利益达成一致；③提出了客户价值理念。

缺点：①使用 KPI，较难界定真正对企业绩效产生关键性影响的指标；②仅考虑关键性指标考评，忽略了如工作态度等方面的考核。

四、360° 绩效考评法

360° 绩效考评法是一种“多来源回馈”的绩效考核方法，也称为多源评估，是由被考评人员的上级、下级、同事、客户等与被考评对象比较了解和熟悉的人员，以不记名的形式对被考评人员进行评估，然后由考评责任部门向被考评人员提供考评信息的反馈，以帮助被评估者提高能力、水平和业绩的方法。通过多方面的评估，从而可以达到比较客观的结果。评估模型如图 10-2 所示。

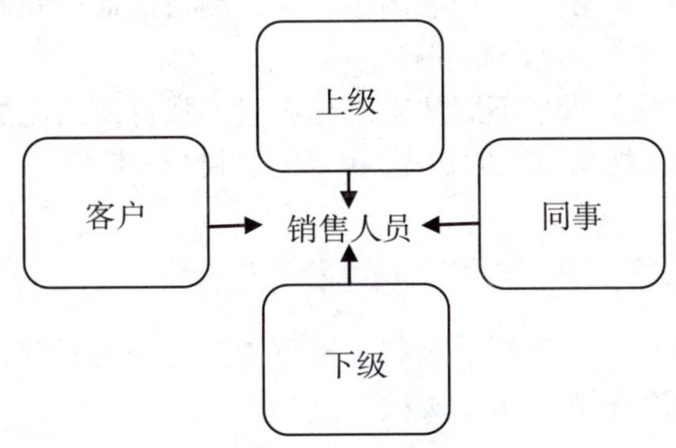

图 10-2　360° 绩效考评模型

360° 绩效考评法的内容如下：

1. 上级考评

上级是最常见的考评者，对考评的内容也较为熟悉。但是作为上级领导，因为日常的频繁接触了解，难免在考评中带有个人感情色彩，甚至是个人偏见，这将会影响考评结果的公正，所以在 360° 绩效考评法中还有其他考评者加入。

2. 同事考评

同事之间因工作性质极为相近，对对方的工作情况最为了解，所以也是可选择的考评者。但是同事之间也因长期共事而在考评时会夹杂个人情感，使考评结果产生误差。

3. 下级考评

下级对于自己上级主管的计划、安排、组织和沟通等方面的能力都有非常直接的切身体会，因而能够把上级主管在工作中的不足之处予以揭示，更有利于上级主管工作方式的完善。同时，下级评价使得上级主管在行使权利时有所制衡，可以避免因个人武断而造成错误的决策。

4. 客户考评

在一些情况下，顾客可以为组织和个人提供重要的反馈信息。但是，客户因为不属于企业内部人员，在操作时有一定难度。

360° 绩效考评方法的优点：①有不同层面的考评者，考评信息全面；②打破了由上级考核下属的传统考核制度，保证考评结果的客观性和公正性；③不局限于业绩指标，避免出现被考核者急功近利的行为。

缺点：①因为要收集来自各方面的评估，工作量比较大，考评成本高；②考评消耗大量时间，因为考评需要员工具备一定考评知识才能参与评估，故需要进行考评培训。

五、强制分布法

强制分布法是将限定范围内的员工按照某一概率分布划分到有限数量的几种类型上的一种方法。例如，评估者按预先确定的概率将员工分为 5 个类型：优秀、良好、中等、合格、不合格。绩效等级按比例分布。

这种方法的理论基础是：员工的绩效是呈正态分布的，这种方法的特点是两个极端水平的人少，中间水平的人多。

强制分布法的优点：有利于管理控制，特别是在引入员工淘汰机制的公司中，它能明确筛选出淘汰的对象，由于员工担心因多次落入绩效最低区间而遭解雇从而更加努力地工作，因而这种方法具有强制激励和鞭策功能。

缺点：当一群人的绩效水平不服从正态分布时，强行使用此法会把一些被评价者归入不适当的类别中，从而挫伤员工的积极性，甚至引起不满。

10.3.5 明确销售人员绩效考评的设计流程

明确合理的绩效考评设计流程，有利于考评体系更好地制定、修改和反馈，销售人员绩效考评的具体设计流程如图 10-3 所示。

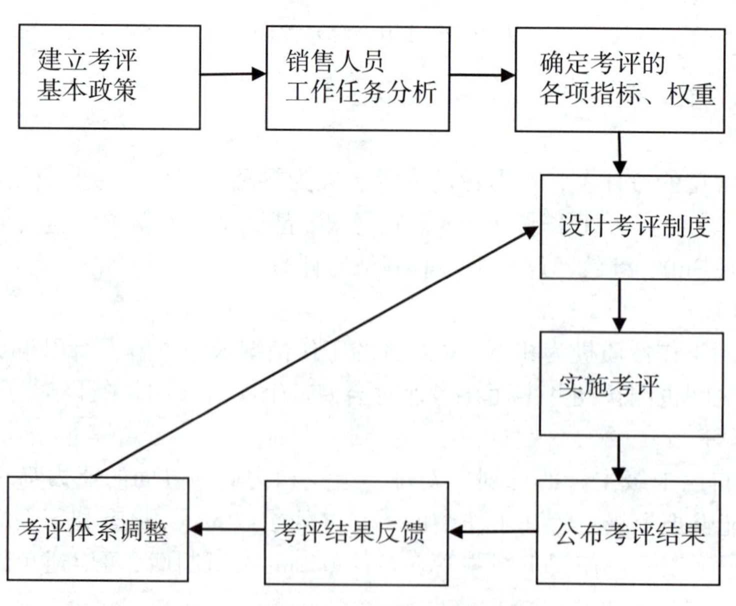

图 10-3 销售人员绩效考评的设计流程

1. 建立考评的基本政策

企业需要为销售人员的绩效考评做好充分准备，包括：明确考评的目的、建立考评组织、确定考评的周期、制定考评原则、选择考评方法。

2. 销售人员工作任务分析

根据企业制定的战略目标，要实现企业、部门、团队、个人的绩效目标，应对被考评对象所从事岗位的工作内容、特点、性质以及完成这些工作所具备的条件等进行研究和分析，从而了解被考评对象在该岗位工作所应达到的目标和所采取的工作方式等，初步确定出绩效考评指标。

3. 确定考评的各项指标、权重

依据绩效考评的目的与原则，对销售人员工作任务初步确定的指标进行确认，包括：①对单个考评指标的有效性进行确认，包括指标是否可理解、可控制、可实施、可信、可衡量、可低成本获取、与目标一致；②对考评指标的质量、实施成本、实施时间三要素进行确认；③对考评指标的相互关系进行确认，避免指标间出现矛盾与冲突。

考评销售人员绩效的指标有两大类：一类是定量考评指标，即客观考评指标；另一类是定性考评指标，即主观考评指标。

考评销售人员的定量指标包括三种：产出指标、投入指标、产出 / 投入比率指标。常见的产出指标有销售量、回款额、市场份额、毛利、客户数、订单数量和规模。常见的投入指标有销售访问次数、工作时间与时间分配、直接销售成本（如出差费用、其他业务费、薪酬等）、非销售活动（如拨打销售电话的次数、发出销售信件的数量）。常见的产出 / 投入比率指标有费用比率（如销售费用比率 = 费用 / 销售额）、客户开发与服务比率、访问比率（如每天平均访问率 = 总访问次数 / 工作天数）。

考评销售人员的定性指标包括五类：①销售人员的个人努力，具体包括时间管理、拜访的规划和准备、处理顾客不满和成交的能力、销售陈述的质量；②知识，包括产品知识、企业和企业政策、竞争者的产品和战略信息（客户知识）；③客户关系；④个人形象和健康状况；⑤个性和态度因素，包括合作性、自信心、责任感、逻辑分析和决策能力。

拓展阅读 2

销售人员通用胜任力模型

美国学者史班瑟博士通过对多位销售人员进行长期的观测与分析，采用行为事件访谈法构建了销售人员的胜任力模型。史班瑟通过研究发现，优秀的销售人员具有很强的成就动机与主动性，这些胜任力因素对于个人绩效水平的提升有巨大的作用，在所构建的胜任力模型中占据最大的权重。销售人员的通用胜任力模型及对应权重如表 1 所示。

表1　销售人员通用胜任力模型

权重	胜任力
10	成就动机、主动性
5	影响力、沟通能力
3	人际洞察力、客户意识
2	信息收集、关系维护、产品知识

4. 设计考评制度

针对上述考评指标及权重，紧密结合企业实际，探索和改进企业绩效考评工作，设计一套完善、标准化程度高、针对性强、可操作的考评制度。

针对不同的考核者、被考核者，设计不同的考核表。考核表应全面、易于理解、可操作。

5. 实施考评

实施考评就是对员工的工作绩效进行测定、记录、分析与评价，将员工的实际工作绩效与制定的绩效标准进行比较，加以评估。考核的时机应选择在上一个工作周期之后和下一个工作周期之前，以便总结前段工作和下期工作的目标。一般企业会选择半年和一年作为考核周期。

有的考评方法需要对考评者进行培训。加强对考评制度的认识和理解，帮助考核者把握考核的意义、实施规则，理解考核内容和考核要素，统一考核者相互间的考核评价标准，提高考核者的考核能力及指导、监督、鼓励等综合管理能力。

6. 公布考评结果

通过公布员工绩效考评结果，使员工明确其绩效表现在整个组织中的大致位置，激发其改进现在绩效水平的意愿。

7. 考评结果反馈

主管上级按照正式反馈程序，将考评结果向员工进行反馈，一般采取面谈方式。通过反馈，可以加强与员工的沟通，增加彼此的信任，促进员工发展和本部门工作水平的提高。

反馈应掌握以下原则：①反馈内容要具体，面谈时管理者应结合具体的好、坏绩效实例和相应的数据来支持考评结论；②保持双向沟通，面谈时，管理者要多倾听下级的想法，特别是当反馈带有批评性质时，了解下级是否诚心接受；③反馈方法要因人而异；④反馈要经常进行，除考评结束时的反馈，还要在平时进行非正式反馈。

8. 考评体系

为了让考评制度更趋于合理，在考评结果反馈后还应进行必要的修改和调整。根据考评的过程及考评结果应用后所发现的问题，经过认真对照比较和分析，对考评制度进行必要的修改，使绩效考评更加有效。

本章小结

（1）销售人员的绩效考评就是依据销售人员的工作任务测评销售人员业绩的过程。有效的绩效考评可以起到确定销售人员的薪资报酬，决定销售人员的升降调配，进行销售人员的培训开发，加强企业与销售人员共同愿景的建立四方面的作用。

（2）影响销售人员绩效的因素主要体现在两个层面上，即个体层面影响因素和组织与环境层面影响因素。个体层面影响因素包括技术知识销售相关的知识、适应性销售、角色感知、自我效能四个方面，组织与环境层面影响因素主要包括外部环境因素、内部环境因素以及上级领导行为等。

（3）建立销售人员绩效考评体系。包括建立销售人员绩效考评的主体，明确销售绩效考评的原则，设定销售绩效考评的基本内容，选择销售人员绩效考评方法，明确销售绩效考评的设计流程。

（4）常用的销售人员的绩效考评方法，包括：目标管理法、关键绩效指标法、平衡计分卡、360º 绩效考评法、强制分布法。

（5）销售绩效考评的设计流程为：建立考评的基本政策，销售人员工作任务分析，确定考评的各项指标、权重，设计考评制度，实施考评，公布考评结果，考评结果反馈，进行必要的修改和调整。

案例阅读

G 保险公司销售人员绩效考评改进案例

为了适应保险行业市场的发展和需要，结合企业状况，G 公司出台了《公司销售团队管理暂行办法》等指导性文件。新的管理办法中，明确定义了销售队伍的名称为销售团队，销售团队内的销售人员包含团队主管和业务员。团队主管是指经过选拔和审批产生的，对其团队保费业绩和其他考核指标负责，并且纳入公司编制的销售管理人员。业务员是指以直接销售公司产品和服务公司客户为主要职责，并纳入公司编制、签订劳动合同的销售员工。

企业目前拥有销售团队 22 个，销售员工（包括团队主管和业务员）190 余名，分布在全省 16 个地市的 18 家机构，人员深度可达到县级机构一级。

销售人员的年龄普遍年轻，190 名销售人员的平均年龄在 30 岁左右。60% 为毕业不满 5 年的大中专毕业生，可塑性较强，对未来个人的职业规划不明晰。

另外在学历及专业资质方面，大学专科及以上人员数量为 112 人，占总人数的 58.95%；中专人数 42 人，占总人数的 22.11%；高中及以下学历人员为 36 人，占总人数的 18.95%。持有保险从业人员资格证书的 92 人，占总人数的 48.42%；无从业资格证书的 98 人，占总人数的 51.58%。

总体来说，作为一支销售队伍，目前人员的学历水平较好，学习能力以及未来的培养可能性较高。

G保险公司有针对性地制定了本企业的经营目标，多年来，围绕企业经营目标不同程度地开展了绩效考评工作，初步建立了销售人员的绩效考评制度，设立了绩效考评指标，考核结果不同程度地与员工级别、薪资等挂钩。

一、绩效考评指标

G保险公司对团队主管、业务员使用不同的考评方式，但是其考评指标是统一的，都是以销售人员的销售业绩为主，附加日常管理考评。

1. 团队主管考评

团队主管的考评主要是以团队业务情况为数据基础，考评指标、计算方式及各项指标所占比重如表10-2所示。

表10-2 团队主管的考评指标及计算方式

指标	指标说明	数据来源	权重	分值	得分计算公式
实收保费计划达成率	该考核期内团队成员保费收入/该考核期任务数	系统提取	60%	60	累计实收保费/（全年实收保费计划+12*月份数）*100*60%
非车险实收保费达成率	该考核期团队内成员保费收入/该考核期非车辆保费任务数	系统提取	30%	30	累计非车险实收保费/（全年非车险实收保费计划+12*月份数）*100*30%
团队日常管理	考察团队主管的日常管理	所属机构填报	10%	10	当月团队日常管理考核得分（百分制）*10%

团队主管的考评中，90%的考核数据都是以销售业绩为依据，剩余10%为日常管理考核，表中占比10%的日常管理考评其具体内容如表10-3所示。

表10-3 销售团队日常管理考评表

分支机构：　　　　　　　　　　　　　　　　　　年　月　日

考核人	考核项目	打分标准				得分
		很好（9~10分）	好（7~8分）	合格（5~6分）	差（1~4分）	
分支机构财产保险部	团队日常管理	团队气氛积极向上，充分有效开展各项团队活动	团队气氛较好，各项团队活动均得到较好的开展	团队气氛一般，能够开展各项团队活动，效果一般	团队松散，团队活动基本没有	
	团队销售组织	销售组织科学合理，实际效果好，主管发挥关键组织作用	进行积极的销售组织策划，实际效果较好，主管起到重要作用	进行相应销售组织策划，主管发挥了一定的组织作用	团队销售活动基本无管理，主管完全未起到组织作用	
	业务协调支持	主管业务支持工作取得很好的效果，能很好地协调团队业务问题	主管业务支持工作取得较好效果，能较好地协调团队业务问题	主管进行业务指导、协同开展业务工作，协调处理了团队业务问题	团队业务的开展得不到支持，主管缺少基本的关注	

续表

考核人	考核项目	打分标准				得分
		很好（9~10 分）	好（7~8 分）	合格（5~6 分）	差（1~4 分）	
分支机构负责人	团队计划制定	很好地制定了完整、具体、科学的工作计划	能及时制定计划，计划明确可行	计划基本明确可行，但仍需要提高	不能及时制定计划，计划质量差	
	销售活动执行	积极响应并落实公司组织的各项销售活动	响应并落实公司组织的各项销售活动	配合公司的销售组织需要开展了相关工作	对公司组织的销售活动没有落实，效果差	
	费用使用控制	在规定的费用限度内，很好地支持团队业务开展	在规定的费用限度内，较好地支持团队业务开展	费用使用符合要求，能支持团队正常业务开展	费用使用控制不能符合公司的管理要求	
		以下几项打分标准				得分
		很好（18~20 分）	好（14~16 分）	合格（10~12 分）	差（2~8 分）	
分支机构负责人	计划目标达成	能够超额完成团队计划目标	能够较好地完成团队计划目标	基本完成团队计划目标	未完成团队计划目标	
	团队日常管理	团队气氛积极向上，充分开展有效的团队活动	团队气氛较好，各项团队活动均得到较好开展	团队气氛一般，团队活动能够正常开展	团队管理松散，团队活动基本不能开展或无效	
总分						

2. 业务员的考评

业务员的考评指标即其保费任务完成情况。其每个月从系统内提取出来的当月保费量以及以此计算出来的当月任务达成率即为其考核的结果。该考核结果直接影响到其底薪和绩效奖金提取的金额。

只有在其计划进行级别调整的时候增加了日常考核打分作为参考，但是该日常考核打分并不作为量化依据，仅作为参考标准，对调级结果的影响无量化数据。业务员日常考核打分表的相关内容如表 10-4 所示。

表 10-4　业务员个人表现考核表

团队：　　　　　　　　　　　业务员：　　　　　　　　　　　日期：

项目	优秀（10 分）	良好（10 分）	一般（6 分）	差（2 分）
工作积极性				
职业道德遵守情况				
考勤情况				
服务客户情况				
服务团队意识				
活动量				
客户信息收集与整理情况				
寻找新保源情况				
参加公司组织培训情况				
两核知识				
总分				

说明：在选择的分值上打“√”。

二、绩效考评主体

1. 团队主管

对团队主管的业绩考核数据直接从系统内提取相关数据，而日常考核方面则是由其所属机构的业务管理部门以及机构负责人予以考评打分。

2. 业务员

业务员的业绩考核数据直接从系统内提取，日常考核由所属机构的业务管理部门予以考评打分。

三、绩效考评的周期及操作流程

目前，销售人员的考评分为季度、半年度以及全年度，基本上每季度一次，以一个自然年度作为一个完整的考核期。

G 保险公司对销售人员的考评分为两个层级，一个是机构层级，另一个是总公司层级。总公司一级调取数据信息，机构一级反馈日常管理考核信息。具体的操作程序如图 10-4 所示。

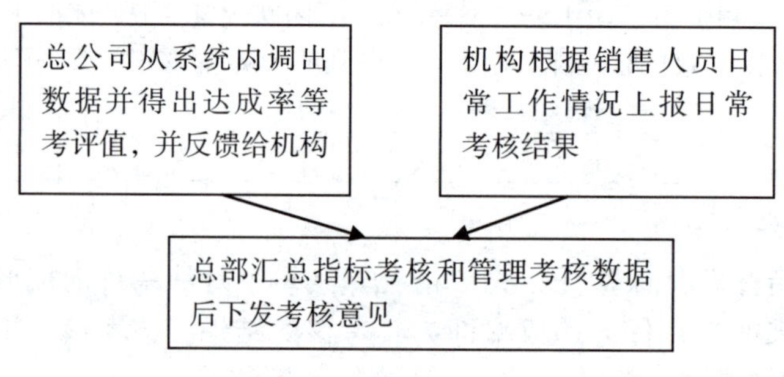

图 10-4　考核操作流程图

四、绩效考评结果的运用

季度的绩效考评结果将影响销售人员的底薪上浮及下调，每半年会根据考核结果重新确定级别。业绩达标率在 130% 以上的销售人员即可申请级别上调，而连续两个季度考核不合格的则面临着级别下降或者淘汰。除此以外，无其他的激励或者奖金。

五、G 保险公司销售人员绩效考评存在的问题

G保险公司的销售人员考评方案更多的关注点放在了销售的考核上，任务完成的越多，不仅不会影响到级别，甚至还可以往更高的级别晋升，绩效的提取也会更多。虽然在整个方案中也加入了部分日常管理考评的内容，但是所占的分值比例较小，在业务员的考评上甚至可以忽略不计，这对销售人员的个人发展以及企业的整体发展都带来了一定的负面影响。在目前的绩效考评制度下，G 保险公司销售人员的问题经过归集后，具体的表现有以下几个方面。

1. 销售人员责任意识薄弱

所有销售人员的个人收入都直接与业绩完成情况直接相关，只要能做到业务，不仅能够拿到绩效，还能够升级，这就促使销售人员采取短期行为，毫不顾及企业与团队，想尽办法让顾客购买保险。可能会出现的情形有如下几种：在客户不了解保险条款的情况下，夸大保险责任、保险范围，给客户不准确的产品信息，为以后企业的理赔工作留

下隐患；为了增加单笔保单的保费金额，游说客户增加购买的种类或者提高单笔保额，让客户的购买超出其实际需求，虽然增加了此次购买的金额，但是后期的续保可能就无法进行，进而增加了企业开辟新业务的成本；完成此次销售后，不再关心后续的服务，只是寻找着下一个客户，不利于售后服务。

2. 销售人员团队观念不强，缺乏团队精神

由于销售人员单纯追求业绩，相互之间也不存在什么关联，因此即使是同一团队的成员，相互之间争夺客户的情况是不可避免的。在这种情况下，不要说互相帮助了，销售人员之间甚至会产生矛盾，相互竞争，这种现象最终会使得客户对企业的信任度降低。同时，为了抢到客户，销售人员还会竞相为客户申请更低的折扣，这种行为也使得企业的效益受到影响。

另外，团队主管虽然管理整个团队，但是对团队人员的考核不在其管理范围内，并且他本身的考核只需要团队内成员把业绩做好，因此也不会进行所谓的团队管理、团队建设，使得整个团队如一盘散沙。

3. 损坏了企业形象

不论是销售人员的短期行为所造成的客户损失，还是相互竞争中让客户感到的困扰都直接反映了企业的内部管理。长此以往，企业在客户心中的评价将会大打折扣，不但留不住老客户，还影响到了新客户的拓展。

4. 为企业的人力资源管理带来高成本

G保险公司人员的流失一方面是因为优秀的销售人员被各家公司所争夺，另一方面是因为完全按照业绩考评，对有些起步较慢，暂时落后的销售人员来说影响较大，可能会因自己信心不足或者是因为考核不合格而离职。不论哪种原因都会造成企业人力成本的上涨。

5. 对销售人员的个人长远发展产生影响

一味地追求业绩和提成会给新入职员工造成急功近利的思想，不利于其责任心、主动性和吃苦耐劳精神的培养，更谈不上主动学习，提高个人素质了。这对于销售人员的个人发展也是极为不利的。

6. 员工对企业的信任度、归属感降低

由于单纯地追求业绩，不论是企业对销售人员的关注，还是销售人员对企业的依附度都相对较低。这就造成了销售人员对企业无感情，也不会参加企业的相关活动，维护企业的利益。另外，日常管理考评的单向打分，也使得销售人员对分值的信任度降低，进而对企业的信任度降低。

六、G保险公司销售人员绩效考评问题解决方案

1. 使用360°绩效考评法

本案例中主要针对的绩效考评对象是G保险公司的销售人员，他们的工作内容非常简单，就是销售企业的保险产品，而日常接触的主体包括企业内的员工，以及从他们那里购买产品和服务的顾客。在目前企业竞争激烈，市场信息瞬息万变的情况下，企业的组织形式逐步向扁平化发展，一线销售人员的职权范围不断增大，客户服务也受到越来越广泛的关注。在此等状况下，从任何一个单一的评价角度，都不可能做到全面、客观

地了解员工的行为状况，传统的由上对下的单线条考评方式已不能满足人力资源管理的需要，而 360° 绩效考评方法正是充分利用与被考评人员相关的多方面的资源对被考评者进行评估，满足了新形势下绩效考评的需要。

2. 分析销售人员工作任务书

团队主管工作任务书如表 10-5 所示。业务员工作任务书如表 10-6 所示。

表 10-5　团队主管工作任务书

岗位名称	销售人员——团队主管
岗位概要	企业保险产品的销售，团队的管理
直接上级	所在机构财产险部
直接下级	团队成员——业务员
主要职责	（1）负责企业保险产品的销售； （2）制定团队展业计划，包括年度计划、季度计划、月度计划等； （3）组织并协助团队内业务员完成各自任务，包括陪同展业、寻找新保源等； （4）业务员日常的管理、培训、帮扶； （5）做好所在团队的业务管理，包括建立业务台账、编制团队客户信息等； （6）指导并协同业务员做好客户的售后服务、拜访等； （7）与企业两核部门沟通承保、理赔事务； （8）团队凝聚力、团队文化建设； （9）解决团队内外产生的各种问题，包括客户投诉、内部矛盾等； （10）参与企业组织的其他活动
知识技能要求	（1）了解企业的各种保险产品及费率、条款； （2）沟通协调能力强，有较好的服务意识； （3）具有丰富的市场销售知识及技能； （4）具有一定的基础管理水平
教育及工作经历	（1）大专及以上学历； （2）五年以上销售团队管理经验
考核要点	（1）能否有效地完成团队工作目标； （2）能否将团队建设做好，营造积极向上的团队氛围，保持团队的稳定性； （3）能否做好团队内的基础业务管理工作； （4）能否对团队成员进行有效的管理、培训、帮扶

表 10-6　业务员工作任务书

岗位名称	销售人员——业务员
岗位概要	企业保险产品的销售
直接上级	团队主管
直接下级	
主要职责	（1）对外销售企业的各类保险产品； （2）向客户介绍、解释保险产品的条款、费率及保障范围； （3）做好对客户的售后回访、售后服务工作； （4）参与企业组织的其他活动

知识技能要求	（1）熟悉、了解企业的所有保险产品、条款、费率等； （2）有一定的沟通能力和服务意识； （3）有一定的学习和掌握技巧的能力； （4）有一定的销售经验，懂得一定的销售绩效
教育及工作经历	（1）职高、中专及以上学历； （2）两年以上销售经验；
考核要点	（1）目标任务的完成情况； （2）销售技巧及专业知识掌握情况； （3）顾客满意度情况； （4）客户信息的收集整理情况； （5）培训表现情况； （6）团队内表现情况； （7）遵守公司各项管理规定的情况

3. 绩效考评方案的指标及权重

绩效考评方案的设计可以用于多种目的，不同的目的会影响评估的层次、指标侧重等，本案例对G保险公司销售人员的绩效考评指标定为组织公民行为方面以及销售业绩方面这两类。

对于这两类指标所占的比重，采用了德尔菲法，即专家预测法来预测。所谓专家预测法，即某一领域的专家们对所在领域发展的看法达成一致的结构化的方法。

G保险公司内部请来了15名专家，他们分别是该公司总经理1名，市场销售部门及相关两核部门经理4名，人力资源部经理3名，中心支公司经理5名，中心支公司财险部经理2名。15名专家分别对上述两项指标的重要程度（在考评中应占的分值）进行打分，满分为100分。

（1）组织公民行为指标的提取及权重的确定

各位专家的打分情况经过汇总计算后正好形成了组织公民行为70%的考评比重，以及业绩核算30%的考评比重。 其中组织公民行为包括：服务意识权重0.22、团队意识权重0.22、积极性权重0.19、责任意识权重0.20、成本意识权重0.17。

（2）销售业绩指标的提取及权重的确定

在G保险公司目前发展阶段，销售人员的销售业绩考评指标只有业绩达成率（即保费量与任务数的比重）和续保率（再次投保的保费数额占总保费数额的比重）、非车险保费占比（非车险险种的保费金额占总金额的比重）这三个指标。因此，此次考评制度依然采用这三个考评指标，其中，按照企业的政策，非车险保费需占到总保费量的15%。各位专家的打分汇总后，业绩达成率权重为0.35，续保率权重为0.33 ，非车险保费占比权重为0.31。

团队主管各项考评指标的定义如表10-7所示。业务员各项考评指标的定义如表10-8所示。各考评主体打分权重如表10-9所示。

表 10-7　团队主管各项考评指标的定义

指标	分值				
	10	8	6	4	2
服务意识	对客户非常热情，能站在客户角度考虑问题；为了团队的整体发展，积极辅助团队成员	对客户有耐心，及时解决客户提出的问题；对团队成员的情况进行跟进	对客户的问题尚能及时处理；遇到团队成员出问题的时候会帮忙解决	对客户表现出不耐烦的情绪；不关注团队成员	对客户态度恶劣，甚至引起争吵；遇到团队成员有麻烦只会指责而非帮助解决
团队意识	与团队内成员关系融洽，合作很愉快；主动营造积极向上的团队氛围；团队销售组织合理	与团队内成员沟通顺畅，能顺利完成团队协作任务；团队氛围较好；各项团队活动能开展；团队销售组织策划效果较好	尚可以与团队成员沟通协调；团队氛围尚可，团队活动可以开展；进行了团队销售策划，有一定的作用	不易与人沟通协调；团队气氛一般，团队活动效果一般；可以进行团队销售策划	与人无法沟通，工作无法协调；团队组织松散，基本无团队活动；团队销售活动基本无管理
积极性	愿意并且创造性地从事超出工作职责要求的工作，成效显著	有着极大的热情去从事自己的本职工作，且做得很好	能自觉主动地完成工作，完成情况良好	能按时完成工作要求，完成情况一般	无工作热情，消极怠工
责任意识	责任心非常强，交办的事情完成很好	有责任心，不需要监督即可完成工作	比较有责任心，但需要略加监督	需要在一定的监督下完成工作	遇事推诿，无责任意识
成本意识	尽可能地为企业节省各方面的成本	安排工作的时候考虑企业的成本问题，尽量减少支出	在某些方面节省开支，但未形成习惯	没有成本意识，但也没大手大脚浪费企业资源	完全不考虑企业成本，只从自己的需求出发
业绩达成率	业绩达成 100%	业绩达成 80%	业绩达成 60%	业绩达成 50%	业绩达成 50% 以下
续保率	60% 及以上	50%	40%	30%	20% 以下
非车险占比	15% 及以上	12%	10%	5%	5% 以下

表 10-8 业务员各项考评指标的定义

指标	分值				
	10	8	6	4	2
服务意识	对客户非常热情，能站在客户角度考虑问题	对客户有耐心，及时解决客户提出的问题	对客户的问题尚能及时处理	对客户表现出不耐烦的情绪	对客户态度恶劣，甚至引起争吵
团队意识	与团队内成员关系融洽，合作很愉快	与团队内成员沟通顺畅，能顺利完成团队协作任务	尚可以与团队成员沟通协调	不易与人沟通协调	与人无法沟通协调，工作无法协调
积极性	愿意并且创造性的从事超出工作职责要求的工作，成效显著	有着极大的热情去从事自己的本职工作，且做得很好	能自觉主动地完成工作，完成情况良好	能按时完成工作要求，完成情况一般	无工作热情，消极怠工
责任意识	责任心非常强，交办的事情完成很好	有责任心，不需要监督即可完成工作	比较有责任心，但需要略加监督	需要在一定的监督下完成工作	遇事推诿，无责任意识
成本意识	尽可能地为企业节省各方面的成本，绝不利用成本恶性竞争，不做风险客户	展开业务时考虑企业的成本问题，尽量减少支出	在某些方面节省开支，但未形成习惯	没有成本意识，但也没大手大脚浪费企业资源	完全不考虑企业成本，只从自己的需求出发
业绩达成率	业绩达成 100%	业绩达成 80%	业绩达成 60%	业绩达成 50%	业绩达成 50% 以下
续保率	60% 及以上	50%	40%	30%	20% 以下
非车险占比	15% 及以上	12%	10%	5%	5% 以下

表 10-9 各考评主体打分权重

考评主体	团队主管	业务员
自评	0.1	0.1
同事评	0.2	0.2
上级评	0.3	0.35
下级评	0.2	—
客户评	0.2	0.35

4. G保险公司绩效考评制度的设计

（1）内部考评表

内部考评表主要使用于企业内部，由上级、同事、下级、自己打分时使用。考评主体根据被考评人员的表现，参照考评指标细则在对应的分值上打钩。表格内容见表10-10。

表10-10 内部考评表

指标	权重	评分				
服务意识	0.22	10	8	6	4	2
团队意识	0.22	10	8	6	4	2
积极性	0.19	10	8	6	4	2
责任意识	0.20	10	8	6	4	2
成本意识	0.17	10	8	6	4	2
总计						

□自评　□上级评　□同事评　□下级评

（2）客户评分表

客户评分表主要用于顾客对销售人员的考评，但是由于客户的数量较多且无法像内部人员一样能耐心了解各项指标的详细内容以及打分细则，因此对客户评分表的设计上就采用了两种模式，一个是日常评分，一个是电话回访。日常评分由被考评人员的上级每月随机找2~3位客户现场填写打分表，电话回访则是由企业的电话中心每月抽取2位客户，电话沟通打分。

顾客评分表为了能让顾客短时间内了解评分内容，在表格上以顾客的角度为出发点列出了评分的内容，具体内容见表10-11。

表10-11 客户评分表

指标	权重	评分				
		10	8	6	4	2
服务态度	0.22	态度热情	态度较好	态度一般	态度冷淡	态度恶劣
积极性	0.19	主动解释条款，解决问题	解释条款，对提出的问题能较好地解决	能回答客户问题，在要求下解释条款	能回答客户问题，态度不耐烦	对客户问题推三阻四，逃避回答
责任感	0.20	工作很负责，能充分考虑客户购买需要	工作较为负责，能考虑到客户情况建议购买	工作一般，按照常规购买方式	不太负责，游说客户不需要险种	不负责任，完全不考虑客户情况
		10			2	
是否与他人争夺客户	0.22	是			否	
是否运用价格手段争夺客户	0.17	是			否	
总分						

顾客签名：　　　　　　　　　　　业务单号：

（3）考评结果的计算

本文设计的考评制度采取 10 分制，按照前文确认的权重，分别是组织公民行为指标得分 7 分，业绩考核指标得分 3 分。

例如某团队主管 A，各类考评主体打分的平均分分别为：自评 8 分，上级评 7 分，同事评 7 分，下级评 9 分，顾客评 8 分。那么其组织公民行为指标的得分 =(8*0.1+7*0.3+7*0.2+9*0.2+8*0.2)×0.7=5.39。

团队主管 A，业绩达成率得 10 分，续保率得 8 分，非车险占有率得 8 分，则其业绩考核得分 =(10*0.35+8*0.33+8*0.31)*0.3=2.59。

将两项指标的分项考核得分加总后即为该员工的考评最终得分。团队主管 A 的得分即为 5.39+2.59=7.98。

考评方案的实施及反馈等内容略。

资料来源：尹铭玉. G 保险公司销售人员绩效考评改进研究——基于组织公民行为理论的视角. 合肥：安徽大学，2013-05-01.

练习与思考

一、选择题

1. 销售人员的绩效考评就是依据销售人员的（　）测评销售人员业绩的过程。

A. 工作绩效　　B. 个性特征　　C. 工作业绩　　D. 工作任务

2. 绩效考评体系的成败很大程度上取决于绩效考评内容的确定是否合理。中国传统考核是从德、能、勤、绩四个方面进行，对于销售人员来说，可以从三个方面对其进行绩效考评。以下（　）不属于销售人员绩效考评的内容。

A. 工作业绩　　B. 工作能力　　C. 工作任务　　D. 工作态度

3. 目标管理法是一种以（　）为基础的考评方法，是由美国管理学家彼得·德鲁克于 1954 年提出来的。

A. 结果　　B. 过程　　C. 目标　　D. 行为

4. 平衡计分卡（BSC）能很好地帮助企业解决长期困扰销售人员的绩效考评和企业销售管理的难题。它的基本内容是通过四个相互关联的视角及其相应的绩效指标考察公司实现其远景及战略目标的程度，（　）不属于这四个视角。

A. 财务　　B. 客户　　C. 内部流程　　D. 竞争对手

5. （　）体现了“二八法则”。

A. 目标管理法　　B. 关键绩效指标法　　C. 平衡计分法　　D. 强制分布法

6. 360° 绩效考评法是一种“多来源回馈”的绩效考核方法，也称为多源评估。是由被考评人员的相关人员，以不记名的形式对被考评人员进行评估，下列（　）不属于被考评人员的评估人员。

A. 上级　　B. 下级　　C. 同事　　D. 竞争对手

7．强制分布法是将限定范围内的员工按照某一概率分布划分到有限数量的几种类型上的一种方法。这种方法的基础是：员工的绩效是（ ）。

A．正态分布　　　　B．二项分布

C．均匀分布　　　　D．样本平均数的抽样分布

二、判断题

1．员工的不同能力和经验决定了感知目标实现的难易程度，如果目标定得高，实现难，会降低销售人员的工作积极性，影响目标达成。（ ）

2．要成为一名优秀的销售人员需要有一定的天赋，但大量的实证结果表明，天赋对绩效有一定的预测作用，销售人员的绩效与天赋有很强的关系。（ ）

3．真正成功的销售人员可能不是那些拥有最复杂的知识结构的人，而是那些拥有感性的知识结构，或者最多的能力去学习、阅读及迅速反应的销售人员。（ ）

4．基于结果的管理模式有利于销售人员产生忠诚感、挑战感、创新感，以及愿意为了客户的满意而接受对工作绩效和表现的评价。基于过程的管理模式，更能使销售人员感受到一种压力，促使他们在工作中尽快成熟和成长，并获得工作成就感。（ ）

5．目标管理法就是最高管理层确定了公司来年的战略目标后。将组织的整体目标分解为几个分目标，然后将这些目标传达到下一级管理层或个人。管理者根据每个分目标完成的情况对下级进行考核、评价与奖惩。（ ）

三、简答题

1．简述销售人员绩效考评的原则及其原因。

2．简述销售人员绩效考评的三种常用方法，并列出优缺点。

3．简述销售人员绩效考评体系的设计流程。

实训项目

案例分析

JW 啤酒公司销售人员绩效考评的问题

JW 啤酒公司产品主要销往广东、湖南、华东、广西、海南等地，同时销往香港、澳门、东南亚等地区。2002 年 9 月 A 啤酒荣获“中国名牌产品”称号，并于 2005 年蝉联此项荣誉；2004 年 JW 啤酒全部产品率先通过国家“绿色食品”认证；2005 年 6 月“JW”商标获得“中国驰名商标”的殊荣。JW 啤酒自 2004 年首获并三届蝉联“香港超级品牌”称号，在香港市场上居国产啤酒销量第一位。

一、JW 啤酒公司营销人员绩效管理现状

JW 公司成立于 1990 年。建厂初期，因为啤酒销量非常好，公司经营以生产为主导，只需要较少的营销人员做好市场维护工作即可。1999 年以后，随着啤酒行业的快速发展，

市场竞争日趋激烈，JW 啤酒销量受到严重冲击，市场份额逐渐减少。2002 年起公司成立了专门的销售公司，推行“精耕细作，直达终端”的营销策略，经过 3 年整合，市场销量下滑趋势得到较好的抑制。2005 年后，随着中国啤酒市场的快速发展，各公司竞争日趋白热化，JW 公司没有随市场的变化对营销模式进行变革，没有对人员管理进行变革，导致销量连年下滑，利润连年下降。2005—2009 年销售量对比如图 1 所示。

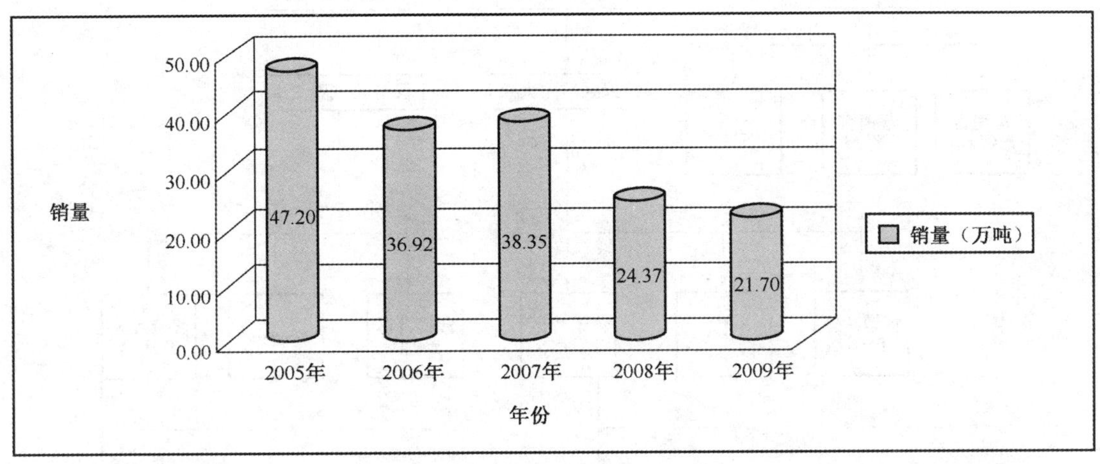

图 1　2005—2009 年销量对比

啤酒市场没有固定的营销模式可言，最重要的是适合企业在当地的销售，JW 公司根据销售市场的发展状况及公司的战略定位，在深圳地区主要采用直销和深度分销的销售模式，其营销模式如图 2 所示。

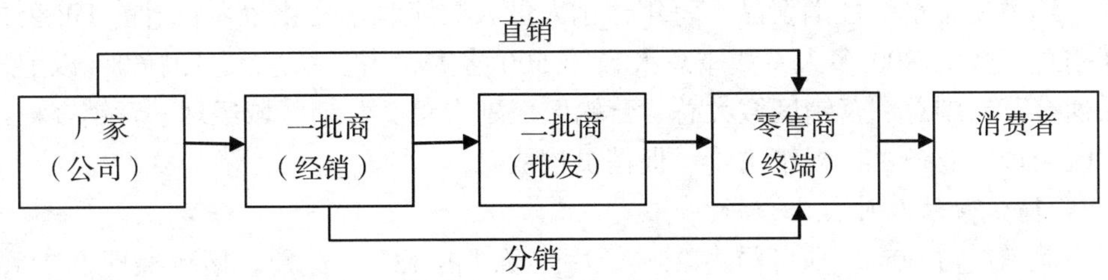

图 2　JW 啤酒公司营销模式

深度分销即厂家—一批商—二批商—终端—消费者，厂家将市场进行细分，寻找有一定渠道的一批商，利用一批商的营销渠道分销产品，厂家建立营销团队，帮助一批商进行渠道建设、市场规划、终端开拓及维护、统筹进行促销活动等工作。工资由厂家发放，提成部分由一批商与厂家共同支付。

直销模式即厂家—一级经销商—终端—消费者和厂家—终端—消费者，厂家在细分市场寻找多个一级经销商，经销商直接将产品配送到终端。缩短了中间的渠道链条。厂家建立营销团队，负责市场的规划、建设、维护、终端开拓、维护，以及市场促销活动的策划执行等工作。工资及提成由厂家发放。

根据公司的营销模式，现行营销架构如图 3 所示。

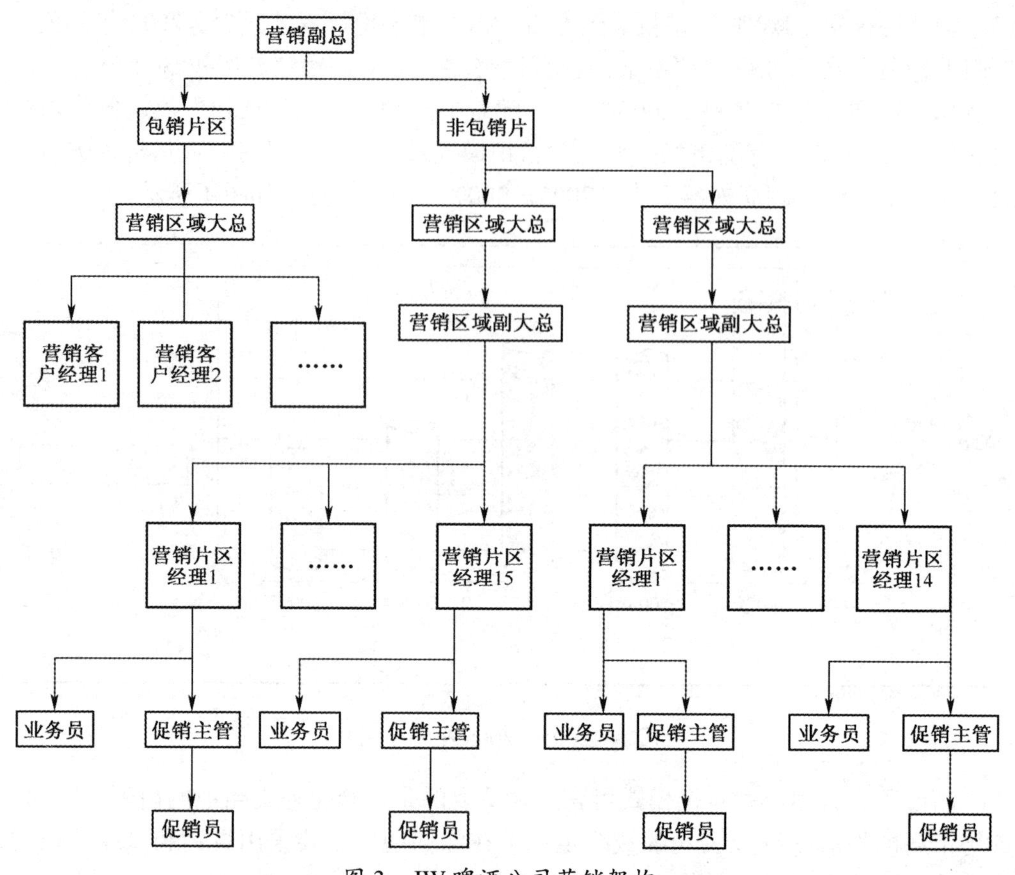

图 3 JW 啤酒公司营销架构

因为啤酒属于季节性消费品，每年营销人员人数淡旺季变化较大，目前 JW 公司营销系统旺季总人数约 800 多人，淡季总人数约 500 多人，占公司总人员的 60% 以上，营销职位系列有营销副总、营销区域大总、营销区域副大总、营销区域经理、营销客户经理、销售片区经理、业务员、促销主管、促销员构成。

1. 各岗位营销人员占比分析

其中促销员占 60%，业务员占 25%，片区经理占 13%，副总、区域经理占 2%，如图 4 所示。

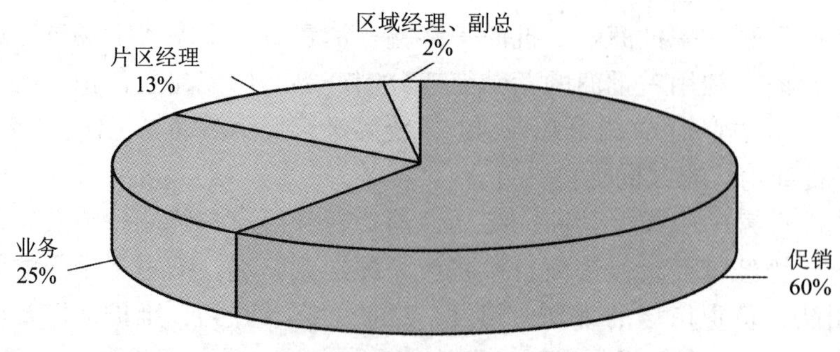

图 4 各岗位营销人员人数比例

2. 营销人员学历分析

含促销人员，营销人员初中学历占 42.11%，中专学历占 16.04%，高中学历占 37.71%，大专以上学历占 7.14%，如图 5 所示。

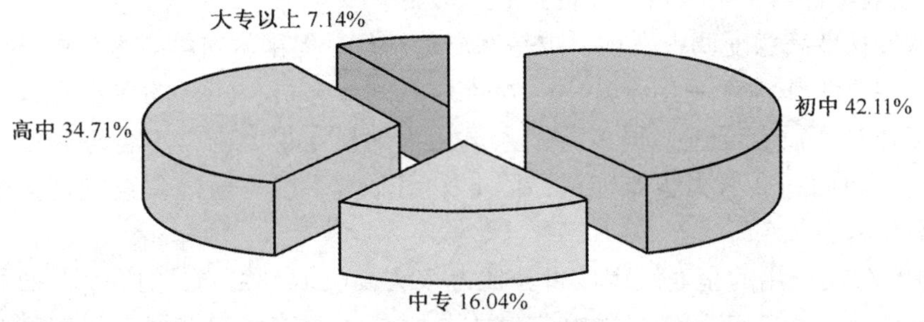

图 5 含促销人员营销人员学历比例

不含促销人员，营销人员初中学历占 1.94%，中专学历占 24.76%，高中学历占 51.94%，大专以上学历占 21.36%，如图 6 所示。

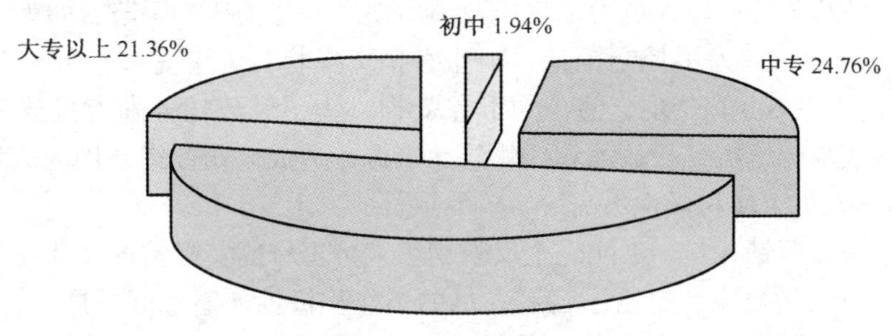

图 6 不含促销人员营销人员学历比例

整体来看，营销队伍总体素质以初中、高中学历为主，如果不含促销人员，营销人员总体素质以高中、中专为主。

3. 营销人员年龄分析

年龄 18~30 岁的人员占 80.09%，30~40 岁的人员占 16.35%，40 岁以上人员占 3.56%，如图 7 所示。

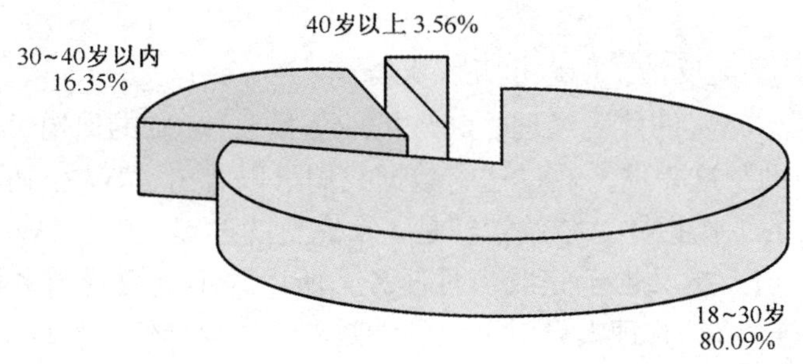

图 7 营销人员年龄比例

二、JW 公司目前的绩效考评中存在的问题

通过绩效管理满意度调查结果的分析，以及与各片区相关人员、营销管理部门相关人员访谈得到的信息，JW 公司目前的绩效考评中存在以下几方面问题：

（1）绩效考评对营销人员工作促进程度较低。

通过绩效管理满意度调查发现，越是基层营销员、促销员对绩效考评的认知度越低，在绩效考评促进工作程度一项统计中，74% 左右的业务员、60% 的促销员认为绩效考评对他们的工作基本没有促进，很多营销人员认为销量定得太高，不合理，没有考虑市场的具体情况，他们怎么努力也难完成，除非采用非常手段。通过调查发现营销人员的工作积极性不高。

由于 JW 公司采用的是业绩完成百分比考核法，业绩完成情况的好坏将直接影响销售人员的工资收入，由于年初销量的制定基本是由公司职能部门根据公司年度销量及利润目标并参考部分区域去年度的销售情况制定的，并没有经过科学的分析和合理的测算，人为的希望销量大幅增长因素较高，所以销量的制定并不十分合理，营销人员拿到销量指标后，很多人认为自己通过正常途径怎么努力可能都不能完成月销量，所以积极性受到较大打击，导致某些业务人员为了完成业绩而使用一些偏执的手段，如为了完成任务，与经销商协商压货，或为了控制销量，阻止经销商提货；为了完成任务，对终端网点随便承诺，结果承诺又不能兑现，使公司形象受损；为了完成任务随意投放公司资源，对于月销量明显较少的终端，投放冰箱、帐篷等资源，造成公司促销费用的大幅浪费。

（2）营销人员工作积极性不高。

仅从业绩考核营销人员，不能完全反映销售人员工作的实际情况，绩效考评的公平、合理性受到业务人员质疑，打击了营销人员的工作积极性。通过问卷调查，其中 50% 以上的片区经理、业务员、促销员认为绩效考评不够公平合理。由于业绩受销量限制、地域成熟度、资源投入、天气等多方面的影响，部分与区域经理、片区经理关系好的老员工，他们分得的地区自然销量较高，即便这些人工作不努力，照样能够完成当月任务，而有些成熟度较低的地区，业务员努力工作业绩还是很难完成，收入较低，导致该地区人员流动量大，最终对公司的影响就是越是不成熟地区越没人愿意去，越是没人做市场。而成熟度高的地区，可能因为营销人员工资已经很高所以懒于工作，与经销商、二批商、终端沟通不到位，销量逐渐下滑。这些业务员经常偷懒休息，工资却比较高，很多地头业务员每天努力铺市、开发空白点，但任务还是很难完成，工资太少，不够生活，造成不平衡。

（3）绩效考评几乎无反馈，所以也几乎无提高。

60% 的区域经理、68% 的片区经理、66% 的业务员、100% 的促销员在绩效反馈的调查中都选择了“无帮助”这一项，通过这个数据我们可以看出，JW 公司在绩效考评过程中并没有重视对下属的工作指导。绩效管理是一个完整的过程，由于 JW 公司对营销管理人员的培训较少，营销人员又忙于完成当月任务，所以并不重视营销考核结果的反馈及对下属的指导。经调查，营销管理人员对下属的绩效考评结果反馈多在区域或片区晨会上，他们主要是督促销量，而对于业务人员提出的问题，基本不能及时帮助解决，当业务人员上月任务完成较差时，上级领导仅仅是一味地批评，很少具体地帮助及指导下属人员该怎样工作，导致营销人员工作得不到改进，下月完成任务继续困难，造成恶性循环。

（4）销量目标随意调整，打击营销人员工作积极性。

通过绩效调查问卷以及与部分营销人员进行面谈，有营销人员提出："部分区域经理或片区经理随意将业务员的销量进行内部调整分配，关系好的销量分配得量多，关系不好的销量分配得量少，或是为了平衡，内部随意调整销量，有大锅饭现象。"这种现象的发生，说明公司绩效管理不到位，不能按照"多劳多得"的原则鼓励员工努力工作，员工工作缺乏积极性。

由于营销人员的工资仅与业绩挂钩，所以部分营销管理人员将与自己关系好的员工销量完成率调整得较高，而将与自己关系不好的人员的销量完成率调整低，使得业务员认为公司业绩考核非常不公平，思想上总有一些抱怨情绪。

（5）考核标准调整较随意，未征求营销人员意见。

通过调查问卷，我们发现仅有区域经理参加了绩效考评标准的制定，其他人员都没有参加，同时部分区域经理也提出，希望公司在制定绩效考评方案及调整时他们能够深度参与，而不是职能部门通过分析就提出绩效考评方案。

目前公司在进行绩效考评标准制定时，较少征求区域人员的意见，且在营销人员绩效考评标准执行过程中，经常根据业绩完成情况，调整当月销量，当营销人员任务完成较好时，为了平衡工资收入，随意调整当月销量，严重打击了营销人员的工作士气，使得营销人员对公司信任度降低，工作积极性受阻。

资料来源：蔡勇．JW 啤酒公司营销人员绩效管理体系研究．湘潭：湘潭大学，2012-06-10．

实战演练

实训目标：学生能够深刻理解销售绩效考评的原则，合理选择常用的销售绩效考评的方法，设计销售人员绩效考评表。

实训内容：结合案例分析，进行珠江啤酒东莞大区销售人员绩效考评设计。

实训要求：

（1）学生能清晰讲解绩效考评设计的原则。

（2）学生选择此种考评方法的原因。

（3）最后结合东莞大区的信息，依据设计流程，能针对不同的销售人员岗位设计绩效考核评分表。

实训步骤：

（1）学生收集东莞大区销售人员目前绩效考评的情况。

（2）学生从管理者角度出发，分析目前绩效考评存在的问题。

（3）学生依据流程来设计新的绩效考核评分表。

组织形式：以 3~5 人为一个实训项目小组展开活动。

考核方式：以小组形式提交详细报告。

考核内容：

（1）能运用和体现绩效考评原则。

（2）选择绩效考评方法合理。

（3）绩效考评设计流程具有逻辑性。

（4）汇报人员思路清晰。

参考文献

[1] 戴维·乔布，杰夫·兰开斯特．推销与销售管理．第七版．北京：中国人民大学出版社，2007.

[2] 王海滋，赵霞．销售管理．第二版．武汉：武汉理工大学出版社，2014.

[3] 莱曼·W·波特．激励与工作行为．北京：机械工业出版社，2006.

[4] 查尔斯·M·富特雷尔．销售 ABC．第 5 版．北京：企业管理出版社，2005.

[5] 杨东．员工激励．北京：中国轻工业出版社，2010.

[6] 杜琳．销售管理．北京：清华大学出版社，2011.

[7] 胡旺盛．销售管理．合肥：合肥工业大学出版社，2007.

[8] 威廉·斯坦顿，罗珊·斯潘茹．销售队伍管理．北京：北京大学出版社，2004.

[9] 朱飞．绩效激励与薪酬激励．北京：企业管理出版社，2010.

[10] 任广新．销售管理：技能与实务．北京：北京大学出版社，2013.

[11] 欧阳小珍．销售管理．武汉：武汉大学出版社 . 2010.

[12] 王方华．市场营销学．上海：复旦大学出版社，2009.

[13] 托马斯·英格拉姆，雷蒙德·拉福格．销售管理分析与决策．第 6 版．北京：电子工业出版社，2009.

[14] 刘昕．薪酬管理．第二版．北京：中国人民大学出版社，2007.

[15] 徐斌．激励性薪酬福利设计与管理．北京：人民邮电出版社，2007.

[16] 于洁，杨顺勇．销售管理：理论与实训．上海：复旦大学出版社 . 2010.

[17] 张启杰．销售管理．北京：电子工业出版社，2013.

[18] 李旭旦，吴文艳．员工招聘与甄选．上海：华东理工大学出版社，2009.

[19] 付遥．业绩腾飞——销售团队绩效管理全攻略．北京：北京大学出版社．2005.

[20] 王秀村，王月解．市场营销管理．第 4 版．北京：北京理工大学出版社，2009.

[21] 熊解银．销售管理．北京：高等教育出版社，2010.

[22] 陈涛．销售管理．武汉：华中科技大学出版社，2008.

[23] 胡德华．销售管理．北京：人民出版社，2005.

[24] 韩光平．销售人员培训与管理教程．北京：经济管理出版社，2004.

[25] 江若尘，陈宏军．销售绩效相关影响因素的实证研究．商业经济与管理，2011（2）.

[26] 刘俊玮．基于销售人员学习的销售绩效影响因素研究．华南理工大学学报，2012-06-01.

[27] 尹铭玉．G 保险公司销售人员绩效考评改进研究——基于组织公民行为理论的视角．安徽大学学报，2013-05-01.